TRAUER UND GEDÄCHTNIS
ZWEI ÖSTERREICHISCHE FRAUENTAGEBÜCHER
DES KONFESSIONELLEN ZEITALTERS
(1597–1611, 1647–1653)

ÖSTERREICHISCHE AKADEMIE DER WISSENSCHAFTEN
PHILOSOPHISCH-HISTORISCHE KLASSE
HISTORISCHE KOMMISSION

FONTES RERUM AUSTRIACARUM
ÖSTERREICHISCHE GESCHICHTSQUELLEN

ERSTE ABTEILUNG
SCRIPTORES
14. BAND

Trauer und Gedächtnis
Zwei österreichische Frauentagebücher
des konfessionellen Zeitalters
(1597–1611, 1647–1653)

VERLAG DER
ÖSTERREICHISCHEN AKADEMIE DER WISSENSCHAFTEN
WIEN 2003

ÖSTERREICHISCHE AKADEMIE DER WISSENSCHAFTEN
PHILOSOPHISCH-HISTORISCHE KLASSE
HISTORISCHE KOMMISSION

Trauer und Gedächtnis

Zwei österreichische Frauentagebücher
des konfessionellen Zeitalters
(1597–1611, 1647–1653)

Herausgegeben von
MARTIN SCHEUTZ UND HARALD TERSCH

VERLAG DER
ÖSTERREICHISCHEN AKADEMIE DER WISSENSCHAFTEN
WIEN 2003

Vorgelegt von w. M. GRETE WALTER-KLINGENSTEIN in der Sitzung
am 14. Dezember 2001

Gedruckt mit Unterstützung des
Fonds zur Förderung der wissenschaftlichen Forschung

Alle Rechte vorbehalten
ISBN 3-7001-3135-6
Copyright © 2003 by
Österreichische Akademie der Wissenschaften
Wien
Gesamtherstellung: Crossdesign Weitzer, A-8042 Graz

INHALTSVERZEICHNIS

EINLEITUNG
1. FRAUENTAGEBÜCHER UM 1600 – FORSCHUNGSÜBERBLICK 11
2. DAS GERASCHE GEDÄCHTNISBUCH UND SEINE VERFASSERINNEN 23
   2.1. Die erste Hand 23
   2.2. Bausteine zur Familiengeschichte der steirisch-
         oberösterreichischen Linie der Gera 30
   2.3. Die zweite Hand 45
3. SCHREIBTRADITIONEN 51
   3.1. Diaristische Strukturen 51
   3.2. Das Geburtenbuch 55
   3.3. Vom Necrolog zur Familienchronik 61
   3.4. Itinerarium 67
   3.5. Ökonomieliteratur 70
   3.6. Erbauungslyrik 76
       3.6.1. Kirchenlieder 76
       3.6.2. Trostlieder 83
4. EINE „MEDITATIO MORTIS" 88
5. WASS ICH AUF ERD AM LIEBSTEN HAB, DAZ LIGT NUN LAIDER IN DEM GRAB – TRAUER UND LEICHENPREDIGT ALS TEIL DES ALLTÄGLICHEN LEBENS 99

EDITION
Handschriftenbeschreibung und Editionsgrundsätze 115
Inhaltsübersicht zum Geraschen Gedächtnisbuch 117
1. Gedächtnisbuch der Esther von Gera 122
   Sachkommentar 144
2. Tagebuch der Maria Susanna Weiß von Weißenberg 180
   Sachkommentar 187
3. Zwei Leichenpredigten für Hans Christoph von Gera 201

ABKÜRZUNGSVERZEICHNIS 267
VERZEICHNIS DER ZUR KOMMENTIERUNG VERWENDETEN LITERATUR .. 269
ORTS- UND PERSONENREGISTER ZUM GERASCHEN GEDÄCHTNISBUCH 277
ABBILDUNGSVERZEICHNIS 287

VORWORT

Gleichgültig welcher Epoche sie entstammen, Tagebücher gehören zu den schwierigsten und daher oft auch langwierigsten Vorhaben in der Geschichte historisch-kritischer Editionen. Die Beschäftigung mit dem raren Zeugnis eines lyrischen Frauentagebuchs aus der Zeit um 1600 stellte für uns eine besondere Herausforderung dar. Dieses Buch blickt auf eine Genese zurück, die nahezu ein halbes Jahrzehnt zurückreicht; viele Personen haben dabei, direkt und indirekt, zum Werden des Bandes beigetragen. Unser besonderer Dank gilt der Obfrau der Historischen Kommission an der Österreichischen Akademie der Wissenschaften, Frau Univ.-Prof. Grete Walter-Klingenstein, sowie Herrn DDr. Jan-Paul Niederkorn und Frau Mag. Barbara Haider, die sich für das Erscheinen der Edition in den „Fontes" einsetzten. Für freundliche Hinweise und Literaturangaben möchten wir uns (ohne Nennung akademischer Titel) in alphabetischer Reihenfolge bei folgenden Personen bedanken: Beatrix Bastl (Wien), Georg Heilingsetzer (Linz), Gabriele Jancke (Berlin), Benigna von Krusenstjern (Göttingen), Andrea Kugler (Linz), Alexander Sperl (Wien), Thomas Winkelbauer (Wien), Heide Wunder (Kassel). Ohne deren Mithilfe wäre dieser Band nie zustande gekommen; allfällig auftretende Fehler müssen wir dennoch selbst verantworten.

Martin Scheutz und Harald Tersch, Wien

EINLEITUNG

1. FRAUENTAGEBÜCHER UM 1600 – FORSCHUNGSÜBERBLICK

Unter den zahlreichen Familienakten im Oberösterreichischen Landesarchiv befindet sich ein Band mit diaristischen Aufzeichnungen für die Jahre 1597 bis 1653. Die handschriftlichen Vermerke bestehen aus Rezepten, Gedichten, Todesnachrichten, Familien-, Reise- und historischen Notizen. Wie zahlreiche andere Selbstzeugnisse des 16. und 17. Jahrhunderts trägt auch dieser Band in Kleinquart keinen originalen Titel, eine nachträgliche Aufschrift aus der Zeit um 1700 notiert jedoch:

> *Frauen Anna Benigna, herrin von Gera, gebohrnen erbmarschalchin und reichsgräfin von Papenhaim, annotationes von deroselben ankhonft in dises land aus Steyrmarkh von Arnfels (alwo sie mit ihren gemahel herrn Erasmo herrn von Gera vorhin gewohnet). Item deroselben kinder geburth, verehelichung, absterben und begräbnuss etc. etc. nebs andern währendten zeit ihres lebens sich eraigneten begebenheiten von July 1597 bis 18. Juny anno 1653.*[1]

Demgemäß enthält der Band das seltene Selbstzeugnis einer Frau aus der ersten Hälfte des 17. Jahrhunderts. Ihre Identität wird im Titelvermerk vor allem durch ihre adelige Herkunft näher bestimmt – ein Umstand, der nicht unwesentlich zur Überlieferung des Textes beigetragen haben dürfte. Das „Gerasche Gedächtnisbuch" stammt aus dem Archiv des oberösterreichischen Schlosses Schlüsselberg, das Anfang des 17. Jahrhunderts durch den Sammeleifer des Genealogen Johann Georg Adam Hoheneck (1669–1754) zu einer „Zufluchtstätte

---

[1] Linz, Oberösterreichisches Landesarchiv, Landschaftsarchiv, Hs. 523, fol. 1ʳ. (Im folgenden als „Gerasches Gedächtnisbuch" zitiert.) Der Titel „Gerasches Gedächtnisbuch" stammt aus dem Anfang des 20. Jahrhunderts und wurde von uns beibehalten, weil er den Charakter der beiden Selbstzeugnisse gut trifft. Die Bezeichnung „Memori Piehel" begegnet bereits in Selbstzeugnissen des 17. Jahrhunderts wie den Aufzeichnungen von Eva Maria Peisser (vgl. Anm. 25). Zum Begriff „Gedechtnis" s. vor allem Jan-Dirk MÜLLER: Gedechtnus: Literatur und Hofgesellschaft um Maximilian I., München 1982.

für gefährdete Schriftdenkmäler" wurde.² Dabei handelt es sich jedoch nicht um eine wahllose Sammlung, sondern um eine gezielte Aufnahme familiengeschichtlicher Aufzeichnungen, die der Chronist für seine bekannte Geschichte des oberösterreichischen Adels verwerten konnte.³ Hoheneck mußte im Rahmen dieser Arbeit auch ein spezielles Interesse an den Geraschen Aufzeichnungen haben, war doch sein Vater in erster Ehe mit einer Angehörigen dieser Familie verheiratet.⁴ Vielleicht stammt von ihm auch der nachträgliche Titelvermerk.⁵ Im Werk selbst nur eine Begebenheit unter vielen, erhebt der Schreiber des Titels die Emigration der Familie aus der Steiermark 1604 und damit ihre Integration in den Verband der oberösterreichischen Geschlechter zum Schlüsselereignis, das die Aufbewahrung der Notizen begründen sollte. Gegenüber dem chronikalischen Charakter gingen in der Kurzcharakteristik bzw. in der Rezeption späterer Zeit andere Facetten des Textes verloren, etwa die religiöse Erbauung der zahlreichen eingestreuten Gedichte.

Die genealogisch-familiengeschichtliche Reduktion des vielschichtigen inhaltlichen und formalen Aufbaus setzte sich in der weiteren Rezeption der Aufzeichnungen fort. Im ersten und bisher einzigen wis-

---

² Ignaz ZIBERMAYR, Das Oberösterreichische Landesarchiv in Linz. Im Bilde der Entwicklung des heimatlichen Schriftwesens und der Landesgeschichte, Linz ³1950, S. 198 und S. 212. Zu Hoheneck siehe Wolfgang DAVOGG, Johann Georg Adam Freiherr von Hoheneck (1689–1754), Diss. Graz 1949.

³ Johann Georg Adam HOHENECK, Die Löbliche Herren Herren Stände Deß Ertz-Hertzogthumb Oesterreich ob der Ennß. Als: Prälaten / Herren / Ritter / und Städte oder Genealog- Und Historische Beschreibung Von deroselben Ankunfft / Stifft / Erbau- und Fort-Pflantzung / Wapen / Schild / und Helmen / Ihren Clöstern / Herrschafften / Schlössern / und Städten / etc. etc. Theil 1, Passau 1727, Theil 2, Passau 1732, Theil 3, Passau 1747. Hohenecks Werk gilt als „Abschluß barocker ständisch-genealogischer Geschichtsschreibung" in Österreich. Vgl. Anna CORETH, Österreichische Geschichtschreibung in der Barockzeit (1620–1740) (Veröffentlichungen der Kommission für Neuere Geschichte Österreichs 37) Wien 1950, S. 130.

⁴ Hans Adam von Hoheneck heiratete 1657 die Witwe Maria Susanna von Weissenberg, geb. Gera. Vgl. hierzu weiter unten den Abschnitt über die Verfasserinnen des „Geraschen Gedächtnisbuches". Hoheneck hatte schon mit 20 Jahren begonnen, an einer „Genealogie des alten Hauses der Hoheneckher" zu arbeiten. Vgl. CORETH, Geschichtschreibung (wie Anm. 3) S. 130.

⁵ Dies legt ein paläographischer Vergleich des Titelvermerks mit Hohenecks Korrekturen im Manuskript zu seiner Genealogie nahe (Linz, Oberösterreichisches Landesarchiv, Schlüsselberger Archiv, Sammlung Hoheneck, Hs. 1a: „Genealogia der löblichen Herren Stände […]).

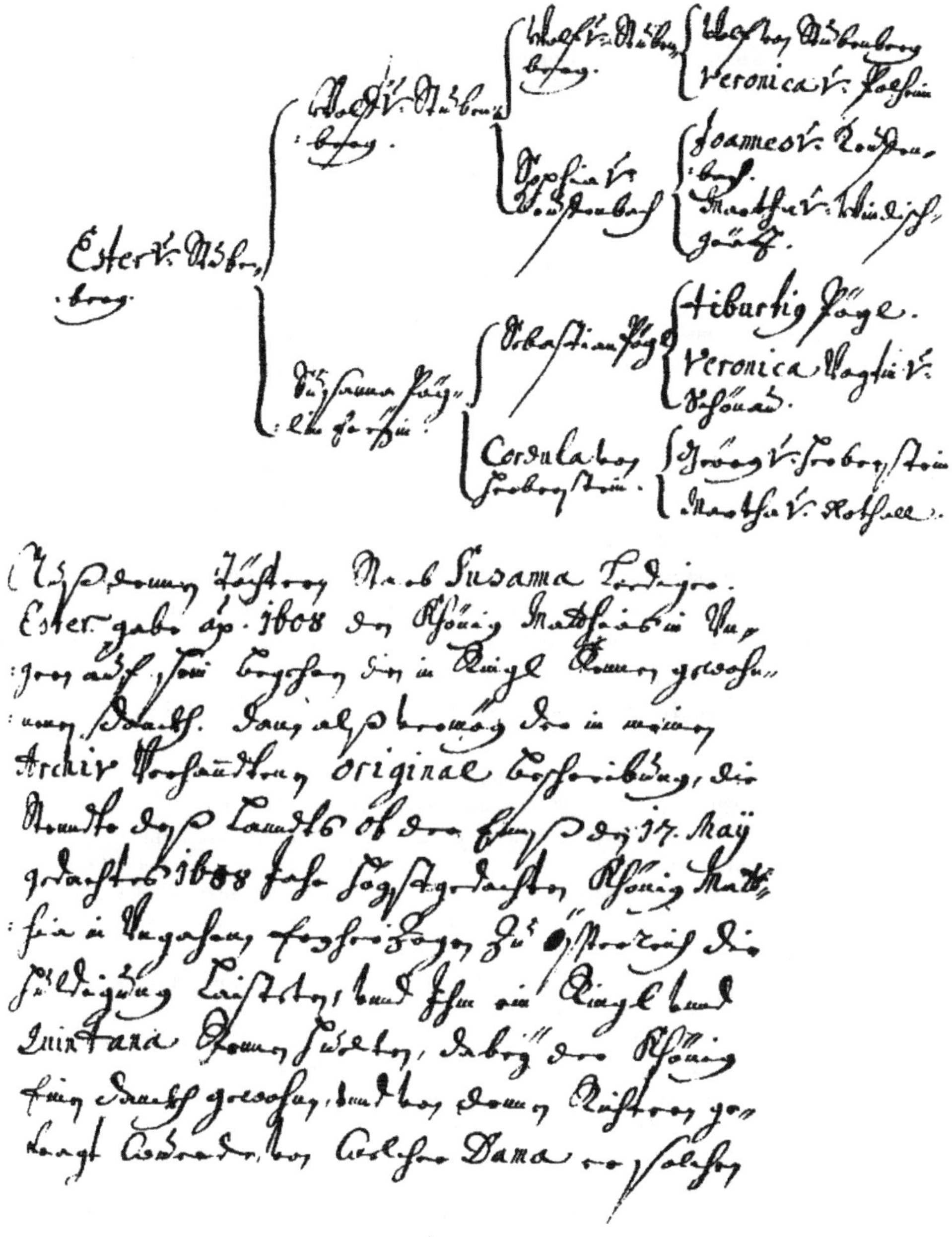

Abbildung 1: Linz, Oberösterreichisches Landesarchiv, Schlüsselberger Archiv, Sammlung Hoheneck, Hs. 1a: „Genealogia der löblichen Herren Stände [...]; Eintrag zur Esther von Gera, unfoliiert.

senschaftlichen Aufsatz, der sich ausschließlich mit dem Werk beschäftigt, werden allein die „Bemerkungen von genealogischem Interesse" herausfiltriert und vorgestellt, womit freilich kein adäquater Einblick in Gestalt und Intention des Textes gewonnen werden kann.[6] Die vorliegende Publikation, die eine Erstedition des „Geraschen Gedächtnisbuches" bietet, soll eine Voraussetzung dafür bereitstellen, diese Notizen stärker in den Diskurs der Frühneuzeitforschung einzubinden. Wir betreten mit ihnen zumindest für den österreichischen Raum aus verschiedensten Perspektiven heraus Neuland. Nach heutigem Erkenntnisstand stellt das Werk eine Rarität dar sowohl bezüglich seines Charakters als „lyrisches Tagebuch" als auch innerhalb einer Geschichte österreichischer Selbstzeugnisse von Frauen.

Mitte der 1990er Jahre erschienen zwei Sammelbände über Autobiographien von Frauen, herausgegeben von Michaela Holdenried und Magdalene Heuser.[7] Die Bedeutung dieser Publikationen liegt u.a. darin, daß sie eine geschlossene Kontinuität schriftlicher Selbstdarstellung von Frauen spätestens seit dem 17. Jahrhundert aufzeigen und damit im Bewußtsein der Forschung verankern. Angesichts von breit rezipierten Autobiographien vorangegangener Epochen, etwa dem „Book of Margery of Kempe"[8] aus dem frühen 15. oder dem „Libro de la

---

[6] Philipp BLITTERSDORFF, Aus dem Geraschen Gedächtnisbuche. In: Adler 10 (1926–1930) S. 712–715. Blittersdorff reduziert hier die Notizen rigoros auf diesen Informationsgehalt, zuweilen ohne nähere Erläuterung zusammengezogen oder umgestellt (z.B. Eintragung zum 19. Dez. 1597). Als „Nebenprodukt" der Auseinandersetzung mit dem Geraschen Werk entstand der Zeitungsartikel: Philipp BLITTERSDORFF, Totenklage in Schloß Eschelberg. In: Bilder-Woche der „Tages-Post", Linz 1931, Nr. 30.

[7] Michaela HOLDENRIED (Hrsg.), Geschriebenes Leben: Autobiographik von Frauen, Berlin 1995; Magdalene HEUSER (Hrsg.), Autobiographien von Frauen. Beiträge zu ihrer Geschichte (Untersuchungen zur deutschen Literaturgeschichte 85) Tübingen 1996. Siehe als Überblick Barbara BECKER-CONTARINO, Der lange Weg zur Mündigkeit. Frau und Literatur (1500–1800). Stuttgart 1987 und Michaela HOLDENRIED, Autobiographie, Stuttgart 2000.

[8] The Book of Margery KEMPE. Ed. B.A. WINDEATT, London ²1994. Zu englischen Selbstzeugnissen von Frauen des 16. und 17. Jahrhunderts vgl. z.B. Sara HELLER MENDELSON, Stuart women's diaries and occasional memoirs. In: Mary PRIOR (Hrsg.), Women in English Society, London u. New York 1985, S. 181–210; Elspeth GRAHAM (Hrsg.), Her own Life: Autobiographical Writings by seventeenth-century English Women, London 1989; Gabriella ROSSETTI, Una vita degna di essere narrata. Autobiografie di donne nell'Inghilterra puritana, Milano 1985. Der Sammelband Holdenrieds beginnt

vida" Teresas von Ávila[9] aus dem späten 16. Jahrhundert, mag dieser Blickwinkel eher verkürzend als innovativ und erweiternd erscheinen. Innerhalb des deutschsprachigen Raums bedeutet er jedoch eine neue Akzentsetzung, solange sich der Gedanke vom Mangel an Texten von Frauen nahezu wie eine Stereotype gerade durch die jüngere Literatur der Frühneuzeitforschung zieht.[10] Dabei belegen Sammlungen zu veröffentlichten Selbstzeugnissen des 17. Jahrhunderts, daß Frauen auf den verschiedenen Ebenen ihre Lebensgeschichten in die schriftliche Überlieferung einbrachten, sei es als knappen Lebenslauf, als Klosterdiarium, als Bekenntnis oder als exemplarische Ermahnung an die

---

zwar mit Beiträgen über mittelalterliche „Vorfahrinnen" autobiographischen Schreibens (Mechthild von Magdeburg, Christine de Pizan), doch unmittelbar darauf folgen nach der großen Lücke des 16. Jahrhunderts Aufsätze über Selbstzeugnisse von Pietistinnen und über das „Hausbuch" der Maria Elisabeth Stampfer. Weitaus ausgewogener der neuere Kongreßband von Mererid Puw DAVIES (Hrsg.), Autobiography by women in German, Oxford 2000. Mit einem Überblick auch Helen WATANABE-O'KELLY, Women's writing in the early modern period. In: Jo CATLING (Hrsg.), A History of Women's Writing in Germany, Austria and Switzerland, Cambridge 2000, S. 27–44.

[9] Santa TERESA DE JESÚS, Libro de la Vida, Ed. Dámaso CHICHARRO, Madrid 1990. Zu weiteren religiösen Autobiographien von Frauen im frühneuzeitlichen Spanien vgl. Isabelle POUTRIN, Le voile et la plume. Autobiographie et sainteté féminine dans l'Espagne moderne (Bibliothèque de la Casa de Velázquez), Madrid 1995. Für Frankreich vgl. Wendy GIBSON, Women in seventeenth-century France, Basingstoke 1989.

[10] Anette Völker-Rasor meint etwa über die Gemeinsamkeiten der Autobiographien des 16. Jahrhunderts, deren Eheberichte sie einer Analyse unterzieht: „Das erste gemeinsame soziale Merkmal der Autoren der 35 gefundenen Texte ist ihr männliches Geschlecht": Anette VÖLKER-RASOR, Bilderpaare – Paarbilder. Die Ehe in Autobiographien des 16. Jahrhunderts (Rombach Wissenschaft. Reihe Historiae 2) Freiburg im Br. 1993, S. 35. Weitaus schwerwiegender erscheint es, wenn Richard van Dülmen in seinem Beitrag über autobiographische Ehebilder in der Frühen Neuzeit Werke bis zum Ende des 18. Jahrhunderts heranzieht, dabei aber nur Männer auffinden konnte: „Allerdings müssen wir bedenken, daß es sich bei den Verfassern nur um Männer handelt, die aus der mittleren und oberen Gesellschaftsschicht stammen oder durch ihre Berufs- oder literarische Karriere bekannt geworden sind – insofern ist die Perspektive eine ausschließlich männliche –, [...]": Richard VAN DÜLMEN, Heirat und Eheleben in der Frühen Neuzeit. Autobiographische Zeugnisse. In: Archiv für Kulturgeschichte 72 (1990) S. 153–171, hier S. 154. Noch 1999 erschien eine Studie über Kindheitsberichte in Autobiographien vom 14. bis zum 17. Jahrhundert, die den Anspruch erhebt „*alle erhältlichen Autobiographien* des gewählten Zeitraums untersucht [zu haben], die mehr als

Nachkommen.[11] Natalie Zemon Davis hat in ihrer Studie „Drei Frauenleben" den Aussagereichtum derartiger Selbstzeugnisse aus dem 17. Jahrhundert für die neuere Frauen- und Geschlechtergeschichte vor Augen geführt.[12] Viele Texte sind seit langem in Editionen zugänglich, etwa die Lebensbeschreibungen der Visionärin Anna Vetter und der jüdischen Kauffrau Glückel von Hameln, denen im Sammelband von Magdalene Heuser eigene Beiträge gewidmet sind.[13] Diese Aufsatzsammlung stellt darüber hinaus die Kalendernotizen der Landgräfinnen Sophia Eleonora und Elisabeth Dorothea von Hessen-Darmstadt seit den 1630er Jahren vor.[14] Damit wird auf den Bereich der ungedruck-

---

nur einige Sätze über Kindheit enthielten", worunter sich aber keine einzige Frau befindet: Ralph FRENKEN, Kindheit und Autobiographien vom 14. bis 17. Jahrhundert. Psychohistorische Rekonstruktionen (PsychoHistorische Forschungen 1/1) Kiel 1999, S. 689f. Zur Kritik an dieser Perspektive Eva KORMANN, Heterologe Subjektivität. Zur historischen Varianz von Autobiographie und Subjektivität. In: DAVIES, Autobiography (wie Anm. 8) S. 87–104, bes. S. 100f. und Gabriele JANCKE, Autobiographie als soziale Praxis: Beziehungskonzepte in Selbstzeugnissen des 15. und 16. Jahrhunderts im deutschsprachigen Raum (Selbstzeugnisse der Neuzeit 10) Köln 2002, S. 5–10, bes. auch die Autorenliste im Anhang.

[11] Vgl. Inge BERNHEIDEN, Individualität im 17. Jahrhundert. Studien zum autobiographischen Schrifttum (Literarhist. Untersuchungen 12), Frankfurt/M. 1988; Benigna von KRUSENSTJERN, Selbstzeugnisse der Zeit des Dreißigjährigen Kriegs. Beschreibendes Verzeichnis (Selbstzeugnisse der Neuzeit 6) Berlin 1997.

[12] Natalie ZEMON DAVIS, Drei Frauenleben. Glikl – Marie de l'Incarnation – Maria Sibylla Merian, Berlin 1996; vgl. auch DIES., Bindung und Freiheit. Die Grenze des Selbst im Frankreich des 16. Jahrhunderts. In: DIES., Frauen und Gesellschaft am Beginn der Neuzeit. Studien über Familie, Religion und die Wandlungsfähigkeit des sozialen Körpers, Berlin 1986, S. 7–18.

[13] Es handelt sich dabei um die Beiträge von Eva KORMANN („Es mächte jemand fragen, wie ich so hoch von Gott geliebt bin worden, und was mein junger lebens=lauff gewesen": Anna Vetter oder Religion als Argumentations- und Legitimationsmuster) sowie von Gabriele JANCKE (Die „Sichronot", Memoiren der jüdischen Kauffrau Glückel von Hameln zwischen Autobiographie, Geschichtsschreibung und religiösem Lehrtext. Geschlecht, Religion und Ich in der Frühen Neuzeit). In: HEUSER (Hrsg.), Autobiographien von Frauen (wie Anm. 7) S. 71–92 und S. 93–134; siehe auch JANCKE, Autobiographie als soziale Praxis (wie Anm. 10).

[14] Helga MEISE, Tagebücher der Landgräfinnen Sophia Eleonora und Elisabeth Dorothea von Hessen-Darmstadt. Höfische Ego-Dokumente des 17. Jahrhunderts zwischen Selbstvergewisserung und Selbstreflexion. In: HEUSER (Hrsg.), Autobiographien von Frauen (wie Anm. 7) S. 49–70.

ten Selbstzeugnisse oder „Ego-Dokumente"[15] von Frauen aufmerksam gemacht, der derzeit noch völlig unüberschaubar ist und wohl eine der großen Herausforderungen für die künftige historische wie literaturwissenschaftliche Forschung sein wird.

Dies gilt ebenso für den österreichischen Raum, der bisher hauptsächlich durch wenige publizierte Einzelwerke des 17. Jahrhunderts erschließbar ist. Erst allmählich greift auch hier die Forschung auf unedierte Tagebücher zurück, die neue Perspektiven auf das Selbstverständnis einzelner Schreiberinnen eröffnen können, etwa die Brieftagebücher der kaiserlichen Hofdame Johanna Theresia Harrach (1639–1716).[16] Die Interpretation bereits gedruckt vorliegender Werke ist

---

[15] In ihrer Einleitung verwendet Magdalene Heuser den von der niederländischen Forschung geprägten Begriff „Ego-Dokumente" nur unter Vorbehalt, da er als Fachterminus bereits vorher mit bestimmten Konnotationen belegt gewesen sei und vor allem auch in der Literaturwissenschaft Verwirrung stiftet: HEUSER, Einleitung, In: HEUSER (Hrsg.), Autobiographien von Frauen (wie Anm. 7) S. 1–12, hier S. 1. Gegen eine Übertragung des ursprünglich psychoanalytischen Begriffes „Ego-Dokumente" auf „freiwillige" oder „unfreiwillige" Selbstzeugnisse (Autobiographie, Tagebücher, aber auch Gerichtsakten) im deutschsprachigen Raum spricht sich bereits Kaspar von Greyerz im programmatischen Sammelband von Winfried Schulze aus: Kaspar von GREYERZ, Spuren eines vormodernen Individualismus in englischen Selbstzeugnissen des 16. und 17. Jahrhunderts. In: Winfried SCHULZE (Hrsg.), Ego-Dokumente: Annäherung an den Menschen in der Geschichte (Selbstzeugnisse der Neuzeit 2) Berlin 1996, S. 131–145, hier S. 132, Anm. 4. Ein Plädoyer für den alten, aber eindeutigeren Begriff „Selbstzeugnisse" bei Benigna von KRUSENSTJERN, Was sind Selbstzeugnisse? Begriffskritische und quellenkundliche Überlegungen anhand von Beispielen aus dem 17. Jahrhundert. In: Historische Anthropologie 2 (1994) S. 462–471.

[16] Vgl. z.B. Susanne Claudine PILS, *Von Hühneraugen und Kinderkrankheiten*. Die Tagzettel der Johanna Theresia Harrach als Quelle zur Sozialgeschichte der Medizin. In: Helmut GRÖSSING, Sonia HORN, Thomas AIGNER (Hrsg.), Wiener Gespräche zur Sozialgeschichte der Medizin, Wien 1996, S. 23–36 oder DIES., Hof/Tratsch. Alltag bei Hof im ausgehenden 17. Jahrhundert. In: Wiener Geschichtsblätter 53 (1998) S. 77–99. Siehe jetzt auch DIES., Schreiben über Stadt: Das Wien der Johanna Theresia Harrach, 1638–1716 (Forschungen und Beiträge zur Wiener Stadtgeschichte 36), Wien 2002. Ein Frauentagebuch aus der ersten Hälfte des 18. Jahrhunderts (die Aufzeichnungen der Gräfin Maria Elisabeth Pergen auf Seebenstein, geb. Freiin von Orlick und Laziska, 1685–1751) wird vorgestellt von Christina MOCHTY, Privates der Gräfinnen Pergen. In: Spurensuche. Frauengeschichte im Archiv. Begleitheft zur Ausstellung des NÖ Landesarchivs vom 13. bis 30. Oktober 1998, St. Pölten 1998, S. 16.

bisher nur in Ansätzen erfolgt. Selbstzeugnisse von Frauen fanden bereits im Barock ihre Veröffentlichung, soweit sie sich dazu eigneten, exemplarisch soziale Rollenbilder zu stützen. Das gebetartige Tagebuch der kaiserlichen Hofdame Franziska von Slawata (1610–1676) wurde z.B. nach ihrem Tod von ihrem Beichtvater Bartholomäus Christelius S.J. in einem Witwenspiegel im Stil spanischer Heiligenviten verwertet.[17] Derartige zeitgenössische Publikationen sind ähnlich wie insgesamt bei autobiographischen Werken des 17. Jahrhunderts selten, sodaß die Niederschriften wenn überhaupt, dann in Familienarchiven aufbewahrt blieben.

Die erste kritische Sammeledition österreichischer Selbstzeugnisse des 16. Jahrhunderts von Theodor von Karajan (1855) ist männlichen Autoren vorbehalten,[18] doch bereits eine österreichische Kulturgeschichte aus den Jahren 1878 und 1880 widmet sich neben zahlreichen anderen Selbstzeugnissen auch dem Text einer Zeitchronistin.[19] Adam Wolf hat mit seinen ausführlichen Zitaten das sogenannte „Hausbuch" der steirischen Gewerkengattin Maria Elisabeth Stampfer (1637/38–1700) zu einem Standardwerk der österreichischen Barockliteratur gemacht. Der Text wurde nur wenige Jahre nach dieser eingehenden Bespre-

---

[17] Bartholomaeus CHRISTELIUS S.J, Praecellens Viduarum Speculum, Fürtrefflicher Wittib=Spiegel; Oder Löblicher Lebens Wandel Ihro Excellenz der Verwittibten Hoch= und Wolgebohrnen Frauen / Frauen Franciscae, Gräfin SLAVATIN / gebohrnen Grafin von Meggau / etc., Brünn 1694. Die zahlreichen Zitate aus den Aufzeichnungen sind hier typographisch hervorgehoben. Zu Slawata vgl. auch Sylva ŘEŘICHOVÁ, Franziska von Meggau, verehelichte Slawata (1610–1676). Ein Beitrag zur Adelsgeschichte Böhmens und Österreichs im 17. Jahrhundert. In: Mitteilungen des Oberösterr. Landesarchivs 18 (1996) S. 361–383.

[18] Theodor G. von KARAJAN (Hrsg.), Johannes Tichtel's Tagebuch, Sigmunds von Herberstein Selbstbiographie, Johannes Cuspinians Tagebuch und Georg Kirchmair's Denkwürdigkeiten (FRA I/1) Wien 1855. Siehe den Überblick zu österreichischen Selbstzeugnissen der Frühen Neuzeit bei Harald TERSCH, Vielfalt der Formen. Selbstzeugnisse der Frühen Neuzeit als historische Quelle. In: Thomas WINKELBAUER (Hrsg.), Vom Lebenslauf zur Biographie. Geschichte, Quellen und Probleme der historischen Biographik und Autobiographik. Waidhofen/Thaya 2000, S. 69–98. Für Oberösterreich auch H. J. SCHMIDT: Selbstzeugnisse im oberösterreichischen Raum. In: Oberösterreichische Heimatblätter 1 (1947) S. 51–59.

[19] Adam WOLF, Geschichtliche Bilder aus Oesterreich. Bd. 2: Aus dem Zeitalter des Absolutismus und der Aufklärung, Wien 1880, S. 51–88.

chung kritisch ediert,[20] erlebte mehrere sprachlich modernisierte Neuauflagen[21] und wurde auch in Max Mells „Blütenlese" österreichischer Autobiographien aufgenommen.[22] Weit über den österreichischen Raum hinaus bekannt sind die diaristischen Eintragungen der „Stampferin" seit einer Studie über Frauen in der Frühen Neuzeit von Heide Wunder, die eine mentalitätsgeschichtliche Gegenüberstellung des Textes mit dem „Gedenkbuch" der steirischen Adeligen Maria Cordula von Pranck (1634–1705) vornimmt.[23] Prancks Aufzeichnungen über *Gebuert vnd Sterben* ihrer Familienangehörigen, in ihrem listenartigen Aufbau weitaus knapper und traditioneller, wurden noch vor dem „Hausbuch" Stampfers ebenfalls vom steirischen Historiker Joseph von Zahn herausgegeben.[24] Nach derartigen kulturgeschichtlichen Anfängen im 19. Jahrhundert ist kaum mehr von größeren Publikationen zu sprechen, die unseren Blick auf Formen der schriftlichen Selbstdarstellung

---

[20] Der Frau Maria Elisabeth STAMPFER aus Vordernberg Hausbuch, hrsg. von Joseph von ZAHN, Wien 1887. Zum Leben Maria Elisabeth Stampfers vgl. v. a. Irmgard GOGER, Das Hausbuch der Maria Elisabeth Stampfer (1679/94). Ein Beitrag zum Selbstverständnis und zur Situation der Frau in der Frühen Neuzeit, Phil. Dipl.-Arb. Wien 1989.

[21] Das Hausbüchl der Stampferin, einer geborenen Dellatorin, Radmeisterin zu Vordernberg. Mit einer Schilderung des Lebens in einem altsteirischen Gewerkenhause v. Marianne v. Rabcewicz, einer gegenständlichen u. örtlichen Studie, neu hrsg. v. Gustav HACKL, Graz 1926; Das Hausbüchl der Stampferin [...], Ehegemahl des Hans Adam Stampfer, Radmeister und Ratsherr zu Vordernberg, Reichsritter von Walchenberg, Herr und Landstand auf Drawuschgen (Kleine Kärnten-Bibliothek 25) Klagenfurt 1982 [„Neuauflage" der Edition Hackls].

[22] Max MELL (Hrsg.), Österreichische Zeiten und Charaktere. Ausgew. Bruchstücke aus österreichischen Selbstbiographien, Wien–Leipzig [1912].

[23] Heide WUNDER, „Er ist die Sonn', sie ist der Mond". Frauen in der frühen Neuzeit, München 1992. Stampfer und Pranck werden gemeinsam bereits vorgestellt bei Franz ILWOF, Steiermärkische Geschichtsschreibung vom XVI.–XVIII. Jh. In: Deutsche Geschichtsblätter 4 (1903) S. 296f. Vgl. auch Eva KORMANN, „Und solliche Grimbnuß hab ich alleweil." Autobiographik bürgerlicher Frauen des 17. Jahrhunderts am Beispiel des „Pichls" der Maria Elisabeth Stampfer. In: HOLDENRIED (Hrsg.), Geschriebenes Leben (wie Anm. 7) S. 80–94. Vgl. DIES., Heterologe Subjektivität. Zur historischen Varianz von Autobiographie und Subjektivität, in: DAVIES, Autobiography (wie Anm. 10) 87–104.

[24] Gedenkbuch der Frau Maria Cordula Freiin von PRANCK, verwitwete Hacke, geb. Radhaupt, 1595–1700 (1707). [hrsg. von Joseph von ZAHN]. In: Steiermärkische Geschichtsblätter 2 (1881) S. 9–29.

von Frauen im 17. Jahrhundert wesentlich bereichern könnten. Eine sozialgeschichtlich interessante Ergänzung zu den Werken Stampfers und Prancks stellt das „Memori Piehel" der Linzer Bürgermeistersgattin Eva Maria Peisser (geb. Schreiner, 1630–1705) dar. Als Witwe setzte sie die Kinderliste ihres Mannes fort, wobei sie vor allem von ihren religiösen Stiftungen, aber auch von den Schwierigkeiten eines gemeinsamen Haushaltes mit den Kindern erzählt. Der Text der Peisserschen Familienchronik ist leider nur als maschinenschriftliche Transkription im Rahmen der Linzer Regesten zugänglich, sodaß er kaum rezipiert wurde.[25]

Die Aufzeichnungen von Stampfer, Pranck oder Peisser stammen aus der zweiten Hälfte des 17. Jahrhunderts, wogegen das „Gerasche Gedächtnisbuch" bereits Ende des 16. Jahrhunderts begonnen wurde. Nach derzeitigem Forschungsstand erscheint es weitaus leichter, die Geraschen Aufzeichnungen an den Beginn einer Tradition von österreichischen Frauentexten zu stellen als sie in eine länger zurückreichende Überlieferungskette einzureihen. Dabei ist mit den „Denkwürdigkeiten" der Wiener Patrizierin Helene Kottanner (um 1400–nach 1470) bereits für das beginnende 15. Jahrhundert ein Selbstzeugnis erhalten, das nicht nur für den ostösterreichischen Raum des Spätmittelalters singulär zu sein scheint. Spätestens seit der gründlichen Neuedition von Karl Mollay[26] hat die politische „Denkschrift" der Hofdame über die Krönung von Ladislaus Postumus ihren festen Platz in einer Geschichte europäischer Frauenmemoiren.[27] Selbst im Hinblick auf das 16. Jahr-

---

[25] Chronik des Hans und der Eva Maria PEISSER. In: Linzer Regesten. Hrsg. v. den Städtischen Sammlungen Linz. Bd. E 2. Bearb. v. Franz WILFLINGSEDER, Linz 1953, S. 63–109. Vgl. auch Eduard STRASSMAYR, Die Linzer Patrizier Peißer von Wertenau. In: Jahrbuch der Stadt Linz (1937) S. 166–185; A.M. SCHEIBER, 600 Jahre Familie Peisser. In: Adler 1949/50 (1950) S. 35–74, S. 155–165; Georg GRÜLL, Das Linzer Bürgermeisterbuch, Linz 1959, S. 88–90.

[26] Karl MOLLAY (Hrsg.), Die Denkwürdigkeiten der Helene KOTTANNERIN (1439–1440) (Wiener Neudrucke 2) Wien 1971.

[27] Vgl. z.B. Ursula LIEBERTZ-GRÜN, Höfische Autorinnen. Von der karolingischen Kulturreform bis zum Humanismus. In: Gisela BRINKER-GABLER (Hrsg.), Deutsche Literatur von Frauen, Bd. 1, München 1988, S. 60–63; DIES., Frau und Herrscherin. Zur Sozialisation deutscher Adeliger (1150–1450). In: Bea LUNDT (Hrsg.), Auf der Suche nach der Frau im Mittelalter. Fragen, Quellen, Antworten, München 1991, S. 184–187; Maya C. BIJVOET, Helene Kottanner: The Austrian Chambermaid. In: Katharina M. WILSON (Ed.), Women Writers of the Renaissance and Reformation, Athens/Georgia–London 1987, S. 327–349.

hundert kann von einer Einzelerscheinung gesprochen werden, da für dieses Jahrhundert kein annähernd vergleichbarer Text bekannt wurde. Unter „autobiographischer" Perspektive noch kaum erforscht ist in Österreich das monastische Schrifttum des 16. und 17. Jahrhunderts, das sich in Deutschland als äußerst ergiebig erwies. Nicht nur die Denkwürdigkeiten einer Caritas Pirckheimer (1467–1532), sondern auch die frühesten deutschen Frauentagebücher Anfang des 17. Jahrhunderts (Klara Staiger, Maria Anna Junius) stehen in der Nachfolge der Klosterannalistik.[28] Daß auch in Österreich historiographische Traditionen rasch in spezifische Formen der Selbstdarstellung münden konnten, zeigt u.a. die Dissertation von Fumiko Niiyama über die Aufzeichnungen der Nonnberger Nonne Praxedis Halleckerin auf, die ihr liturgisch-chronikalisches Tagebuch (1535) mit einer kurzen lebenslaufartigen Einleitung beginnt.[29] Gerade angesichts dieser „Neuentdeckung" wird die große Editionslücke deutlich, die zwischen den kaum vergleichbaren Selbstdarstellungen einer Halleckerin und einer Stampferin besteht.

Mit dem „Geraschen Gedächtnisbuch" kann diese Lücke zeitlich, aber auch „qualitativ" zu einem wesentlichen Teil gefüllt werden. Dies vor allem in Anbetracht dessen, daß es sich hier im Gegensatz zu den

---

[28] Vgl. Frumentius RENNER (Hrsg.), Die Denkwürdigkeiten der Äbtissin Caritas Pirckheimer, St. Ottilien 1982 [Photomech. Nachdruck d. Ausg. Landshut 1962], sowie Georg DEICHSTETTER (Hrsg.), Caritas Pirckheimer. Ordensfrau und Humanistin – ein Vorbild für die Ökumene. Festschrift zum 450. Todestag, Köln 1982; KRUSENSTJERN, Selbstzeugnisse (wie Anm. 11) Nr. 103, 197. Einen Auswertungsversuch bietet auch Martin SCHEUTZ, „... im Rauben und Saufen allzu gierig". Soldatenbilder in ausgewählten Selbstzeugnissen katholischer Geistlicher aus der Zeit des Dreißigjährigen Krieges. In: L'homme. Zeitschrift für Feministische Geschichtswissenschaft 12/1 (2001) S. 51–72.

[29] Fumiko NIIYAMA, Zum mittelalterlichen Musikleben im Benediktinerinnenstift Nonnberg zu Salzburg, dargestellt am Nonnberger Antiphonar Cod. 26 E 1b und am Tagebuch der Praxedis Halleckerin unter besonderer Berücksichtigung der Zeit von Advent bis zur Octav von Epiphanie, sowie des Officium von der Heiligen Erentrudis, Phil. Diss. Wien 1993 [hier auch eine Transkription der liturgischen Aufzeichnungen enthalten]. Halleckerin hat in der ersten Hälfte des 17. Jahrhunderts eine Nachfolgerin gefunden (Archiv Nonnberg V/87/Ac), eine kontinuierliche Diaristik ist für Nonnberg jedoch erst seit der Mitte des 17. Jahrhunderts mit den Aufzeichnungen der Äbtissin Johanna von Rehling festzustellen (ebd. V/97/Ad).

bisher edierten Werken des 16. und 17. Jahrhunderts um ein protestantisches Selbstzeugnis handelt.[30] Bevor näher auf die möglichen Überlieferungszusammenhänge eingegangen wird, auf deren Basis dieses Tagebuch entstehen konnte, soll ein Blick auf die Schreiberinnen die sozialgeschichtliche Einordnung des Textes erleichtern.

---

[30] Vgl. Beatrix BASTL, Tugend, Ehre, Eigensinn. Religiöse Selbstzeugnisse adeliger österreichischer Protestantinnen in der Frühen Neuzeit. In: Johannes DANTINE, Klaus THIEN, Michael WEINZIERL (Hrsg.), Protestantische Mentalitäten, Wien 1999, S. 43–68. Unter allen hier genannten schriftlichen und bildnerischen Werken (vom Brief und Testament bis hin zum Gedächtnisteppich) stellt das „Gerasche Gedächtnisbuch" das einzige Selbstzeugnis im engeren Sinn dar. Vgl. auch DIES., Tugend, Liebe, Ehre. Die adelige Frau in der Frühen Neuzeit, Wien, Köln, Weimar 2000. Für den Weserraum vergleichbar Anke HUFSCHMIDT, Adelige Frauen im Weserraum zwischen 1570 und 1700 (Veröffentlichungen der Historischen Kommission für Westfalen 22) Münster 2001.

2. DAS GERASCHE GEDÄCHTNISBUCH UND SEINE VERFASSERINNEN

2.1. Die erste Hand

Wer steht nun hinter jener Anna Benigna von Gera, die im postumen Titelvermerk als Verfasserin der Aufzeichnungen genannt wird? Wie bereits angedeutet, ist dem Schreiber der Zeilen die Autorin kaum mehr als ein Name, der als jener eines Familienmitglieds die historiographische Glaubwürdigkeit des Berichteten verbürgen sollte. Daß der Nachtrag auf dem Titelblatt ungenau ist, vermerkt bereits Philipp von Blitterstorff in der Einleitung zu seiner genealogischen Zitatensammlung aus dem „Geraschen Gedächtnisbuch".[31] Weniger aufgrund des beträchtlichen Zeitumfanges als aufgrund der inhaltlichen und paläographischen Bruchstelle zwischen den Notizen von 1611 und jenen von 1628/1647 lassen sich deutlich zwei Eintragungsblöcke herausarbeiten, die von verschiedenen Schreibern bzw. Schreiberinnen stammen müssen. Die Autorin des ersten, bei weitem umfangreicheren Teils (46 Seiten) für die Jahre 1597 bis 1611 wurde von Blittersdorff mit Esther von Gera, geb. Stubenberg, identifiziert. Sie nennt sich zwar nicht namentlich, vermerkt aber den Tod ihrer *schbester Sofia Gräfin von Serin* (Zríny) 1604, die Hochzeit von *Anna von Stubenberg, meines brueder tochter,* mit Georg Christoph von Losenstein und jene ihrer *jungern tochter Ester* mit Hans Joachim von Aspam 1610, schließlich die Verwundung und Gefangennahme ihres *lieben sonn Wolff* während des Jülisch-Clevischen Krieges 1611.[32] All diese Hinweise sprechen eindeutig für Blittersdorffs Identifizierung der ersten Schreiberin mit Esther von Gera.

Über den Lebenslauf der Hauptverfasserin des „Geraschen Gedächtnisbuches" ist wenig bekannt. Sie entstammte der Kapfenberger Linie des einflußreichen steirischen Geschlechts Stubenberg und war

---

[31] BLITTERSDORFF, Aus dem Geraschen Gedächtnisbuche (wie Anm. 6) S. 712f.
[32] Gerasches Gedächtnisbuch, fol. 10ʳ, 21ʳ, 23ᵛ, 25ᵛ.

die Tochter von Wolfgang (gest. 1597) und dessen erster Ehefrau Susanna von Pögl (gest. 1589). Ihr Vater hatte eine bedeutende Vertrauensstellung am Hof Erzherzog Karls II. von Innerösterreich inne, unter dem er die Ämter eines Oberstjägermeisters und eines Oberstkämmerers bekleidete.[33] Sein Bekenntnis zur Augsburger Konfession schadete seiner Karriere nicht. Aufgrund der Stellung bei Hof sowie eines beträchtlichen Erbes seiner Gemahlin gehörte er auch zu den reichsten Grundherren der Steiermark. Gemeinsam mit Susanna von Pögl hatte er neun Kinder.[34] Wann und wo Esther geboren wurde, konnte nicht festgestellt werden. Ein konkretes Datum ist erst mit ihrer Verehelichung im Jahr 1583 gegeben.[35] Da ihre Eltern 1557 heirateten und ihre ältere Schwester Sophia rund fünf Jahre vor ihrer eigenen Hochzeit mit Graf Georg Zrínyi vermählt wurde, ist Esthers Geburt wohl in den Jahren um 1565 anzusetzen. Über ihre Ausbildung können nur Vermutungen angestellt werden. Im gereimten Nachruf auf ihre ältere Schwester, dem einzigen dieser Art im gesamten Werk, spricht sie Sophia (gest. 1604) als besondere Bezugsperson und Ratgeberin an. Sie erwähnt allgemein deren *hohen verstand* und ihre *khunstreiche hand*, ohne daß daraus jedoch nähere Informationen über den Bildungshorizont der Stubenbergschen Töchter gezogen werden können.[36] Die Chancen auf einen höheren Unterricht waren in Österreich für adelige Mädchen relativ gering, da die meisten Adelsschulen Knaben vorbehalten waren.[37] Esthers Aufzeichnungen lassen nichts von

---

[33] Vgl. hierzu Johann LOSERTH, Geschichte des Altsteirischen Herren- und Grafenhauses Stubenberg, Graz–Leipzig 1911, S. 205–219. Auch Constant von WURZBACH, Biographisches Lexikon des Kaiserthums Oesterreich, Bd. 40, Wien 1880, Stammtafel Stubenberg. Kurzer Abriß der Biographie der Esther von Gera bei Beatrix BASTL, Europas Aufbruch in die Neuzeit 1450–1650. Eine Kultur- und Mentalitätsgeschichte, Darmstadt 2002, S. 154–155.

[34] Vgl. Johann Baptist WITTING (Bearb.), Der niederösterreichische landständische Adel. T. 2 (J. Siebmacher's großes Wappenbuch 26) Nürnberg 1919, S. 276.

[35] LOSERTH, Geschichte (wie Anm. 33) S. 218; WITTING, Landständischer Adel (wie Anm. 34) S. 276; dagegen gibt HOHENECK, Löbl. Herren Herren Stände (wie Anm. 3), S. 145f. das Jahr 1585 an.

[36] Gerasches Gedächtnisbuch, fol. 10ʳ.

[37] Eine Ausnahme war die Adelsschule der ungarischen Familie Batthyány in Güssing, wo auch Mädchen erzogen wurden. Vgl. hierzu Helmut ENGELBRECHT, Geschichte des österreichischen Bildungswesens. Erziehung und Unterricht auf dem Boden Österreichs, Bd. 2: Das 16. und 17. Jahrhundert, Wien 1983, S. 78, 230.

tieferen Lateinkenntnissen spüren, sehr wohl aber von einer fundierten Auseinandersetzung mit der Bibel. Davon zeugen sowohl einzelne Schriftzitate als auch die eingestreuten Gedichte.[38] Die Verfasserin muß eine gründliche religiöse Unterweisung genossen haben, wie sie von lutherischen Theologen auch für Mädchen gefordert wurde.[39] Esther dürfte ihre Ausbildung wie die meisten protestantischen adeligen Frauen der Zeit zu Hause auf den Gütern der Eltern erhalten haben, vielleicht durch ihre Mutter, einen Prädikanten oder durch die Präzeptoren ihrer Brüder.

Esther war seit 1583 mit Hans Christoph von Gera (20. Jänner 1560 – 12. September 1609), Herrn von Arnfels, verheiratet. Er war der Sohn von Erasmus I. von Gera († 1567) und Maria Magdalena von Turzo. Nach dem frühen Tod seiner Eltern wurde er von den Vormündern Alexius Thurzo, Wilhelm und Franz von Gera großgezogen. Gemeinsam mit seinem Bruder Karl sowie Georg von Stubenberg absolvierte er ab 1571, wie häufig im innerösterreichischen Adel, ein vierjähriges Studium in Italien.[40] Ein Studienaufenthalt in Padua ist durch einen Eintrag in die Universitätsmatriken von Padua für das Jahr 1574 bezeugt.[41] Weitere drei Jahre verbrachte er in Frankreich und England. Nach seiner Rückkehr von dieser langen Kavalierstour 1578 wurde er zum Kämmerer am Innerösterreichischen Hof ernannt und erfüllte dieses Amt bis 1583.[42] Nach dem Tod seines Bruders Karl 1596 wurde er als alleiniger Herr der steirischen Besitzungen Arnfels

---

[38] Vgl. Gerasches Gedächtnisbuch, fol. 19ʳ; zu den Gedichten siehe weiter unten.

[39] Vgl. Anne CONRAD, „Jungfraw Schule" und Christenlehre. Lutherische und katholische Elementarbildung für Mädchen. In: Elke KLEINAU, Claudia OPITZ (Hrsg.), Geschichte der Mädchen- und Frauenbildung, Bd. 1: Vom Mittelalter bis zur Aufklärung, Frankfurt/M. 1996, S. 175–188, hier S. 178f.

[40] Ingrid MATSCHINEGG, Zum Universitätsbesuch der Innerösterreicher in der Frühen Neuzeit. In: France M. DOLINAR, u.a. (Hrsg.): Katholische Reform und Gegenreformation in Innerösterreich 1564–1628, Graz 1994, S. 513–522. Die Autorin bereitet eine große Monographie zum Thema, die im Rahmen der „Ius Commune"-Reihe erscheinen wird, vor.

[41] Ingrid MATSCHINEGG, Österreicher als Universitätsbesucher in Italien (1500–1630). Regionale und soziale Herkunft – Karrieren – Prosopographien, Phil. Diss. Graz 1999, S. 373. Eintrag in die Matriken von Padua am 7. Mai 1574.

[42] Leichenpredigt, fol. 20ʳ. Hans Christoph ist auch 1590 als Kämmerer ausgewiesen, siehe Viktor THIEL, Die innerösterreichische Zentralregierung (1564–1749). In: Archiv für österreichische Geschichte 105 (1917) S. 183.

und Oberwildon zum Regimentsrat ernannt. Dieses Amt versah er zwei Jahre. Hans Christoph heiratete 1583 mit Esther von Stubenberg in eines der führenden innerösterreichischen Adelsgeschlechter ein.[43]

Der landständische Prädikant Clemens Anomäus präsentierte Hans Christoph von Gera in der in Eschelberg u.a. vor den bäuerlichen Untertanen 1609 gehaltenen Leichenpredigt als idealtypischen „hausväterlichen" Grundherrn, der seine Untertanen „mit ainiger Newerung / weder in Steur / Robat / Dienst / Freygelt / noch andern nicht beschweret",[44] sondern die grundherrschaftlichen Abgaben beim „alten Herkommen" bewenden ließ. Andere – als Vergleich angeführte – schlechte Grundherrn hätten dagegen ihren Untertanen besonders seit dem niedergeschlagenen Bauernkrieg von 1594–97[45] mit „schwäre[n] newerungen",[46] die eindeutig gegen das von den Bauern eingeforderte alte Herkommen verstießen, belastet. Hans Christoph wurde am 12. April 1606 in den alten Herrenstand in Österreich ob der Enns aufgenommen und war seit 1608 in profilierter Position tätig. Er wurde zum Herrenstandsverordneten gewählt[47] und unterschrieb den Horner Bundbrief vom 10. Oktober 1608.[48] Hans Christoph von Gera starb am 12. September 1609 um 11 Uhr im Gefolge eines während der

---

[43] Siehe zu diesem Geschlecht LOSERTH, Geschichte (wie Anm. 33).

[44] Leichenpredigt, fol. 22^r. Eine Mitarbeit von Esther von Gera bei der Erstellung des biographischen Teils der Leichenpredigt ist wahrscheinlich.

[45] Für Niederösterreich Helmuth FEIGL, Der niederösterreichische Bauernaufstand von 1596/97 (Militärhistorische Schriftenreihe Heft 22) Wien 1972. Für Oberösterreich: Georg GRÜLL, Die Lage der Bauern am Ausgang des 16. Jahrhunderts. Abgaben und Leistungen im Lichte der Beschwerden und Verträge von 1597–1598, Linz 1969, S. 12–51. Die Eschelberger Untertanen beschwerten sich 1597 übrigens auch über das Freigeld (S. 31). Mit einer Kurzfassung der Ereignisse Siegfried HAIDER, Geschichte Oberösterreichs, Wien 1987, S. 192.

[46] Leichenpredigt, fol. 22^r.

[47] Zum landständischen Amt des Verordneten siehe Gerhard PUTSCHÖGL, Die landständische Behördenorganisation in Österreich ob der Enns vom Anfang des 16. bis zur Mitte des 18. Jahrhunderts. Ein Beitrag zur österreichischen Rechtsgeschichte, Linz 1978, S. 67–70.

[48] Johann WEISSENSTEINER, Die „Religionsbücher" der Stände des Landes ob der Enns in der Wiener Erzbischöflichen Bibliothek. Eine verschollen geglaubte Hauptquelle zur Geschichte der Reformation und Gegenreformation, besonders in Oberösterreich. In: Rudolf ZINNHOBLER, u.a. (Hrsg.), Kirche in bewegter Zeit. Beiträge zur Geschichte der Kirche in der Zeit der Reformation und des 20. Jahrhunderts. Festschrift für Maximilian Liebmann zum 60. Geburtstag, Graz 1994, S. 397.

Abbildung 2: Stammbuch von Erasmus dem Jüngeren von Starhemberg (1595–1664) mit dem Eintrag von Hans Christoph von Gera aus dem Jahr 1608 aus dem Oberösterreichischen Landesarchiv – Darstellung einer „Nachtmusik" vor städtischem Hintergrund.

Sitzung der obderennsischen Stände erlittenen Schlaganfalles.[49] Er wurde in der Schloßkapelle Eschelberg beigesetzt, nachdem ihm noch zuvor im Linzer Landhaus sowie in Eschelberg selbst durch den landständischen Prädikanten je eine Leichenpredigt gehalten wurde, die ihn – ganz im Sinne einer „oratio funebris" – als mustergültigen protestantischen Landadeligen auswies. Esther von Gera verschied gemäß der Grabtafel auf Schloß Eschelberg am 20. Oktober 1611.[50] Das Ehepaar hatte vier Söhne: Hans Christoph (geb. zwischen 1583–1585), Wolf (geb. 1586), Wilhelm (geb. verm. 1587) und als jüngsten Sohn Erasmus II. (geb. 1588); sowie drei Töchter: Esther, Felicitas (früh verstorben), Maria Susanna (ledig verstorben).[51] Der Sohn Eras-

---

[49] Grabplatte in der Schloßkapelle von Eschelberg: „HIER LIGT DER WOLGEBORN HERR HERR HANNS CHRISTOPH HERR VON GERA AUF ARNFELS ZU ESCHLBERG WAXENBERG UND MULDORF PFANDTHERR DER HERRSCHAFT FREISTATT FUR DUR. FERDINANDI ERTZHERTZOGEN ZU OSTERREICH GEWESTER RATH UND EINER LOBLICHEN LANDTSCHAFT DES ERTZHERTZOGTHUM OSTERREICH OB DER ENNS HERREN-STANDTS VERORDNETER WELCHER IN LINTZ DEN XII SEPTEMBRIS UM XI UHR MITTAGS DES MDCIX IARS IN GOTTSEELIGCLICH VERSCHIEDEN DEME UND UNS ALLEN GOTT DER ALLMECHTIGE AM IUNGSTEN TAG EIN FRÖLICHE AUFERSTEUNG VERLEICHEN WOLLE. AMEN. MDCIX."

[50] Grabplatte in der Schloßkapelle von Eschelberg: „HIER LIGT BEGRABEN DIE WOLGEBOREN FRAU FRAU ESTER FRAU VON GERA EIN GEBORN HERRIN VON STVBENBERG WITFRAU WOL IHR DEN 20. TAG OCTOBRIS VMB 4 UHR NACHMITTAG IM 1611 IAR IN CHRISTO SELIGCLICH VON DISER WELT ABGESCHIEDEN DERN GOTT AM IUNGSTEN TAG EIN FROLICHE AUFERSTEUNG GENEDIGCLICH VERLEICHEN WOLLE. AMEN." Siehe mit einer systematischen Übersicht zu Grabdenkmälern in der Frühen Neuzeit Andreas Hermenegild ZAJIC, „Zu ewiger gedächtnis aufgericht". Grabdenkmäler als Quelle für Memoria und Repräsentation von Adel und Bürgertum im Spätmittelalter und in der Frühen Neuzeit. Das Beispiel Niederösterreich. Phil. Diss. Wien 2001; Thomas WINKELBAUER, Tomáš KNOZ, Geschlecht und Geschichte. Grablegen, Grabdenkmäler und Wappenzyklen als Quellen für das historisch-genealogische Denken des österreichischen Adels im 16. und 17. Jahrhundert. In: Joachim BAHLCKE, Arno STROHMEYER (Hrsg.), Die Konstruktion der Vergangenheit. Geschichtsdenken, Traditionsbildung und Selbstdarstellung im frühneuzeitlichen Ostmitteleuropa (ZHF Beiheft 29) Berlin 2002, S. 129–177.

[51] Gemäß der Leichenpredigt für Hans Christoph von Gera, siehe Anhang. Die Predigten werden erwähnt bei C. F. BAUER, Die evangelische Landschaftsschule in Linz a. D. In: Jahrbuch für die Geschichte des Protestantismus in Österreich 45/56 (1925) S. 71f.

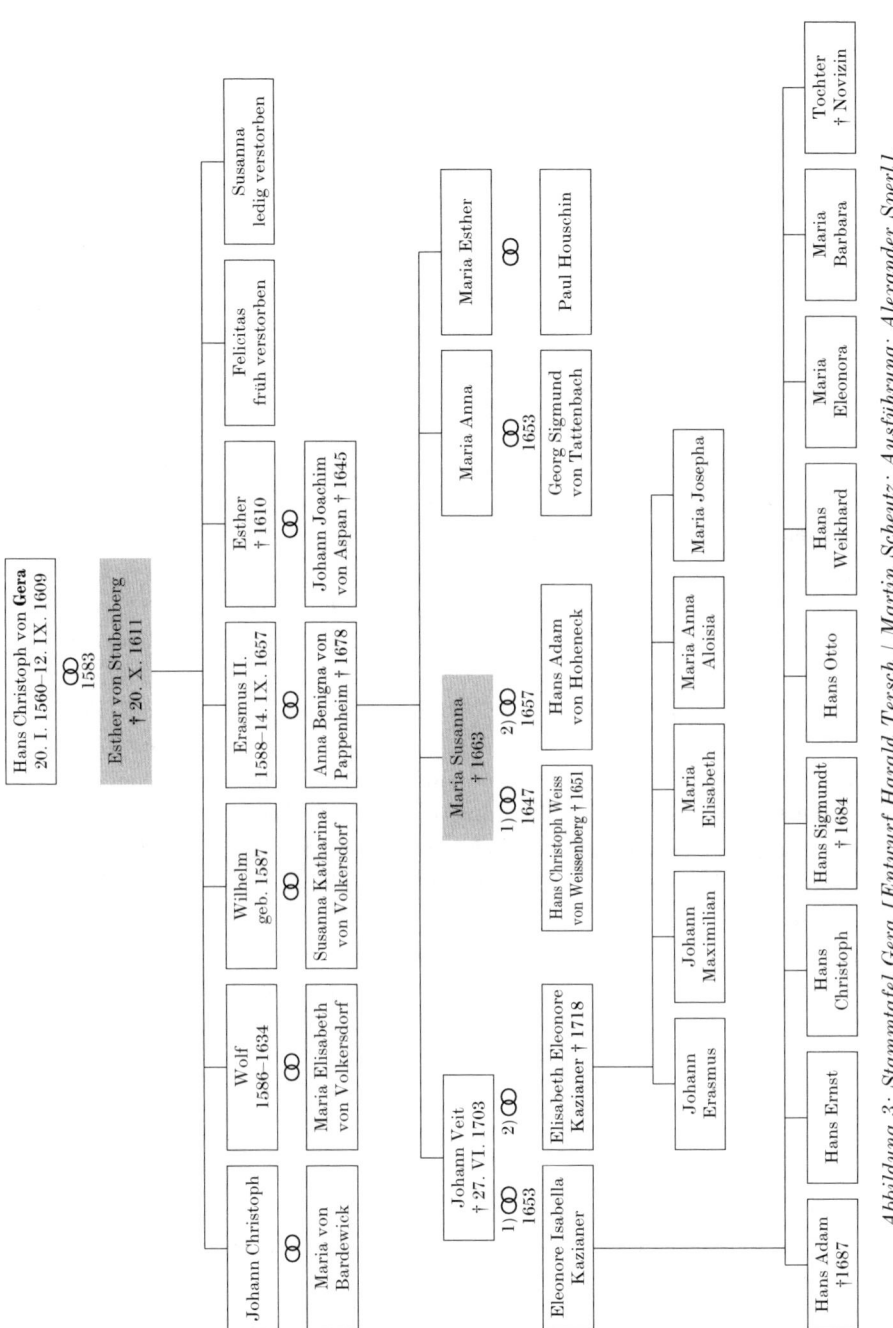

Abbildung 3: Stammtafel Gera [Entwurf Harald Tersch / Martin Scheutz; Ausführung: Alexander Sperl].

mus II. (gest. 1657) heiratete jene Anna Benigna Gräfin von Pappenheim, die in der Überlieferung als Verfasserin des „Geraschen Gedächtnisbuches" angesehen wurde.

2.2. Bausteine zur Familiengeschichte der steirisch-oberösterreichischen Linie der Gera

Unsere Kenntnis über das Adelsgeschlecht der Gera, das seit dem Spätmittelalter in Kärnten (Straßfried) ansässig war und sich später in verschiedenen Linien in Nieder-, Oberösterreich und der Steiermark niederließ, ist gering. Wenige archivalische Zeugnisse dieser Familie finden sich in den verschiedenen Landesarchiven bzw. genealogischen Verzeichnissen der Vergangenheit und Gegenwart.[52] Das Zedlersche Universallexikon verzeichnet unter dem Stichwort „Gera": „ein vornehmes Freyherrliches Geschlecht in der Steyermarck in Kärndten, welche einige von denen Grafen Reussen, Herren zu Gera; andere aber mit besserem Grunde aus Ost-Francken herleiten. Denn es hat der Bischoff zu Bamberg A. 1471. Georgium, Herrn von Gera, in Kärnthen geschickt, und zum Statthalter derer darinnen liegenden Bambergischen Güter gemacht; dessen Nachkommen haben sich zu denen Zeiten Kaysers Ferdinandi I. in Oesterreich niedergelassen, und in etliche Linien ausgebreitet".[53] Der bedeutende landständische Historiker und obderennsische Genealoge Johann Adam von Hoheneck (1669–1754), der aufgrund seiner verwandtschaftlichen Beziehungen zur Familie besonderes Interesse an diesem Geschlecht hatte, berichtet ebenfalls von der ostfränkischen Herkunft der Familie Gera, und andere Genealogen wie etwa Franz Karl Wißgrill (1737–1803) oder Johann Kirnbauer von Erzstätt (1854–1906) referieren – von Hoheneck abhängig – diese Genese.[54] Über die Frühzeit der Familie Gera ist wenig bekannt, deut-

---

[52] Dieser Überblick stützt sich auf die bisher publizierte Literatur. Obwohl im Oberösterreichischen und Steiermärkischen Landesarchiv recherchiert wurde, konnten dort nur wenige Beiträge zur Familiengeschichte der Gera gefunden werden. Zu Straßfried siehe Herman WIESSNER, Burgen und Schlösser um Hermagor, Spittal, Villach. Wien 1967, S. 130.

[53] Johann Heinrich ZEDLER, Grosses Vollständiges Universal-Lexikon Bd. 10, Halle–Leipzig 1735, Sp. 1042.

[54] Franz Karl WISSGRILL, Schauplatz des landsässigen Nieder-Oesterreichischen Adels vom Herren- und Ritterstande von dem XI. Jahrhundert an, bis auf jetzige Zeiten, Bd. 3, Wien 1797, S. 266.

Abbildung 4: Schloß Waxenberg – aus: Georg Matthaeus VISCHER, Topographia Austriae Superioris modernae [...], o. O. 1674.

licher werden die wenigen Spuren erst in der ersten Hälfte des 16. Jahrhunderts. Das erste, auch quellenmäßig gut greifbare Mitglied der Familie, war Erasmus von Gera (1520 – 29. September 1567), der „Stamm-Vatter aller noch [1727] lebender Herren von Gera".[55] Er heiratete 1553 in erster Ehe Maria Magdalena, Tochter von Christoph Freiherrn Thurzo von Bethlenfalva,[56] und in zweiter Ehe 1564 Sara von Montfort (geborene Scherffenberg), die am 24. Oktober 1566 starb und in der Wiener Michaelerkirche beigesetzt wurde. Erasmus verborgte 1555 23.000 Gulden an Kaiser Ferdinand I. zur Einlösung von Stadt und Landgericht Pettau. Der Kaiser gewährte ihm 1560 für seine Dienste als Kämmerer, Hofkammerrat und als Pettauer Hauptmann 3000 Gulden jährliches Gnadengehalt.[57] Im Jänner 1563 wurde er zum Präsidenten der kaiserlichen Hofkammer und zum kaiserlichen Geheimen Rat ernannt.[58] Erasmus I. konnte den Besitz seines Geschlechtes wesentlich erweitern. Er erwarb gemeinsam mit seinem Bruder Wilhelm 1553 die vom Kaiser verpfändete oberösterreichische Herrschaft Waxenberg auf Lebenszeit um einen Betrag von rund 12.095 Gulden, wobei diese Verpfändung in der Folge auch auf die Leibeserben ausgedehnt wurde.[59] Ein Jahr später erlangte er das Umgeld, eine indirekte Steuer auf Wein und Getreide etc., und die Urbarsteuer des Marktes

---

[55] HOHENECK, Die Löbliche Herren Herren Stände, Teil 1 (wie Anm. 3) S. 145.

[56] Sie wird erwähnt bei der böhmischen Krönung Maximilians II. Siehe Friedrich EDELMAYER, Leopold KAMMERHOFER, Martin C. MANDLMAYR, Walter PRENNER, Karl G. VOCELKA (Hrsg.), Die Krönungen Maximilians II. zum König von Böhmen, Römischen König und König von Ungarn (1562/63), nach der Beschreibung des Hans Habersack, ediert nach CVP 7890 (FRA I/13) Wien 1990, S. 125.

[57] Walter ASPERNIG, Das ehemalige Freihaus und kaiserliche Hofspital in Wels, Pfarrgasse 15. In: Jahrbuch des Musealvereins Wels 21 (1977/78) S. 67–68. Am 20. Mai 1588 verlieh Kaiser Ferdinand I. ihm das ehemalige „Jörger"-Freihaus in Wels.

[58] Thomas FELLNER, Heinrich KRETSCHMAYR, Die Österreichische Zentralverwaltung. 1. Abteilung: Von Maximilian I. bis zur Vereinigung der Österreichischen und Böhmischen Hofkanzlei (1749). 2. Band. Aktenstücke 1491–1681 (Veröffentlichungen der Kommission für Neuere Geschichte Österreichs Bd. 6) Wien 1907, S. 162–163, 166, 169, 173, 177, 181, 184: Erasmus von Gera läßt sich im Hofstaatsverzeichnis Ferdinands I. von 1550–1559 und von 1563–1564 (?) als Hofkammerrat nachweisen. Als Hofzahlmeisteramtskontrollor fungierte er zwischen 1544–1550.

[59] Wilhelm GÖTTING, Georg GRÜLL, Burgen in Oberösterreich, Wels 1967, S. 274.

Abbildung 5: Schloß Eschelberg (OÖ.) – aus: Georg Matthaeus VISCHER, Topographia Austriae Superioris modernae [...], o. O. 1674.

Ottensheim auf Lebenszeit. Mit Schuld- und Pfandbrief vom 1. Dezember 1562 über 24.010 Gulden (sowie 15.000 Gulden Baugeld) verpfändete der Kaiser Schloß und Herrschaft Freistadt an Erasmus von Gera. Die Güter der beiden Söhne von Erasmus I., des kinderlos verstorbenen Karl († 4. März 1596)[60] und Hans Christophs (1560–1609), wurden von Vormündern verwaltet. Erst 1583 war Karl von Gera großjährig und konnte das steirische und oberösterreichische Erbe antreten.[61] Seit der Freiherrenbestätigung vom 5. Dezember 1589 nannte sich die Familie „edle Herren von Gera."[62]

Die Herrschaft Arnfels als der Hauptsitz der Gera in der Steiermark war ursprünglich habsburgischer Besitz, der, unterbrochen durch Kämpfe mit den Ungarn, ab 1490 wieder an den Kaiser zurückfiel. Die Herrschaft wechselte im Laufe des 16. Jahrhunderts mehrmals den Pfandinhaber. Zu dieser kleinen Herrschaft gehörten 1558 198 Untertanen.[63] Der Bruder des Erasmus I., Wilhelm von Gera († 1600), einer der Führer der protestantischen Adeligen in der Steiermark,[64] ließ Teile von Arnfels 1563 – wie ein Inschriftenrest beim Eingangstor belegt[65] – zumindest teilweise erneuern und kaufte die Herrschaft, die er bereits pfandweise innehatte, schließlich 1575 von Erzherzog Karl.[66] Zudem besaß Wilhelm seit 1591 ein Haus in der Grazer Sackstraße (heute Nr. 16, Landesmuseum Joanneum, Neue Galerie), das er, wie eine erhalten

---

[60] Siehe zu seinem in Schloß Eferding aufbewahrten Totenschild aus dem Jahr 1596 den Ausstellungskatalog: Der oberösterreichische Bauernkrieg 1626 (Linz 1976) Katalogteil I/8.

[61] ASPERNIG, Das ehemalige Freihaus (wie Anm. 57) S. 68.

[62] Karl Friedrich von FRANK, Standeserhebungen und Gnadenakte für das Deutsche Reich und die Österreichischen Erblande, Bd. 2, Senftenegg 1970, S. 82.

[63] Herwig EBNER, Burgen und Schlösser Graz, Leibnitz, West-Steiermark, Wien 1967, S. 15. Im Jahr 1580 fand in Arnfels auch ein Hexenprozeß statt, siehe Fritz BYLOFF, Hexenglaube und Hexenverfolgung in den österreichischen Alpenländern, Berlin 1934, S. 48.

[64] Zur Rolle des Wilhelm von Gera am „zerstossenen" Landtag von 1591 Johann LOSERTH, Der Huldigungsstreit nach dem Tode Erzherzog Karls II. 1590–1592 (Forschungen zur Verfassungs- und Verwaltungsgeschichte der Steiermark, Bd. 2) Graz 1898, S. 65, 70, 72 und 90.

[65] Eberhard HEMPEL, Eduard ANDORFER (Hrsg.), Die Kunstdenkmäler Österreichs. Steiermark (Dehio-Handbuch) Wien 1956, S. 21.

[66] Franz HUTER (Hrsg.), Handbuch historischer Stätten. Bd. 2: Alpenländer und Südtirol (Stuttgart 1966) 25. Wilhelm von Gera wird auch als Besteller eines Uhrwerks für den Grazer Uhrturm genannt, siehe Fritz POPELKA, Geschichte der Stadt Graz, Bd. 1, Graz 1959, S. 295.

gebliebene Baurechnung belegt, gründlich renovieren und ausbessern ließ.[67] Dieses Haus wurde von seiner Witwe, Elisabeth von Scherffenberg, 1602 wieder veräußert. Wilhelm von Gera hatte zwischen 1578 und 1582 das für die Landstände äußerst wichtige Hofkriegszahlmeisteramt inne.[68]

Die Familie Gera gehörte zu den in der ständischen Politik aktiven steirischen Herrenstandsgeschlechtern, die sich, wie die Beispiele Erasmus I. oder Wilhelm von Gera zeigen, stark in konfessionellen Angelegenheiten engagierten und die ständische Politik mitprägten.[69] Am 15. Februar 1600 suchten die Verordneten der steirischen Stände bei Erzherzog Ferdinand an, „damit der selige Herr Wilhelm von Gera in seinem zugerichteten Ruhebett in der Kirche von Arnfels konduziert werden möchte".[70] Dieser Bitte nach Beisetzung des protestantischen Adeligen dürfte entsprochen worden sein, sodaß sich heute das Grabdenkmal mit der knieenden Figur des Wilhelm von Gera bei der Treppe zur Orgelempore der Arnfelser Pfarrkirche befindet.[71] Die Familiengeschichte der Gera ist – wie das oben zitierte ständische Ansuchen zeigt – überschattet von der beginnenden Gegenreformation in Innerösterreich und vom Dualismus Landesfürst – Stände am Ende des 16. und beginnenden 17. Jahrhunderts.

In der für Hans Christoph von Gera 1609 im oberösterreichischen Eschelberg gehaltenen Leichenpredigt wird vom Prädikanten Clemens

---

[67] Wiltraud RESCH, Die Kunstdenkmäler der Stadt Graz. Profanbauten (Österreichische Kunsttopographie 53), Wien 1997, S. 490.

[68] THIEL, Die innerösterreichische Zentralverwaltung (1564–1749) (wie Anm. 42) S. 57.

[69] Günter SCHOLZ, Ständefreiheit und Gotteswort: Studien zum Anteil der Landstände an Glaubensspaltung und Konfessionsbildung in Innerösterreich (1517–1564), Frankfurt/M. 1994, S. 237. Wilhelm von Gera stand den Prädikanten, die häufig Stein des Anstosses zwischen Landesfürst und Adel waren, durchaus kritisch gegenüber, siehe Helmut J. MEZLER-ANDELBURG, Epochen steirischer Kirchengeschichte. In: Berthold SUTTER (Hrsg.), Die Steiermark. Land. Leute. Leistung, Graz 1971, S. 445.

[70] Johann LOSERTH: Akten und Korrespondenzen zur Geschichte der Gegenreformation in Innerösterreich unter Ferdinand II. Erster Teil (FRA II/58) Wien 1906, S. 717. Siehe den Überblick von Regina PÖRTNER: The Counter-Reformation in Central Europe. Styria 1580–1630, Oxford 2000.

[71] Kurt WOISETSCHLÄGER, Peter KRENN (Hrsg.), Die Kunstdenkmäler Österreichs. Steiermark, Wien 1982, S. 21.

Anomäus († 1611)[72] das Leben des Verstorbenen kurz resümiert und angeführt, daß er seine steirischen Güter verließ, weil „die Verfolgung wegen der Religions continuirt, daselbst seine Güter mit grossen schaden verkaufft / vnnd dahinden gelassen"[73] und daß er deshalb seinen Herrschaftsschwerpunkt ins Land ob der Enns verlegte. Mit dem Regierungsantritt Ferdinands von Innerösterreich 1596 verschärften sich die gegenreformatorischen Maßnahmen merklich. Es gelang den innerösterreichischen Ständen anläßlich der Huldigung zum Regierungsantritt von Ferdinand II. nicht, ihre Rechte auf freie Religionsausübung an die landständische Huldigung zu koppeln. Diese konfessionellen Zwistigkeiten haben auch die weitere Entwicklung dieses Herrenstandgeschlechtes mitbestimmt.

Die protestantische Herrschaft Arnfels bzw. deren Untertanen bekamen die eingeleitete Gegenreformation bald zu spüren. Die erste Visitationsreise des Seckauer Bischofs Martin Brenner (1585–1615) durch seine Diözese führte ihn 1585 auch nach Arnfels (Filialkirche von St. Johann im Seggautal), wo sehr zum Mißfallen des Bischofs ein „apostasierter" Priester lutherische Gottesdienste abhielt, die lutherischen Adeligen der Umgebung (darunter wohl auch die Familie Gera) besuchte und dort das Abendmahl spendete.[74] Die seit 1599/1600 durch Innerösterreich ziehende, mit Militär eskortierte Reformationskommission kam auch nach Arnfels, verbrannte dort die in den Häusern gefundenen „lutherischen" Bücher und zerstörte den evangelischen Friedhof. Die protestantische Arnfelser Kirche wurde mit Gewalt eingenommen und dem katholischen Pfarrer von St. Johann im Seggautal übergeben.[75] In Arnfels, also dem Herrschaftsgebiet der Gera, sollte auch am 18. September 1600 ein Treffen der steirischen, Krainer und Kärntner Landesausschüsse erfolgen, um über weitere Vorgangsweisen, etwa die Entsendung einer Legation an den Kaiser mit der

---

[72] Ludwig RUMPL, Die Linzer Prädikanten und evangelischen Pfarrer. In: Historisches Jahrbuch der Stadt Linz 1969 (1970) S. 193.

[73] Leichenpredigt, fol. 20ᵛ.

[74] Leopold SCHUSTER, Fürstbischof Martin Brenner. Ein Charakterbild aus der steirischen Reformations-Geschichte, Graz 1898, S. 206.

[75] SCHUSTER, Martin Brenner (wie Anm. 74) S. 453; Rudolf HÖFER, Bischof Martin Brenner von Seckau als Gegenreformator und katholischer Reformer. In: DOLINAR, u.a. (Hrsg.), Katholische Reform (wie Anm. 40) S. 29.

Abbildung 6: Burg Arnfels (Stmk.) – aus: Georg Matthaeus VISCHER, *Topographia ducatus Stiriae [...], o. O. 1681.*

Beschwerde der innerösterreichischen Stände, zu beraten.[76] Erzherzog Ferdinand II. von Innerösterreich verbot in Mandaten des Jahres 1601 das private Lesen von evangelischen Erbauungbüchern und verlangte die Ausweisung aller evangelischer Prädikanten, Lehrer, Präzeptoren, Schreiber und Schulmeister. In einem neuerlichen Mandat von 1603 versuchte er auch das „Auslaufen" der Predigtbesucher in andere Länder zu unterbinden. Es wandte sich an alle Landesbewohner – Bauern, Bürger, Ritter und Herren.[77] In einer im Oktober 1603 verfaßten Beschwerdeschrift der steirischen, Kärntner und Krainer Stände gegen die Einschränkung der Religionsausübung selbst außerhalb des Landes boten die davon betroffenen Ständemitglieder einen Abzug aus Innerösterreich gegen Entschädigung für die im Land besessenen Güter an.[78] Zu den Unterzeichnern zählte auch Hans Christoph von Gera.

Der steirische Zweig der Gera dürfte den Ernst der politischen Lage – noch lange vor der 1628 endgültig gefällten landesfürstlichen Anordnung für Innerösterreich über Konversion oder Emigration – früh erkannt haben und zog nach dem verlustreichen[79] Verkauf seiner in der Steiermark gelegenen Güter 1604 nach Oberösterreich, wo die Situation günstiger erschien.[80] Die Herrschaft Arnfels wurde an Hans Friedrich von Mörsperg verkauft (696 lb 12 den. Gülten).[81] Die steirischen

---

[76] Johann LOSERTH, Akten und Korrespondenzen zur Geschichte der Gegenreformation in Innerösterreich unter Ferdinand II. Zweiter Teil (FRA II/60) Wien 1907, S. 39.

[77] Vgl. z.B. Georg LOESCHE, Geschichte des Protestantismus im vormaligen und im neuen Österreich, Wien 1930; Grete MECENSEFFY, Geschichte des Protestantismus in Österreich, Wien 1956, S. 71–82; Gustav REINGRABNER, Protestanten in Österreich. Geschichte und Dokumentation, Wien 1981; auch den Sammelband von France M. DOLINAR u.a. (Hrsg.), Katholische Reform (wie Anm. 40).

[78] LOSERTH, Akten und Korrespondenzen (FRA II/60) (wie Anm. 76) S. 311–312.

[79] Leichenpredigt, fol. 21ʳ.

[80] Georg GRÜLL, Burgen und Schlösser im Mühlviertel, Wien 1962, S. 20–21; Franz SEKKER, Burgen und Schlösser. Städte und Klöster Oberösterreichs, Linz 1925, S. 62–64. Zum Streit von Hans Christoph von Gera mit dem Propst von St. Florian um den Pfarrer von Walding (1586–1603) Karl EDER, Glaubensspaltung und Landstände in Österreich ob der Enns 1525–1602, Bd. 2, Linz 1936, S. 376.

[81] Robert BARAVALLE, Burgen und Schlösser der Steiermark. Eine enzyklopädische Sammlung der steirischen Wehrbauten und Liegenschaften, die mit den verschiedensten Privilegien ausgestattet waren, ND Graz 1995, S. 312.

Gera übersiedelten nach diesem Verkauf endgültig ins Land ob der Enns, wo schon davor der 1560 erworbene Herrschaftssitz, die kleine, 1594 noch als Fluchtort genannte Burg Eschelberg,[82] sukzessiv als neuer Herrschaftsmittelpunkt ausgebaut worden war. Ein Stein mit dem Wappen[83] der Gera in Eschelberg am Hauptgebäude der Festung weist die Jahreszahl 1598 auf und deutet auf umfangreiche Baumaßnahmen in dieser Zeit hin. Das Vorgebäude in Eschelberg, das sogenannte „Pflegerstöckl" als zusätzliche bauliche Erweiterungsmaßnahme, dürfte ebenfalls aus der Zeit um 1600 datieren. Die Gera besaßen in Oberösterreich zusätzlich schon seit 1553 die große Herrschaft Waxenberg und die seit 1562 verpfändete Herrschaft Freistadt, sodaß nach dem Verkauf der steirischen Besitzungen um Arnfels ein intakter, neuer Herrschaftskomplex im Mühlviertel zur Verfügung stand.[84] Die Auswanderung bedeutete keinen völligen politischen Bruch, da die Familie Gera noch 1605 von Erzherzogin Maria in Freistadt besucht wurde und Esthers Mann anschließend im Geleit der Erzherzogin

---

[82] Johann Heinrich ZEDLER, Grosses vollständiges Universal-Lexikon Bd. 8, Halle–Leipzig 1734, Sp. 1860: „Eschelburg / oder Eschelberg / ein Schloß, nebst einer Herrschafft, im so genannten Mühl-Viertel, in Ober-Oesterreich, 3 Meilen von Lintz".

[83] HOHENECK, Die Löbliche Herren Herren Stände, Theil 1 (wie Anm. 3) S. 139: „Das Wapen der Herren von Gera ist ein quartirter Schild / dessen erstes und viertes Feld weiß / darinnen auf einem schwartzen dreyeckigen Hügl eine rothe Gabel erscheinet (welches daß alte Geraische Stammen-Wapen vorstellet) in dem anderten und dritten Feld ist ein in schwartz und gelb zertheiltes Hierschgeweich in weissen Grund zusehen. Welches das Schedlische einer abgestorbenen Kärntnerischen Familia Wapen gewesen / und Herr Joannes von Gera mit Fräulen Margaretha Herrn Geörg Schedls und Margaretha von Edling Tochter ererbet. Auf diesem Schild seyn zwey gekrönte offene Turnier-Helm / davon der erste die in dem Schild beschriebene auf einen / dreyeckigen schwartzen Hügl stehende rothe Gabel zwischen zweyen einwärths gekehrten durch die Mitten zertheilten Adlersflügen (davon die erstere oben schwartz und unten gelb / die andere aber oben roth und unten weiß ist) führet / mit einer von roth und weiß gemischten Helmdecken umbgeben / und zu dem Geraischen Stammen-Wapen gehörig. Der anderte Schild hat die helffte des Leibs einer mit gelb oder gold gekleideten und gecrönten Jungfrauen / auß dero Haubt zwischen der Cron die im Schild beschriebene Schedlische zwey Hierschgeweich hervor ragen / die davon abhangende Helmdecken aber in gelb und schwartz getheilt ist."

[84] Georg GRÜLL, Der Bauer im Lande ob der Enns am Ausgang des 16. Jahrhunderts. Abgaben und Leistungen im Lichte der Beschwerden und Verträge von 1597–1598, Linz 1969, S. 64.

Anna zu deren Vermählung nach Polen reiste.[85] Die Kontakte zum innerösterreichischen Herrscherhaus blieben also offensichtlich aufrechterhalten.

Die Geschichte der insgesamt sieben Kinder von Hans Christoph und Esther von Gera ist gleichzeitig auch eine Geschichte der erfolgreichen Durchsetzung der Gegenreformation in den österreichischen Erbländern.[86] Die im Land ob der Enns eingewanderte Familie der Gera scheint schnell Zugang zu den wichtigen landständischen Ämtern gefunden zu haben und konnte sich auch gesellschaftlich rasch im oberösterreichischen Herrenstand etablieren.[87] Bereits 1609 – also nur wenige Jahre nach der endgültigen Auswanderung aus Innerösterreich – überreichte Maria Susanna, eine Tochter von Esther von Gera, während der Linzer Huldigung der Stände an Erzherzog Matthias einen „Dank". König Matthias hatte im Ringel- und Quintanarennen einen Preis errungen und wurde gefragt, von welcher Dame er diesen Preis überreicht bekommen wollte, worauf er als besondere Auszeichnung Esther (d. J.) von Gera erwählte.[88] Hans Christoph (d. J.) von Gera konnte 1614 die Herrschaft und Burg Waxenberg um 330.000 Gulden als freies Eigentum vom Kaiser endgültig erwerben, sodaß die Familie Gera damit zwei große Besitzungen im Mühlviertel besaß (daneben noch Eschelberg).[89] In einem Herrschaftsverzeichnis aus dem Jahr 1620/25 wiesen die Güter der Erben von Hans Christoph von Gera 114 Untertanen auf.[90]

Mit der Verpfändung des Landes ob der Enns an die Bayern 1620 und der für die Kaiserlichen siegreichen Schlacht am Weißen Berg wurde die Situation für die protestantischen Adeligen schwieriger, die

---

[85] Gerasches Gedächtnisbuch, fol. 11^r und 12^r.

[86] Siehe für Innerösterreich den Beitrag von Karl AMON und für Nieder- und Oberösterreich Walter ZIEGLER in: Anton SCHINDLING, Walter ZIEGLER (Hrsg.), Die Territorien des Reichs im Zeitalter der Reformation und Konfessionalisierung. Land und Konfession 1500–1650. Bd. 1: Der Südosten, Münster 1992, S. 103–116, 119–133.

[87] Siehe zum oberösterreichischen Adel vor allem Georg HEILINGSETZER, Zwischen Bruderzwist und Aufstand in Böhmen. Der protestantische Adel des Landes ob der Enns zu Beginn des 17. Jahrhunderts. In: Bernd EULER-ROLLE (Hrsg.), Schloß Weinberg im Lande ob der Enns, Linz 1991, S. 73–117.

[88] Johann Adam von HOHENECK, Die Löbliche Herren Herren Stände, Erster Theil (wie Anm 3) S. 146.

[89] GÖTTING, GRÜLL, Burgen in Oberösterreich (wie Anm. 59) S. 274.

[90] Georg GRÜLL, Der Bauer im Lande ob der Enns (wie Anm. 84) S. 62.

41

Religionsfreiheit wurde eingeschränkt. Die förmliche Übertragung des Landes an den bayerischen Statthalter im März 1621 leitete eine Verhaftungswelle unter den führenden protestantischen Adeligen ein. Die Brüder Erasmus II. von Gera (1588 – 14. September 1657) und Wolf (1586–1634) wurden vom bayerischen Statthalter Adam Graf Herberstorff (1585–1629) auf der Linzer Burg ebenso gefangen gesetzt wie beispielsweise auch Gundaker und Heinrich Wilhelm von Starhemberg oder Gotthard von Scherffenberg.[91] Nach Protesten der oberösterreichischen Stände beim Kaiser wurden einige der gefangenen Adeligen wieder freigelassen. Die genaue Zeit der Freilassung der Brüder Gera ist allerdings nicht zu eruieren. Der Pfandherrschaftsbesitz von Freistadt dürfte der Familie damals entzogen worden sein, weil das Gut als Rebellengut eingezogen wurde.[92] Am 7. Jänner 1624 wurde der zu diesem Zeitpunkt vermutlich bereits konvertierte Erasmus von Gera, der auch „Kurfürstlicher Durchlaucht in Bayern bestellter obrister Leutenant" im Regiment Herberstorffs war, zum Schwiegersohn des bayerischen Statthalters, weil er dessen Stieftochter Anna Benigna von Pappenheim († 1678) ehelichte.[93] Die zukünftige Entscheidung über den weiteren Verbleib der Gera in Oberösterreich war an die Frage der richtigen Konfession und damit im Sinne der Gegenreformation an den nachtridentinischen Katholizismus gekoppelt. Erasmus II. von Gera, der ebenso wie seine Brüder Studienaufenthalte in Italien absolviert hatte,[94] entschied sich für eine – politisch bedingte – Konversion[95] zum Katholizismus, während seine Brüder Hans Christoph, Wolf und Wilhelm protestantisch blieben und somit wie viele

---

[91] Hans STURMBERGER, Adam Graf Herberstorff. Herrschaft und Freiheit im konfessionellen Zeitalter, Wien 1976, S. 118. Siehe zur Beteiligung von Erasmus an der landständischen Verteidigung des Pyhrn-Passes Heinrich WURM, Die Jörger von Tollet, Graz 1955, S. 172.
[92] GRÜLL, Burgen und Schlösser im Mühlviertel (wie Anm. 80) S. 28.
[93] STURMBERGER, Adam Graf Herberstorff (wie Anm. 91) S. 121.
[94] MATSCHINEGG, Österreicher als Universitätsbesucher (wie Anm. 41) S. 373–374: Eintragungen in Matriken: Erasmus II. von Gera am 29. Juni 1607 in Siena, im April 1609 in Padua; Wolf von Gera am 29. Juni 1607 in Siena, im April 1609 in Padua; Wilhelm von Gera am 15. Juni 1608 in Padua, am 30. April 1610 in Siena.
[95] Siehe den Versuch einer Konversionstypologie bei Thomas WINKELBAUER, Fürst und Fürstendiener. Gundaker von Liechtenstein, ein österreichischer Aristokrat des konfessionellen Zeitalters (MIÖG Ergänzungsbd. 34) Wien 1999, S. 85–158.

andere protestantische Adelige spätestens 1627 das Land zu verlassen hatten. In vielen Familien mußte sich ein Familienmitglied für den katholischen Glauben entscheiden, um den Besitz für die Familie zu sichern, der ansonsten verlorengegangen wäre.[96] Wilhelm von Gera ließ sich 1629 einen Paß für Sachsen ausstellen. Er gehörte damit zur ersten Welle der Exulanten aus den Erbländern, die sich auf ihrer konfessionell bedingten Migrationsbewegung nach Sachsen wandten.[97] Erasmus II. von Gera erwarb die Güter seiner emigrierten Brüder Hans Christoph, Wolf und Wilhelm. Auch die Brüder von Erasmus waren teilweise in der ständischen Verwaltung des Landes ob der Enns engagiert. Der profilierteste dürfte dabei Wolf von Gera gewesen sein, der ebenfalls in Italien studiert hatte. Er nahm am Jülich-Klevesche Erbfolgekrieg (1609–14) teil und wurde dort verwundet und gefangennommen. Im Jahr 1615 erwarb Wolf von Gera die kleine Mühlviertler Herrschaft Lichtenhag von seinem Schwager Hans Joachim von Aspan[98] „um ehehafter notturft willen" (Anschlag auf 8000 Gulden).[99] Später heiratete der überzeugte Protestant die Tochter des Oberösterreichischen Landeshauptmannes Wolf Wilhelm von Volkersdorf, Susanna Catharina; seit 1620 war er Verordneter des oberösterreichischen Herrenstandes.[100] Er wurde in dieser Funktion 1625 suspendiert und 1628 durch seinen katholischen Bruder Erasmus II. von Gera ersetzt, der das Amt bis 1631 versah.[101] Wolf von Gera emigrierte nach Nürnberg und starb 1634 in Straßburg.[102] Wilhelm von Gera heiratete ebenfalls eine Volkersdorf, nämlich Maria Elisabeth, sodaß damit beide Brüder in eines der führenden obderennsischen Adels-

---

[96] STURMBERGER, Adam Graf Herberstorff (wie Anm. 91) S. 336.

[97] Werner Wilhelm SCHNABEL, Österreichische Exulanten in oberdeutschen Reichsstädten. Zur Migration von Führungsschichten im 17. Jahrhundert, München 1992, S. 129.

[98] GRÜLL, Burgen und Schlösser im Mühlviertel (wie Anm. 80) S. 62.

[99] GÖTTING, GRÜLL, Burgen in Oberösterreich (wie Anm. 59) S. 71.

[100] STURMBERGER, Adam Graf Herberstorff (wie Anm. 91) S. 185: Adam Graf Herberstorff zitierte am 27. September 1623 die ständischen Abgeordneten, darunter Wolf von Gera, zu sich, um ihnen Vorhaltungen wegen nichtausbezahlter Gelder zu machen.

[101] Franz X. STAUBER, Historische Ephemeriden über die Wirksamkeit der Stände von Österreich ob der Enns, Linz 1884, S. 93.

[102] Arnold LUSCHIN VON EBENGREUTH, Oesterreicher an italienischen Universitäten zur Zeit der Rezeption des römischen Rechts. In: Blätter des Vereins für Landeskunde von Niederösterreich 14 (1880) S. 252. Zu Straßburg siehe SCHNABEL, Österreichische Exulanten (wie Anm. 97) S. 101–102.

geschlechter eingeheiratet hatten. Sowohl Hans Christoph und Wolf als auch Wilhelm von Gera mußten vermutlich in den späten 1620er Jahren auswandern und starben im Exil: Hans Christoph heiratete nach Hoheneck „Maria von Bardewikh auß Holland".[103] Ähnlich erging es übrigens auch dem niederösterreichischen Zweig der Familie von Gera. Der „Hausvater" Wolf Helmhard von Hohberg (1612–1688) berichtet in seiner enzyklopädisch angelegten „Georgica Curiosa" mehrmals über seinen Erzieher Amandus von Gera († 1629), bei dem Hohberg mehrere Jahre seiner Jugend verbrachte.[104] Der protestantische Amandus gehörte zu denjenigen niederösterreichischen Adeligen, welche die Erbhuldigung verweigert hatten. Amandus von Gera wurde deshalb am 12. September 1620 geächtet und seine Güter Poysdorf und Klement konfisziert.[105] In einem Gutachten über sein Gnadengesuch 1623 wurde von den Kammerprokuratoren angeführt, daß Amandus auch an den Konventikeln der Rebellen teilgenommen und sogar für ein Hilfsansuchen an die Osmanen gegen den Kaiser gestimmt hatte. Vollständiger Pardon wurde ihm erst am 21. Mai 1624 zuteil.[106]

Doch zurück zum oberösterreichischen Zweig der Familie. Die Frau von Erasmus II. von Gera, Anna Benigna von Pappenheim, gewährte 1635 als besonderes Zeichen der neuen „Rechtgläubigkeit" der geflüchteten Subpriorin und drei Schwestern des vor Eichstätt gelegenen

---

[103] HOHENECK, Die Löbliche Herren Herren Stände, Erster Theil (wie Anm. 3) 146.

[104] Wolf Helmhard von HOHBERG, Georgica curiosa Aucta oder [...] des Adelichen Land- und Feld-Lebens Anderer Theil, Nürnberg 1704, S. 761–762 im Zusammenhang mit Wolfsgruben: „Ich weiß mich zu erinnern / daß einesmals zu Clement, im Viertel Unter-Mainhardsberg / bey meinem Vetter seeligen / Herrn Amandus von Gera / bey dem ich in meiner Jugend die Principia meines Studirens gelegt / und auf ein paar Jahr einen Paedagogum gehabt ...."

[105] Otto BRUNNER, Adeliges Landleben und Europäischer Geist. Leben und Werk Wolf Helmhards von Hohberg 1612–1688, Salzburg 1949, S. 37. Ein nicht näher genannter „Herr von Gera" – vermutlich aus dem niederösterreichischen Zweig der Familie – tritt 1615 als Verhandler zwischen den Osmanen und dem Kaiser auf, siehe Kovács József LÁSZLÓ: Die Chronik der Marx Faut und Melchior Klein (1526–1616) (Burgenländische Forschungen Sonderband XVII), Sopron, Eisenstadt 1995, S. 95–96.

[106] Ignaz HÜBEL, Die 1620 in Nieder- und Oberösterreich politisch kompromittierten Protestanten. In: Jahrbuch für die Geschichte des Protestantismus in Österreich 59 (1938) S. 48–49.

Augustinerinnnenklosters Mariastein ein Jahr lang in Eschelberg Unterkunft. Die Priorin Clara Staiger († 1656) schreibt unter dem 30. Mai 1635 in ihr Tagebuch: „ist schreiben von der fraue von Gera zu Linz komen, hat irer 4 bekannte begert [...] solches denen, so zu erhalten begert worden, anzaigt, die sich mit schmerzen darein ergeben".[107] Die mit Bettelbriefen versehenen Nonnen bettelten für den Wiederaufbau ihres Klosters in den von unmittelbaren Kriegshandlungen weitgehend verschont gebliebenen Erbländern.[108] Der zum Katholizismus konvertierte Erasmus II., seit 1628 obderennsischer Herrenstandsverordneter, half als Schwiegersohn der Witwe Herberstorffs bei der Abwicklung der schwierigen Erbschaft des hoch verschuldeten, 1629 verstorbenen bayerischen Statthalters.[109] So kaufte Erasmus 1631 von der Witwe das Weissenwolfsche Freihaus in Linz, das er bis zum 26. August 1642 innehatte und dann an die Jesuiten veräußerte.[110] Zudem wurde er zum kaiserlichen Kämmerer ernannt.[111] In den vierziger Jahren dürfte Erasmus II. in eine größere finanzielle Krise geraten sein. Er verkaufte nicht nur das Linzer Freihaus, sondern in kurzem Abstand auch seine Mühlviertler Besitzungen an Konrad Balthasar von Starhemberg: am 2. Jänner 1644 wurde Waxenberg verkauft, 1647 die

---

[107] Ortun FINA, Klara Staigers Tagebuch. Aufzeichnungen während des Dreißigjährigen Krieges im Kloster Mariastein bei Eichstätt, Regensburg 1981, S. 180: „suppriorin und S. Agnes haben wir zu der Fr. von Gera auff ir G. anerbietten sy zu untterhalten geschickt / Schwester Maria jacobe und Maria salome zum Closter samblen / das Fr. patent / sambt einer Obedientz geben." (10. Juni 1635). Siehe S. 182: Am 26. Juni 1635 „ist mir [Clara Staiger] ein schreiben von ingolstatt komen / das mir 100 fl. so uns die Frawe von Gera in wexel ericht sollen abholn /".

[108] Ida WALLNER, Clara Staiger. Ein Lebens- und Kulturbild aus dem 30jährigen Krieg, Bamberg 1957, S. 46–47. Siehe die Edition von FINA (wie Anm. 107) S. 204f.: „Sontag den 28. [Sept. 1636] ist unser baum. Hingezogen / unser subpriorin und schwester Agnes von Eschelberg bei Lincz auff dem Schloß zu holen / hab im an gelt zu einem vichkhauff geben 20 fl.". Der Ertrag der Betteleien betrug 2 Pferde und 52 Gulden (S. 206).

[109] STURMBERGER, Adam Graf Herberstorff (wie Anm. 91) S. 421, 426.

[110] Georg GRÜLL, Die Freihäuser in Linz, Linz 1955, S. 179–180, 272, 275. Nach 1653 und vor 1657 kaufte Erasmus auch noch das Kemeter Freihaus, das später von der Familie an Sigmund Balthasar von Kriechbaum verkauft wurde.

[111] HOHENECK, Die Löblichen Herren Herren Stände, Erster Theil (wie Anm. 3) S. 147.

Burg Eschelberg und am 21. März 1654 die Herrschaft Lichtenhag.[112] Die Familie Starhemberg baute aus dem Besitz Eschelberg, Lichtenhag und Rottenegg einen neuen Verwaltungskomplex auf.

2.3. Die zweite Hand

Aufgrund der zwei verschiedenen Schreiberhände kann die Autorenschaft von Esther von Geras Schwiegertochter Anna Benigna von Gera (geb. 1628), geborene von Pappenheim, für das Gesamtwerk ausgeschlossen werden. In der Forschung galt sie deswegen nur noch als Fortsetzerin des „Gedächtnisbuchs" für die Jahre 1628/1647 bis 1653.[113] Merkwürdigerweise wurde hierbei nicht in Betracht gezogen, daß die Fortsetzerin für den März 1653 die Hochzeit ihres Bruders erwähnt: *Den 11. diß hat mein lieber her bruder her Hanß Veith herr von Gera sein hohzeit gehabt [...].*[114] Hans Veit († 27. Juni 1703) war der einzige Sohn des Ehepaares Erasmus II. und Anna Benigna von Gera.[115]. Die Eintragungen dürften somit von einer geborenen und nicht einer eingeheirateten Gera stammen, und zwar von einer Tochter Anna Benignas. Die Verfasserin nennt ihre *libste frau mueder* mehrfach, aber nicht namentlich, z.B. anläßlich ihrer Geburt: *1628 den 20. Februarii, ein viertl vor 11 uhr in der nacht, bin ich geborn worden, hat mich auß der dauff gehebt meiner frau muter frau schwester, frau Maria Magtalena von Preissing, geborene grefin von Papenheim.*[116] Möglicherweise hat diese

---

[112] GÖTTING, GRÜLL, Burgen in Oberösterreich (wie Anm. 59) S. 71.
[113] BLITTERSDORFF, Aus dem Geraschen Gedächtnisbuche (wie Anm. 6) S. 713; ZIBERMAYR, Oberösterreichisches Landesarchiv (wie Anm. 2) S. 198; CORETH, Geschichtschreibung (wie Anm. 3) S. 129; Anna Hedwig BENNA, Aufstieg zur Großmacht. Vom Weißen Berg zur Pragmatischen Sanktion. In: Erich ZÖLLNER (Hrsg.), Die Quellen der Geschichte Österreichs, Wien 1982, S. 133–177, hier S. 165, Anm. 211. Auch in den Archivbehelfen des Oberösterreichischen Landesarchivs ist das Buch vor allem unter dem Namen Anna Benignas zu finden.
[114] Gerasches Gedächtnisbuch, fol. 32ᵛ. Vgl. Harald TERSCH, Österreichische Selbstzeugnisse des Spätmittelalters und der Frühen Neuzeit (1400–1650). Eine Darstellung in Einzelbeiträgen, Wien–Köln–Weimar 1998, S. 495.
[115] Alois (WEISS) VON STARKENFELS, Johann Evang. KIRNBAUER V. ERZSTÄTT (Bearb.), Der Oberösterreichische Adel (Siebmacher's Wappenbuch 4/5), Nürnberg 1904, S. 61.
[116] Gerasches Gedächtnisbuch, fol. 27ᵛ.

Stelle zu der irreführenden Identifizierung der Autorin geführt, sie bringt aber zum Ausdruck, daß nicht die Verfasserin selbst, sondern ihre Mutter eine geborene Gräfin Pappenheim war.
Der erwähnte Hans Veit von Gera war Truchseß Ferdinands III. und Kämmerer unter Leopold I. Außerdem bekleidete er 1665–1668 das Amt des Verordneten des Herrenstandes und war 1681 Präsident des obderennsischen ständischen Verordneten-Kollegiums. Er heiratete 1653 Eleonora Isabella Katzianer und in zweiter Ehe ihre Schwester. Der Zweig der oberösterreichischen Gera starb 1742/3 mit Johann Maximilian von Gera, der 1733 Präsident der obderennsischen Verordneten war, aus. Neben Hans Veit hatte das Ehepaar Erasmus und Anna Benigna drei Töchter: Maria Susanna, Maria Anna Franziska und Maria Esther. Maria Anna Franziska wird im „Geraschen Gedächtnisbuch" anläßlich ihrer Hochzeit mit Georg Sigmund von Tattenbach am 12. März 1653 genannt: *die einsegnung meiner freylin schwester Maria Anna Franzisga freyin von Gera.*[117] Maria Esther heiratete Paul Freiherrn von Houschin. Nach dem genauen Eintrag über den Zeitpunkt ihrer Geburt am 20. Februar 1628 vermerkt die Verfasserin ihre Verehelichung in der Kapelle zu *Weiting* am 10. September 1647. Gemeint ist damit wohl die Herrschaft Würting im Hausruckviertel, die seit 1604 im Besitz der Familie Weiß von Würting und Niederwallsee war.[118] Die Weiß dürften Ende des 16. Jahrhunderts im Kreditgeschäft und als Finanziers kaiserlicher Truppen aufgestiegen sein. Der aus einfachen Verhältnissen stammende Protestant Christoph Weiß († 27. Mai 1617)[119] wurde 1582 von Rudolf II. in den Adelsstand erhoben, besaß gegen Ende des 16. Jahrhunderts sogar die Burgvogtei Wels[120] und erhielt 1615 die Landmannschaft in Österreich ob der Enns. Der Nachfolger Christoph Ludwig Weiß († 30. Jänner 1623)

---

[117] Gerasches Gedächtnisbuch, fol. 32^v.

[118] Vgl. hierzu STARKENFELS, KIRNBAUER, Oberösterreichischer Adel (wie Anm. 115) S. 614f.

[119] Zu Christoph Weiß (dem Vater von Hans Christoph) siehe Herta HAGENEDER, Obderennsische Lebensbilder des 16. Jahrhunderts – Christoph Weiß und Johann Maximilian Lamberg. In: Oberösterreich 18 (1968) S. 58–60; DIES., Mitteilungen zur Geschichte der Burgvogtei Wels in der ersten Hälfte des 17. Jahrhunderts. In: Jahrbuch des Musealvereins Wels 9 (1962/63), S. 147–154.

[120] Zu Schloß Würting (seit 1604 im Besitz der Weiß) siehe Kurt HOLTER, Walter LUGER (Hrsg.), Die Kunstdenkmäler des Gerichtsbezirkes Lambach (Österreichische Kunsttopographie XXXIV) Wien 1959, S. 400–426.

Abbildung 7: Burg Lichtenhag (OÖ.) – aus: Georg Matthaeus Vischer,
Topographia Austriae Superioris modernae [...], o. O. 1674.

verstarb aber ebenfalls noch in jungen Jahren, sodaß das große Vermögen der Weiß von verschiedenen Vormündern verwaltet wurde. Hans Christoph Weiß wiederum wurde 1647 mit Maria Susanna von Gera verheiratet, wovon im „Geraschen Gedächtnisbuch" ausführlicher berichtet wird. Der 46-seitige Hauptteil des „Geraschen Gedächtnisbuches" stammt somit von Esther von Gera, die neunseitige Fortsetzung von ihrer Enkelin Maria Susanna.

Dem entspricht, daß zwischen den Eintragungen beider eine ganze Generation liegt, jene des Dreißigjährigen Krieges, während der auch die Konversion eines Teils der Familie zum Katholizismus stattgefunden haben muß. Maria Susannas Taufpatin Magdalena von Pappenheim war z.B. seit 1621 mit dem bayerischen Obristen Johann von Preising verheiratet, der sich im Zuge der bayerischen Pfandherrschaft in Oberösterreich niederließ.[121] Zur Zeit von Maria Susannas Geburt dürfte ihre Familie bereits dem „alten Glauben" angehört haben. In ihren Aufzeichnungen achtet die Fortsetzerin auf den Vollzug katholischer Riten, wenn sie etwa anläßlich des Todes ihres Mannes Kommunion und letzte Ölung erwähnt.[122]

Den Angaben Maria Susannas über den äußeren Verlauf ihres Leben kann nur wenig hinzugefügt werden. Als Hans Christoph Weiß seine Güter 1640 kraft der von Kaiser Ferdinand III. erteilten „venia aetatis" übernehmen durfte, lasteten bereits große Schulden auf seinen Gütern. Am 15. Juni 1651 erhob Ferdinand III. die Familie als Herrn „von Weissenberg" in den Freiherrnstand. Nach Hans Christophs Tod im selben Jahr übernahm die Witwe des Hochverschuldeten, Maria Susanna, ein schweres Erbe, wobei ihr Bruder Hans Veit von Gera zum Vormund des einzigen Sohnes Franz Christoph von Weissenberg bestellt wurde und bei der Eintreibung der großen Ausstände seines verstorbenen Schwagers mithalf. In zweiter Ehe ehelichte Maria Susanna von Gera 1657 Johann Adam von Hoheneck (1636–1682), den Vater des berühmten Landschaftsgenealogen.[123] Gemeinsam mit

---

[121] HOHENECK, Löbliche Herren Herren Stände, Bd. 2, (wie Anm. 3) S. 168f.
[122] Gerasches Gedächtnisbuch, fol. 29ᵛ.
[123] Vgl. auch STARKENFELS, KIRNBAUER, Oberösterreichischer Adel (wie Anm. 115) S. 129–131. Zur Genealogie siehe den Stammbaum bei DAVOGG, Hoheneck (wie Anm. 2) S. 130. Zur Position der Witwe zwischen „Selbstbehauptung und sozialem Abstieg" siehe als Fallbeispiel Jill BEPLER, Tugend- und Lasterspiegel einer Fürstin: die Witwe von Schöningen. In: L'Homme Z. F. G. 8/2 (1997), S. 218–231.

Abbildung 8: Schloß Würting (OÖ.) – aus: Georg Matthaeus VISCHER, Topographia Austriae Superioris modernae [...], o. O. 1674.

Hoheneck hatte sie drei Söhne, die jedoch alle die Kinderjahre nicht überlebten. Maria Susanna starb 1663 nur kurz vor ihrem ältesten Sohn Franz Christoph (1648–vermutl. 1665), mit dem auch die Familie Weissenberg verschwand. Dies ist hier insofern von Bedeutung, als das „Gerasche Gedächtnisbuch" vermutlich im Besitz von Maria Susannas zweitem Gemahl blieb.[124] Hoheneck erwarb auch jenes Schloß Schlüsselberg, auf dem später sein Sohn das für die Geschichte Oberösterreichs so bedeutende Archiv einrichtete.

---

[124] Aus dem Hoheneckschen Besitz stammen auch einige Aktenstücke aus Maria Susannas Nachlaß, z.B. eine Obligation für 300 Gulden, die sie von den Vormündern ihres Sohnes zu ihren *vorgefallenen hohen notturfften* bekommt (Oberösterreichisches Landesarchiv, Herrschaftsarchiv Schlüsselberg, Bd. 3, Nr. 9). Anders als ein Schreiben ihrer Schwester Maria Esther sind Susannas erhaltene Schriftstücke von Kanzleihand geschrieben. Die relativ sorgfältige und gleichbleibende Unterschrift Weissenbergs ist zwar in den Buchstabenformen, jedoch nur schwer im Duktus mit der Handschrift des Gedächtnisbuches vergleichbar.

3. SCHREIBTRADITIONEN

3.1. Diaristische Strukturen

Maria Susanna von Weissenberg endet ihre Aufzeichnungen ebenso abrupt, wie ihre Großmutter sie beginnt. Möglicherweise liegt mit dem erhaltenen Bändchen auch nur das Fragment einer viel größeren familiengeschichtlichen Arbeit vor. Vor allem die Notizen Esther von Geras setzen Mitte 1597 derart unvermittelt ein, daß an ältere Niederschriften in verlorenen oder unbekannten Überlieferungsträgern gedacht werden kann. Keine der beiden Diaristinnen fühlte sich genötigt, dem Werk einen Titel, ein Vorwort oder einen Exkurs voranzustellen, in dem sie ihre jeweiligen Motive und Absichten detailliert darlegen konnte. Der Schreibvorgang vollzieht sich vielmehr wie eine Selbstverständlichkeit, so daß der Zweck nicht explizit hinterfragt zu werden brauchte. Für Selbstzeugnisse des 16. und 17. Jahrhunderts wurden von der Forschung zahlreiche Schreibmotive herausgearbeitet. Aus dem Bereich der „subjektiven" Ziele wären zu nennen 1. die Selbstrechtfertigung, 2. der Nachruhm und 3. die Selbstfindung, aus dem Bereich der „altruistischen" (objektiven) Zwecke 1. die Belehrung (Didaxe), 2. die Historie und 3. die Tröstung (Erbauung).[125] Diese Ziele der Schreiber/innen treten häufig nicht in ihrer Reinform, sondern gemischt auf. Die Beweggründe können genannt, aber auch verschwiegen werden beziehungsweise erst im Laufe des Schreibens deutlicher hervortreten, z.B. Gedächtnisentlastung, Lebensordnungsbedürfnis, Gefühl für das historische Gewicht des Geschilderten, Weiter-

---

[125] Stephan PASTENACI, Erzählform und Persönlichkeitsdarstellung in deutschsprachigen Autobiographien des 16. Jahrhunderts. Ein Beitrag zur Historischen Psychologie (Literatur – Imagination – Realität 6) Trier 1993, S. 251–256 in Anlehnung und Differenzierung des Schemas bei Lorna Susan BLOOM, German secular Autobiography: A Study of vernacular Texts from circa 1450 to 1650, Ottawa 1984 (vorh. Phil. Diss. Toronto 1983).

reichen des Erlebten, kritische Selbstbeobachtung oder Heilssuche.[126] Die Beachtung der unausgesprochenen Intentionen ist für die Zeit vom Spätmittelalter bis zur Aufklärung deswegen besonders wichtig, weil die schriftliche Selbstdarstellung in der Regel nicht veröffentlicht wurde und daher jenseits strengerer Normbildungen an unterschiedlichste Schreibformen mit ihrer jeweiligen „Sprechkultur" anknüpfte.[127] Der Schreiber bzw. die Schreiberin emanzipierte sich zuweilen erst allmählich vom Schreibanlaß, den die gewählte Textgattung vorgab.

Das „Gerasche Gedächtnisbuch" ist ein Familienbuch, aber auch eine Gesellschaftschronik, es enthält Elemente des Reisediariums, des Haus- und Wirtschaftsbuches, aber auch der zeitgenössischen Erbauungsliteratur. Rein formal ist es diaristisch gegliedert: *Am 1. Jenuari in 1598, Den 5., Den 8.* usw. In der Frühen Neuzeit bildete das „Diarium" bereits eine eigenständig definierte Gattung.[128] Ungeachtet dessen gehörte die diaristische Schreibweise auch zu einer Grundform der Schriftlichkeit schlechthin, sodaß sie sich noch viel schwerer als für die folgenden Jahrhunderte von Vorformen wie Annalen, Chronik und Protokoll oder von benachbarten Gattungen wie Reisebeschreibung und Autobiographie abgrenzen läßt. Je nach seiner Nähe zu einer dieser Quellengruppen konnte das Tagebuch einem sehr variierenden Schreibduktus unterliegen.[129] Die Geraschen Aufzeichnungen sind kein Diarium in dem Sinne, daß die Autorinnen lückenlos täglich eintragen

---

[126] Vgl. auch Kaspar von GREYERZ, Vorsehungsglaube und Kosmologie. Studien zu englischen Selbstzeugnissen des 17. Jahrhunderts (= Veröffentlichungen des Deutschen Historischen Instituts London 25), Göttingen 1990, S. 18f.

[127] Vgl. Peter SLOTERDIJK, Literatur und Organisation von Lebenserfahrung. Autobiographien der Zwanziger Jahre, München 1976, S. 34f.

[128] Im Sinne der Enzyklopädie „Piazza universale" (1578) von Tomaso GARZONI, die 1619 in deutscher Übersetzung erschien, bedeutete der Begriff „Diarium" (Journal) vor allem eine Form der Historiographie, die an die Seite der älteren Annalen gestellt wurde. Vgl. Wolfgang NEUBER, Zur Gattungspoetik des Reiseberichts. Skizze einer historischen Grundlegung im Horizont von Rhetorik und Topik. In: Peter BRENNER (Hrsg.), Der Reisebericht. Die Entwicklung einer Gattung in der deutschen Literatur, Frankfurt/M. 1989, S. 50–67, hier S. 53.

[129] Vgl. Richard VAN DÜLMEN, Die Entdeckung des Individuums 1500–1800, Frankfurt/M. 1997, S. 97f. Zur Analyse von Tagebüchern des 16. und 17. Jahrhunderts im deutschsprachigen Raum vgl. noch immer die Dissertation

oder gar über ihre Tätigkeiten vom Aufstehen bis zum zu Bettgehen berichten, wie es in einigen anderen österreichischen Diarien aus der ersten Hälfte des 17. Jahrhunderts der Fall ist.[130] Der erhaltene Band bietet vielmehr scheinbar sporadische Tagesvermerke, hinter deren gezielter Auswahl sich traditionelle Schreibfunktionen und auch Textsorten verbergen können. Enthalten die ersten erhaltenen Notizen Esthers für 1597 und 1598 noch etwas über 20 Eintragungen pro Jahr, so reduzieren sie sich in den ersten Jahren des 17. Jahrhunderts auf kaum mehr als ein bis zwei Vermerke. Die Jahre 1601 und 1607 fehlen völlig. Gegen 1610 steigt die Zahl der Notizen dann wieder auf rund zehn pro Jahr an, wenn man 1609 ausnimmt. Dieses Jahr ragt nicht nur quantitativ aufgrund der abermaligen Fülle an Tagesvermerken (über 20) hervor, sondern auch qualitativ, weil der Text durch Esthers Bericht über die Begräbnisfeierlichkeiten für Hans Christoph von Gera eine bisher nicht vorhandene Erzählbreite erlangt. Ansonsten gehen die Eintragungen selten über ein bis zwei ausformulierte Sätze pro Notiz hinaus. Das Jahr 1609 bietet in seiner Ausführlichkeit wichtige Einblicke in die Entstehungsstrukturen des Werkes, denn es enthält Doubletten. Die Eintragungen für dieses Jahr setzen zunächst am 7. Mai ein, dann chronologisch zurückschreitend noch einmal mit dem Monat Jänner. Dabei überschneiden einander die Vermerke vom 9. bis zum 14. Juli, die denselben Sachverhalt zuweilen mit denselben

---

von Magdalena BUCHHOLZ, Die Anfänge der deutschen Tagebuchschreibung. Beiträge zu ihrer Geschichte und Charakteristik (Reihe Tagebuch 1) Münster i. W. 1981, vorh. Phil. Diss. Königsberg 1942 [z. T. kriegsbedingt mit zahlreichen Fehlern]. Ansonsten ist man auf Überblicksdarstellungen angewiesen: Peter BOERNER, Tagebuch (Sammlung Metzler 85) Stuttgart 1969; Gustav René HOCKE, Europäische Tagebücher aus vier Jahrhunderten. Motive und Anthologie, Wiesbaden ³1986; Ralph-Rainer WUTHENOW, Europäische Tagebücher. Eigenart – Formen – Entwicklung, Darmstadt 1990; Otto ULBRICHT, Ich-Erfahrung. Individualität in Autobiographien. In: Richard VAN DÜLMEN (Hrsg.), Entdeckung des Ich. Die Geschichte der Individualisierung vom Mittelalter bis zur Gegenwart. Köln 2001, 109–144.

[130] Vgl. z.B. das „Journal" des Tiroler („oberösterreichischen") Regimentspräsidenten Engelhard Dietrich von Wolkenstein für 1625 (Innsbruck, Bibliothek des Museums Ferdinandeum, Dip. 609) oder das Diarium des oberösterreichischen Landrats Georg Christoph von Schallenberg für 1629 bis 1633 (Wien, Haus-, Hof- und Staatsarchiv, Archiv Rosenau, Hs. 83).

Sätzen,[131] zuweilen aber auch mit unterschiedlichen Akzentsetzungen[132] zweimal berichten.

Ein derartiger Textbruch läßt sich durch die Annahme von phasenweisen Reinschriften erklären, was vom Schriftbild bestätigt wird. Die Notizen Esthers und Maria Susannas wurden nur selten unmittelbar nach den Geschehnissen eingetragen. So sind für das erste Jahr 1597 nur eine einzige, für das zweite 1598 nur zwei Schreibphasen festzustellen. In Maria Susannas Teil scheint die ganze erste Hälfte der Vermerke für 1653 vom 1. Jänner bis zum 9. Februar in einem Zug durchgeschrieben worden zu sein.[133] Darauf dürften einzelne Abschreibfehler zurückzuführen sein, wie jener daß Maria Susanna irrtümlich *2. Januarii* schreibt, wo sie eigentlich die Notizen für den Februar 1653 beginnt.[134] Vor allem Esther von Gera könnte die vermuteten Reinschriften dazu genützt haben, um inhaltliche Ergänzungen und Veränderungen anzubringen, die dahin tendieren, die diaristischen Strukturen wieder aufzulösen. Mit den präzisen Tagesangaben wechseln nämlich Notizen mit nur groben Zeitbestimmungen, weil sich die Verfasserin offenbar nicht mehr genau an die Daten des Geschehens erinnern konnte. In ihrem zweiten Schreibansatz für 1609 füllt Esther die erste Jahreshälfte mit Todesberichten. Sie beginnt damit, daß Friedrich von Scherffenberg *ungefarlich im Jenoari* gestorben sei.[135] Ähnlich heißt es an anderen Stellen: *Zu end des 1606. jars, disen summer gegen herbst, umb dise zeit.* Derartige Angaben setzen eine größere zeitliche Distanz zum Geschehen voraus, die nicht Jahre, wohl aber mehrere Monate betragen haben könnte. Sowohl Esther als auch Maria Susanna rekonstruieren mit ihren Aufzeichnungen die Vergangenheit. Von einem tageweise geschriebenen „echten" oder „naiven" Tagebuch, das die historische Forschung aufgrund seines Quellenwertes meist bevorzug-

---

[131] z.B.: *Den 5. Juli dises 1609. jars hatt herr Carl von Scherfenberg sein hochzait gehabt zu Riedekh mit der freilin Polixena von Rogendorf*; oder *Den 13. sein wier auch dort pliben und den 14. wider am wasser auf Ascha gefarn.* (Gerasches Gedächtnisbuch, fol. 15ʳ und 17ʳ)

[132] Die Liste der Personen, die zum Begräbnis von Judith von Liechtenstein nach Ortenburg mitreisen, wird im zweiten Schreibblock weggelassen, sodaß sich der Schwerpunkt auf das Hochwasser der Donau verlagert.

[133] Wenn man von der Geburtsnotiz für 1628 absieht, so steigt die Zahl der Tagesnotizen Maria Susannas von sechs im Jahre 1647 auf rund 30 im Jahre 1653 an. Keine Eintragungen liegen jedoch für 1649, 1650 und 1652 vor.

[134] Gerasches Gedächtnisbuch, fol. 31ᵛ.

[135] Gerasches Gedächtnisbuch, fol. 16ʳ.

te,[136] kann nur eingeschränkt gesprochen werden. Im Folgenden sollen daher einige der möglichen Schreibtraditionen aufgezeigt werden, die Form und Inhalt des „Geraschen Gedächtnisbuches" mit beeinflußt haben könnten, ohne das Werk allerdings auf einen einzigen Entstehungshintergrund festzulegen.

3.2. Das Geburtenbuch

Zu den Rätseln des „Geraschen Gedächtnisbuches" gehören nicht bloß unvermittelter Anfang und Abschluß, sondern auch die große Lücke einer ganzen Generation zwischen den beiden Autorinnen. Es bleibt unklar, wer den Band nach dem Tod Esthers besessen hat und warum gerade Maria Susanna die Aufzeichnungen ihrer Großmutter zur Hand nahm und fortsetzte. Als sicher steht nur fest, daß kein Zwischenabschnitt verlorenging und die Kriegsgeneration sich nicht aktiv an der Gestaltung des Werkes beteiligte, da die Enkelin noch auf derselben Seite direkt unter den Vermerken Esthers ihre Geburtsnotiz für das Jahr 1628 anschloß. Diese Geburtsnotiz stellt insofern einen Fremdkörper innerhalb des Gesamtwerkes dar, als sie aus jenem Zeitrahmen herausfällt, der das „Gedächtnis" oder die persönliche Erinnerung der Autorinnen umfassen konnte. Der Schreiberin muß hier eine zuverlässige Quelle vorgelegen haben, die es ihr ermöglichte, über ihre eigene Geburt zu schreiben. Ihre Eltern lebten noch und könnten ihr mündliche oder schriftliche Hinweise bereitgestellt haben.

Für Maria Susannas Benutzung eines familiären Textes als Grundlage der Geburtsnotiz spricht inhaltlich vor allem die erstaunlich genaue, vermutlich astrologisch motivierte Zeitangabe: *ein viertl vor 11 uhr in der nacht.*[137] Schreiber und Schreiberinnen des 16. oder 17. Jahrhunderts sind oft sehr gut informiert über derartige Umstände, da sie auf Kinderverzeichnisse oder „Geburtenbücher" ihrer Eltern zurückgreifen konnten. Maria Susannas Eintragung besteht aus zwei Teilen, von denen der erste den Zeitpunkt der Geburt, der zweite die Patenangabe festhält, wie man es in zahlreichen frühneuzeitlichen Kinderverzeichnissen findet. Die sogenannte „Chronik der Jörger" aus dem oberösterreichischen Raum enthält eine einfache Aneinanderreihung

---

[136] Vgl. Hans-Joachim SCHOEPS, Biographien, Tagebücher und Briefe als Geschichtsquellen. In: Deutsche Rundschau 86 (1960) S. 813–817, hier S. 816.
[137] Gerasches Gedächtnisbuch, fol. 27ᵛ.

derartiger Kinderverzeichnisse für die Jahre 1497 bis 1599, wobei im Abschnitt über *Hansen Jörgers Kinder* z.B. folgende Eintragung zu finden ist: *Anno Domini 1528 ist geboren mein Sohn Wolff Jörger, Mittwochen vor Vnsers Herrn Fronleichnamb, zwischen zwelff vnd ainen Vor Mittag vnd Wolff Khöppächer zu Schwand hat in aus der Tauff gehebt.*[138] Diese Notiz folgt demselben Aufbau und derselben Diktion, wie sie Maria Susannas Geburtsnotiz zugrundeliegt. Deren Eltern dürften unabhängig vom „Geraschen Gedächtnisbuch" ein solches Verzeichnis geführt haben. Die Struktur von Maria Susannas Notizen ist Autobiographien von Adeligen seit dem 16. Jahrhundert vergleichbar wie jener von Hans Khevenhüller, kaiserlicher Gesandter in Madrid (1538–1606), oder von Jakob von Boymont, erzherzöglicher Statthalter in Innsbruck (1527–1581). Beide Autoren gestalten ihre Lebensbeschreibungen in der Weise, daß sie ihren eigenen zahlreichen Tagebuchnotizen einfach das *gepurt verzaichnus* ihrer Eltern voranstellen.[139] Die Autoren trennen die übernommenen Familienaufzeichnungen ausdrücklich vom eigenen Textbestand, indem sie durch Überschriften, Verfasserangaben oder durch die Wahl der dritten Person bei der eigenen Geburt eine Distanz zwischen Erzähler und Erzähltem herstellen. Für das 17. Jahrhundert lassen sich ähnliche Beispiele von Autorinnen finden. Maria Cordula von Pranck dehnt etwa ihren Text um die nahezu gleichlautenden Notizen ihrer Großeltern, Eltern und Schwiegereltern aus, um einen größeren genealogischen Zusammenhang zu schaffen. Weitaus stärker als bei Maria Susanna von Weissenberg kommt hier der gattungsgeschichtliche Kontext des Geburtsvermerks zum Vorschein. Indem die Fortsetzerin des „Geraschen Gedächtnisbuches" den eigenen Eintragungen eine Geburtsnotiz voranstellt, versucht sie, ihre diaristischen Notizen in den größeren lebensgeschichtlichen Zusammenhang einzubetten.

---

[138] Franz Graf von THURN UND TAXIS, Eine Chronik der Jörger 1497–1599. In: Monatsblatt „Adler" 7 (1916) S. 258–260, 267–269, 273–275, 282–284, 292–297, hier S. 282. Die Eintragung stammt von Hans IV. Jörger (1503–1549). Zur Familie Jörger vgl. v. a. WURM, Die Jörger (wie Anm. 91).

[139] Hans KHEVENHÜLLER, kaiserlicher Botschafter bei Philipp II., Geheimes Tagebuch 1548–1605, hrsg. v. Georg KHEVENHÜLLER-METSCH, bearb. v. Günther PROBSZT-OHSTORFF, Graz 1971; Max STRAGANZ, Beiträge zur Geschichte Tirols. II. Die Autobiographie des Freiherrn Jakob v. BOIMONT ZU PAIRSBERG (1527–1581). In: Programm des k.k. Ober-Gymnasiums der Franciscaner zu Hall, 1895–1896, Innsbruck 1896, S. 3–105.

Das Geburtenbuch kann als eine Grundform familiengeschichtlichen Schreibens in Spätmittelalter und Früher Neuzeit betrachtet werden. Philippe Ariès sieht in derartigen Verzeichnissen französischer „Hausbücher" („Livres de raison") eine notwendige Basis jeglicher Altersangabe, indem sie ein zunehmendes Bemühen um chronologische Genauigkeit mit dem Familiensinn verbinden.[140] Auch für die italienischen „Libri di famiglia" bildete das Verzeichnis von Hochzeit und Geburten einen Grundstock der Erinnerungskultur.[141] Schreiber zur Zeit von Humanismus und Reformation beginnen oft ihre Selbstdarstellung mit Hinweisen zu ihren Recherchen über ihre Geburt und beklagen zuweilen, daß sie nicht ihr genaues Geburtsdatum in Erfahrung bringen konnten, weil keine derartigen schriftlichen Informationen vorlagen.[142] Geburtenbücher zeigen einen relativ konstanten Aufbau, indem sie meist mit der Nachricht der Hochzeit des Verfassers oder der Verfasserin beginnen und dann mit der Kinderliste fortsetzen. Maria Susannas Vermerke gehen in ihrer thematischen Vielfalt weit über ein solches Verzeichnis hinaus, doch auch sie leitet den Zeitraum der persönlichen Erlebnisse 1647 mit einem Heiratsvermerk ein, auch sie stellt wenige Zeilen darunter ihrem Sohn mit Zeitpunkt der Geburt und Patenliste wichtige lebensgeschichtliche Daten bereit. Derartige Hinweise hatten nicht bloß die Funktion, das Geburtsdatum oder zunehmend auch das Sternzeichen der Kinder festzuhalten. Durch die angeschlossenen Pa-

---

[140] Philippe ARIÈS, Geschichte der Kindheit, München [12]1996, S. 71f. Zu den französischen Haus-, Geschäfts- und Familienbüchern vgl. auch Madeleine FOISIL, Die Sprache der Dokumente und die Wahrnehmung des privaten Lebens. In: Philippe ARIÈS, Georges DUBY (Hrsg.), Geschichte des privaten Lebens, Bd. 3, Frankfurt/M. 1991, S. 333–369.

[141] Vgl. Angelo CICCHETTI, Raul MORDENTI, I libri di famiglia in Italia I: Filologia e storiografie letteraria (La Memoria familiare 1) Roma 1985: „Si scriveva il libro di famiglia perché i figli ricordassero: si annotavano sopratutto le cose che concorrevano a formare l'universo biologico-culturale della famiglia: i matrimoni, con le loro ascendenze e intrecci, le nascite, le morti [...]" (Alberto ASAR ROSA, Introduzione, S. X). Auch: James S. GRUBB, Libri privati e memoria familiare: esempi del Veneto. In: Claudio BASTIA, Mario BOLOGNANI (Hrsg.), La Memoria e la città. Scritture storiche tra Medioevo ed Età Moderna (Emilia Romagna Biblioteche Archivi 30), Bologna 1993, S. 63–72, bes. S. 71.

[142] So z.B. der Bischof von Cadiz und Segovia, Don Martín Pérez de Ayala (gest. 1566) in seiner Lebensbeschreibung. Vgl. Hubert JEDIN, Die Autobiographie des Don Martín Pérez de Ayala († 1566). In: Spanische Forschungen der Görresgesellschaft 11 (1955) S. 122–164, hier S. 123.

ten wird jedes einzelne Kind in ein soziales Netz eingebettet, das vor allem beim Tod der Eltern zum Tragen kommen sollte. Daß Franz Christoph von Weissenberg am 26. Oktober 1648 getauft wurde, interessierte nicht nur seine Mutter Maria Susanna, sondern auch den Paten Franz Albrecht Harrach (1614–1666), der in seinen Schreibkalender zum entsprechenden Datum eintrug: *Noch esn den H. Weisen sein sohn aus der tauf gehoben, und bey ihnen gesen.*[143] Bereits in Esther von Geras Tagebuch finden sich mehrfach übernommene Patenschaften eingestreut.[144] Das „Gedenkbuch" Maria Cordula von Prancks enthält zusätzlich zum Verzeichnis der eigenen Geburten ein getrenntes *Verzeichnus meiner Dauff vnd Fiermbgöttigkhlein wan die geborn sein.*[145] Die Eintragungen dieser Rubrik mit 78 Patenkindern sind parallel zum eigenen Kinderverzeichnis aufgebaut und sollten die Verfasserin wohl an die übernommenen Verpflichtungen erinnern.

Ungeachtet des über Jahrhunderte hinweg stereotypen Aufbaus erwiesen sich die Kinderverzeichnisse als äußerst einflußreich auf „Produktion" und Struktur von Selbstzeugnissen. Im österreichischen Raum ist eine Fülle an frühneuzeitlichen Geburtenbüchern überliefert, die von der Forschung noch nicht annähernd aufgearbeitet wurden.[146] Sie

---

[143] Franz Albrecht HARRACH, Schreibkalender für 1648, Wien, Österreichisches Staatsarchiv, Allgemeines Verwaltungsarchiv, Familienarchiv Harrach, Hs. 319. Zum kaiserlichen Oberststallmeister und Geheimen Rat Franz Albrecht Harrach vgl. (wenn auch in einigen Details unter Vorbehalt) Otto HARRACH, Rohrau. Geschichtliche Skizze der Grafschaft mit besonderer Rücksicht auf deren Besitzer. T. 1: 1240–1688, Wien 1906, S. 100–103. Zu seinen wenig erforschten Aufzeichnungen (Kalendereintragungen, „Gedächtnisbücher") überdies Ferdinand MENČIK, Gräflich Harrachsches Archiv in Wien. In: Archivalien zur Neueren Geschichte Österreichs, Bd. 1 (Veröffentlichungen der Kommission für Neuere Geschichte Österreichs 4) S. 1–445, hier S. 351.

[144] Gerasches Gedächtnisbuch, z.B. fol. 7ʳ oder 14ʳ.

[145] Gedenkbuch der Frau Maria Cordula Freiin von PRANCK (wie Anm. 24) S. 19–28.

[146] Mit einer computergerechten Erfassung zahlreicher handschriftlicher Geburtenbücher vor allem von österreichischen Adeligen beschäftigte sich Beatrix Bastl im Rahmen des Projektes „Domina ac mulier". Allein ein Blick in einzelne Bände der heraldisch-genealogischen Zeitschrift „Adler" überzeugt von der Fülle der Überlieferung. Vgl. etwa den Band 10 (1926–1930) mit Quellen der Familien Scherffenberg, Vintler, Khuen oder Teuffenbach. Zur Bedeutng der Geburt siehe Cristina M. PUMPLUN, „Begriff des Unbegreiflichen". Funktion und Bedeutung der Metaphorik in den Geburtsbetrachtungen der Catharina Regina von Greiffenberg (1633–1694) (Amsterdamer Pub-

sind u.a. deswegen schwer zu fassen, weil sie oft in gedruckte Werke eingetragen wurden, etwa in Familienbibeln oder in Inkunabeln.[147] Kinderverzeichnisse sind aus sämtlichen „literaten" Schichten erhalten. Vor allem für Frauen boten sie eine wichtige Möglichkeit, sich an der Familiengeschichtsschreibung zu beteiligen. Betrachtet man österreichische Selbstzeugnisse von Frauen im 17. Jahrhundert im Detail, so wird in jedem einzelnen Fall die Struktur des Geburtenbuches zum Vorschein kommen. Die Linzer Bürgermeistersgemahlin Eva Maria Peisser schließt ihre Vermerke unmittelbar an ein Kinderverzeichnis an, während das „Gedenkbuch" Maria Cordula von Prancks im Grunde nur ein erweitertes, kompiliertes Geburtenbuch darstellt. Maria Elisabeth Stampfer beginnt ihre Aufzeichnungen zwar lange nach ihren ersten Geburten, sie rekonstruiert das Versäumte jedoch in einer Liste ihrer Kinder 1679.[148] Bereits im 16. Jahrhundert lassen sich Beispiele dafür finden, daß Schreiberinnen Geburtenbücher dazu nützten, weit über die Aufzählung der Kinder hinaus ihr Handeln und ihre Anschauungen zu rechtfertigen. Augenfällig zeigt sich dies anhand der Aufzeichnungen der steirischen Protestantin Sara von Wildenstein auf

---

likationen zur Sprache und Literatur 120) Amsterdam 1995 und Kathleen FOLEY-BEINING, The body and eucharistic devotion in Catharina Regina von Greiffenberg's „Meditations", Columbia SC. 1997, S. 59–97.

[147] Der bekannte Wiener Diarist Johannes Tichtl (nach 1440–1501/3) hinterließ z.B. in einem Druck von Plinius' „Historia naturalis" (Venedig 1472) Vermerke über Promotion, Hochzeit und Geburt des ersten Sohnes in den Jahren 1476 bis 1480. Hochzeit, Geburt der Kinder mit genauer Zeitangabe samt der Taufe und den einzelnen Paten bilden auch einen Grundpfeiler seines „Tagebuches", das er in einen Avicenna-Druck eintrug. Vgl. KARAJAN (Hrsg.), Johannes Tichtel's Tagebuch (wie Anm. 18) S. 1–66; auch Handschriften – Autographen – seltene Bücher Buch- und Kunstauktionshaus F. Zisska & R. Kistner, Auktion 25/I, München 1995, Nr. 352. Zu Familienbibeln aus dem steirischen und oberösterreichischen Raum der ersten Hälfte des 17. Jahrhunderts z.B. M. F. KÜHNE, Die Häuser Schaunburg und Starhemberg, Hamburg 1880, S. 85–91 (Einträge Erasmus des Älteren in die Familienbibel) oder Albert Graf SCHLIPPENBACH (Hrsg.), Die Praunfalk'sche Familien-Bibel. In: Jahrbuch der k.k. heraldischen Gesellschaft Adler N.F. 10 (1900) S. 66–78.

[148] Der Frau Maria Elisabeth Stampfer Hausbuch (wie Anm. 20) S. 6f. In der Forschung wurde bereits festgestellt, daß „Geburten, Krankheiten und Todesfälle das ‚Hausbuch' wie ein Leitfaden durchziehen". Vgl. Ulrike HÖRAUF-ERFLE, Wesen und Rolle der Frau in der moralisch-didaktischen Literatur des 16. und 17. Jahrhunderts im Heiligen Römischen Reich deutscher Nation, Frankfurt/M. 1981, S. 202.

Wildbach (geb. Teuffenbach).[149] Sie verschriftlicht zunächst nur den obligaten Bericht über ihre Hochzeit 1575 samt anschließendem Kinderverzeichnis. Der Tod ihres Mannes nötigte sie jedoch, auf ihren Konflikt mit dem gegenreformatorischen Bischof Georg III. Stobäus von Lavant einzugehen, der sich das Recht zur Beerdigung in der bischöflichen Kirche St. Florian (an der Laßnitz) abkaufen lassen wollte. Als Witwe hält Sara von Wildenstein dann genau ihre Ausgaben fest, die ihr etwa durch die Studienreise ihrer Söhne entstanden. So liegt in diesem „Merkbuch" jene Mischung aus geschäftlichen und familiären Notizen vor, die wesentlich zur Herausbildung der frühneuzeitlichen Autobiographie beigetragen hat.[150] Ein weitaus ausgeprägteres oberösterreichisches Beispiel dafür dürfte das „Tagebuch" der Emilie Sprintzenstein, geborene Fugger, für die Jahre 1582 bis 1607 darstellen.[151] Die Aufzeichnungen Wildensteins und Sprintzensteins entstanden um

---

[149] Graz, Steiermärkisches Landesarchiv, Familienarchiv Wildenstein 13/212. Ausgewählte Zitate bei Franz Otto ROTH, Aus den familiären Aufzeichnungen Saras von Wildenstein auf Wildbach. Zum Rollenverständnis einer adeligen Frau des späten 16. Jahrhunderts. In: Zeitschrift des Historischen Vereines für Steiermark 76 (1985) S. 153–171. Die Herrschaft Wildbach lag nördlich von Deutschlandsberg. Für den protestantisch-deutschen Raum vgl. z.B. die geburtenbuchartigen Aufzeichnungen Elisabeths von Brandenburg (1563–1607): Georg SCHUSTER (Hrsg.), Eine eigenhändiger Lebensabriß der Kurfürstin Elisabeth von Brandenburg. In: Hohenzollern-Jahrbuch 2 (1898) S. 243–245.

[150] Vgl. Adolf REIN, Über die Entwicklung der Selbstbiographie im ausgehenden deutschen Mittelalter (1919). In: Günter NIGGL (Hrsg.), Die Autobiographie. Zu Form und Geschichte einer literarischen Gattung (Wege der Forschung 565) Darmstadt ²1998, S. 321–342. Auch Georg MISCH, Geschichte der Autobiographie. Bd. 4/2, Frankfurt/M. 1969, S. 585.

[151] Emilie Sprinzenstein (1564–1611) wurde in der Reichsstadt Augsburg geboren, wo seit dem Spätmittelalter eine reiche Tradition an Selbstzeugnissen bestand. Für das 16. Jahrhundert und die Fugger vgl. v. a. Beatrix BASTL (Hrsg.), Das Tagebuch des Philipp Eduard FUGGER (1560–1569) als Quelle zur Fuggergeschichte (Studien zur Fuggergeschichte 30) Tübingen 1987, S. XIX–XXVI. Das „Tagebuch" Emilie Sprinzensteins enthält bereits im Bericht über die Hochzeit 1582 finanzielle Ausführungen, indem es auf den problematischen Verzicht des Brautpaares auf die Mitgift eingeht. Einzelne Hinweise zum Inhalt dieser Aufzeichnungen (etwa Todesnotizen, finanzielle Transaktionen) bei Leopold BÖCK, Hans Albrecht, Reichsfreiherr von Sprinzenstein 1543–1598, Phil. Diss. Innsbruck 1949, z.B. S. 13, 19, 27, 35, 44. Das „Tagebuch" befand sich zur Zeit von Böcks Dissertation im Familienarchiv von Schloß Sprinzenstein, dessen heutiger Besitzer es jedoch nach einer ersten Sichtung des Bestands nicht finden konnte.

1600, also zur selben Zeit wie die erhaltenen Notizen ihrer Landsmännin Esther von Gera. Ein *Vertzaichnuss meiner herzliebsten khinder, derrn gebuerth* [...] verfaßte damals auch Esthers Verwandte Dorothea von Stubenberg, geborene Tannhausen, die es ganz im Sinne der Gattungstradition mit der Verehelichung 1595 einleitet; eine Generation später setzte ihre Tochter Dorothea (verheiratete Althan, dann Scherffenberg) das Buch mit einer eigenen Kinderliste fort.[152] Die Quellenform scheint somit um 1600 fest in der familiären Schreibtradition der Stubenberg/Gera verankert gewesen zu sein.

3.3. Vom Necrolog zur Familienchronik

Anders als die Niederschriften der Fortsetzerin lassen die erhaltenen Eintragungen Esther von Geras auf den ersten Blick nicht an den Einfluß von Geburtenbüchern denken. Die genuinen Bestandteile des Eheberichts und des Kinderverzeichnisses fehlen völlig, wogegen die Tagebuchnotizen – abgesehen von den einleitenden Rezepten – in der Form eines Itinerariums mit Reisen zu steirischen Verwandten und Bekannten beginnen. Zu bedenken ist dabei jedoch, daß das Geburtenbuch stets auch ein familiäres „Sterbebuch" war: „Geburt und Sterben", wie es im Titel Maria Cordula von Prancks heißt. In Kinderverzeichnissen wurde meist direkt unter der Geburtsnotiz auf das allfällige Ableben eines Kindes hingewiesen, sei es durch ein einfaches Kreuz, sei es durch einen ausführlichen Krankenbericht. Todesnotizen gewinnen vor allem dann ein eigenständiges Gewicht, wenn es sich um das Sterben des Ehepartners handelt, da damit zunächst das Kinderverzeichnis einen Abschluß finden mußte. Die Todesnachricht korrespondiert hier formal mit dem einleitenden Hochzeitsbericht. Eines der ältesten Geburtenbücher im österreichischen Raum ist aus Tirol für die Jahre 1335 bis 1348 überliefert.[153] Es stammt vermutlich von

---

[152] Z.B. Linz, Oberösterreichisches Landesarchiv, Schlüsselberger Archiv, Hs. 132. Vgl. Johann LOSERTH, Das Stammbuch der Frau Dorothea von Stubenberg, geb. Freiin von Tannhausen. In: Steirische Zeitschrift für Geschichte 3 (1905) S. 26–28. Auch nach Dorothea von Scherffenberg wird das Büchlein weiter fortgesetzt. Die erste Verfasserin, Dorothea von Stubenberg, war die Gemahlin von Georg Hartmann von Stubenberg aus der älteren Kapfenberger Linie, einem Cousin Esthers.
[153] L. SCHÖNACH, Das älteste Tiroler Hausbuch 1335–1348. In: Forschungen und Mitteilungen zur Geschichte Tirols und Vorarlbergs 6 (1909) S. 61–66.

Friedrich von Aichach, der in Akten als Notar der Herzogin Euphemia erwähnt wird, der verwitweten Schwägerin Heinrichs VI. von Böhmen und Polen, Kärnten und Tirol. In der Tiroler Kinderliste heißt es zur Geburt des Sohnes Johannes: *Sub m°. CCCXXXVI natus fuit Johannes, filius meus, in vigilia Johannis Baptiste, conpater Botscho de Florentia, mortuus fuit in decima septimana post suam nativitatem.*[154] Der Todestag wird hier mit derselben Genauigkeit wie die Geburt eingetragen. Seine Kinderliste ergänzt Friedrich durch eine weitere, welche die Todesdaten der Grafen von Tirol von 1253 bis 1335, dann jene von vier landesfürstlichen Notaren enthält. Seine Aufzählung der Landesfürsten und Landesbeamten verbindet der Schreiber gedanklich mit der vorangegangenen Kinderliste, indem er auch hier auf das Pronomen *meus* zurückkommt. Er fügt dem Verzeichnis der Notare nämlich die Meldung vom Tod „seines" Bruders Albert 1353 an, der selbst diese Funktion innehatte. Andererseits verweist bereits die Kinderliste auf die Aufzählung der Landesfürsten, indem sie Margarethe, die Tochter Heinrichs VI., als Patin des Sohnes Alexius anführt. Geburtenbuch und Sterbeverzeichnis verschmelzen so zu einer kleinen Familienchronik, die über die engere Familiengeschichte hinausgreift.

Mit dem Sterbeverzeichnis knüpft Friedrich von Aichach an die Form des mittelalterlichen Necrologs an. Derartige Totenbücher wurden vor allem von Klostergemeinschaften, Bruderschaften, Spitälern, Magistraten, seltener auch von Einzelpersonen oder Familien geführt und waren den Mitgliedern der jeweiligen Gemeinschaft und deren engstem Bekanntenkreis vorbehalten. Sie schlossen an den Heiligenfestkalender an, der mit seinen Tagesdaten die Wiederauffindung der Einträge und so das dauernde Gedenken für jede einzelne Person ermöglichte.[155] Durch ihre Funktion, den Gedächtnistag festzuhalten, stellen Necrologien eine wesentliche Ausgangsbasis für das Verzeichnen von Stiftungen wie Messen und anderen Gedenkleistungen dar. Dieser Kontext tritt auch in familiengeschichtlichen Todesnachrichten des 17. Jahrhunderts zum Vorschein, wenn z.B. Eva Maria Peisser den Tod des Ehemannes deswegen festhält, um die Einhaltung der Seelenstifte überprüfen zu können: *Anno 1686 den 26. Mörzi hob ih pei den Herrn Chöpezienern anstatt des Jordhog 12 H: Messen lessen lossen,*

---

[154] Ebd. S. 63.
[155] Vgl. J. WOLLASCH, Necrolog. In: Lexikon des Mittelalters, Bd. 6, München 1993, Sp. 1078f.

fier mein allerliebsten Ehbirt sel:.[156] Im „Geraschen Gedächtnisbuch" kommt der totenbuchartige Hintergrund zunächst vor allem durch die dominante Stellung zum Ausdruck, den die Erzählung vom Tod des jeweiligen protestantischen bzw. katholischen Ehemannes bei beiden Autorinnen einnimmt. Sie stellen zwar ganz im Sinne der „ars moriendi" das exemplarische Verhalten von Sterbenden und Hinterbliebenen in den Vordergrund, trotzdem ist der necrologische Zusammenhang des liturgischen Totengedenkens nicht verschwunden. Die Katholikin Maria Susanna von Weissenberg meint zum Mai 1653: *Den 8. diß hat man meim lieben hern sellig die gewendlichen 3 Gotßdienst 3 dag nacheinander gehalten samt einer leichtbredig.*[157] Die Leichenpredigt findet als Teil der Totenmesse eine gesonderte Erwähnung, womit eine Brücke zum Totenbericht der Großmutter geschlagen ist. Im protestantischen Totengedenken übernahm die Leichenpredigt wichtige Funktionen der katholischen Meßstiftungen. Da sie meist gedruckt wurde, war sie eine besondere Möglichkeit, vor allem im Personalteil das Andenken an den Ahnen wachzuhalten bzw. über die Totenfeier hinaus das „Ehrengedächtnis" zu stiften.[158] Hinweise auf die später veröffentlichten Leichenpredigten von Clemens Anomäus sowie einzelne Zitate daraus umklammern Esthers ausführlichen Bericht vom Tod ihres Mannes.[159] Sie will keinen persönlichen Nachruf bieten, sondern mit ihrer Darstellung auf diese gültige Form des religiösen Totengedenkens hinweisen.

Die Eintragungen über das Sterben der Ehemänner sind nicht die einzigen, in denen das „Gerasche Gedächtnisbuch" Züge eines Necrologs annimmt. Todesvermerke zu Angehörigen des steirischen und oberösterreichischen Adels füllen zuweilen ganze Seiten des Buches, etwa Ende 1597, als Esther nicht nur Sterben und Bestattung ihres Vaters notiert: *Den 16. [November] ist herr Georg von Dietrichstain gestorben, dem und uns allen sei Got gnedig; Den 21. [Dezember] ist herr Wolff von*

---

[156] Chronik der Peisser (wie Anm. 25) S. 96.

[157] Gerasches Gedächtnisbuch, fol. 30ᵛ.

[158] Vgl. Rolf HARTMANN, Das Autobiographische in der Basler Leichenrede, Basel–Stuttgart 1963, bes. S. 60; Rudolf LENZ, Zur Funktion des Lebenslaufes in Leichenpredigten. In: Walter SPARN (Hrsg.), Wer schreibt meine Lebensgeschichte? Biographie, Autobiographie, Hagiographie und ihre Entstehungszusammenhänge, Gütersloh 1990, S. 93–104. Für Österreich z.B. Othmar PICKL, Die österreichischen Leichenpredigten. In: Rudolf LENZ (Hrsg.), Leichenpredigten als Quellen historischer Wissenschaften, Köln–Wien 1975, S. 166–199, hier S. 179.

[159] Gerasches Gedächtnisbuch, fol. 18ʳ⁻ᵛ. Die Leichenpredigten selbst im Anhang dieses Textes.

Scharfenberg auch gestorben umb 12 nachmitag, dem auch Got gnedig sein wole.[160] Ähnlich wie die Patenliste erweist sich auch diese Form der diaristischen Gebetsgemeinschaft als ein wesentlicher Schlüssel zu Personenkreisen und Ereignissen jenseits der Kernfamilie, die im traditionelle Geburtenbuch den Text strukturiert. Im „Geraschen Gedächtnisbuch" ist es die adelige „Freundschaft", die im Umfeld von Blutsverwandtschaft, angeheirateten Familien und Patenschaften ihre Darstellung findet.[161] Unter Berücksichtigung dieser sozialen Ausdehnung beschäftigen sich rund drei Viertel des „Gedächtnisbuches" mit den „klassischen" Themen von Kinderverzeichnis und Necrolog: Geburt, Taufe, Patenschaften, Hochzeiten, Todesfälle, Begräbnisse.

Die „Freundschaft" war in Spätmittelalter und Früher Neuzeit eine Art Friedensgemeinschaft, die vor allem durch Heiraten erweitert wurde und ihre Mitglieder beim Besitzerwerb oder bei der Besetzung von Ämtern und Machtpositionen stützte.[162] Ebenso wie Hochzeiten diese Gemeinschaften untermauerten, so konnten familiäre Ereignisse wie Todesfälle sie wieder in Frage stellen. Esther von Gera beschreibt mit ihren familiengeschichtlichen Notizen soziale, aber auch konfessionelle Integrationsprozesse, die sich als relativ stabil erweisen. Anläßlich des Begräbnisses für ihren Mann deutet sie explizit darauf hin, daß das System der „Freundschaft" trotz dieser großen Zäsur funktionierte. Sie versucht es als gottgewollt transzendental zu begründen:

Da hab ich auch erfarn, waß es fir ein grose gab Gottes ist, in der nott guete und gerechte fraind zu haben, die mier dan Gott gwislich zugeschikht, desen ich auch ob Gott wil die tag meines lebens nit vergessen wil; under andern getraien cristen und meinen frainden haben sich wie meine vätter unnd mieter gegen mier, auch meinen allerliebsten herrn und khindern erzaigt: [...][163]

---

[160] Gerasches Gedächtnisbuch, fol. 6ʳ. Scherffenberg war mit einer Gera verheiratet, also mit Esther verwandt.

[161] Zur Spannbreite des Begriffs „Freundschaft" vgl. Karl-Heinz SPIESS, Familie und Verwandtschaft im deutschen Hochadel des Spätmittelalters. 13. bis Anfang des 16. Jahrhunderts (Vierteljahresschrift für Sozial- und Wirtschaftsgeschichte, Beihefte 111) Stuttgart 1993, S. 496–500.

[162] Vgl. Heinz NOFLATSCHER, „Freundschaft" im Absolutismus. Hofkanzler Johann Paul Hocher und die Standeserhebungen Kaiser Leopolds I. In: Sabine WEISS (Hrsg.), Historische Blickpunkte. Festschrift Johann Rainer (Innsbrucker Beiträge zur Kulturwissenschaft 25) Innsbruck 1988, S. 469–504, hier S. 470–475.

[163] Gerasches Gedächtnisbuch, fol. 19ʳ.

Sie zählt im folgenden jene „Freunde" auf, die sie und damit auch ihre unmündigen Kinder besonders unterstützten. An keiner anderen Stelle der Geraschen Aufzeichnungen wird das Ziel der Niederschriften so deutlich zum Ausdruck gebracht: die Autorin schreibt gegen das Vergessen. Esthers Lobpreisung der „Freundschaft" enthält die bestimmenden Elemente der Adels-Memoria, in der sich die religiösen Momente des Totengedenkens mit den Erscheinungsformen der profanen Erinnerung an ruhmwürdige Taten verbinden.[164] Mit ihrem „Tagebuch" schreibt die Autorin eine Art Kalendarium jener familiären Gedenktage, die mit dem Jahres- und Lebenslauf auch die Beziehungsnetze unter den Lebenden strukturierten.[165] Aufzählung und Eingrenzung der Bekanntschaften ergänzen die entsprechenden Patenlisten der Geburtenbücher. Ohne ausdrücklich eine Zielgruppe für ihr Werk zu nennen, gibt Esther zunächst ihren unmündigen Kindern, dann aber auch den ferneren Nachkommen einen sozialen Wegweiser in die Hand. Vor allem zur Zeit der konfessionellen Spaltung innerhalb des steirischen und oberösterreichischen Adels und anläßlich der Emigration zeigte die Integrationsfunktion des Textes ihre besondere Bedeutung. Maria Susanna von Weissenberg konnte nahtlos an das Schema der literarisierten Memorialkultur anschließen. Der zeithistorische Kontext war zwar ein anderer geworden, nicht aber die Gefahr gesellschaftlicher Labilität. Die Fortsetzerin hatte in eine Familie eingeheiratet, deren Aufstieg sich erst zur Zeit der Aufzeichnungen mit der Erhebung in den erbländischen Freiherrnstand konsolidierte.[166] Die Bezugnahme auf bestimmte Namen wie jenen des Taufpaten Franz

---

[164] Vgl. Otto Gerhard OEXLE, Memoria in der Gesellschaft und in der Kultur des Mittelalters. In: Joachim HEINZLE (Hrsg.), Modernes Mittelalter. Neue Bilder einer populären Epoche, Frankfurt/M. 1994, S. 297–323, hier S. 313. Auch DERS., Memoria als Kultur. In: DERS. (Hrsg.), Memoria als Kultur (Veröffentlichungen des Max-Planck-Instituts für Geschichte 121) Göttingen 1995, S. 9–78.

[165] Vgl. Heide WUNDER, „Gewirkte Geschichte": Gedenken und „Handarbeit". Überlegungen zum Tradieren von Geschichte im Mittelalter und zu seinem Wandel am Beginn der Neuzeit. In: HEINZLE, Modernes Mittelalter (wie Anm. 164) S. 324–354, hier S. 352. Heide Wunder beklagt darin, daß im Gegensatz zu den katholischen Gedenkbüchern Prancks und Stampfers „bislang keine edierten protestantischen Gegenstücke vorliegen" (ebd. S. 353).

[166] Zur Zusammensetzung des österreichischen und böhmischen Adels sowie zur sozialpolitischen „Rekrutierungspolitik" der Krone in der ersten Hälfte des 17. Jahrhunderts vgl. WINKELBAUER, Fürst und Fürstendiener (wie Anm. 95) S. 21–46.

Albrecht Harrach signalisierte die zunehmende Anbindung an den älteren habsburgischen Dienstadel.

Ähnlich wie Friedrich von Aichach schließt Esther von Gera das eigene Herrscherhaus in das familiäre Totengedenken und die Gebetsgemeinschaft mit ein: 1597 vermerkt sie den Tod von Erzherzogin Gregoria Maximiliane, 1608 das Ableben der *alt firstin* Maria von Innerösterreich: *Gott sei ier und uns allen gnedig.*[167] Der Necrolog weitet sich über genealogische Eckdaten zum Verwandtschaftsgeflecht einer politischen Handlungsgruppe, in deren Mittelpunkt auch für die Protestantin Gera der katholische Landesherr steht. Den verstorbenen Maximilian von Schrattenbach charakterisiert die Verfasserin als *frumen man*, weil er am Hofe Erzherzog Karls II. und Erzherzogin Marias diente. Den Tod des Herrn Wolf *von Hoffkherch* (Hofkirchen) sieht sie dagegen im Kummer dieses Mannes begründet, weil er bei Hof in Ungnade gefallen sei.[168] Der Tod wird hier zum Spiegel eines politischen Gefüges, in das die Verfasserin auch die eigene Familie einordnet. Die zwölf vergoldeten Obstschalen, die ihr Mann 1605 als „Höfling" in Polen geschenkt bekommt, oder der Preis, den die Tochter Esther 1609 König Matthias für den Sieg bei einem Ringelrennen anläßlich der Huldigung überreicht, symbolisieren den Anspruch auf die Zugehörigkeit der Familie zur Klientel des Landesfürsten. Die damals eskalierenden Interessenskonflikte zwischen Ständen und Landesfürst finden in ihrer Darstellung ebensowenig Beachtung wie gegenreformatorische Maßnahmen, obwohl die Familie in beiden Fällen betroffen davon war. Esther von Gera will keine detaillierte Zeitgeschichte schreiben, soweit sie über den Rahmen von Necrolog und Familienchronik hinausgeht. Als sie 1608/9 den Herrschaftsantritt von Erzherzog Matthias in Ungarn und den Ausgleich zwischen Matthias und den österreichischen Ständen berichtet, muß sie erst erklärend darlegen, daß beide Parteien *zufor in grosen zbitracht gestanden sein.*[169] Die politischen und konfessionellen Hintergründe für den Konflikt gibt sie nicht an, während sie allein die Wiederherstellung einer politischen Ordnung interessiert. Bei der Entmachtung Kaiser Rudolfs II. in Böhmen steht die Verfasserin eindeutig auf der Seite von König Matthias, da der *falsch khaiser* sein Kriegsvolk *wider seinen vorigen vergleich* an-

---

[167] Gerasches Gedächtnisbuch, fol. 5^r und 14^r.
[168] Gerasches Gedächtnisbuch, fol. 25^v und 27^v.
[169] Gerasches Gedächtnisbuch, fol. 16^r.

werben ließ.¹⁷⁰ Die Entscheidung für den ungarischen König ist wohl vor allem unter der Perspektive des raschen Erfolgs von Matthias in Böhmen zu sehen, den Gera zwar nicht mehr darlegt, aber andeutet. Der Bruderzwist brachte Unruhe in das elitäre Gesellschaftsbild der Verfasserin, indem durch die Huldigung gegenüber Matthias vorhandene Loyalitäten in Frage gestellt wurden und nur durch Verträge und Vergleiche zu sichern waren. Wenn Gera z.b. die Tochter Esther in die Gunst von König Matthias stellt, so mußte der eskalierende Bruderzwist ebenso wie die vorangegangenen Ständeunruhen diese „Familienehre" innerhalb der politischen Führungsschicht gefährden. Die Verfasserin schreibt auch in ihren politischen Ausführungen in jenem Sinne Familiengeschichte, als sie den Fürsten als eine Art „pater familias" innerhalb des von ihr beschriebenen, durch Hochzeiten und Trauer zusammengefügten Sozialverbandes darstellt.

3.4. Itinerarium

Esther definiert mit ihren Vermerken den gesellschaftlichen und geographischen Rahmen der Geraschen „Freundschaft". Ihren räumlichen Ausdruck findet diese Absicht in den Reisenotizen, die besonders den Anfang des erhaltenen „Gedächtnisbuches" prägen. Sie haben kaum Verbindungspunkte mit den gelehrten, apodemischen Reiseitinerarien der Zeit um 1600, da nirgendwo ein topographisches Detail, etwa ein Gebäude, erwähnt oder gar beschrieben wird.¹⁷¹ In ihren lakonischen Hinweisen auf die besuchten Orte erinnern Esthers Vermerke eher an die Tagebuchnotizen der Herzogin Sophie von Mecklenburg (1569–1634): *1615, Jan. 19 biß Wittenburgk, 20, 21 da bin ich nach der hamermühl gewesen, 22, 23 still, 24 nach Perdähl vnd der hamermühl.*¹⁷² Einzelne Hinweise Sophies machen deutlich, daß diese Eintragungen

---

¹⁷⁰ Gerasches Gedächtnisbuch, fol. 24ʳ.
¹⁷¹ Zum Reisejournal um 1600, dessen Führung bereits Francis Bacon in seinen Essays (Of Travel) programmatisch forderte, vgl. etwa Hilde DE RIDDER-SYMOENS, Die Kavalierstour im 16. und 17. Jahrhundert. In: BRENNER, Der Reisebericht (wie Anm. 128) S. 197–223, hier S. 205.
¹⁷² Auszug aus dem eigenhändigen Tagebuche der verwittweten Herzogin SOPHIE ZU LÜBZ. In: Jahrbücher des Vereins für mecklenburgische Geschichte und Alterthumskunde 7 (1842) S. 112–114, hier S. 112. Vgl. auch KRUSENSTJERN, Selbstzeugnisse (wie Anm. 11) Nr. 194.

vor allem jene Funktion hatten, die Lage im Fürstentum zu sondieren, z.B. 1625: *Den 16. (Juni) wieder nach Chritzaw, ist daß hauß follents abgebrochen vnd hereingeführett*.[173] Dieser obrigkeitlich-herrschaftliche Gesichtspunkt fehlt jedoch in den Reisenotizen Esthers und ihrer Enkelin. Oft gibt Esther nur das Ziel der Reise an, zuweilen auch den Zweck, etwa bei der Reise nach Ortenburg, die sie 1609 gemeinsam mit ihrem Mann und ihren ältesten Kindern anläßlich des Begräbnisses von Anna Maria von Liechtenstein unternimmt.[174] Soweit die Reisemotive feststellbar sind, lassen sie weitgehend einen familiengeschichtlichen Kontext erkennen. Die Salzburgerin Magdalena Helmreich, Gattin des Pflegers von Matrei in Osttirol, gestaltet nach dem Tod des Ehemannes ihr *geburt biechl* von 1658 allmählich zu einer ausgedehnteren Familienchronik um.[175] Im Gegensatz zum „Geraschen Gedächtnisbuch" vermerkt sie keine eigenständigen Reisenotizen. Trotzdem setzen die von ihr eingetragenen Ereignisse vereinzelt Mobilität voraus. Ihre Hochzeit 1641 ist für sie vor allem damit verbunden, daß das junge Ehepaar *auf Wintischmatrei* ziehen muß; da ihr Sohn Ignaz 1672 in Passau heiratet, reist auch sie gemeinsam mit ihrer Tochter *hinunter*. Die räumliche Verlagerung des gemeinsamen Haushalts sowie wichtige gesellschaftliche Ereignisse aus Familie und „Freundschaft" sind bei Helmreich wie im „Geraschen Gedächtnisbuch" die Angelpunkte der Reisetätigkeit.

Esther von Geras Reisen beinhalten am Beginn der Aufzeichnungen einfache Besuche, die von Gegenbesuchen begleitet werden: *Den 31. sein wier zum fruemal gen Fridau zum herrn von Herberstain, der ist samt der frawen zum nachtmal mit uns genn Schakothurn gefaren*.[176] Die Verfasserin erwähnt keinen besonderen Inhalt dieser kleineren Besuche wie Jagden oder Spielrunden wie zum Beispiel Erasmus von Puchheim in seinen Kalendereintragungen aus dem Jahr 1575.[177] Sie nennt bloß fallweise Frühmahl und Abendessen als Orte der „familiären" Kommunikation und Kontaktpflege. Eintragungen über derartige

---

[173] G. C. F. Lisch, Autobiographie und Testament der Herzogin Sophie v. Lübz, Gemahlin des Herzogs Johann VII. von Meklenburg. In: Jahrbücher des Vereins für mecklenburgische Geschichte 15 (1850) S. 79–98, hier S. 81.
[174] Gerasches Gedächtnisbuch, fol. 15ʳ.
[175] Salzburger Landesarchiv, Familienarchiv Helmreich-Pach, Nr. 12.
[176] Gerasches Gedächtnisbuch, fol. 5ʳ.
[177] Vgl. M. A. Becker, Aus dem Tagebuch eines österreichischen Edlen. In: Blätter des Vereins für Landeskunde von Niederösterreich N.F. 12 (1878) S. 18–37, hier S. 24.

Zusammenkünfte waren Fixpunkte jeglicher aristokratischer Diaristik des 16. und 17. Jahrhunderts in Österreich, wobei meist genau die anwesenden adeligen Personen festgehalten wurden.[178] Diese Besuche können in gewissem Sinn als kleine Varianten der pompöseren Hochzeitsmähler und Bestattungsfeiern bezeichnet werden. Erst Maria Susanna füllt diese Reisevermerke allmählich mit neuen Inhalten, indem sie weitaus deutlicher als ihre Großmutter den Kontext von Hochzeit – Taufe – Bestattung verläßt. Fährt Esther noch *in schliten* zu einer Verehelichung nach Graz, so reist Maria Susanna nach Linz, um in einer *gar grosse*[n] *geselschafft* an Schlittenfahrten ebenso teilzunehmen wie an den Bauernhochzeiten, die in Nachahmung höfischer Faschingsmaskeraden veranstaltet wurden.[179] Maria Susannas Bekannter Franz Albrecht Harrach schrieb seine Kalendernotizen ursprünglich als reine Itinerarien, sodaß er monatlich eigene Listen jener Orte führte, an denen er sich an jedem Tag befand, auch wenn es für einen ganzen Monat derselbe war. Erst allmählich lösen sich die diaristischen Anmerkungen als eigene Rubriken heraus, wobei sich deren Themenschwerpunkte kaum von jenen Maria Susannas unterscheiden. Als er sich 1653 anläßlich der Krönung Ferdinands IV. zum römischen König in Regensburg befand, notierte er sich etwa eine Bauernhochzeit beim Herzog von Württemberg oder ein Kinderballett beim Grafen

---

[178] In der raschen, fast täglichen Abfolge der Besuche und Gegenbesuche besonders deutlich zu sehen in den Kalendernotizen des Tiroler Rates Dionys von Rost. Karl BRAITENBERG, Das Tagebuch des Ritters Dionys von ROST vom Jahr 1570. In: Der Schlern 29 (1955) S. 411–424. Vgl. z.B. auch Hans STURMBERGER, Das Tagebuch des Grafen Johann Maximilian von Lamberg. In: Mitteilungen des Oberösterreichischen Landesarchivs 1 (1950) S. 275–289. Dazu daß der Bereich der „hospitality" keineswegs ein rein adeliger Themenschwerpunkt ist und in religiös geprägten Tagebüchern auch einen negativen Aspekt bekommen konnte vgl. HELLER MENDELSON, Stuart women's diaries (wie Anm. 8) S. 190.

[179] Gerasches Gedächtnisbuch, fol. 6^v und 31^r. Zur Bedeutung der Schlittenfahrt als gesellschaftliches Ereignis vgl. Beatrix BASTL, Feuerwerk und Schlittenfahrt. Ordnungen zwischen Ritual und Zeremoniell. In: Wiener Geschichtsblätter 51 (1996) S. 197–229. Zur höfischen Bauernhochzeit und anderen Verkleidungsbanketten: Claudia SCHNITZER, Königreiche – Wirtschaften – Bauernhochzeiten. Zeremoniolltragende und -unterwandernde Spielformen höfischer Maskerade. In: Jörg Jochen BERNS, Thomas RAHN (Hrsg.), Zeremoniell als höfische Ästhetik in Spätmittelalter und früher Neuzeit (Frühe Neuzeit 25) Tübingen 1995, S. 280–331.

von Weißenwolf.[180] Das Streben nach Integration in eine überregionale „adelige Repräsentationskultur", wie es für die Kavalierstour angeführt wurde, prägt den Charakter aristokratischer Tagebuchnotizen im 17. Jahrhundert.[181] Mit Maria Susanna tritt dieses Reisemotiv auch im „Geraschen Gedächtnisbuch" viel stärker in den Vordergrund. Bereits ihre Großmutter erwähnt zwar höfische Ereignisse wie die königlichen Turniere in Linz Mai 1609, doch hauptsächlich im Kontext der besonderen Ehre, die dabei der Familie widerfährt, während die „höfischen" Festveranstaltungen bei Maria Susanna zum Selbstzweck werden. In diesem Sinn nähern sich die Aufzeichnungen dem zeitgenössischen „adeligen" Itinerarium an.

3.5. Ökonomieliteratur

Die Notizen Esther von Geras folgen nicht nur chronologisch fortlaufenden „diaristischen" Strukturen. Am Beginn der erhalten gebliebenen Aufzeichnungen findet sich die Eintragung von zehn medizinischen Rezepten, die Ratschläge gegen Schlaflosigkeit, Fieber, Fraisen,[182] Kopfweh, heftige Blutungen und Gliederschwund[183] festhalten. Die

---

[180] Franz Albrecht HARRACH, Schreibkalender für 1653 (FA Harrach, Hs. 319), Eintragungen zum 17. und 25. Februar. Adelsdiarien entwickelten sich im 17. Jahrhundert häufig aus Reiseaufzeichnungen heraus. Vgl. z.B. für die erste Hälfte des 17. Jahrhunderts die ebenso höfisch geprägten Diarien des Fürsten Christian II. von Anhalt-Bernburg: Tagebuch CHRISTIANS DES JÜNGEREN, FÜRST ZU ANHALT, niedergeschrieben in seiner Haft zu Wien [...] Hrsg. v. G. KRAUSE, Leipzig 1858.

[181] Vgl. dazu Katrin KELLER (Hrsg.), „Mein Herr befindet sich gottlob gesund und wohl". Sächsische Prinzen auf Reisen (Deutsch-Französische Kulturbibliothek 3) Leipzig 1994, S. 473.

[182] Fraisen (Eclampsia), ein Sammelbegriff für Krankheiten, die sich in heftigen Anfällen äußern, besonders für den Kinderkrampf. Zu verschiedenen Rezepten der „Volksmedizin" gegen diese Krankheit vgl. Elfriede GRABNER, Grundzüge einer ostalpinen Volksmedizin (Österreichische Akademie der Wissensch., Phil.-hist. Kl., Sitzungsberichte 457 = Mitteilungen des Instituts für Gegenwartsvolkskunde 16) Wien 1985, S. 55–62.

[183] *Schwindung der Glieder, Schwinden der Glieder, Tabes, Contabescentia, Macies, ist nichts anderes, als ein Abnehmen, Verdorren und Schwinden der Glieder, da sie durch einen Zufall, Bruch, Verrenckung u.d.g. und daher entstandenen Mangel oder entzogene Nahrung ihres Fleisches und Fettes, so sie vorhero an sich gehabt, beraubet werden.* Johann Heinrich ZEDLER, Großes vollständiges Universal-Lexikon Bd. 36, Halle–Leipzig 1743, Sp. 525–536.

Eintragungen folgen keinem chronologischen Verlauf, sondern sind zur besseren Auffindbarkeit thematisch nach den Krankheitsformen gruppiert sowie durch Überschriften kenntlich gemacht. Wenn die Verfasserin Blutungen und Gliederschwund dem Kopfweh nachordnet, so könnte dahinter das Schema „de capite ad calcem" (vom Kopf bis zu den Füßen) durchschimmern, das z.B. besonders augenfällig die kaiserliche Hofdame Susanna von Tobar auf Enzesfeld (gest. 1588) dem Aufbau ihres Arzneibuches zugrundelegte.[184] Der Schriftduktus des Rezeptteils stimmt weitgehend mit den frühen chronikalischen Notizen Geras aus dem Jahr 1597 überein, sodaß er nicht nur räumlich, sondern auch zeitlich am Beginn der Aufzeichnungen stehen dürfte. Ein derartiger Befund könnte die Vermutung nahelegen, daß das „Gerasche Gedächtnisbuch" aus einem reinen Gebrauchstext heraus entstanden ist. Esther von Gera weist nicht auf eine längere schriftliche Überlieferung der Rezepte hin, wie etwa um dieselbe Zeit das „Haushaltungsbüchl" der oberösterreichischen Familie Grünthaler, wo ein Wundsalben-Rezpet aus *H(err) Hans Andre altten arzneybuech* entnommen wurde.[185] Auch für den Geraschen Text ließen sich, wenn nicht Quellen, so doch Parallelüberlieferungen finden, da es sich in den meisten Fällen wohl um Erkenntnisse einer mündlich tradierten „Volksmedizin" handelt, die dann in einzelnen Drucken festgehalten wurden. Daß die Hauswurz gegen Kopfschmerzen nützlich sei, findet man z.B. ebenso im „Kreuterbuch" von Hieronymus Bock (1546).[186] Esther von Gera zitiert keine textlichen Vorbilder, darin etwa dem Arzneibuch (1560/70) der Anna Welser ähnlich.[187] Um ihre medizinischen Hinwei-

---

[184] Vgl. Alois SCHABES (Hrsg.), „Nembt Kranwetöhll und Regenwürmb". Hausarzneibuch der Susanna von Tobar Gutsherrin auf Enzesfeld 1565, St. Pölten–Wien 1984.

[185] Alexander SPERL (Hrsg.), Das Haushaltungsbüchl der Grünthaler (Quellen zur Geschichte Oberösterreichs 3) Linz 1994, S. 131. Das Werk stellt eine Gemeinschaftsarbeit von Philipp Jakob von Grünthal, dessen Brüdern und Neffen vom Ende des 16. Jahrhunderts bis weit ins 17. Jahrhundert hinein dar.

[186] Vgl. Hieronymus BOCK, Kreuter Buch. Darin Unterscheid, Würckung und Namen der Kreuter so in deutschen Landen wachsen, [...], Straßburg 1546, S. 142.

[187] Die Verfasserin ist die Mutter von Philippine Welser, ihr Arzneibuch blieb in der Ambraser Sammlung überliefert. Vgl. Sigrid-Maria GRÖSSING, Das Arzneimittelbuch der Philippine Welser. Eine kritische Untersuchung der Ambraser Handschrift, Phil. Diss. Salzburg 1992, bes. S. 77. Auch den Aus-

se zu untermauern, nennt die Verfasserin vielmehr Personen aus ihrem Umkreis, die die Wirksamkeit der Heilmittel empirisch bekräftigen konnten. Die Medizin für die *frais* stammt von der *frau lantshaubpmanin aus Khrain*, vermutlich Susanna Lenkovic (geb. Zríny), einer Nichte Esthers. Das Rezept gegen Fieber sowie das dritte gegen Kopfweh *ist von freilen Cresenzia*, womit wohl Esthers jüngere Schwester gemeint ist.[188] Die Angabe der Gewährspersonen verbinden die Rezeptsammlung mit den folgenden diaristischen Notizen, indem sie einen familiären Kontext als Entstehungshintergrund konstruieren. Esther charakterisiert ihre medizinischen Ratschläge als Ausdruck eines Dialogs oder Erfahrungsaustausches, der sich auf Frauen innerhalb der Familie beschränkt.

Die Herstellung von Hausmitteln und damit die Arzneikunde gehörte in Spätmittelalter und Früher Neuzeit zu den wichtigsten Aufgaben der „Hausmutter".[189] Auch wenn sie zunehmend durch die wissenschaftliche medizinische Ausbildung aus dem ärztlichen Betätigungsfeld verdrängt wurden, waren heilkundige Frauen bis weit in die Frühe Neuzeit hinein eine wichtige Anlaufstelle für Patienten. Noch der Sachsen-Gothasche Rat Veit Ludwig von Seckendorff nennt in seinem „Teutschen Fürsten-Staat" (1656) neben Stricken und Nähen die Herstellung von guten Arzneien als typische *Frauen=Zimmer=Arbeit*.[190] Die Zuweisung der Arzneikunst zum Tätigkeitsbereich der Frau wurde zuweilen mit einer biologischen Geschlechterdifferenz erklärt. Besonders deutlich kommt dies im Arzneibuch des protestantischen Hof-

---

stellungskatalog: Philippine Welser & Anna Caterina Gonzaga. Die Gemahlinnen Erzherzog Ferdinands II. Mit Beiträgen von Alfred Auer u.a. Schloß Ambras Innsbruck, 24. Juni bis 31. Oktober 1998, S. 29f.

[188] Gerasches Gedächtnisbuch, fol. 2ʳ. Kreszenzia (1574–1607) heiratete 1590 Franz Khevenhüller. Vgl. LOSERTH, Geschichte (wie Anm. 33) S. 218; WITTING, Landständischer Adel (wie Anm. 34) S. 276. Daß Kreszenzia als „Fräulein" angesprochen wird, könnte gegen sie als Informantin sprechen oder darauf hinweisen, daß die Rezepte noch vor ihrer Verehelichung, also 1590, geschrieben wurden. Gegen letzteres spricht jedoch der Hinweis auf Susanna Zrínyi, die erst April 1597 zur Frau des Krainer Landeshauptmannes Georg Lenkovic wurde – unmittelbar vor dem Juli 1597, in dem die diaristischen Notizen des „Geraschen Gedächtnisbuches" einsetzen.

[189] Vgl. Renate DÜRR, Von der Ausbildung zur Bildung. Erziehung zur Ehefrau und Hausmütter in der Frühen Neuzeit. In: KLEINAU, OPITZ, Geschichte der Mädchen- und Frauenbildung Bd. 1 (wie Anm. 39) S. 189–206, hier S. 192.

[190] Vgl. HÖFAUF-ERFLE: Wesen und Rolle der Frau (wie Anm. 148) S. 282.

arztes Johannes Wittich von 1595 zum Ausdruck, der sein Werk Herzogin Margarete von Braunschweig-Lüneburg widmet. Er meint, daß sein Buch besonders die *hohen Christlichen Matronen* brauchen könnten, weil sie oft mehr Mitleid und Barmherzigkeit zeigten als Männer. Wittich erwähnt *eigene Hoffapotheken*, die diese „Matronen" halten würden, um den Armen zu helfen.[191] Entsprechend der Bedeutung der „Hausmutter" beschränkt sich diese Aufgabe der medizinischen Betreuung nicht auf die Kinder, sondern sie umfaßt auch das gesamte Gesinde sowie den Bereich der familiären „caritas". Wurde die Ausübung der Heilkunde durch Frauen ärmerer Schichten oft bekämpft, so gehörte sie für Angehörige wohlhabender Bevölkerungsteile, für „Matronen", zum anerkannten und geforderten Teil des gesellschaftlichen Rollenbildes.[192] Maria Elisabeth Stampfer führte ein eigenes *arzney buch*, auf das sie in ihrem „Hausbuch" hinweist.[193] Sie verfaßte es offensichtlich getrennt von den familiengeschichtlichen Notizen. Trotzdem stehen beide Werke in einem engen Zusammenhang, indem das „Hausbuch" über den Hintergrund und vor allem über die Erfolge einzelner Arzneien erzählt. Anläßlich der Pest 1681 ist sie z.B. stolz auf den Erfolg eines Purgiermittels: *Eß hat mich woll von Herzen gefreit / daß dißes ein so guets Midl ist gewösen / [...]. Ich danckh meinen gott vmb sein Arzeneymidl / die er mier noch göben hat / bit vmb seinen Sögen auch derzue.*[194] Die Arzneikunst ist hier ein zentraler Aspekt des sozialen Selbstverständnisses und dadurch ein angemessener Gegenstand der Familiengeschichte. Esther von Gera erwähnt im Rahmen ihrer Reisetätigkeit mehrmals Krankheiten, soweit diese eine Erfüllung oder Verhinderung gesellschaftlicher Pflichten widerspiegeln. Für den 11.

---

[191] M. Iohannem WITTICHIUM, Artzneybuch für alle menschen / Sonderlichen aber für arme vnd dürfftige Leute / denen bißweilen die Sonne ehe ins Haus kömmet / dann das liebe Brodt, Leipzig 1595.

[192] Zum Bild der Heilerin aus Barmherzigkeit, des Heilens als christliche Tugend und Pflicht, auf das sich weibliche Heilkundige der Frühen Neuzeit immer wieder beriefen, vgl. z.B. Annemarie KINZELBACH, Konstruktion und konkretes Handeln: Heilkundige Frauen im oberdeutschen Raum 1450–1700. In: Historische Anthropologie 7 (1999) S. 165–190, hier S. 180f.

[193] Steiermärkisches Landesarchiv, Hs. 1223, fol. 107^v (in der Ausgabe Zahns nicht enthalten).

[194] Der Frau Maria Elisabeth STAMPFER aus Vordernberg Hausbuch (wie Anm. 20) S. 20. Vgl. auch Heide WUNDER, Konfession und Frauenfrömmigkeit im 16. und 17. Jahrhundert. In: Theodor SCHNEIDER, Helen SCHÜNGEL-STRAUMENN (Hrsg.), Theologie zwischen Zeiten und Kontinenten. Für Elisabeth Gössmann, Freiburg–Basel–Wien 1993, S. 185–197, hier S. 194.

Oktober 1597 notiert sie z.B. eine Fahrt nach Kranichsfeld, weil sie ihre Schwester Sophia krank glaubte. In ihrem Todesjahr 1611 muß sie der Herrschaftsübergabe von Freistadt an ihre mündigen Söhne fernbleiben, *weil ich gar ibl auf gbest.*[195] Inwieweit sich ihre Rezepte in Krankheitsfällen bewährten, vermerkt Gera jedoch nicht. Anders als bei Stampfer ist die Krankheit im diaristischen Kontext kein Problem der aktiven Lebensgestaltung, sondern eine sittlich-religiöse Herausforderung, wenn sie über ihr schlechtes Befinden kurz vor ihrem Tod meint: *Gott helff miers selig iberwinden.*[196] Trotz der räumlichen Nähe und des familiären Bezugsrahmens bleibt die „Arzneikunst" damit ein eigener, geschlossener, mit dem übrigen Text nicht näher verbundener Darstellungsblock.

Die Heilkunde war im 16. und 17. Jahrhundert gemeinsam mit der Land- und Hauswirtschaft, Botanik, Fischzucht, Kochkunst, Weinbau oder Wetterregeln ein Bestandteil des großen Bereichs der „Oeconomia".[197] Derartige Tätigkeitsfelder, die den „artes mechanicae" fol-

---

[195] Gerasches Gedächtnisbuch, fol. 5^v und 25^v, wo sie auch eine erfolglose Badereise nach „Wallsee", vermutlich Oberwallsee, vermerkt. Leider sagt Gera nichts über die Art der Krankheit oder die Behandlung aus. In den Notizen zu Badereisen unterscheiden sich die Aufzeichnungen Geras von jenen ihrer Fortsetzerin, die derartige Kuren weniger als Wege zur Gesundheit denn als erstrangige Gesellschaftsereignisse vermerkt: *da haben wir es munter gehobt* (Gerasches Gedächtnisbuch, fol. 31^v). Zur Badereise, den verschiedenen „Badefahrtbüchern", Bädern und Kuren vgl. z.B. Helmut BUSCH, Reisen zum Gesundwerden: Badereisen. In: Xenja von ERTZDORFF, Dieter NEUKIRCH (Hrsg.), Reisen und Reiseliteratur im Mittelalter und in der Frühen Neuzeit (Chloe 13) Amsterdam–Atlanta/GA 1992, S. 475–494. Zur Geschichte der europäischen Badereise siehe den Überblick bei Reinhold P. KUHNERT, Urbanität auf dem Lande. Badereisen nach Pyrmont im 18. Jahrhundert, Göttingen 1984, S. 31–37; Als Fallstudien Tassilo LEHNER, Badereisen von Kremsmünster nach Wildbad-Gastein im 17. Jahrhundert. In: Mitteilungen des Gesellschaft für Salzburger Landeskunde 37 (1897) S. 1–17.

[196] Zu den verschiedenen weltanschaulichen Konzepten im Umgang mit dem eigenen Körper und Krankheiten während des 16. Jahrhunderts vgl. Robert JÜTTE, Ärzte, Heiler und Patienten. Medizinischer Alltag in der frühen Neuzeit, München–Zürich 1991, bes. S. 40f.; Christoph LUMME, Höllenfleisch und Heiligtum. Der menschliche Körper im Spiegel autobiographischer Texte des 16. Jahrhunderts (Münchner Studien zur neueren und neuesten Geschichte 13), Frankfurt/M. 1996, bes. S. 80–102.

[197] Vgl. Manfred LEMMER, Haushalt und Familie aus der Sicht der Hausväterliteratur. In: Trude EHLERT (Hrsg.), Haushalt und Familie in Mittelalter und früher Neuzeit, Sigmaringen 1991, S. 181–191, hier S. 181; Julius

gen, wurden meist relativ geschlossen in ökonomischen Traktaten, besonders in der protestantischen „Hausväterliteratur" gelehrt, die die Ökonomik mit moralisch-theologischen Verhaltensregeln für Eltern, Kinder und Gesinde anreicherte. Neben der öffentlichen didaktischen Tradition entwickelte sich in „privaten" Haushalten eine Schreibkultur, die Elemente der Ökonomik für den persönlichen Gebrauch festhielt. „Hausbücher" des Spätmittelalters und der Frühen Neuzeit sind kaum von „Haushaltungsbüchern", wie sie die Grünthaler verfaßten, zu unterscheiden. Sie standen im Zeichen des ökonomischen Themenreichtums, der mehr oder weniger ausgeprägt durch familiengeschichtliche und autobiographische Hinweise ergänzt werden konnte. In Mengen (Baden-Württemberg) stellte z.B. der Bürger Konrad Beck (1437–1512) ein Hausbuch zusammen, das u.a. zahlreiche medizinische Rezepte, Diätregeln, einen Kalender, astronomisch-astrologische Bemerkungen, Angaben zur Farbsymbolik, zu den Planeten und zur Humoralpathologie enthält.[198] Dieser Sammlung an Wissenswertem hängt der Verfasser noch eine kurze Familienchronik mit Hochzeiten, Geburten, Todesfällen, aber auch Reisenotizen, zeitchronikalischen Vermerken oder Preisangaben an. Eine Generation nach Esther von Gera fügt der Linzer Schloß-, Pfleg- und Zeugwart Felix Guetrater (1589–1648) in sein umfangreiches *Hauß-Buech* neben Autobiographie und Inventarien auch väterliche Ermahnungen ein, die didaktische Schriften ebenso enthalten wie Gebete und gesundheitlich-medizinische Ratschläge.[199] Derartige Beispiele verdeutlichen, daß frühneuzeitliche Selbstzeugnisse als vermittelndes Medium und Teil der zeitgenössischen Hausväterliteratur angesehen werden müssen. Nicht nur durch Krankheitsvermerke, sondern auch durch den erwähnten

---

HOFFMANN, Die „Hausväterliteratur und die Predigten über den christlichen Hausstand". Lehre vom Hause und Bildung für das häusliche Leben im 16., 17. und 18. Jahrhundert, Weinheim-Berlin 1959; Gotthardt FRÜHSORGE, Die Gattung der „Oeconomia" als Spiegel adeligen Lebens. Strukturfragen frühneuzeitlicher Ökonomieliteratur. Per Brahe – Schering Rosentrane – Johann Rist. In: Dieter LOHMEIER (Hrsg.), Arte et Marte. Studien zur Adelskultur des Barockzeitalters in Schweden, Dänemark und Schleswig-Holstein, Neumünster 1978, S. 85–107, hier S. 91f.

[198] Hartmann-Joseph ZEIBIG, Die Familien-Chronik der Beck von Leopoldsdorf. In: Archiv für österreichische Geschichte 8 (1852) S. 209–229.

[199] Franz MARTIN, Das Hausbuch des Felix Guetrater 1596–1634. In: Mitteilungen der Gesellschaft für Salzburger Landeskunde 88/89 (1948/49) S. 1–45.

Zusammenhang zwischen geschäftlichen und familiären Aspekten in Familienchroniken war stets eine Brücke zur Ökonomieliteratur geschlagen. Am augenfälligsten kommt diese enge Verbindung in den damaligen gedruckten Schreibkalendern zum Ausdruck, die durch ihre Prognostika praktische ökonomische Hinweise für den Feldbau und andere landwirtschaftliche Aktivitäten gaben, aber auch Raum für persönliche wirtschaftliche oder familiäre Vermerke der jeweiligen Besitzer ließen.[200] Diese Kalender wurden oft in den Familienarchiven aufgehoben und erfüllten damit weit über die gegenwärtige Schreibsituation hinaus ihren familiengeschichtlichen Zweck. Weitaus stärker als das „Hausbuch" Stampfers bewahrt das „Gerasche Gedächtnisbuch" durch die Verwendung desselben Schreibmediums für Rezepte und Diarium den traditionellen Zusammenhang von Oeconomia und Familiengeschichte. Die Verankerung der Arzneikunst in der Ökonomieliteratur, aber auch ihr hoher Stellenwert in Selbstzeugnissen von Frauen lassen die medizinischen Rezepte Esthers über die Gebrauchssituation hinaus als integralen Bestandteil der Geraschen Memorialkultur erscheinen.

3.6. Erbauungslyrik

3.6.1. Kirchenlieder

Eine besondere Eigenart des „Geraschen Gedächtnisbuches" besteht in den zahlreichen Gedichten, die Esther von Gera als Kommentar einzelner Ereignisse zwischen die Notizen einfügte. Sie machen rund die Hälfte ihrer Eintragungen aus, während Maria Susanna von Weissenberg auf diese Ausdrucksform völlig verzichtet. Das Konzept, Lyrik in eine autobiographisch angelegte Prosaerzählung einzufügen, hat in der europäischen Literaturgeschichte eine lange Reihe an Vorgängern, beginnend mit dem „Frauendienst" Ulrichs von Liechtenstein oder Dantes „Vita nova". In diesem Überlieferungsstrang stellte die

---

[200] Vgl. für den österreichischen Raum v. a. Herwig EBNER, Der Schreibkalender als Geschichtsquelle. In: Beiträge zur Sozial- und Wirtschaftsgeschichte der Steiermark und Kärntens. Festschrift Ferdinand Tremel (Zeitschrift des Historischen Vereines für Steiermark, Sonderbd. 14) Graz 1967, S. 65–81. Allgemein z.B. Jill BEPLER, Thomas BÜRGER, Alte und neue Schreibkalender. Katalog zur Kabinettausstellung in der Herzog August Bibliothek. In: Simpliciana. Schriften der Grimmelshausen-Gesellschaft 16 (1994) S. 211–252.

Erzählung meist nur den Rahmen dar, der die Lyrik erläutern helfen sollte, Stilisierungen übernimmt und dementsprechend in seinem autobiographischen Realitätsgehalt umstritten ist.[201] Um 1576 schrieb der englische Komponist Thomas Whythorne eine verhältnismäßig detaillierte Autobiographie, um die Entstehungsursachen und die tiefere Bedeutung seiner Werke zu erklären. Dieser Intention entsprechend nennt er sein Werk *A book of songs and sonnets, with long discourses set with them of the child's life, together with a young man's life, and entering into the old man's life.*[202] Auch als Autobiographie bleibt der Text primär in die Tradition des Liederbuches eingeordnet. Die Lyrik wird hier nachträglich in einen größeren lebensgeschichtlichen Sinnzusammenhang gestellt, ähnlich wie etwa in Lorenzo de' Medicis Sonettenkommentar, der heute zuweilen als eine „innere" Autobiographie des Verfassers angesehen wird (1470er bis 1490er Jahre).[203] Bei Esther von Gera dürfte die Lyrik nicht an erster Stelle gestanden sein. Erst lange nach den frühen Tagebuchnotizen des Jahres 1597, nämlich 1600, beginnt die Verfasserin, Verse einzufügen. Das Gedicht steht unter dem Motto der „Zeit" und ist eine Abfolge banaler sprichwortartiger Binnenreime, die wie literarische Übungen anmuten: *daß ich mich balt schaide, doch mit laide; waß mier liebet mich betriebet.*[204] Ein expliziter Zusammenhang mit dem Text ist nicht gegeben, was sich jedoch dann vier Jahre später beim Tod der Schwester ändert. Mit dem Nachruf auf Sophia 1604 wird Esthers Lyrik zum erbaulichen Kommentar des Tagebuchs, wobei mit der Todessehnsucht die bestimmende, zum Text passende Thematik der Gedichte gefunden ist. Erst allmählich gewinnt dieses Sujet eine eigene Dynamik, indem es sich vor allem nach dem Tod des Ehemannes von den Zusammenhängen mit den Todesnotizen, mit Necrolog und Epitaph, löst und zu einer unverwechselbaren Ausdrucksform der Schreiberin wird.

---

[201] Zum „Fall" Ulrichs von Liechtenstein vgl. z.B. die Literatur bei Jan-Dirk MÜLLER, Ulrich von Liechtenstein. In: Die deutsche Literatur des Mittelalters. Verfasserlexikon. Bd. 9, Berlin–New York ²1995, Sp. 1278f.

[202] The Autobiography of Thomas WHYTHORNE, Ed. by James M. OSBORN, London 1962.

[203] Vgl. z.B. die englische Übersetzung: The Autobiography of Lorenzo de' Medici The Magnificent, A Commentary on My Sonnets. Ed. James WYATT COOK (Medieval & Renaissance Texts & Studies 129) Binghamton–New York 1995.

[204] Gerasches Gedächtnisbuch, fol. 8^v.

Esthers Gedichte entwickeln sich aus dem Tagebuch heraus und können darin entstehungsgeschichtlich den „lyrischen Autobiographien" eines Dante, Lorenzo oder Whythorne kaum an die Seite gestellt werden. Weitaus eher vergleichbar sind sie mit den Gedichten, die in der ersten Hälfte des 17. Jahrhunderts in Tagebücher des österreichischen Adels eingefügt wurden, wenn auch nur sporadisch und keinesfalls mit der Konsequenz Esthers. Der bereits erwähnte Franz Albrecht Harrach fügt z.b. in eine freie Seite seines Schreibkalenders für 1635 ein fünfstrophiges Gedicht im Zeichen der frühbarocken Schäferpoesie ein.[205] Gelegenheitsgedichte – zu solchen macht sie der diaristische Zusammenhang fast zwangsläufig – trug der oberösterreichische Verordnete Georg Christoph Schallenberg (1593–1657) in sein Diarium ein. Er schrieb z.B. ein *Epitaphium anni 1629*, in dem er die wichtigsten Ereignisse dieses Jahres zusammenfaßt, darunter den Tod seines Bruders Karl Christoph, oder im Mai 1633 ein Kreuzreimgedicht auf das Frühlingswetter.[206] Georg Christoph war der Sohn des bekannten oberösterreichischen Lyrikers Christoph von Schallenberg (1561–1597). Christoph von Schallenbergs späthumanistische Lyrik überschneidet sich stellenweise mit derjenigen seiner Zeitgenossin Esther von Gera,

---

[205] Österreichisches Staatsarchiv, Allgemeines Verwaltungsarchiv, Familienarchiv Harrach, Hs. 317. Harrach stellt den Kalender unter das Vergilsche Motto: „Amor vincit omnia". Von Harrach sind auch unabhängig von den diaristischen Notizen Schäfergedichte erhalten geblieben. Vgl. HARRACH, Rohrau (wie Anm. 143) S. 103. Zu den Kontakten des protestantischen österreichischen Adels zu den süddeutschen Dichtergesellschaften in der ersten Hälfte des 17. Jahrhunderts vgl. v. a. Martin BIRCHER, Johann Wilhelm von Stubenberg (1616–1663) und sein Freundeskreis. Studien zur österreichischen Barockliteratur protestantischer Edelleute (Quellen und Forschungen zur Sprach- und Kulturgeschichte der germanischen Völker, N.F. 25) Berlin 1968. Zur österreichischen Literatur des Adels in der Frühen Neuzeit allgemein vgl. z.B. Wolfgang NEUBER, Adeliges Landleben in Österreich und die Literatur im 16. und 17. Jahrhundert. In: Adel im Wandel. Politik – Kultur – Konfession (Katalog des Niederösterreichischen Landesmuseums, N.F. 251) Wien 1990, S. 543–553.

[206] SCHALLENBERG, Diarium: HHStA, Archiv Rosenau, Hs. 83, fol. 5^r und 198^r. Zur Biographie Schallenbergs vgl. Hugo HEBENSTREIT, Die Grafen von Schallenberg. Von ihrem Aufkommen in Oberösterreich bis zu ihrer Abwanderung nach Niederösterreich (1180–1700). Ein Beitrag zu deren 600jährigen Geschichte in Oberösterreich, Bd. 1 u. 2, Linz 1974 (maschinschriftlich in der Bibliothek des Oberösterreichischen Landesarchivs, Sign. S 37) S. 261–354.

etwa im Gedanken von der Trübsal unerfüllter Liebe.[207] Auch er verwendet für seine Gedichte zuweilen die Form eines Gebetes. Gerade im vereinzelten Gleichlauf der Motive wird jedoch der formale wie inhaltliche Unterschied deutlich. Auch dort, wo Esther vom Glück des Liebenden spricht,[208] schreibt sie nicht Liebeslyrik im eigentlichen Sinn, sondern adaptiert einen alttestamentarisch fundierten „vanitas"-Gedanken. Der Reichtum an Bildern und Metaphern, wie er die frühbarocke Dichtung prägt, fehlt hier. Esthers Lyrik kann als meditativ bezeichnet werden, indem sie den Tod, den Glauben, die Zeit, Leid und Trost thematisiert.

In ihrem „Schmerzlied" meint Esther von Gera: *Je doch ob ich schon leid den tott, pit devost auch mein lieben Got, daz ich dir noch ain l[ied] mecht sagen, worin mier freid und lait tuet geschachen.*[209] Sie erhebt hier den Anspruch, selbst die Verfasserin der von ihr wiedergegebenen Lyrik zu sein. Wieviel an den einzelnen Versen ein „Eigengut" Esthers darstellt und wieviel sie an tradiertem Reimgut übernahm, ließe sich nur anhand einer genauen literaturwissenschaftlichen Analyse entscheiden, die hier auch aufgrund der mangelnden Forschungslage nicht geleistet werden kann. Keinesfalls dürfte es sich jedoch um bloße Abschriften handeln. Davon zeugen die orthographischen Eigenheiten der Verfasserin sowie dialektale Spezifika des Ostbairischen, die auch in der Prosa zu finden sind und den Text trotz des Bemühens um eine Anlehnung an die lutherisch geprägte Schriftsprache durchziehen, z.B.: *Des herrn Namen sai gebreist / der an mier grose trai peweist.*[210] Die Themen der Dichtung sind biblisches Allgemeingut, das die Autorin literarisch neu aufbereitet. Jenes Gedicht, das in zwei Strophen die Todesfurcht der Glücklichen einer Todessehnsucht der Unglücklichen gegenüberstellt, ist z.B. als eine Paraphrasierung von Sirach 41,1–2 zu bezeichnen.[211] Der resignative Gedanke vom *grausam tott* könnte an das Hiob-

---

[207] Vgl. z.B. die Lieder LX, LXIV, LXXV, LXXVI in der Zählung der Edition von Hans HURCH (Hrsg.), Christoph von Schallenberg. Ein österreichischer Lyriker des XVI. Jahrhunderts (Bibliothek des Litterarischen Vereins in Stuttgart 253) Tübingen 1910. Zu Schallenberg z.B. Klaus DÜWEL, Schallenberg, Christoph von. In: Walther KILLY (Hrsg.), Literaturlexikon, Bd. 10, Gütersloh/München 1991, S. 157.
[208] Gerasches Gedächtnisbuch, fol. 27r.
[209] Gerasches Gedächtnisbuch, fol. 82r.
[210] Gerasches Gedächtnisbuch, fol. 26r.
[211] Gerasches Gedächtnisbuch, fol. 27r mit nahezu unverändertem Eingangsvers aus der Lutherbibel: *O Tott, wie piter pistu dem, /* [...].

Wort vom „grausamen" Gott anknüpfen, das die Unfähigkeit des Menschen widerspiegelt, die Ausnahmesituation der „Folter" vor Gott verstehen und ausdrücken zu können.[212] In eine ähnliche Richtung weist Geras „Zeitgedicht", das am Beginn der lyrischen Einschübe steht und das Thema der Ohnmacht und Ausgeliefertheit des Menschen in einer undurchschaubaren Welt aufnimmt. Vorgeformt sind diese Gedanken im Buch Kohelet: *Ein jegliches hat seine Zeit, und alles Vorhaben unter dem Himmel hat seine Stunde: geboren werden hat seine Zeit, sterben hat seine Zeit* (Prediger Salomos, 3,1–2).[213] Persönliche Erfahrungen werden in diese metaphysische Gesetzmäßigkeit transzendiert, um der Unerklärbarkeit irdischer Ereignisse einen Sinn zu verleihen.

Krieg und Frieden sind für die Verfasserin in Anlehnung an das biblische Vorbild nicht der Ausdruck eines politischen Willens, sondern metaphysische Gewalten, die mit der Zeit hereinbrechen; die Zeit *macht den khrieg und auch den frid, / wem si nit hilft, dem schat si nit.*[214] Schreibt Gera diese Verse während des Langen Türkenkriegs Rudolfs II. und des beginnenden „Bruderzwists", so gewinnt der Gedanke während des Dreißigjährigen Krieges erneut an Brisanz. Der Linzer Schloßpfleger Felix Guetrater fügte in den autobiographischen Teil seines „Hausbuches" für das Jahr 1632 folgende Verse ein:

> *Das Glickh hat gar ein wanckhen Sinn,*
> *Jetzt ist es da, bald ists dahin,*
> *[…]*
> *Jetzt Fridt und Fraid, bald Krieg und Leid,*
> *Jetzt Frölichkeit, bald Traurigkeit,*
> *[…]*[215]

Das Gedicht folgt demselben Schema existentieller Oppositionspaare, wie sie Gera im Gefolge des Buches Kohelet verwendet. Guetrater hat den von ihm eingefügten *Reimb* nicht selbst gedichtet. Der katholische Schloßpfleger rezipiert vielmehr eine protestantische Dichtung von überkonfessioneller Ausdruckskraft. Die Verse stammen nämlich von

---

[212] Gerasches Gedächtnisbuch, fol. 24^v. Zum „crudelitas"-Motiv vgl. Hans-Jürgen SCHINGS, Die patristische und stoische Tradition bei Andreas Gryphius. Untersuchungen zu den Dissertationes funebres und Trauerspielen, Köln–Graz 1966, S. 149.
[213] Vgl. BASTL, Tugend, Ehre, Eigensinn (wie Anm. 30) S. 45f.
[214] Gerasches Gedächtnisbuch, fol. 8^v.
[215] MARTIN, Das Hausbuch des Felix Guetrater (wie Anm. 199) S. 34f.

Johannes Kraut-Brassicanus, dem protestantischen Bibliothekar der Landschaftsbibliothek und Kantor der Landschaftsschule in Linz (1609–1624), der u.a. das „Klaglied" aus der gedruckten Leichenpredigt für Hans Christoph von Gera schuf.[216] Als Kantor war Kraut-Brassicanus für den Kirchengesang zuständig, dem möglicherweise auch das zitierte Gedicht aus Guetraters „Hausbuch" diente. Damit liefert es einen wichtigen Hintergrund für die Entstehung der Geraschen Gedichte.

Bei der Lyrik Esthers handelt es sich genau wie bei Kraut-Brassicanus meist um vier- bis achtversige Paarreime in vierhebigen Jamben. Nur selten kommen längere Gedichte in zwei Strophen vor, ohne daß kompliziertere Strophenformen zu erkennen sind. Hinter der schlichten Metrik und dem erbaulichen Inhalt Geras ist der dominante Einfluß des evangelischen Kirchenliedes zu merken.[217] Das protestantische Erziehungsprogramm stützte die Verinnerlichung derartigen Liedgutes als Teil einer umfassenden religiösen Unterweisung. Der lutherische Theologe Andreas Musculus (1514–1581) setzte in seiner „Jungfraw Schule" (1574) nicht die Erlernung des Lateinischen, sehr wohl aber die Lektüre von Stücken aus dem Katechismus, von Gebeten und Gesängen auf das tägliche Programm der Mädchenbildung.[218] Demgemäß war es auch der Protestantismus, der erstmals das gemeinsame Singen von religiösen Liedern durch Männer und Frauen sanktionierte.[219] In der Zeit um 1600 wurde der Gesang allmählich zum konstitutiven Element weiblicher Frömmigkeit stilisiert, wovon zeitgenössische protestantische Leichenpredigten zeugen.[220] Die religiösen Gesänge bestimmten dergestalt die schriftliche Verarbeitung von Zeit-

---

[216] Zu ihm vgl. z.B. Justus SCHMIDT, Linzer Kunstchronik. T. 3: Gesamtdarstellung (Sonderpublikationen zur Linzer Stadtgeschichte) Linz 1952, S. 163.

[217] Zum metrischen Aufbau des protestantischen Kirchenliedes vgl. etwa Arnold E. BERGER (Bearb.), Lied-, Spruch- und Fabeldichtung im Dienste der Reformation (Deutsche Literatur. Sammlung literarischer Kunst- und Kulturdenkmäler in Entwicklungsreihen, Reihe Reformation Bd. 4) Leipzig 1938, z.B. S. 28f.

[218] CONRAD, „Jungfraw Schule" (wie Anm. 39) S. 178f.

[219] Vgl. Margaret L. KING, Frauen in der Renaissance, München 1993.

[220] Vgl. Patrice VEIT, Private Frömmigkeit, Lektüre und Gesang im protestantischen Deutschland der frühen Neuzeit. Das Modell der Leichenpredigten. In: Rudolf VIERHAUS (Hrsg.), Frühe Neuzeit – frühe Moderne?: Forschungen zur Vielschichtigkeit von Übergangsprozessen (Veröffentlichungen des Max-Planck-Instituts für Geschichte 104) Göttingen 1992, S. 271–295, hier S. 287, 291. Vgl. auch KORMANN, Heterologe Subjektivität (wie Anm. 10) 90–91.

ereignissen wesentlich mit, indem sie die Formeln lieferten, durch die man seine Empfindungen ausdrücken konnte. Die lutherische Müllerin Anna Wolff aus Schwabach bei Nürnberg fügt bekannte Kirchenlieder in ihre Zeitchronik ein, um den erbaulich-religiösen Kern persönlicher Kriegserlebnisse 1632 zu verdichten.[221] Wie sich die Zahl der „literarisch" tätigen Frauen im öffentlichen Diskurs der Reformation insgesamt rasch erhöhte,[222] so finden sich nun auch speziell Verfasserinnen von Kirchenliedern bzw. von Gedichten, die bald nach ihrer Entstehung in die offiziellen Gesangbücher aufgenommen wurden. Blickt man etwa in Philipp Wackernagels umfangreiche Sammlung deutscher Kirchenlieder im 16. Jahrhundert, so wird man darin seit der frühen Zeit der Wittenberger Gesangbücher einige Autorinnen finden, etwa Elisabeth Creutziger, Magdalena Becke mit ihrem *trawrig Lied einer fürnemen Matron* und Magdalena Heymairin, *Teütsche Schulhalterin zu Regenspurg*. In die Reihe der Dichterinnen gehören auch Fürstinnen wie Margaretha von Anhalt, Herzogin Sophie Hedwig von Pommern oder Gräfin Maria Cleophe von Sultz.[223] Mehrere der „fürstlichen" Gedichte enthalten *klaglieder* auf Ehemänner und andere Persönlichkeiten, also literarische Nachrufe, die ebenso im „Geraschen Gedächtnisbuch" eine zentrale Stellung einnehmen.

---

[221] [Anna WOLFF], Fragment einer Handschrift aus den Zeiten des dreissigjährigen Kriegs von einer Frauensperson aufgesezt. In: Fränkisches Archiv 3 (1791) S. 98–120, bes. 114. Vgl. KRUSENSTJERN, Selbstzeugnisse (wie Anm. 11) Nr. 226.

[222] Vgl. Olwen HULFTON, Frauenleben. Eine europäische Geschichte 1500–1800, Frankfurt/M. ²1998, S. 574. Zur religiösen Liedproduktion und zu Witwentrostbüchern frühneuzeitlicher Frauen Barbara BECKER-CANTARINO, Frauen in den Glaubenskämpfen. Öffentliche Briefe, Lieder und Gelegenheitsschriften. In: Gisela BRINKER-GABLER (Hrsg.), Deutsche Literatur von Frauen. Bd. 1: Vom Mittelalter bis zum Ende des 18. Jahrhunderts. München 1988, S. 149–172.

[223] Philipp WACKERNAGEL, Das deutsche Kirchenlied von der ältesten Zeit bis zu Anfang des XVII. Jahrhunderts, Bd. 3, Leipzig 1877, Nr. 67; Bd. 4, Leipzig 1874, Nr. 719f., 1024 bis 1039, 1551; Bd. 5, Leipzig 1877, Nr. 3. Albrecht CLAASEN (Hrsg.), „Mein Seel fang an zu singen". Religiöse Frauenlieder des 15.–16. Jahrhunderts. Kritische Studien und Textedition (Studies in Spirituality, Suppl. 6) Leuven u.a. 2002. In der protestantischen Liedtradition steht auch der greimte Lebensabriß („Lobgesang") der Elisabeth von Braunschweig-Lüneburg (1510–1558). Vgl. Freiherr von der GOLTZ (Hrsg.), Lieder der Herzogin Elisabeth von Braunschweig-Lüneburg, Gräfin von Henneberg, zu Hannover von 1553 bis 1555 gedichtet. In: Zeitschrift für niedersächsische Kirchengeschichte 19 (1914) S. 147–208.

3.6.2. Trostlieder

Geras Gedichte waren anders als die meisten zeitgenössischen Kirchenlieder nicht für eine Veröffentlichung und wohl auch nicht für den Gemeindegesang, sondern für die gemeinschaftliche oder individuelle Lektüre im Hausgebrauch gedacht. Sie zeigen sich eng in das familiäre „Gedächtnis" der diaristischen Aufzeichnungen eingebunden, die sie auf einer zweiten Text- und Sinnebene erläutern und erweitern. Der enge Dialog zwischen Prosanotizen und Lyrik, wie er in Geras Werk begegnet, wäre kaum ohne jene Entwicklungen möglich gewesen, die sich innerhalb des protestantischen Kirchenliedes während des 16. Jahrhunderts vollzogen.

Die eingestreuten Verse der Verfasserin haben den erbaulichen Zweck, vorhandene Affekte wie Trauer zu bewältigen. Ausgehend von der antiken und mittelalterlichen Auffassung von der Musik als therapeutisches Mittel sprachen Luther oder Melanchthon von der hygienischen Kraft der Musik. In der Vorrede zu seinem Gesangbuch von 1545 meint Luther etwa, daß *Fraw Musica* nicht nur Zorn, Haß, Neid oder Geiz vertreibe, sondern auch alle *traurigkeit*, die er an anderer Stelle mit der diabolischen Anfechtung der Melancholie gleichsetzt.[224] Im Sinne von Luthers „sola scriptura" meint Esther von Gera über die therapeutische Kraft ihrer Verse: *Wan Gottes wort mein trost nit wör,/ so wurd mein ellend mier zu schbär*.[225] Durch die literarische Aufbereitung von „Gottes Wort" in ihrer biblisch fundierten Dichtung kann die Autorin den Anspruch erheben, sich und ihren Lesern Trost für verschiedene Fälle bereitzustellen.[226] Umgesetzt auf die Tradition des protestantischen Gemeindegesangs könnte man ihre Gedichte den Kreuz- und Trostliedern zuordnen, die sich in der zweiten Hälfte des 16. Jahrhunderts als eigene Rubrik im Gesangbuch neben traditionel-

---

[224] Vgl. z.B. Heinz-Günter SCHMITZ, Physiologie des Scherzes. Bedeutung und Rechtfertigung der Ars Iocandi im 16. Jahrhundert (Deutsche Volksbücher in Faksimiledrucken B/2) Hildesheim–New York 1972, S. 227–261; Harald TERSCH, Melancholie in österreichischen Selbstzeugnissen des Späthumanismus. Ein Beitrag zur Historischen Anthropologie. In: MIÖG 105 (1997) S. 130–155. Siehe auch Helga MEISE, „Wahr ich den gantzen Nachmittag betrübt.": Trauer und Melancholie in der Diaristik von Frauen in der Frühen Neuzeit. In: DAVIES (Hrsg.), Autobiography (wie Anm. 8) S. 69–85.

[225] Gerasches Gedächtnisbuch, fol. 26r.

[226] Bereits Martin Luther bezeichnete die Kirchenlieder als „Biblia rudium", also als eine Art „Bibel der einfachen Leute". Vgl. VEIT, Private Frömmigkeit (wie Anm. 220) S. 287.

len Formen wie Fest- und Katechismusliedern durchsetzten.[227] Die wachsende Bedeutung dieser Lieder hängt u.a. mit der zunehmenden Rolle der Bußpredigten während der militärischen und ökonomischen Krisen Anfang des 17. Jahrhunderts zusammen.[228] Dies spiegelt sich in den immer ausgefeilteren Untergliederungen der Gesänge wider, die *Vom Kriege* oder *Von Thewrung* ebenso handeln wie vom Trost *für angefochtene arme Witwen*. Die textgeschichtliche Tragweite der Kreuz- und Trostlieder bestand u.a. darin, daß sie nicht nur in der Gemeinde, sondern auch vom einzelnen gesungen oder als „Leselyrik" gebraucht werden konnten und sollten. Sie lösten sich so aus dem unmittelbaren Kontext des protestantischen Gottesdiensts und fanden Eingang in die Hausandacht, die sich durch dieses Medium besonders leicht von der Kirche kontrollieren ließ.[229] Das obrigkeitliche Interesse am „privaten" Gebrauch des Kirchenliedes veranschaulicht z.B. die preußische Kirchenordnung von 1568, die Hausväter dazu verpflichtete, Kirchenlieder auch zu Hause mit der Familie und dem Gesinde zu singen.[230] Das „Gerasche Gedächtnisbuch" liefert wohl eines der besten Beispiele für die „Verhäuslichung" des lutherischen Kirchengesangs um 1600. Inwieweit Esthers Lieder bereits als „Leselyrik" oder noch für den familiären Gesang bestimmt waren, läßt sich nur schwer sa-

---

[227] Vgl. Hans-Christoph PIPER, Anfechtung und Trost. Eine Untersuchung über die Kreuz- und Trostlieder im deutschen evangelisch-lutherischen Gesangbuch von der Reformation bis zum frühen 18. Jahrhundert, Phil. Diss. Göttingen 1964; DERS., Die Rubrik der Keuz- und Trostlieder im deutschen evangelisch-lutherischen Gesangbuch von der Reformation bis zum frühen 18. Jahrhundert. In: Jahrbuch für Liturgie und Hymnologie 11 (1966) S. 137–145.

[228] Vgl. Patrice VEIT, Musik und Frömmigkeit im Zeichen des Dreißigjährigen Krieges. In: Benigna VON KRUSENSTJERN, Hans MEDICK (Hrsg.), Zwischen Alltag und Katastrophe: der Dreißigjährige Krieg aus der Nähe (Veröffentlichungen des Max-Planck-Instituts für Geschichte 148) Göttingen 1999, S. 507–528, hier S. 512–518. Zur Funktion der Lyrik als Mittel der Krisenbewältigung vgl. auch Georg BAUMGART, Poetische Selbstbehauptung. Zur ästhetischen Krisenbewältigung in der deutschen Lyrik des 17. Jahrhunderts. In: Manfred JAKUBOWSKI-TIESSEN (Hrsg.), Krisen des 17. Jahrhunderts, Göttingen 1999, S. 43–57.

[229] Vgl. Hans-Georg KEMPER, Das lutherische Kirchenlied in der Krisen-Zeit des frühen 17. Jahrhunderts. In: Alfred DÜRR, Walther KILLY (Hrsg.), Das protestantische Kirchenlied im 16. und 17. Jahrhundert: text-, musik- und theologiegeschichtliche Probleme (Wolfenbütteler Forschungen 31) Wolfenbüttel 1986, S. 87–108, hier S. 90f.

[230] VEIT, Private Frömmigkeit (wie Anm. 220) S. 272.

gen. Die Gedichte stehen zwar in einem engen Zusammenhang mit der diaristischen Prosa, sind in ihrem erbaulichen Gehalt jedoch immer auch für sich verständlich.

Gemeinsam mit der wachsenden Spezifizierung des Leides in den protestantischen Trostliedern tritt ein weiteres Phänomen zum Vorschein, das zur Klärung der Geraschen Gedichte beiträgt. Trostlieder waren häufig auf Angehörige bestimmter Gesellschaftsgruppen wie Witwen, Waisen oder Gefangene zugeschnitten, die diese Lyrik als Einzelpersonen während der Anfechtung „böser Gedanken" singen sollten. Daraus ergab sich mit der Spezifizierung gleichzeitig auch eine Individualisierung des Leides.[231] Vermehrt wird in den Gedichten in Anlehnung an die Psalmen die erste Person Singular gesetzt, um zu einer Intensivierung des Leidensausdrucks zu gelangen: „Mein Hirt ist Gott der Herre mein" oder „Ach Gott wie lang vergiessest mein". Der Anspruch auf Authentitzität der Empfindungen nimmt in der Poesie Esther von Geras merkbar zu, was nicht allein durch die verstärkte Ersetzung des Wortes „man" oder „der" durch „ich" signalisiert wird. Dominieren am Beginn jene Gedichte, in denen es um menschliche Erfahrungen schlechthin geht, etwa Zeit oder Tod, so thematisiert sie am Schluß vor allem ihr eigenes, singuläres Empfinden, das sie nicht zuletzt als ein Zerbrechen des Lebens am Leid beschreibt: *Wer wissen wil groß herzenlaid, / wie sich ain herz in trauren waid, / der frag mich darum, ich wais peschaid.*[232] Diese Verse kommentieren poetisch überhöht, doch stets im realen, autobiographisch nachvollziehbaren Bezug eine zunehmende Unsicherheit, die das eigene Leid nicht einfach in der Allmacht Gottes aufzuheben vermag.

An Luthers Bild vom Menschen, der von Gott nach seinem Willen geritten wird, erinnert jenes Gedicht, in dem die Verfasserin vom tröstlichen *Gottes wort* spricht: *Gelobet sei Gott ebikhlich, / der mich regiert ganz wunderlich.*[233] Das menschliche Schicksal als Ausdruck oder Schau-

---

[231] Vgl. hierzu PIPER, Die Rubrik der Kreuz- und Trostlieder (wie Anm. 227) S. 139, 145. Auch: Elisabeth BLUM, Tod und Begräbnis in evangelischen Kirchenliedern aus dem 16. Jahrhunderts. In: Paul Richard BLUM (Hrsg.), Studien zur Thematik des Todes im 16. Jahrhundert (Wolfenbütteler Forschungen 22) Wolfenbüttel 1983, S. 97–110, hier S. 102. Zur Witwentrostliteratur allgemein vgl. z.B. Doreen FISCHER, „Witwe" als weiblicher Lebensentwurf in deutschen Texten des 13. bis 16. Jahrhunderts, Frankfurt/M. 2002, bes. S. 185–212.
[232] Gerasches Gedächtnisbuch, fol. 24^v.
[233] Gerasches Gedächtnisbuch, fol. 26^r.

platz von Gottes Herrschaft erweist sich so unergründlich und gleichzeitig notwendig wie z.B. später für die protestantische Lyrikerin Catharina Regina von Greiffenberg (1633–1694) in den Gedichten „Auf GOttes Herrliche Wunder Regirung" oder „GOTTes Vorsehungs=Spiegel": *Drum folget ihm | wie fremd und seltsam Er euch führt.*[234] Eine Antwort auf die daraus folgende Orientierungslosigkeit findet Gera vor allem in der Todessehnsucht, einem der häufigsten Themen der Eintragungen in Prosa wie Vers. Anläßlich des Begräbnisses ihres Mannes meint die Verfasserin, sie wolle zur Ehre Gottes weiterleben, doch *mit ein frelichen und des tots verlangenden herzen.*[235] Die Thematik klingt bereits in den Versen über den Tod der Schwester Sophia an, in denen die Verfasserin rückblickend all ihre Freude und ihr Leid *umbs sterben geben* wolle.[236] Das erste Gedicht der Verfasserin, jenes über Zeit und Vergänglichkeit, ist im Grunde nur ein allgemein gehaltenes Präludium zu den weiteren Versen, da die Gedankenkreise von „Vanitas" und „Consolatio mortis" traditionell eng zusammengehören, u.a.

---

[234] Catharina Regina von GREIFFENBERG, Sämtliche Werke, Bd. 1: Geistliche Sonnette, Lieder und Gedichte, Nürnberg 1662 (Reprint Millwood/N.Y. 1983) S. 16f. Esther von Geras Verse stehen jenen Greiffenbergs etwa so nah oder fern wie das „kirchenorientierte" zum „poesiebestimmten" geistlichen Lied (zur Terminologie vgl. KEMPER, Das lutherische Kirchenlied, wie Anm. 229, S. 90f.). Ungeachtet der literarischen „Qualität" und des unterschiedlichen Bildungshorizonts müssen die Gedichte Greiffenbergs in einem engen Kontext mit der Lyrik Geras gesehen werden, vor allem unter dem Gesichtspunkt überschneidender Thematiken sowie des konfessionellen und sozialen Standortes der Verfasserinnen. Zu Greiffenberg Leo VILLINGER, Catharina Regina von Greiffenberg (1633–1694). Zu Sprache und Welt der barocken Dichterin (Züricher Beiträge zur deutschen Sprach- und Stilgeschichte 5) Zürich 1952, bes. S. 85f.; Horst-Joachim FRANK, Catharina Regina von Greiffenberg. Leben und Welt der barocken Dichterin, Göttingen 1967, bes. S. 98f.; Heimo CERNY, Catharina Regina von Greiffenberg, geb. Freiherrin von Seisenegg (1633–1694). Herkunft, Leben und Werk der größten deutschen Barockdichterin, Amstetten 1983; Hans-Georg KEMPER, Greiffenberg, Catharina Regina von. In: KILLY, Literaturlexikon, Bd. 4, S. 328–330; DERS., Deutsche Lyrik der frühen Neuzeit, Bd. 3: Barock-Mystik, Tübingen 1988, S. 245–278; Gerhard DÜNNHAUPT, Personalbibliographien zu den Drucken des Barock, T. 3, Stuttgart ²1991, S. 1752–1758;

[235] Gerasches Gedächtnisbuch, fol. 21^v.

[236] Gerasches Gedächtnisbuch, fol. 10^v. Derartige Gedankengänge berechtigen, von einer „Todessehnsucht" der Verfasserin zu sprechen und nicht bloß von einer „Todesbereitschaft".

im frühen protestantischen Kirchenlied.[237] Die biblische, vor allem alttestamentarische Grundlage des Themenbereichs gab dabei zwar die Topik vor, ließ aber genügend Spielraum für eine zeitspezifische oder persönliche Adaption des jeweiligen Autors. In ihrer Paraphrasierung von Sir. 41,1–2 (*O Tott, wie piter pistu dem*) weicht Gera insofern von der biblischen Vorlage ab, als sie sich nur gezwungenermaßen in „Gottes Willen" einfügen will. Der Zusammenhang von religiöser Todessehnsucht und freudiger Erwartung fällt in der Klage um all dasjenige, *was sie geliebt*, auseinander.[238] Das Verlangen nach einem Aufgehen in der Transzendenz entspringt weder einem stoischen Sicherheitsbedürfnis vor den Angriffen der Welt noch dem Verlangen nach einer Schau himmlischer Freuden, wie es etwa die Todessehnsucht Greiffenbergs und zahlreiche protestantische wie katholische Erbauungstexte des 17. Jahrhunderts bestimmt.[239] In Geras Lyrik steht der Drang aus der Welt für eine ungewollte Einschränkung der irdischen Handlungsmöglichkeiten, wodurch die traditionelle Erbauung in eine offenkundige Spannung mit dem säkularen Wunsch nach einer Lebenserfüllung innerhalb der familiären Gemeinschaft gerät. Nüchtern meint Esther über die emotionalen Grundlagen ihrer Gedichte: *Wer petriebt ist, der pott* [= betet].[240] Die lyrisch-religiöse Deutung der diaristischen Vermerke manifestiert sich als innere Bekehrung oder Resignation, als Gottessuche oder Anklage. Gera kreist zunehmend um dieses einzige Thema der Todesbetrachtung, das sie über verschiedene Stimmungslagen zu erfassen sucht und dadurch von gängigen eindimensionalen Bewältigungsmustern der Trostliteratur löst.

---

[237] Vgl. dazu Ferdinand VAN INGEN, Vanitas und Memento Mori in der deutschen Barocklyrik, Groningen 1966, bes. S. 130–137 [hier wird die Ansicht von der Todesthematik als „zeittypischem" Phänomen des 17. Jahrhunderts zurückgewiesen]; auch Hans-Georg KEMPER, Deutsche Lyrik der frühen Neuzeit, Bd. 2: Konfessionalismus, Tübingen 1987, S. 244f.; BLUM, Tod und Begräbnis (wie Anm. 231) S. 100f. oder: Friedrich-Wilhelm WENTZLAFF-EGGEBERT, Das Problem des Todes in der deutschen Lyrik des 17. Jahrhunderts (Palaestra 171) Leipzig 1931.
[238] Gerasches Gedächtnisbuch, fol. 24^v.
[239] Zum Spannungsfeld zwischen eschatologischer und stoischer „Weltverachtung" im 17. Jahrhunderts vgl. z.B. KEMPER, Deutsche Lyrik, Bd. 2 (wie Anm. 237) S. 245; Xaver STALDER, Formen des barocken Stoizismus. Der Einfluß der Stoa auf die deutsche Barockdichtung – Martin Opitz, Andreas Gryphius und Catharina Regina von Greiffenberg (Studien zur Germanistik, Anglistik und Komparatistik 39) Bonn 1976, S. 143.
[240] Gerasches Gedächtnisbuch, fol. 27^r.

4. EINE „MEDITATIO MORTIS"

Esthers Gedichte bieten nicht nur religiös-erbauliche Stimmungsbilder, sie halten für den Leser auch zahlreiche didaktisch-moralische Fingerzeige bereit. So notiert sie lakonisch die Geschichte von Georg Christoph Teufel, der von seinem Vetter Georg Teufel erstochen wurde. Für sich genommen könnte diese Todesnotiz als bloßes Interesse für eine spektakuläre „Kriminalgeschichte" gewertet werden. In den darauffolgenden Versen versucht sie jedoch eine Deutung des Erzählten, indem sie aus den spärlichen chronikalischen Hinweisen das Schreckensbild einer zerstörten sozialen Ordnung konstruiert: *der gleich als wie sein vatter war, / den legt er auf die tottenpar.*[241] Im Bild einer verkehrten Welt entwickelt sich die Fehde oder das Duell zweier Verwandter zum Vorwurf des Vater- oder Elternmordes. In einem Text, der wahrscheinlich für ihre Nachkommen bestimmt war, pocht Gera auf die Kindespflicht gemäß dem vierten Gebot, ohne dabei ihre persönliche Situation ansprechen zu müssen. Ähnlich der zeitgenössichen Dichtung oder der Hausväterliteratur sucht sie ein moralisches Einverständnis mit dem Leser über ein bestimmtes soziales Wertesystem, um den gegenwärtigen Status auch für die Zukunft zu sichern.[242] Die lyrische Interpretation holt ein scheinbar fernes Ereignis unmittelbar in den Interessenskreis der Leser, da sie ein ideales familiäres Rollenverhalten definiert. Die „Mordgeschichte" wird der Verfasserin zum dunklen Rahmen der eigenen Biographie oder zur drohenden Möglichkeit einer Entgleisung auf den geordneten Bahnen ihres bisherigen Lebenslaufs.

Die Brüchigkeit sozialer Beziehungen stellt für Gera eine Herausforderung dar, die sie für sich selbst als positive Maxime formuliert. Der gescheiterten „Eltern-Kind-Beziehung" in der Familie Teufel steht der Anspruch einer statusadäquaten Beziehungskultur gegenüber, die

---

[241] Gerasches Gedächtnisbuch, fol. 13ʳ.
[242] Zur Tradition des Motivs von den ungehorsamen Kindern vgl. Peter von MATT, Verkommene Söhne, mißratene Töchter. Familiendesaster in der Literatur, München 1997, bes. S. 36–38.

über den Tod des Partners hinaus ihre Gültigkeit bewahren soll. Anläßlich des Begräbnisses ihres Mannes meint sie über ihre Situation und damit über die Erwartungshaltung gegenüber der emotionalen Befindlichkeit einer Witwe: *Mein lieb wiert darum nit aufhern, / sunder piß an mein end gewern.*[243] Dieses Versprechen ewiger Treue gerät in ihrem Text in Konflikt mit jener theologischen Tradition, die eine Überwindung der Trauer durch den Glauben fordert. Sofort nach dem Gedicht revidiert sie ihre lyrische Hingabe an die Trauer, mit der sie eine wesentliche Basis für die weiteren Gedichte geschaffen hat: *Und ob mich mein Gott durch dises sterben meines allerliebsten herrn seligen ins elend und gar in die aschen der traurikhait gelegt hat, so mues ich in denoch loben.* Durch die verschiedenen Formen von „Trauerarbeit" in Lyrik und Prosa tritt im „Geraschen Gedächtnisbuch" der alte, im deutschsprachigen Raum vor allem aus dem „Ackermann aus Böhmen" (um 1400) bekannte Gegensatz zwischen säkularen moralischen Interessen einer Verpflichtung zur Trauer einerseits und geistlichen Abwehrmechanismen zugunsten religiöser Heilserwartungen andererseits zum Vorschein.[244] Das Bedürfnis nach Trauer rüttelt am Gedanken der allmächtigen Güte Gottes, sodaß Geras Richtigstellung in einem Bekenntnis ihres Glaubens mündet, dessen apologetischer Charakter durch die Worte „und ob" oder „dennoch" besonders gut zum Ausdruck kommt. Die Verfasserin läßt kurz und gebetsartig ihr Leben Revue passieren, um die Planmäßigkeit von Gottes Vorhersehung offenzulegen, der vor allem im Protestantismus eine zentrale Bedeutung zukam. Dementsprechend geht es der Verfasserin weder um gute Taten noch um ein Sündenbekenntnis, sondern um eine Summe der erfahrenen göttlichen Gnadenbeweise. Der Text ist als Dankgebet gestaltet, der in der Gewissheit künftigen Segens mündet: [Gott] *wiert mier auch helfen, daz noch ibrig mein leben also zuezupringen.*[245] Der kleine Rückblick diente also dazu, durch den Ausdruck der Dankbarkeit künftiges Unheil und Leid abzuwenden.

---

[243] Gerasches Gedächtnisbuch, fol. 20ᵛ.

[244] Vgl. zur Geschichte der Problematik etwa Peter von Moos, Consolatio. Studien zur mittellateinischen Trostliteratur über den Tod und zum Problem der christlichen Trauer, Bd. 1 (Münsterische Mittelalter-Schriften 3/1) München 1971/72, S. 456–458.

[245] Gerasches Gedächtnisbuch, fol. 21ᵛ. Für englische Selbstzeugnisse, die ähnliche Belege für göttliche Gnadenerlebnisse aneinanderreihen: HELLER MENDELSON, Stuart women's diaries (wie Anm. 8) S. 190.

In Anbetracht des Erzählkontextes, eines Begräbnisberichts, mag es merkwürdig anmuten, daß Esther ihren kleinen „Nachruf" dem bisherigen eigenen Leben, nicht aber ihrem verstorbenen Gemahl widmet. Erklärbar ist dies wohl zum Teil aus der Tatsache, daß Gedicht und Apologie unmittelbar den Vermerken über die Eschelberger Leichenpredigten folgen. Die protestantische Leichenpredigt ermahnte die Hinterbliebenen nicht primär dazu, etwas für den Toten zu tun, sondern an den eigenen Tod zu denken und das Leben auf das von Gott gesetzte Ziel auszurichten.[246] Dieses Ziel unterzieht Gera in ihrem Rückblick einer Überprüfung: sie umkreist es hauptsächlich über die Bereiche Familie und Ehe, indem sie zunächst die Beziehung zu ihren Eltern, dann jene zu ihrem Mann skizziert. Gera faßt ihr bisheriges Leben als gelungen auf, *erstlich* weil Gott sie von *cristlichen und ansehnlichen eltern hat lassen geboren werden*, womit sie besonders auf das Privileg einer hohen Abstammung anspielt, die das Ansehen der eigenen Familie bedingt. Soziale Gerechtigkeit gibt es für Gera in der Tradition des alttestamentarischen Vanitas-Gedankens nur im Jenseits. Mit ähnlichen Worten wie z.B. Clemens Anomäus in der Leichenpredigt für Hans Christoph von Gera[247] besingt sie anläßlich des Ablebens des zwanzigjährigen *schenen Jinglings* Heinrich Wilhelm von Zelking die Macht des Todes, *daz er khain schen noch jugend acht, / khain hohen adl noch gewalt.*[248] Mit der scheinbaren Willkür des irdischen Schicksals erhält auch der gesellschaftliche Ausgleich im Jenseits die Konnotation einer Bedrohung. In ihrem Dankgebet stellt Esther die sozialen Bedingungen ihres Werdeganges nicht nur als angeborenes Recht dar, sondern auch als Teil einer transzendentalen Bestimmung, die nicht weiter hinterfragt zu werden braucht.

Formelhaft spricht sie von der Gnade eines „christlichen", tugendhaften Ehemannes, wobei hier das Attribut „ansehnlich" wegfällt, das

---

[246] Vgl. Siegfried WOLLGAST, Zum Tod im späten Mittelalter und in der Frühen Neuzeit (Sitzungsberichte der Sächsischen Akademie der Wissenschaften zu Leipzig, Phil.-Hist. Kl. 132/1) Berlin 1992, S. 34. Das Heft stellt für den entsprechenden Zeitraum eine nützliche quellenmäßige Ergänzung dar zu Philippe ARIÈS, Studien zur Geschichte des Todes im Abendland, München–Wien 1976.

[247] Vgl. die zweite Leichenpredigt, fol. 26ʳ: *Hiebey sehen wir nun / daß es in diser Welt mit der allgemeinen vergängklichkeit aimem Menschen gehe / wie dem andern / so wol bey dem / wie Syrach sagt / der inn hohen Ehren sitzet / als bey dem geringsten auff Erden.*

[248] Gerasches Gedächtnisbuch, fol. 12ʳ.

sie zur Charakterisierung ihrer Eltern verwendet. Gera definiert ihren gesellschaftlichen Status primär über ihre Herkunftsfamilie, was in Selbstzeugnissen von Frauen aus dem 16. und 17. Jahrhundert keineswegs selbstverständlich ist.[249] Anders als etwa die steirische Adelige Maria Cordula von Pranck (1634–1705) in ihrem „Hausbuch" nimmt sie keine nachträgliche Einordnung der von ihr dargestellten Geschichte in den Familienverband des Mannes vor.[250] Entsprechend der politischen und gesellschaftlichen Bedeutung ihrer Herkunftsfamilie gegenüber jener ihres Mannes streicht Esther ihr „Kapital" heraus, das sie in die Ehe einbrachte, ohne näher auf genealogische Details eingehen zu müssen. Bereits am Beginn der erhaltenen diaristischen Notizen stellt sie Vater und Schwester als zentrale Bezugspunkte ihrer Vernetzung dar, während der engere Familienkreis ihres Ehemannes kaum Erwähnung findet.

Als Gegenstand ihrer Erziehung, die ihre Eltern ihr zukommen ließen, spricht Gera bloß allgemein *zucht und er* (Ehre) an – Tugenden, die für sich genommen wenig aussagen. Woraus besteht der Inhalt dieser Wörter, wenn von ihnen im Kontext der Frauenausbildung die Rede ist? Eine Antwort könnten die Erziehungstraktate für Mädchen und Frauen geben, die im 16. Jahrhundert bereits eine eigenständige Gattung innerhalb des didaktischen Schrifttums bildeten.[251] Der Krainer Landeshauptmann Joseph von Lamberg widmet um 1550 in seiner gereimten väterlichen *Lehr* einen besonderen Abschnitt den Töchtern. Er betont dabei mehrfach, daß „Zucht" oder „Ehre" einer *Jungfrau* nicht in der Keuschheit, sondern im äußeren Verhalten bestehen, das

---

[249] Vgl. Gianna POMATA, Partikulargeschichte und Universalgeschichte – Bemerkungen zu einigen Handbüchern der Frauengeschichte. In: L'homme 2/1 (1991) S. 5–44, hier S. 22f.

[250] Gedenkbuch der Frau Maria Cordula Freiin von PRANCK (wie Anm. 24) S. 11, bes. S. 14. Vgl. auch WUNDER, Er ist die Sonn' (wie Anm. 23) S. 22f.

[251] Vgl. Pia HOLENSTEIN, Der Ehediskurs der Renaissance in Fischarts „Geschichtsklitterung". Kritische Lektüre des fünften Kapitels (Deutsche Literatur von den Anfängen bis 1700) Bern 1991; für das Spätmittelalter z.B. Danielle RÉGNIER-BOHLER, Mann und Frau in der französischen Hausliteratur um 1400. *Le Livre du Chevalier de la Tour Landry pour l'enseignement de ses filles* (1371). In: Rüdiger SCHNELL (Hrsg.), Text und Geschlecht. Mann und Frau in Eheschriften der frühen Neuzeit (Suhrkamp Taschenb. Wissensch. 1322), Frankfurt/M. 1997, S. 253–279. Eine mehrbändige Quellensammlung zur frühneuzeitlichen Literatur über Frauenerziehung v. a. im englischen Raum; William ST CLAIR, Irmgard MAASSEN (Ed.), Conduct Literature for Women: 1500–1640, London 2000 u. 1640–1720, London 2002.

die moralische Integrität begleitet und vor übler Nachrede schützt, etwa maßvolles Lachen, Schweigsamkeit, dezenter Augenschlag oder Fleiß.[252] Die Töchter sollen *gegen Jederman zichtig* sein, denn *Ersamb zu sein / ziert dem Adl.* Zucht und Ehre verlangen somit ein Gegenüber oder einen Betrachter im Sinne des Gleichnisses vom makellosen Spiegel, das – wie im Fall Lambergs – gerne für Keuschheit und Jungfernschaft verwendet wurde. Beide Tugenden sind keine inneren Werte, sondern soziale Spielregeln, die das Verhalten von Frauen konditionieren. Esther von Gera kennzeichnet als Adressaten ihrer Tugenden den künftigen Ehemann, indem sie dem ehrenhaften Mädchen den *erliebenden* Bräutigam an die Seite stellt.

Neben der Erziehung rechnet Esther auch die Wahl ihres Ehemannes dem Verdienst ihrer „christlichen" Eltern zu. Die Eheschließung stellt für sie eine Fremdbestimmung dar, wogegen von einem Wechselspiel zwischen persönlicher Partnerwahl und sozialer Zustimmung im Vergleich zu zahlreichen anderen Selbstzeugnissen um 1600 nicht die Rede ist, die überlieferungsbedingt vorwiegend von Männern stammen.[253] Esther geht es jedoch in ihrem Rückblick nicht um Fragen der persönlichen Autonomie, sondern um die Rechtmäßigkeit der Eheanbahnung. Die Ehe bedeutete durch die Gründung eines neuen Haushalts stets einen massiven Eingriff in das Gefüge der ständischen

---

[252] Ediert bei Johann Weichard Freiherr v. VALVASOR, Die Ehre des Herzogthums Krain, Bd. 3, Laibach-Nürnberg 1689, S. 49f. Besonders vor übler Nachrede warnt auch Franz Graf Thurn seine Tochter Anna Maria in der kurzen *vatterlichen Leer jm 1559 jar*. Vgl. Beatrix BASTL, Gernot HEISS, Hofdamen und Höflinge zur Zeit Kaiser Leopolds I. Zur Geschichte eines vergessenen Berufsstandes. In: Opera Historica 5 (1996) S. 187–265, hier S. 197.

[253] Vgl. z.B. MARTIN, Das Hausbuch des Felix Guetrater (wie Anm. 199) S. 18–21; Pfarrer SCHEUFFLER, Bruchstück einer Selbstbiographie des kursächsischen Oberhofpredigers D. Mathias HOË VON HOËNEGG. In: Jahrbuch der Gesellschaft für die Geschichte des Protestantismus in Österreich 13 (1892) S. 28–140, hier S. 107f.; Jodok STÜLZ, Die Jugend- und Wanderjahre des Grafen Franz Christoph von Khevenhüller nach seinen eigenen Aufzeichnungen. In: Archiv für österreichische Geschichte Bd. 4 (1850), S. 333–395. Vgl. auch VÖLKER-RASOR, Bilderpaare (wie Anm. 10) S. 134–145 oder für böhmische Selbstzeugnisse: Václav BŮŽEK, Die private Welt der böhmischen adeligen Familien in ihren Selbstzeugnissen des 16. und 17. Jahrhunderts. In: Heinz-Dieter HEIMANN (Hrsg.), Adelige Welt und familiäre Beziehung. Aspekte der „privaten Welt" des Adels in böhmischen, polnischen und deutschen Beispielen vom 14. bis zum 16. Jahrhundert, Potsdam 2000, S. 17–41, hier v. a. S. 19f.

Gesellschaft, sodaß eine Familiengründung ohne Zustimmung der Eltern von der weltlichen Obrigkeit vehement bekämpft wurde.²⁵⁴ Hatte die Lehrmeinung der vorreformatorischen Kirche die sogenannten „Winkelehen" aus dogmatischen Gründen zwar nicht unterstützt, so doch geduldet, so bot die allmähliche Säkularisierung des Eherechts den protestantischen Landeskirchen die Möglichkeit, weitaus rigoroser vorzugehen.²⁵⁵ Die Reformatoren unterstützen ideologisch das Kontrollrecht der Eltern und damit der Obrigkeit, sodaß Esther bereits in Luthers Glossen zur Bibelübersetzung das Ideal einer geordneten Eheanbahnung propagiert finden konnte; über die Werbung um Rebekka heißt es hier etwa: *Daraus man sihet / das heimliche verlöbnis on vorwissen der Eltern nicht recht ist.*²⁵⁶ Durch derartige Randbemerkungen des Bibelübersetzers wurde die Aufmerksamkeit des Lesers bzw. der Leserin in eine spezielle Richtung gelenkt, die weniger dem Textverständnis als der ethischen Disziplinierung diente.

Gera skizziert rückblickend ihre Ehe und gibt damit nicht unwichtige Aufschlüsse auf ihr familiäres Rollenverständnis. Sie erzählt, daß sie 25 Jahre *fridlich und fraindlich in unser paider zufridenhait* lebten.²⁵⁷ Das *haußcraiz* sei zwar nicht ausgeblieben, doch Gott wäre immer mit Hilfe beigestanden. Das „Haus" als eine Art sakraler Friedensbereich umgrenzt in Esthers Rückblick jenen Raum, in dem sie ihr

---

²⁵⁴ Vgl. den guten Überblick bei Richard VAN DÜLMEN, Fest der Liebe. Heirat und Ehe in der frühen Neuzeit. In: DERS. (Hrsg.), Armut, Liebe, Ehre. Studien zur historischen Kulturforschung, Frankfurt/M. 1988, S. 67–106. Für den österreichischen Adel vgl. v. a. Beatrix BASTL, „Adeliger Lebenslauf". Die Riten um Leben und Sterben in der frühen Neuzeit. In: Adel im Wandel (wie Anm. 205) S. 377–389.

²⁵⁵ Vgl. Lyndal ROPER, Das fromme Haus: Frauen und Moral in der Reformation, Frankfurt/M.–New York 1995, S. 135f. Dazu, daß sich auch im nachtridentinischen Katholizismus der Druck gegen die „heimlichen" Hochzeiten verstärkte, vgl. Robert MUCHEMBLED, Die Erfindung des modernen Menschen. Gefühlsdifferenzierung und kollektive Verhaltensweisen im Zeitalter des Absolutismus, Reinbek bei Hamburg 1990, S. 305f. Luise SCHORN-SCHÜTTE, Wirkungen der Reformation auf die Rechtsstellung der Frau im Protestantismus. In: Ute GERHARD (Hrsg.), Frauen in der Geschichte des Rechts: Von der Frühen Neuzeit bis zur Gegenwart, München 1997, S. 94–104, hier S. 98. (Schorn-Schütte sieht in der Beseitigung der „heimlichen Verlöbnisse" weniger einen zunehmenden Druck obrigkeitlicher Kontrolle als vielmehr eine Verbesserung des Rechtsschutzes der Frau.)

²⁵⁶ Biblia: Das ist: Die gantze Heilige Schrifft, Wittenberg 1545. 1 Mos. 24.
²⁵⁷ Gerasches Gedächtnisbuch, fol. 20ᵛ.

persönliches Wirken aufgehoben sieht. Geras Darstellung ihrer Ehe basiert nicht auf dem Wort „Liebe". Dieses kommt allein im bereits zitierten Gedicht vor, in dem sie von der ewig währenden Liebe über das Grab hinaus spricht. Diese Verse stehen freilich in der Tradition literarischer Stereotypen, deren Ziel der im Liebesleid geöffnete Blick auf Gottes Allmacht ist.[258] In ihrem Rückblick auf die Ehe fällt nur das Wort von der beiderseitigen Zufriedenheit, womit die eheliche „concordia" oder „caritas conjugalis" gemeint ist. Im Sinne Plutarchs sollte das „gemeinsame Leben" in der Ehe vor allem Einverständnis, Fehlen von Streit, aber auch Zurückhaltung der Frau bedeuten, dies im Gegensatz zur „Liebe" als Ausdruck einer gefährlichen Leidenschaft.[259] Esther umschreibt ihren Ehemann als *traiesten peistand*, womit zum Aspekt der emotionalen Bindung das aktive soziale Element der gegenseitigen Hilfe hinzukommt, die schon von den Kirchenvätern angeschnitten wird, jedoch erst in Spätmittelalter und Früher Neuzeit einen breiteren Widerhall in Eheschriften und Predigten findet.[260] Durch den Gedanken des gegenseitigen Beistandes wird der Zweck der Kinderzeugung relativiert, auch wenn dieser in Esthers Aufzeichnungen gemäß der theologischen Auslegung von Genesis 1,28 das vorrangige Ziel und Resultat der ehelichen Gemeinschaft darstellt.[261] Die gemeinsam gezeugten Kinder dienen als sichtbares Ergebnis des göttlichen Segens: *Daz er miern so lang gelassen und unser ehe mit lieben khindern gesegned*. Im Rückblick bestimmt die Verfasserin ihr Verhältnis zu den

---

[258] Dazu, daß in spätmittelalterlichen und frühneuzeitlichen Selbstzeugnissen vor allem „literarische" Passagen oder Versatzstücke aus Parodie, Schwank oder galantem Roman eine Möglichkeit dazu eröffnen, Emotionen zu artikulieren und aufzuarbeiten, vgl. Hans-Jürgen BACHORSKI, Der selektive Blick. Zur Reflexion von Liebe und Ehe in Autobiographien des Spätmittelalters. In: Maria E. MÜLLER, Eheglück und Liebesjoch: Bilder von Liebe, Ehe und Familie in d. Literatur des 15. und 16. Jahrhunderts (Ergebnisse der Frauenforschung 14) Weinheim–Basel 1988, S. 23–46, hier S. 38.

[259] Vgl. hierzu und zur christlichen Rezeption der spätantiken stoischen Gedanken in der christlichen Tradition Beatrix BASTL, Caritas Conjugalis. Der Begriff des Friedens in der Ehe. In: Wiener Geschichtsblätter 52 (1997) S. 221–233.

[260] Vgl. Rüdiger SCHNELL, Geschlechtergeschichte und Textwissenschaft. Eine Fallstudie zu mittelalterlichen und frühneuzeitlichen Ehepredigten. In: SCHNELL (Hrsg.), Text und Geschlecht (wie Anm. 251) S. 145–175.

[261] Vgl. z.B. Rudolf WEIGAND, Zwischenmenschliche Aspekte des Ehelebens in normativen kirchlichen Texten und im Alltagsleben des Spätmittelalters. In: SCHNELL (Hrsg.), Text und Geschlecht (wie Anm. 251) S. 47–78, hier S. 50.

Kindern ausschließlich in diesem Rahmen des ehelichen Erfolgs, sodaß der Text jene These zu stützen scheint, wonach die Rolle der Frau am Beginn der Frühen Neuzeit vorwiegend als Ehefrau und noch nicht primär als Mutter gesehen wurde.[262] Die Aufzeichnungen Geras sind in dieser Beziehung jedoch wenig aussagekräftig, da der gebetsartige Lebenslauf aus dem Anlaß eines Todesfalles geschrieben wurde und daher von Anfang an auf die eheliche Gemeinschaft hin angelegt ist. Innerhalb der diaristischen Notizen, die sie im Folgenden als Witwe schreibt, gehören die emotionalen Facetten ihrer erhöhten Verantwortung gegenüber den Kindern durchaus zu darstellenswürdigen Themen. Sie erwähnt etwa, daß sie drei Wochen in *solicher angst* lebte, weil sie nicht wußte, ob ihr Sohn Wolfgang tot oder lebendig sei, nachdem er im Jülich-Klevischen Krieg verwundet wurde.[263] Ähnlich wie die Gattung des Liedes folgt auch das Gebet eigenen rhetorischen Gesetzen, welche die Konstruktion der jeweiligen Rollenbilder Esthers mitbestimmen. Je nach Kommunikationsmustern in eingeflossenen Textformen wie Gedicht, Gebet oder Familienchronik kann die Verfasserin verschiedene Vorstellungen von Beziehungsnormen als Liebhaberin, Ehefrau oder Mutter zum Ausdruck bringen.

Esthers rückblickendes Gebet ist schlicht, aber keineswegs kunstlos aufgebaut. Von der Trauer um ihren Mann veranlaßt, begibt sie sich auf die Suche nach religiösen Spuren innerhalb ihres Lebenslaufes von der Geburt über die Ehe bis zu ihren Kindern, deren Einbeziehung sie dazu bestimmt, zum Anlaß des Todesfalls zurückzukehren. Dabei fügt sie nicht plump das Ende der beiderseitigen Gemeinschaft an das Faktum der Kinderzeugung an, sondern sie nimmt den Vermerk über das Glück einer Nachkommenschaft zum Anlaß dafür, diese unmittelbar an das Totenbett ihres „Erzeugers" heranzuführen. Die Geschichte von den letzten Stunden ihres Mannes nachholend, betont sie, daß die vier „größten" ihrer Kinder dem Vater zum Trost bei dessen Ende anwesend gewesen seien. Hans Christoph habe die vier kurz vor *seinem salligen einschlaffen mit frelichem gesicht angesehn.* Der Tod wird als gesellschaftliches Ereignis dargestellt, bei dem die anwesenden

---

[262] Claudia OPITZ, Mutterschaft und Vaterschaft im 14. und 15. Jahrhundert. In: Karin HAUSEN, Heide WUNDER (Hrsg.), Frauengeschichte, Geschlechtergeschichte, Frankfurt/M.–New York 1992, S. 137–153, hier S. 145–147. Vgl. auch Helga KRAFFT, Elke LIEBS (Hrsg.), Mütter – Töchter – Frauen. Weiblichkeitsbilder in der Literatur, Stuttgart–Weimar 1993.
[263] Gerasches Gedächtnisbuch, fol. 22r.

Verwandten den christlichen Friedensschluß des Sterbenden mit Gott und der Welt bekunden sollen.[264] Gera bezieht sich auf das *schen cristlich und sellig sterben* ihres Mannes, ohne detailliert die notwendigen Tugenden und Vorbereitungen des Sterbenden zu beschreiben. Der Text hebt sich hier deutlich von der entsprechenden Passage in den Aufzeichnungen der Enkelin Maria Susanna ab, die mehrmals von Sündenbekenntnis, Reue und Gottvertrauen, von Beichte und letzter Ölung ihres Mannes, des *weltmenschen*, spricht.[265] Derartige Bilder wollten keine individuelle Todesbewältigung vermitteln, sondern den Gleichklang mit dem religiösen Weg der „ars moriendi", die durch eine nahezu unüberschaubare Zahl erbaulicher Sterbebüchlein vermittelt und auch im Protestantismus weitgehend unverändert übernommen wurde, z.b. in Luthers „Sermon von der bereytung zum sterben" (1519).[266] Anders als Maria Susanna brauchte sich Esther – unabhängig von konfessionellen Unterschieden – nicht mit derartigen Einzelheiten aufhalten, da sie sich auf die entsprechenden Passagen in der gedruckten Leichenpredigt verlassen konnte.[267] Betont ihre Enkelin die Überwindung religiöser Krisen im Angesicht des Todes, so konzentriert sich Esther auf das Gottvertrauen eines „fröhlichen" Todes. Der „sanfte und selige" Tod konnte gemäß den Sterbebüchern und anderen religiösen Texten wie Leichenpredigten als ein Zeichen des Seelenheils gelesen werden, wogegen der plötzliche, überraschende Tod oft ein Strafgericht Gottes bedeutete.[268] Esther macht ihre eigenen Kinder zu

---

[264] Vgl. Richard van Dülmen, Kultur und Alltag in der Frühen Neuzeit, Bd. 1: Das Haus und seine Menschen. 16.–18. Jahrhundert, München 1990, S. 216.

[265] Gerasches Gedächtnisbuch, fol. 30^r.

[266] In: Martin Luther, Weimarer Ausgabe, Bd. 2, Weimar 1884; abgedruckt im Sammelband: Jacques Laager (Hrsg.), Ars moriendi. Die Kunst, gut zu leben und gut zu sterben. Texte von Cicero bis Luther, Zürich 1996, S. 405–440; Vgl. u.a. auch Rudolf Rainer, Ars moriendi. Von der Kunst des heilsamen Lebens und Sterbens (Forschungen zur Volkskunde 39) Graz–Köln 1957; Nigel F. Palmer, Ars moriendi und Totentanz. Zur Verbildlichung des Todes im Spätmittelalter. Mit einer Bibliographie zur „Ars moriendi". In: Arno Borst (Hrsg.), Tod im Mittelalter (Konstanzer Bibliothek 20) Konstanz 1993, S. 313–334.

[267] Vgl. z.B. Leichenpredigt, fol. 23^r.

[268] Vgl. Wollgast, Zum Tod (wie Anm. 246) S. 22f.; Werner Friedrich Kümmel, Der sanfte und selige Tod. Verklärung und Wirklichkeit des Sterbens im Spiegel lutherischer Leichenpredigten des 16. bis 18. Jahrhunderts. In: Lenz (Hrsg.), Leichenpredigten (wie Anm. 158) S. 199–226; Rudolf Mohr, Der un-

unmittelbaren Zeugen nicht nur für das selige Ende des Gemahls, sondern gleichzeitig auch für den letzten und vielleicht wichtigsten Baustein ihrer Beweisführung einer Gottgefälligkeit der familiären Gemeinschaft. Die Verfasserin hätte die Sterbeszene wie Maria Susanna am chronologisch passenden Ort der Todesnachricht plazieren können, doch ihr besonderer Kunstgriff besteht gerade darin, daß sie sich das Motiv für die Schlußsequenz ihrer „meditatio mortis" aufsparte.

Mit dem Bild der Familie am Sterbebett des Ehemannes setzt Esther die Funktion ihrer Niederschriften sinnbildlich um, indem sie die Nachkommen als Träger jenes Gedenkens darstellt, das sie mit ihren Aufzeichnungen stützen will. Weniger die Kinderzeugung für sich als die Sicherung der familiären „Memoria" ist das eigentliche Ziel der ehelichen Verbindung. Dieses „Gedenken" bekommt im rückblickenden Gebet eine andere Funktion als im übrigen Werk: Es wird zum religiösen Bekenntnis, das die Familie nicht nur als Teil eines größeren sozialen und politischen Geflechts präsentiert, sondern als eine göttlich sanktionierte Gemeinschaft, deren Bestand sie für die weitere Zukunft zu sichern sucht. Hinsichtlich der Schreibanlässe für Selbstzeugnisse wurde eingangs betont, daß sie sich zuweilen im Laufe des Schreibprozesses von der vorgegebenen Form lösen konnten. Im Fall Geras führte die Krisensituation nach dem Tod des Ehepartners zur Notwendigkeit einer Apologie im Medium des Gebets, das indivualisierende Elemente freisetzte, die zuvor nicht vorhanden waren und dem Text damit eine neue Qualität verleihen.[269] Der kleine Lebensrückblick besteht weitgehend aus einer Aneinanderreihung impliziter Normvorstellungen, die sich an der Gruppenidentität der Familie und an gesicherten „überindividuellen" Leitbildern aus Ehetraktaten, Sterbebüchern oder Leichenpredigten orientieren. Er ordnet jedoch gleichzeitig die diaristischen

---

verhoffte Tod (Marburger Personalschriften-Forschungen 5), Marburg 1982; Benigna von KRUSENSTJERN, Seliges Sterben und böser Tod. Tod und Sterben in der Zeit des Dreißigjährigen Krieges. In: KRUSENSTJERN, MEDICK, Zwischen Alltag und Katastrophe (wie Anm. 228) S. 469–496. Esther von Gera meint in einem Gebet für die verunglückte Katharina von Stainach (geb. Recknitz) 1606: *Gott sei ier gnedig, der wel alle menschen vor gähen end behieten* (Gerasches Gedächtnisbuch, fol. 13ʳ).

[269] Zur „Individualität" in Selbstzeugnissen des 17. Jahrhunderts vgl. Inge BERNHEIDEN, Individualität im 17. Jahrhundert. Studien zum autobiographischen Schrifttum (Literarhistorische Untersuchungen 12), Frankfurt/M. 1988, S. 23. Die hier vorgenommene Orientierung am Individualitätsverständnis des

Lebensfragmente nachträglich in ein zeitliches Kontinuum ein, dessen Maßstab allein der spezifische Lebenslauf der Verfasserin ist: *daz sein heilliger nammen durch mich gepreist werd.*

---

19. Jahrhunderts im Sinne erhöhten Reflexionsvermögens erwies sich als problematisch. Von diesen „entwicklungsgeschichtlichen", philosophisch orientierten Vorstellungen versucht die Forschung abzurücken, indem sie eine „Sozialgeschichte der Individualitätsformen" fordert, die historisch und gesellschaftlich bedingte Ausprägungen des Persönlichkeitsbewußtseins zu erfassen sucht. Vgl. Peter SLOTERDIJK, Literatur und Organisation von Lebenserfahrung (wie Anm. 127) S. 23; PASTENACI, Erzählform und Persönlichkeitsdarstellung (wie Anm. 125) S. 3; Michael SONNTAG, „Das Verborgene des Herzens". Zur Geschichte der Individualität, Reinbek bei Hamburg 1999, bes. S. 16f., 87–89. Otto ULBRICHT, Ich-Erfahrung (wie Anm. 129) S. 109–114.

5. WASS ICH AUF ERD AM LIEBSTEN HAB, DAZ LIGT NUN LAIDER IN DEM GRAB[270] – TRAUER UND LEICHENPREDIGT ALS TEIL DES ALLTÄGLICHEN LEBENS

Das Sterben der adeligen Standesgenossinnen und -genossen nimmt im Tagebuch der Esther von Gera einen wichtigen Platz ein. Nahezu in jedem Jahr des Berichtzeitraumes wurde eines adeligen Mannes oder einer adeligen Frau gedacht, die *sellikhlich verschiden* war. Gleichzeitig wurde dem bzw. der Verstorbenen *ain frelliche aufersteung*[271] gewünscht. Die Modalitäten des Todes – es sollte ein guter Tod sein – vermerkte die Autorin jeweils genau. Weikhart von Polheim etwa war *in Gott sallig endschloffen, der wel im und uns allen ain freliche aufersteung verleichen.*[272] Der Tod der adeligen Standesgenossinnen und -genossen zeichnet bereits das eigene Ende voraus. Der von Gera geäußerte Wunsch nach einer „fröhlichen" Auferstehung für den Verstorbenen besaß über das Reflex- und Floskelhafte dieses Wunsches hinaus direkte Bedeutung für das eigene Leben. Neben Geburten, Taufen und Hochzeiten galt dem Tod die ungeteilte Aufermerksamkeit der Autorin. Gleichsam als Vorahnung des Todes ihres Ehemannes schildert die Schreiberin ausführlich den 1609 durch die hochwasserführende Donau empfindlich gestörten Besuch einer Trauerfeier für Anna Maria von Liechtenstein. Dieses auch von zahlreichen protestantischen Adeligen aus dem Land ob der Enns besuchte Begräbnis der prominenten und im Gegensatz zu ihren Söhnen protestantisch gebliebenen Anna Maria von Liechtenstein (geborene Gräfin von Ortenburg) erregte aus der Sicht der Protestanten als Manifest des „rechten" Glaubens Aufse-

---

[270] Gerasches Gedächtnisbuch, fol. 20ᵛ.
[271] So für das Jahr 1606, Gerasches Gedächtnisbuch, fol. 12ᵛ; zum Tod in der Frühen Neuzeit Richard VAN DÜLMEN, Kultur und Alltag in der Frühen Neuzeit. Bd. 1: Das Haus und seine Menschen 16.–18. Jahrhundert, München 1995, S. 215–228; Paul MÜNCH, Lebensformen in der Frühen Neuzeit 1500 bis 1800, Berlin 1996, S. 480–485.
[272] Gerasches Gedächtnisbuch, fol. 18ʳ.

hen, weil die bereits 1607 Verstorbene endlich nach zähem Ringen in der protestantischen Pfarrkirche von Ortenburg – übrigens in Abwesenheit ihrer katholischen Söhne – bestattet wurde.[273] Diese Begräbnisfeierlichkeit dient im Tagebuch der Esther von Gera als unmittelbarer Vorbote des Todes ihres *allerliebsten herrn*, des Herrenstandsverordneten Hans Christoph von Gera, in Linz am 12. September 1609, nachdem er bereits zuvor einige Zeit kränklich gewesen war. Der Monat zwischen dem Tod von Hans Christoph von Gera und den Totenzeremonien war vermutlich mit intensiven Vorbereitungen auf das feierliche Begräbnis ausgefüllt, worüber aber Esther von Gera in ihrem Gedächtnisbuch nichts berichtet: Die Einkleidung des Toten mußte veranlaßt werden, eventuell Totenschilde gemalt, Totenwache und Ablauf des Leichenzuges organisiert und die Leichenpredigt bestellt werden. Die unmittelbaren Bediensteten des Verstorbenen wurden oftmals mit Trauerkleidung ausgestattet und ähnliches mehr.[274] Die gelegentlich erhaltenen Einladungsschreiben zu Begräbnisfeierlichkeiten belegen das planmäßige Vorgehen bei der Organisation dieser kommemorativen Trauerfeiern des Adels.[275] Nach den Linzer Trauerfeierlichkeiten am Mittwoch, dem 20. Oktober 1609, im Landhaus – Esther von Gera spricht von *schener laichpredig* durch den landständischen Prädikanten Clemens Anomäus[276] – wurde der Leichnam zur Donau geleitet und auf ein Schiff gebracht, um stromaufwärts zum vorgesehenen Begräbnisplatz nach Eschelberg (nordwestlich von Linz) geführt zu werden. Esther von Gera bestieg neben ihren zwei ältesten Söhnen ein zweites Schiff und führt in ihren Aufzeichnungen die weiteren Trauergäste, die auch den gesellschaftlich-politischen Rang ihres Mannes widerspiegeln, namentlich an. Neben dem Prädikanten

---

[273] WINKELBAUER, Fürst und Fürstendiener (wie Anm. 95) S. 54–55.

[274] BASTL, „Adeliger Lebenslauf" (wie Anm. 254) S. 386–389. Für schlesische Adelige Manfred BUNZEL, Die geschichtliche Entwicklung des evangelischen Begräbniswesens in Schlesien während des 16., 17. und 18. Jahrhunderts, Lübeck 1981, S. 146–173.

[275] BASTL, Tugend, Liebe, Ehre (wie Anm. 30) S. 293–316.

[276] Zu Clemens Anomäus (gestorben am 30. März 1611), der seit 1608 als Landhausprediger fungierte, siehe RUMPL, Linzer Prädikanten (wie Anm. 72) S. 192–195, Josef Karl MAYR, Österreicher in der Stolberg-Stolbergischen Leichenpredigtsammlung. In: Jahrbuch der Gesellschaft für die Geschichte des Protestantismus in Österreich 77 (1961) S. 34, 69. Von Clemens Anomäus ist auch noch die Leichenpredigt der Johanna Fernberg-Geyer (1604), des Achaz Hohenfelder (1604) und der Christine Losenstein-Perkheim (1611) bekannt.

Clemens Anomäus benannte Esther von Gera vermutlich nur die prominentesten Teilnehmerinnen und Teilnehmer der Totenfeier. Rudolf von Stubenberg als naher Verwandter und Abgesandter der Herkunftsfamilie war gleichsam persönlicher Adjutant der trauernden Witwe. Daneben wurde Esther von Gera auf diesem letzten Wege ihres Mannes von einer Anzahl von adeligen Frauen begleitet.[277] Die Schiffe legten in Ottensheim an. Die vorwiegend weibliche Trauergemeinde übernachtete im Stammschloß der Gera, in Eschelberg, während der Leichnahm des Mannes über Nacht in Ottensheim (vermutlich in der Kirche aufgebahrt) verblieb. Am nächsten Tag, den 21. Oktober 1609, kamen die adeligen Herren auf dem Landweg nach und gaben dem Leichnam, der von Ottensheim nach Eschelberg überführt wurde, ein würdiges Geleit. Esther von Gera führt deren Namen, durchwegs Hochadel, im Bewußtsein adeliger Repräsentation wieder namentlich an: Reichart von Starhemberg, Hans Wilhelm von Zelking, Wolf Wilhelm von Volkersdorf, Wolfgang von Saurau, Gottfrid von Polheim, Gotthart von Scherffenberg und zwei nicht näher spezifizierbare „junge Herren" von Saurau. Die memorative Gemeinschaft und Genossenschaft in und mit dem Tod bzw. dem Toten wird von der Autorin damit deutlich unterstrichen. Der Leichenkondukt wurde auf Schloß Eschelberg vom äußeren Burgtor bis zur Schloßkapelle mit Gesang begleitet. Innerhalb des Schlosses empfing man den Leichnam schließlich in Anwesenheit der adeligen Männer und Frauen[278] sowie der bäuerlichen Untertanen der Familie Gera. Nach einer weiteren, zweiten Predigt des Landhauspredikanten Clemens Anomäus wurde Hans Christoph von Gera – abermals vermerkt die Tagebuchschreiberin *ain schene laichpredig* – in seine *schlaffkhamer* gesetzt, somit in die Gruft gelegt. Hans Christoph von Gera wird sowohl in seiner Funktion als Grundherr wie auch als Repräsentant des protestantischen Adels begraben, was sich nicht zuletzt in der sozial gestaffelten Teilnehmerschar bei der Leichenfeier (Bauern und Adel) spiegelt. Die Autorin beendet ihre

---

[277] Eintragung der Frauen häufig in der männlichen Form: z.B.: *frau herr Reichartin von Starhenberg* (Gerasches Gedächtnisbuch, fol. 18ʳ) – Juliana von Roggendorf (1579–1633).

[278] Johann Heinrich ZEDLER, Grosses vollständiges Universal-Lexicon, Bd. 16, Halle–Leipzig 1737 / ND Graz 1982, Sp. 1560, Artikel „Leichen-Begängniß": „Die Begleitung ist auch unterschiedlich: in dem an einigen Orten viel, an andern wenige, an einem allein, die Männer, am andern auch die Weiber, mit oder ohne Begleitung derer Schul und Kirchen-Diener, Läutung derer Glocken u.s.w. der Leiche nachfolgen."

Schilderung des aufwendigen, das Gerasche Hausbudget sicherlich stark belastenden Begräbnisses ihres Mannes mit dem Wunsch, bald im Tod mit ihrem Mann vereint zu sein: *von der stund an peger ich nichz in der welt so hoch, als auch mit ainem seligen sterben dahin gesezt zu werden.*[279]

Die Leichenpredigt, Esther von Gera erwähnt Trauerfeierlichkeiten auch anläßlich anderer Todesfälle, war ein wesentlicher Teil der standesgemäßen protestantischen, adeligen Bestattung. Die Überlieferung des Gedächtnisbuches sowie der beiden dem Verstorbenen gewidmeten, gedruckten Leichenpredigten für Hans Christoph von Gera kann als seltener Glücksfall bezeichnet werden. Der inhaltliche Bezug verschiedener Gattungen von „Selbstzeugnissen" läßt sich hier auf einzigartige Weise nachprüfen: Das „Gerasche Gedächtnisbuch" und die für Österreich noch kaum erforschte Gattung Leichenpredigt[280] weisen viele Parallelen und Verschränkungen sowohl bezüglich Inhalt wie auch Form auf. Die Schreiberin des Gedächtnisbuches nimmt anläßlich des Todes ihres Mannes immer wieder Bezug auf die gehaltenen Predigten und reflektiert die diesen zugrundeliegenden Bibeltexte, was auch als Beispiel der inhaltlichen und spirituellen Rezeption von Leichenpredigten gewertet werden kann: *Zu der ersten meines allerliebsten herrn laichpredig ist der tegst genumen aus dem puch der khünige am 22. cabitl dise wort.*[281] Danach folgt die betreffende Bibelstelle. Auch bei der in Eschelberg gehaltenen Predigt benennt die Witwe explizit die Textgrundlage und zitiert den Text ausführlicher: *Zu der andren leichpredig, so zu Öschlberg gehalten, ist der tegst genumen aus dem 1. puech Samuel am 25. cabitl.* Wer die Auswahl der Bibeltexte vorgenommen hat, ob Prediger oder Familie des Verstorbenen, wird dagegen in Geras Text nicht erwähnt. Erst nach dieser Auflistung der biblischen Grundlagen der Leichenpredigten schließt Esther von Gera persönliche Trauergedichte an, wie dies in vielen gedruckten Leichenpredigten als Schlußteil häufiger zu finden ist („Epicedien"). Der Gestus der Trauer, aus-

---

[279] Gerasches Gedächtnisbuch, fol. 19ʳ.

[280] PICKL, Die österreichischen Leichenpredigten (wie Anm. 158) S. 166–199. Siehe auch die Sammlung von 32 Trauerreden bei Maria FURSTENWALD (Hrsg.), Trauerreden des Barock, Wiesbaden 1973.

[281] Gerasches Gedächtnisbuch, fol. 20ʳ. Zu einer Ausdrucksform weiblicher Trauer Jill BEPLER, Birgit KÜMMEL, Helga MEISE, Weibliche Selbstdarstellung im 17. Jahrhundert. Das Funeralwerk der Landgräfin Sophia Eleonora von Hessen-Darmstadt. In: Heide WUNDER, Gisela ENGEL (Hrsg.), Geschlechterperspektiven. Forschungen zur Frühen Neuzeit, Königstein/Taunus 1998, S. 441–468.

gedrückt in Trauergedichten, bestimmt ab diesem Zeitpunkt auch die „Stimmung" ihres „Gedächtnisbuches". Erst nach der Auflistung von Bibeltext, adeliger Beteiligung am Begräbnis und einer knappen Verlaufsschilderung zieht Esther von Gera ein abschließendes Resümee ihres ehelichen Lebens mit ihrem verstorbenen Gemahl und dankt Gott für die 25 gemeinsam verbrachten Ehejahre. Esther von Gera dürfte auch die wichtigen biographischen Daten, die in die Leichenpredigt von Clemens Anomäus Eingang fanden, geliefert haben.

Bereits Martin Luther schuf mit seinem 1519 erschienenen, in zwanzig Kapitel gegliederten „Sermon von der bereytung zum sterben",[282] basierend auf antiken und mittelalterlichen Vorbildern,[283] die Grundlage für die weitere Behandlung der Gattung Leichenpredigt innerhalb des Protestantismus: Hoffnung, Trost, Belehrung der Gemeinde und Erbauung sollten in der Predigt vermittelt werden. *Wollen wir dennoch diesen Gottes dienst nicht lassen nach bleiben, das wir Gottes wort predigen. Dar jnn Gott gepreiset und die leute gebessert werden.*[284] Ausgehend von Mitteldeutschland fand dieser „Brauch" rasch Verbreitung in Deutschland. Der Protestantismus brach radikal mit den katholischen Vorstellungen des Fegefeuers, weil lediglich Himmel und Hölle als Stätten des ewigen Lebens fungierten, somit Seelenmesse und Totengebete funktionslos wurden.[285] Tod und Begräbnis blieben im Protestantismus Privatsache, zumal auch den Fürbitten der geistlichen und welt-

---

[282] Martin LUTHER, Weimarer Ausgabe (wie Anm. 266) Bd. 2, S. 685–697, hier S. 685: „Die weyl der todt eyn abschid ist von dißer welt und allen yhrer hendellen, ist not, das der mensch seyn zceytlich gut ordenlich vorschaffe, wie es soll oder er gedenckt zu ordenen, das nit bleybe nach seynem todt ursach zanck, hadderß oder sonst eyns yrthumbs unter seynen nachgelaßen freunden". Siehe auch Martin LUTHER, Weimarer Ausgabe, Bd. 17/1, Weimar 1907, S. 196–227: „Zwo predigt uber der Leiche des Kürfursten Herzogen Friderichs zu Sachsen. Anno 1525"; Martin LUTHER, Weimarer Ausgabe, Bd. 36, Weimar 1909, S. 237–270: „Zwo Predigt uber der Leiche des Kurfürsten Hertzog Johans zu Sachsen". Zur Entwicklung der Leichenpredigt Rudolf LENZ, Leichenpredigt. In: Theologische Realenzyklopädie, Bd. XX, Berlin 1990, S. 665–669.

[283] Den besten Überblick zum Thema „Leichenpredigt" gewährt Franz M. EYBL, Leichenpredigt. In: Wörterbuch der Rhetorik, Bd. 5, Tübingen 2001, Sp. 124–145, Beitrag zu „Leichenrede" Sp. 145–151.

[284] Martin LUTHER, Weimarer Ausgabe, Bd. 36, Weimar 1909, S. 237.

[285] Martina KESSEL, Sterben/Tod (Neuzeit). In: Peter DINZELBACHER (Hrsg.), Europäische Mentalitätsgeschichte. Hauptthemen in Einzeldarstellungen, Stuttgart 1993, S. 261. Siehe auch Martin ILLI, Begräbnis, Verdammung und

lichen Lebenden keinerlei Bedeutung für den weiteren Weg der Verstorbenen zugemessen wurde.[286] Im Vordergrund der protestantischen Leichenpredigt stand das Motiv des „seligen" Sterbens mit breit ausgewalzten Darstellungen der Sterbeszenen, Reichung des Abendmahls, Absingen von Liedern, mit gemeinsamer Lektüre von Bibeltexten, womit die protestantische Kirche vor dem Hintergrund konfessioneller Polemiken verdeutlichen wollte, daß ein protestantisches ruhiges Sterben in der Erwartung der Barmherzigkeit Gottes und in voller Heilsgewißheit möglich war.[287] Die gute Vorbereitung auf den Tod war hierbei wesentlich: „solt man das gantz leben lang bitten gott und seyne heyligen umb die letzten stund fur eynen rechten glauben".[288] In der Leichenpredigt von Michael Cölius auf Martin Luther wird idealtypisch die Vorbereitung Luthers auf den eigenen Tod gepriesen: „Es hat [...] doctor Martinus nicht erst die vergangene nacht angefangen zu sterben, sondern lenger denn ein ganzes jar hat er immer gestorben, das ist mit gedancken vom tod umbgangen, vom tode geprediget, vom tode geredt, vom tode geschrieben."[289] Der gute Tod, die ars moriendi, sollte in der Leichenpredigt explizit genannt werden; der Tod als Teil des Lebens war ständiger Begleiter der Menschen.[290] Neben der Darstellung des „guten Todes" erfüllten die Leichenpredigten vor allem die Funktion des Trostspendens und des Dankes. Die Leichenpredigt versuchte den Trost biblisch zu begründen und mit der darin vermit-

---

Erlösung. Das Fegefeuer im Spiegel von Bestattungsriten. In: Peter JEZLER (Hrsg.), Himmel, Hölle, Fegefeuer. Das Jenseits im Mittelalter, Zürich [5]1997, S. 59–68.

[286] François LEBRUN, Reformation und Gegenreformation. Gemeinschaftsandacht und private Frömmigkeit. In: Philippe ARIÈS, Roger CHARTIER (Hrsg.), Geschichte des privaten Lebens. Bd. 3: Von der Renaissance zur Aufklärung, ND Augsburg 1999, S. 110.

[287] Rudolf LENZ, Leichenpredigten – eine Quellengattung. In: Blätter für Deutsche Landesgeschichte 111 (1975) S. 16.

[288] LUTHER, Weimarer Ausgabe (wie Anm. 266) Bd. 2, S. 697.

[289] Horst SCHMIDT-GRAVE, Leichenrede und Leichenpredigten Tübinger Professoren (1550–1750), Tübingen 1974, S. 35.

[290] Beatrix BASTL, Der gezähmte Tod. Bemerkungen zu den Riten um Sterben und Tod im österreichischen Adel der frühen Neuzeit. In: Unsere Heimat 62 (1991) S. 259–269. Rudolf MOHR, ars moriendi. In: Theologische Realenzyklopädie, Bd. IV, Berlin 1979, S. 149–154. Siehe als Beispiel die aufwendigen Argumentationen, die sich diesbezüglich in den Leichenpredigten anläßlich eines Unfall- oder Duelltodes ergaben: Rudolf MOHR, Der unverhoffte Tod (Marburger Personalschriften-Forschung, Bd. 5) Marburg 1982.

telten Vorbildlichkeit des Verstorbenen zu verbinden, sodaß der Tod als Teil des göttlichen Heilsplanes von der Trauergemeinde bzw. der Leserschaft erfaßbar und nachvollziehbar wurde.

Mit dem ausklingenden 17. Jahrhundert differenziert sich die Leichenpredigt als eigenständige Gattung mehrteilig aus und umfaßt im Idealfall folgende Teile:[291]

(1) Die „christliche Leichenpredigt": Am Beginn steht ein Bibeltext und dessen Auslegung. Der Text wurde entweder vom Verstorbenen noch zu Lebzeiten oder von seiner Familie selbst ausgewählt oder wies einen – mehr oder minder passenden – Bezug zum Leben des Verstorbenen auf.

(2) Der Personalteil oder „Ehrengedächtnis": Die Abgrenzung bzw. auch Ausweitung des Personalteils von der eigentlichen Predigt setzte im 16. Jahrhundert ein und war im 17. Jahrhundert weitgehend abgeschlossen. Die Lebensdaten des Verstorbenen werden in unterschiedlicher Ausführlichkeit aufgelistet.[292] Die Angaben zur Person übermittelten dem Prädikanten meist die Hinterbliebenen bzw. im vorliegenden Fall wahrscheinlich Esther von Gera. In einzelnen Fällen konnte der Prediger auch auf autobiographische Notizen des Verstorbenen zurückgreifen.[293] Zuweilen sorgten Angehörige der oberen Schichten bereits zu Lebzeiten für die angemessene Präsentation ihrer Biographie, z.B. Geras Landsmann und Zeitgenosse Oberst Sigmund Hager, der im Jahr 1618, rund ein Jahrzehnt vor seinem Tod, einen Lebenslauf niederschrieb: „Dies wird vermeldet zur Nachricht dem, der etwa die Leichenpredigt tun solle".[294] Derartige handschriftliche Skizzen, die von der zentralen Bedeutung des Personalteils für das adelige Selbstverständnis zeugen, sind wohl in vielen Fällen verlorengegangen.

---

[291] Rudolf LENZ, Leichenpredigt. In: Handwörterbuch zur deutschen Rechtsgeschichte, Bd. 2, Berlin 1978, Sp. 1814–1818.

[292] Siehe als Beispiel Rudolf LENZ, Gundolf KEIL, Johann Christoph Donauer (1669–1718). Untersuchungen zur Soziographie und Pathographie eines Nördlinger Ratskonsulenten aufgrund der Leichenpredigt. In: Zeitschrift für bayerische Landesgeschichte 38 (1975) S. 317–355 [Skizze von Nierensteinen in der Leichenpredigt].

[293] Vgl. v.a. HARTMANN, Das Autobiographische (wie Anm. 158) oder LENZ, Funktion des Lebenslaufes (wie Anm. 158) S. 96.

[294] Philipp BLITTERSDORFF, Ritter Sigismund's Hager von Allentsteig Leichenpredigt, In: Monatsblatt der heraldischen Gesellschaft „Adler" 9 (1921–1925) S. 39–49, hier S. 49. Auch das handschriftlich überlieferte „Diarium"

(3) „Leichenabdankung" oder Parentation:[295] Aus der Sicht des 18. Jahrhunderts werden darunter „solche Reden verstanden, da man entweder vor, oder nach dem Leich-Begängniß, erstlich des Verstorbenen rühmlich gedencket, und hernach denen Leichen-Begleitern vor die dem Verstorbenen erwiesene letzte Ehre im Nahmen der Leidtragenden dancksaget."[296]

(4) Die „Epicedien" oder Trauergedichte:[297] Überwiegend deutschsprachige Trauergedichte von Verwandten und Freunden bilden den Abschluß der Leichenpredigt. Eine genaue Spezifizierung der einzelnen Teile der Leichenpredigten ist allerdings kaum möglich, weil die einzelnen Teile eng aufeinander bezogen waren. Personalienteil und Abdankung konnten bei Bedarf ineinander verschmelzen.

Während im katholischen Bereich die Leichenpredigt durch die Beschlüsse von regionalen Kirchenversammlungen auf hohe geistliche und weltliche Würdenträger und Potentaten beschränkt blieb (z.B.

---

des aus Oberösterreich gebürtigen Barockdichters Johann Beer (1655–1700) wurde in der Trauerrede verwertet. Vgl. auch Ralf Georg BOGNER, Nekrolog als Beschwichtigung eines Skandals. Zu Johann Christoph Stanges Trauerrede auf Johann Beer. In: Andreas BRANDTNER, Wolfgang NEUBER (Hgg.), Beer. 1655–1700. Hofmeister. Satiriker. Anonymus. Eine Karriere zwischen Bürgertum und Hof, Katalog zur Ausstellung in der „Galerie im Stifter-Haus" in Linz u. im Museum Schloß Neu-Augustusburg in Weißenfels, Wien 2000, S. 245–258, bes. 250.

[295] Rudolf LENZ, De mortuis nil nisi bene? Leichenpredigten als multidisziplinäre Quelle unter besonderer Berücksichtigung der Historischen Familienforschung, der Bildungsgeschichte und der Literaturgeschichte (Marburger Personalschriften-Forschungen Bd. 10) Sigmaringen 1990, S. 143–146; Herbert WOLF, Parentationen des 16. Jahrhunderts in germanistischer Sicht. In: Rudolf LENZ (Hrsg.), Leichenpredigten als Quelle historischer Wissenschaften, Bd. 2, Marburg 1979, S. 345–371. Siehe zu hessischen Leichenpredigten Rudolf SCHLÖGL, Öffentliche Gottesverehrung und privater Glaube in der frühen Neuzeit. Beobachtungen zur Bedeutung von Kirchenzucht und Frömmigkeit für die Abgrenzung privater Sozialräume. In: Gert MELVILLE, Peter VON MOOS (Hrsg.), Das Öffentliche und Private in der Vormoderne. Köln–Weimar–Wien 1998, S. 165–209.

[296] Johann Heinrich ZEDLER, Grosses vollständiges Universal-Lexicon, Bd. 45, Leipzig/Halle 1745, ND Graz 1962, Sp. 152.

[297] Zu den bibliographisch noch unzureichend erschlossenen Epicedien LENZ, De mortuis (wie Anm. 295) S. 147–161. Zur rhetorischen, aus der Antike stammenden Tradition Hans-Henrik KRUMMACHER, Das barocke Epicedium. Rhetorische Tradition und deutsche Gelegenheitsdichtung im 17. Jahrhundert. In: Jahrbuch der Deutschen Schillergesellschaft 18 (1974) S. 89–147.

Rouen 1581, Toulouse 1590),[298] entwickelte sich die Leichenpredigt im protestantischen Bereich zu einer weit verbreiteten Form kollektiver Gedächtnisstiftung. Die für Druckereien lukrativen Leichenpredigten – geschätzte 250.000 davon haben sich in diversen Sammlungen, Bibliotheken und Archiven erhalten[299] – wandelten sich zu einer mehr und mehr säkularen Form, deren Umfang 100–200 Seiten übersteigen konnte.[300] Ein Kupferstich des Verstorbenen zierte häufig die Titelseite dieses Akzidenzdruckes, und die eigens komponierte Trauermusik machte die gedruckte Leichenpredigt zu einem teuren Bestandteil der adeligen Repräsentation.[301] Die druckgraphisch ansprechend gestalte-

---

[298] E. SCHMITT, Trauerrede. In: Lexikon für Theologie und Kirche, Bd. X (Freiburg im Breisgau 1965) Sp. 325–326 sowie Friedhelm JÜRGENSMEIER, Die Leichenpredigt in der katholischen Begräbnisfeier. In: LENZ (Hrsg.), Leichenpredigten als Quelle historischer Wissenschaften (wie Anm. 158) S. 122–145. Siehe jetzt Birgit BOGE, Ralf Georg BOGNER (Hrsg.), Oratio Funebris. Die katholische Leichenpredigt der frühen Neuzeit. Zwölf Studien. Mit einem Katalog deutschsprachiger katholischer Leichenpredigten in Einzeldrucken 1576–1799 aus den Beständen der Stiftsbibliothek Klosterneuburg und der Universitätsbibliothek Eichstätt (Chloe. Beihefte zum Daphnis, Bd. 30) Amsterdam 1999. Philippine CASAROTTO, Kaiserliche Leichenpredigten aus der UB Wien, der ÖNB und der Stiftsbibliothek Klosterneuburg: Eine bisher vernachlässigte Gattung. In: Mitteilungen der Vereinigung österreichischer Bibliothekarinnen und Bibliothekare 55/Heft 3/4 (2002) 72–78. Mit einem Interpretationsversuch von katholischen Predigern auf der Grundlage ihrer Predigten Renate DÜRR, „... die Macht und Gewalt der Priestern aber ist ohne Schrancken". Zum Selbstverständnis katholischer Seelsorgegeistlicher im 17. und 18. Jahrhundert. In: Martin DINGES (Hrsg.), Hausväter, Priester, Kastraten. Zur Konstruktion von Männlichkeit in Spätmittelalter und Früher Neuzeit, Göttingen 1998, S. 75–99.

[299] Die Zahlen beruhen auf einer Umfrage von 1980 (ohne Erfassung von Österreich und der Schweiz) siehe Rudolf LENZ, Leichenpredigten. Eine Bestandsaufnahme. Bibliographie und Ergebnisse einer Umfrage (Marburger Personalschriften-Forschungen, Bd. 3) (Marburg 1980).

[300] Gerd-Rüdiger KORETZKI, Ein Beitrag zur Untersuchung der materiellen Voraussetzungen einer gesellschaftlichen Modeerscheinung. In: LENZ (Hrsg.), Leichenpredigten als Quelle, Bd. 2 (wie Anm. 295) S. 333–359.

[301] Hans Jürgen von WILCKENS, Portraitbilder in den Leichenpredigten des 17. und 18. Jahrhunderts, Hildesheim 1967; Wolfgang REICH, Die deutschen gedruckten Leichenpredigten des 17. Jahrhunderts als musikalische Quelle, Phil. Diss. Leipzig 1964.

ten Leichenpredigten[302] galten als „Visitenkarte" der Familie des Verstorbenen. Das Ende der häufig nur in einer geringen Auflage von 100 bis 200 Stück gedruckten säkularisierten Leichenpredigten schien nach einer Zeit der Hochblüte in der zweiten Hälfte des 17. Jahrhunderts mit der beginnenden Aufklärung gekommen zu sein. Mitte des 18. Jahrhunderts kam es allmählich aus der Mode, Leichenpredigten drucken zu lassen.[303]

Der 1610 erfolgte Druck der Leichenpredigt auf Hans Christoph von Gera – als Druckort wird Nürnberg und als Drucker Abraham Wagenmann genannt – erfolgte in der ersten Blütezeit der gedruckten Leichenpredigt in den Jahrzehnten vor dem Dreißigjährigen Krieg.[304] Die ursprünglich von Clemens Anomäus im Linzer Landhaus bzw. in Eschelberg gehaltenen Predigten, deren Wortlaut nicht überliefert ist, wurden für die Druckfassung sicherlich nochmals überformt und stilistisch überarbeitet. Die als Basis herangezogenen Bibelstellen der beiden „christlichen Leichenpredigten" wurden jedenfalls für die Drucklegung nicht verändert, was aufgrund der expliziten Erwähnung der Texte im „Gedächtnisbuch" der Esther von Gera belegbar ist. Die Ausstattung des ingesamt 76 nicht numerierte Seiten umfassenden Druckes ist eher durchschnittlich. Es findet sich am Beginn weder ein Holzschnitt noch ein Kupferstich des Verstorbenen, allerdings ist ein mit Noten versehenes „Klaglied" über den „Abschied des Wolgebornen Herrn / Herrn Hanns Christophen / Herrn von Gera", das vom Linzer

---

[302] Ingrid HÖPEL, Bildliche Darstellungen in Leichenpredigten. Probleme und Praxis einer computergestützten Auswertung und ihre Relevanz für kunsthistorische Forschung. In: Rudolf LENZ (Hrsg.), Studien zur deutschsprachigen Leichenpredigt der frühen Neuzeit (Marburger Personalschriften-Forschungen, Bd. 4), Marburg 1981, S. 132–185.

[303] Als Beleg dafür siehe etwa Helmuth KIESEL (Hrsg.), Gotthold Ephraim Lessing. Werke und Briefe. Bde. 11/1: Briefe von und an Lessing 1743–1770, Frankfurt/M. 1987, S. 332–333 [Lessing an Johann Wilhelm Ludwig Gleim, Berlin, 6. September 1759]: Lessing über den Tod von Ewald Christian von Kleist: „Der Professor wird Ihnen, ohne Zweifel, geschrieben haben. Er hat ihm eine Standrede gehalten. Ein andrer, ich weiß nicht wer, hat auch ein Trauergedichte auf ihn gemacht. Sie müssen nicht viel an Kleisten verloren haben, die das itzt im Stande waren! Der Professor will seine Rede drucken lassen, und sie ist so elend! Ich weiß gewiß, Kleist hätte lieber eine Wunde mehr mit ins Grab genommen, als sich solch Zeug nachschwatzen lassen."

[304] LENZ, De mortuis (wie Anm. 295) S. 17.

Kantor der Landschaftsschule Johannes Kraut-Brassicanus[305] verfaßt wurde, ans Ende der Leichenpredigt gesetzt. Einleitend zur ersten, im Landhaus gehaltenen Predigt erinnert der Landhausprediger Clemens Anomäus an die drei nunmehr verlorenen Räder des „Evangelischen Wagen[s] dieses Landes". Nach dem Tod des kaiserlichen „Landrates" Friedrich von Scherffenberg (1542–1609) und des kaiserlichen „Landrates" Weikhart von Polheim (1553–1609) ging mit Hans Christoph von Gera „ein Vatter des Vatterlands verlohren". Neben der bedrohten Stellung der Protestanten im Land ob der Enns tritt vor allem schon bei dieser Einleitung die oft an den Leichenpredigten kritisierte rhetorische Redundanz und die Überzogenheit der Rhetorik zutage.[306] Die eigentliche christliche Leichenpredigt im Linzer Landhaus stützt sich auf ein biblisches Thema aus dem zweiten Buch der Könige (22. Kapitel, mit Zusätzen aus dem zweiten Buch der Chronik, Kapitel 34) „Dem Könige Juda (Josiae) der euch gesandt hat / den HERRN zu fragen / solt jhr so sagen / So spricht der HERR der Gott Israel: darumb daß dein hertz erweichet ist über den Worten / die du gehöret hast / vnd hast dich gedemütiget für dem HERRN / da du höretest / was ich geredt habe wider diese Städte vnd jhre Einwohner / daß sie sollen ein verwüstung vnd Fluch seyn / vnd hast deine Kleider zerrissen / vnd hast geweinet für mir / so hab ichs auch erhöret / spricht der HERR: Darumb will Ich dich zu deinen Vätern samlen / daß du mit friede in dein Grab versamlet werdest / vnd deine Augen nicht sehen alle das Vnglück / das Ich über diese Städte bringen will."[307] Nach der umfänglichen allgemeinen Deutung dieses Textes folgt eine dreiteilige Auslegung der Bibelstelle, wobei jeder Teil mit einer „Lehr vnd Erinnerung" abgeschlossen wird.[308] Der lediglich in der ersten Predigt angeführte Personalteil (fol. 19^r) beginnt nach dieser langen Auslegung der Bibelworte[309] mit dem „Leben / Wandel vnd seligem Ende vnsers

---

[305] RUMPL, Linzer Prädikanten (wie Anm. 72) S. 194.
[306] Rudolf LENZ, Leichenpredigten – eine Quellengattung. In: Blätter für deutsche Landesgeschichte 111 (1975) S. 25; Karl-Heinz HABERSETZER, Mors Vitae Testimonium. Zu Form und Absicht in Andreas Gryphius' Leichenabdankung auf Georg Schönborner („Brunnen-Diskurs"). In: LENZ, Leichenpredigten als Quelle, Bd. 2 (wie Anm. 295) 261–265.
[307] Leichenpredigt, fol. 4^r.
[308] Leichenpredigt, fol. 6^v: Thailung der Predigt.
[309] Vgl. zur Bibelauslegung in Leichenpredigten Albrecht CLASSEN, Die Darstellung von Frauen in Leichenpredigten der Frühen Neuzeit. Lebensverhältnisse, Bildungsstand, Religiosität, Arbeitsbereiche. In: MIÖG 108 (2000) 290–318, hier 302.

abgeleibten HERRNS". Der „guote Tod" des verstorbenen Hans Christoph von Gera wird damit schon im Titel des Personalteiles angesprochen. Die Leichenpredigt vermittelt uns genauere Kenntnisse über den Bildungsgang des Verstorbenen.[310] Eine ausgedehnte, gemeinsam mit Karl und Georg von Stubenberg unternommene „Kavalierstour" führte ihn für vier Jahre nach Italien sowie für drei Jahre durch Frankreich und England.[311] Clemens Anomäus betont, daß Hans Christoph von Gera trotz seiner weltläufigen Erziehung und seiner Sprachkenntnisse „seine Teutsche recht alte löbliche Sitten / Gemüth vnnd Tugend samt den Klaidern mit nichten vergessen".[312] Neben einer Schilderung seiner Berufslaufbahn unter anderem als Kämmerer Karls von Innerösterreich, seiner Verheiratung,[313] der sieben auf die Welt gebrachten Kinder wird Hans Christoph von Gera als ein Opfer der forcierten Rekatholisicrungspolitik in Innerösterreich konstruiert. Als die „Verfolgung" der Protestanten in Innerösterreich nach 1600 zu drückend wurde, „daselbst [Hans Christoph von Gera] seine Güter mit grossen schaden verkaufft / vnnd dahinden gelassen / und sich wider in dieses Land begeben."[314] Hans Christoph von Gera wird in der Leichenpredigt als „Huld vnd gnadenreicher Christtrager" präsentiert, der sich besonders stark „in offentlichen ämptern" profiliert hatte und seine „aigene Sachen alle hindan gesetzt". Trotz dieser Arbeitslast „hat er sich gleichwol gegen männiglich so sannft / demütig / genaigt / willig vnnd recht genädig sich erzaigt".[315] Häufig reichte er, so Clemens Anomäus, karitative Gaben, die keineswegs in niederen Münzen, sondern „maistes theils von Gold" gewesen waren. Neber der Aufzählung dieses adeligen Tugendkanons wird Hans Christoph von Gera auch als „gütiger" Haus-

---

[310] Ralf BERG, Die Leichenpredigt als Quelle der Bildungsgeschichte. In: LENZ (Hrsg.), Studien zur deutschsprachigen Leichenpredigt (wie Anm. 302) S. 86–131; LENZ, De mortuis (wie Anm. 295) S. 116–129.

[311] Die Richtigkeit dieser Angaben wurde unlängst bestätigt: MATSCHINEGG, Österreicher als Universitätsbesucher (wie Anm. 41) S. 373, 580.

[312] Leichenpredigt, fol. 20^r.

[313] LENZ, De mortuis (wie Anm. 295) S. 77–81; Rudolf LENZ, „Ehestand, Wehestand, Süßbitter Standt"? Betrachtungen zur Familie in der Frühen Neuzeit, in: Archiv für Kulturgeschichte 68 (1986) S. 392–397.

[314] Leichenpredigt, fol. 20^v.

[315] Leichenpredigt, fol. 21^v. Zur Hinterfragung der in den Leichenpredigten genannten „Leitbilder" kritisch Jill BEPLER, Women in German funeral sermons: models of virtue or slices of life? In: German Life and Letters 44 (1991) S. 392–403.

vater dargestellt, der sich „seiner Vnterthanen trewhertzig angenomen". Anders als viele andere Grundherren nach dem Bauernkrieg von 1595–1597 hatte er weder „Steuer / Robat / Dienst / Freygelt" erhöht, sondern war bei dem auch von den Bauern als legitim empfundenen „alten herkommen" verblieben. Tavernenzwang, Bier- und Weinzwang hatte er, so Anomäus, nicht angewandt. Neben der idealtypisch guten Behandlung seiner Untertanen hatte Hans Christoph von Gera als idealer Hausvater auch seine Diener „nicht Tyrannisch noch vngebärdig / sondern genädig vnd mild" behandelt. Ausführlich wird betont, daß Hans Christoph von Gera trotz seines während einer Sitzung erlittenen Schlaganfalles wohlvorbereitet gestorben ist. „Hat [...] sich hertzlich erkennet / vnd bekennet einen Sünder / vnnd nach erlangter Absolution / vnd empfangenen Abendmal / seinem Erlöser mit disen Worten willig dargestellt / vnnd befohlen: Nun mein HERR CHriste / komme wann du wilt / ich bin schon fertig."[316] Auch die große Geduld während seiner Krankheit und das Einfügen in die Göttliche Entscheidung, christliche Demut und „bestendige" Hoffnung werden von Clemens Anomäus immer wieder hervorgehoben. Hans Christoph von Gera war „in friede dahin gefahren / vnd nun allbereit mit Josia / den Lohn seiner Gottseligkeit / die erwünschte Ruhe vnd Versammlung zu seinen Vättern empfangen".[317] Er war aufgrund seines als Vorbild geschilderten Lebens „inn das Himmlische Ewige Leben versetzet" worden. An das religiöse und gesellschaftliche Gedankenmodell dieser Stilisierung konnte der Nachruf in Esthers „Gedächtnisbuch" nahtlos anknüpfen, um die Leichenpredigt in den Kontext der Familiengeschichte zu integrieren.

Gedruckte Leichenpredigten waren ein Phänomen der protestantischen Oberschicht und gehörten zur adeligen und bürgerlichen Repräsentation. Das nicht besonders hochrangige Geschlecht der Gera, das noch dazu erst seit kurzem im Land ob der Enns seinen „Hauptwohnsitz" hatte, stand unter hohem Anpassungsdruck, was auch im Druck einer eigenen Leichenpredigt für den verstorbenen Hans Christoph von Gera evident wird, die gewissermaßen als Visitenkarte und Statussymbol der Familie Gera dienen sollte. Die Leichenpredigt fungierte gleichzeitig auch als Propagandamittel angesichts der konfessionellen Konfliktstellung zwischen Katholiken und Protestanten. Für die Witwe selbst wird der Tod ihres Mannes, äußerlich symbolisiert in

---

[316] Leichenpredigt, fol. 23ʳ.
[317] Leichenpredigt, fol. 23ʳ⁻ᵛ.

den Trauerfeierlichkeiten und den Leichenpredigten, zu einem Wendepunkt in ihrem Leben und ihres sozialen Status innerhalb der Adelsgesellschaft. Der Trauergestus bestimmt ab diesem Zeitpunkt ihr Leben. In Anlehnung an populäre Trauergedichte und an Kirchenlieder notierte Esther von Gera rund ein Jahr später in ihrem Gedächtnisbuch: *Der grausam tott mit seiner macht, / hat mich numer dahin gebracht, / daz ich meines lebens nit mer acht*.[318]

---

[318] Gerasches Gedächtnisbuch, fol. 24^v. Zu Kirchenliedern als Leidensbewältigung Patrice VEIT, „Ich bin sehr schwach, doch drückst du nach ...". Evangelisches Kirchenlied und seelsorgerische Begleitung von Schwangeren im 17. und 18. Jahrhundert. In: Barbara DUDEN, Jürgen SCHLUMBOHM, Patrice VEIT (Hrsg.), Geschichte des Ungeborenen. Zur Erfahrungs- und Wissenschaftsgeschichte der Schwangerschaft, 17.–20. Jahrhundert. Göttingen 2002, 49–74, bes. 61–66.

EDITION

Die von Gera / ꝛc.

Abbildung 9: Wappen der Familie Gera – aus: Zacharias BARTSCH, *Wappen Buch Darinen aller Geistlichen Prelaten Herren vnd Landleut auch der Stett des löblichen Fürstenthumbs Steyer Wappen vnd Insignia | mit ihren farben | nach ordnung | wie die im Landthauss zu Grätz angemahlt zu finden, Graz 1567/ND Graz 1880.*

HANDSCHRIFTENBESCHREIBUNG UND EDITIONSGRUNDSÄTZE

Die im Folgenden edierte Handschrift besteht aus 85 mit Bleistift foliierten Blättern. Zwei verschiedene Hände bei der Bleistiftfoliierung lassen sich dabei unterscheiden. Die Handschrift besteht – mit wenigen Ausnahmen – aus Quaternionen. Die „Gedächtnisbuch"-Einträge der beiden Frauen erfolgten in zwei Blöcken (Esther von Gera Folio 2^r–27^v, Maria Susanna Weiß Folio 27^r–32^v). Ein Nachtrag von Esther von Gera fand sich auf Blatt 82^r. Die Abmessung der Handschrift beträgt 19,7 cm (Höhe) * 16,2 cm (Breite). Auf dem Pergamenteinband (Abmessung 20,1 * 17,5 cm) findet sich noch der auf das landständische Archiv verweisende Vermerk zu kasten C, ladl lit. W, sub N. 6 *und darunter* B IV/ 4 8/18. *Zwei (von ursprünglich vier) Lederbändchen zum Verschließen des Bandes sind noch vorhanden.*

Die Aufzeichnungen der beiden Schreiberinnen werden in Originalschreibung wiedergegeben.[1] *Es erfolgte nahezu keine Normalisierung, mit Ausnahme der Buchstaben i und j, v und u, die jeweils entsprechend dem Lautwert wiedergegeben wurden. Lediglich Orts- und Eigennamen wurden im edierten Text ausnahmslos groß geschrieben. Die Foliierungen sind in eckige Klammer im Text kursiv vermerkt. Zusätzlich haben wir die Jahresdaten am Beginn des jeweiligen Kalenderjahres in die Edition eingefügt.*

Der Kommentar stellte aufgrund der Fülle der Namen ein besonderes Problem dar. Es war aus Gründen der Arbeitsökonomie unmöglich, nähere Archivrecherchen zu den einzelnen angeführten Personen anzustellen. Deshalb mußte auf die zum Teil fehlerhaften, zum Teil schon veralteten Nachschlagewerke (Hoheneck, Siebmacher) zurückgegriffen werden. Besonders die Aufzeichnungen von Johann Adam von Hoheneck, der aufgrund der engen Verflechtung der Familien Gera und Hoheneck erhöhtes Interesse an diesen hier edierten „Gedächtnisbüchern" hatte und dies auch mehrmals in seinem Adelsverzeichnis der Oberösterreichischen Stände

---

[1] Zu Editionsrichtlinien siehe Hans Wilhelm Eckhardt, Gabriele Stüber und Thomas Trumpp (Hrsg.): „Thun kund und zu wissen jedermänniglich". Paläographie – Archivalische Textsorten – Aktenkunde. Köln 1999, S. 26–37.

betont, waren sehr hilfreich. Die bei Hoheneck auftretenden Fehler wurden, sofern wir auf weitere publizierte Literatur rückgreifen konnten, korrigiert. Passagen aus dem Hoheneckschen Werk wurden zur Erleichterung für den Benutzer in längeren Zitaten in die Endnote gestellt, weil Hohenecks Werk nur in einschlägigen Bibliotheken greifbar ist. Zum anderen sind seine Angaben in ihrer Genauigkeit und Ausführlichkeit trotz einiger Fehler bis heute nicht übertroffen. Die Ortsnamen wurden auf Grundlage des Österreichischen Amtskalenders (Jahrgang 1992/1993) identifiziert. Zusätzlich wurden verschiedene Ortsnamensbücher (für die Steiermark und Oberösterreich) herangezogen.

Um die Benutzbarkeit der beiden „Gedächtnisbücher" zu erleichtern, haben wir eine kurze Inhaltsübersicht an den Beginn des Editionsteiles gestellt.

Im Anhang haben wir die in einem Naheverhältnis zum „Geraschen Gedächtnisbuch" stehenden, 1610 in Nürnberg gedruckten Leichenpredigten für Hans Christoph von Gera aus zwei Gründen vollständig wiedergegeben. Zum einen dürfte Esther von Gera am biographischen Teil der Predigten direkt oder indirekt mitgearbeitet haben. Zum anderen erschien uns eine Kürzung um die „erbaulichen" Passagen nicht angebracht, weil sich Esther von Gera in ihrem „Gedächtnisbuch" gerade auf diese formelhaften Textteile bezieht. Die beiden Leichenpredigten weisen im Original keine Seitenzählung auf und wurden, beginnend mit dem Deckblatt, foliiert. Das von uns benutzte Exemplar der Leichenpredigt befindet sich in der Evangelischen Superintendentur Linz und besitzt im Orginal ein Format von 14,5 * 17,5 cm. Auf der Innenseite des Einbandes befindet sich ein Exlibris: Aus der Bücherei D. J. Friedrich Koch, Gmunden, gewidmet für die Ö.[!] Ö. evangelische Diözesanbibliothek. *Übergeschriebene Vokale wurden aus drucktechnischen Gründen als Umlaute aufgelöst. u, v, j und i beließen wir gemäß der Verwendung in der Predigt. Die im Original am Rand gesetzten Zitate und Glossen sind ebenfalls aus drucktechnischen Gründen in Form von Textfußnoten aufgelöst. Interpunktionen, Schrägstriche usw. wurden unverändert aus der gedruckten Quelle übernommen.*

INHALTSÜBERSICHT ZUM „GERASCHEN GEDÄCHTNISBUCH"

GEDÄCHTNISBUCH DER ESTHER VON GERA

Arzneimittelrezepte

1597–1604: Steiermark

Esther von Gera reist gemeinsam mit ihrem Ehemann häufig von Arnfels aus durch die Südsteiermark, um Verwandte und Bekannte zu besuchen, an Hochzeiten, Taufen oder Begräbnissen teilzunehmen oder sich in Heilbädern zu erholen. Auch sie bekommt öfters Gäste. Anläßlich des Todes von Erzherzogin Gregoria Maximiliane fährt sie nach Graz, wo sie einige Monate später die letzten Stunden ihres Vaters erlebt (1597). Als Esther von einer Erkrankung ihrer Schwester Sophia Zriny erfährt, will sie diese besuchen, doch hört sie auf halbem Weg von der Besserung, sodaß sie wieder nach Arnfels zurückkehrt. Dort erlebt sie ein starkes Erdbeben (1602). 1604 stirbt Sophia schließlich nur kurz nach ihrem Mann, woraufhin Esther ihr einen gereimten Nachruf widmet. Noch im selben Jahr zieht die Familie Gera von Arnfels auf ihre oberösterreichischen Besitzungen, die ihr Mann bereits 1598 über mehrere Monate hinweg besichtigt hat. Ihre Gedichte thematisieren in dieser ersten Phase der Aufzeichnungen das „undurchschaubare" Auf und Ab im Leben.

1605–1609: Die ersten Jahre in Oberösterreich

Im oberösterreichischen Freistadt, ihrem neuen Refugium, erhält Esther Besuch von ihrer Landesfürstin, Erzherzogin Maria, sowie anderen Mitgliedern des innerösterreichischen Hofes, da ihr Mann Erzherzogin Anna als Braut König Sigismunds III. nach Polen geleitet (1605). Für diesen Hofdienst erhält die Familie ein Pferd und zwölf vergoldete Obstschalen geschenkt. Während der Abwesenheit ihres Mannes erlebt Esther einen schrecklichen Sturm, der ein Feuer im Rauchfang des Freistädter Schlosses entfacht. Zurückgekehrt aus Polen übernimmt Hans Christoph von

Gera Ämter in der oberösterreichischen Landesverwaltung wie jenes eines Verordneten (1608). In Esthers Aufzeichnungen nehmen nun zeitgeschichtliche Ereignisse eine wichtigere Rolle ein. Nach dem Frieden von Zsitvatorok (1606) verfolgt sie vor allem den „Bruderzwist" zwischen Kaiser Rudolf und Erzherzog Matthias in den Jahren 1608 bis 1610: den Herrschaftsantritt von Matthias in Ungarn, den Ausgleich zwischen Matthias und den österreichischen Ständen und vor allem die Huldigung für den neuen Landesfürsten in Oberösterreich. Anläßlich der Huldigungsfeiern überreicht Esthers gleichnamige Tochter dem neuen Landesfürsten auf dessen Begehren den Preis für den Sieg in einem Ringelrennen. Wie in der Steiermark besucht Esther auch in Oberösterreich zahlreiche aristokratische Hochzeiten, Begräbnisse und – als Patin – Taufen. Im Juli 1609 werden die Besuche dieser Feierlichkeiten durch ein Hochwasser auf der Donau gestört. Die eingestreuten Verse Esthers kommentieren einzelne Todesfälle, sie kreisen um die Macht des Todes und die Mühsal des Lebens.

1609: Tod und Begräbnis des Ehemannes

Am 12. September 1609 stirbt Hans Christoph von Gera nach dreiwöchiger schwerer Krankheit. Der Tote wird zum Geraschen Sitz Eschelberg überführt und dort bestattet. Esther zählt nicht nur das Geleit für die Leiche auf, sondern hebt vier Personen hervor, die ihr und ihren Kindern in dieser schweren Zeit besonders beigestanden sind. Sie verweist auf die beiden Leichenpredigten, die der Landhausprediger Clemens Anomäus in Linz und dann in Eschelberg gehalten hat. Dem Bericht über die Bestattungszeremonien fügt sie ein Klagelied und Gebet an, in dem sie kurz auf ihr Leben zurückblickt. Sie dankt Gott für ihre christlichen und angesehenen Eltern, für ihre gute Erziehung und für den ehrbaren wie tugendhaften Ehegemahl, mit dem sie Freud und Leid ausgestanden hat.

1610/11: Witwenstand

Esther erhält August 1610 die schlechte Nachricht, daß ihr Sohn im Jülich-Klevischen Krieg angeschossen und gefangengenommen wurde. Aus einem Brief des Sohnes erfährt sie, daß er nach vier Wochen für 200 Gulden wieder freigelassen wurde. Im Juni 1611 ist er wieder zu Hause, woraufhin zwei Monate später auch die jüngeren Söhne Hans Christoph und Wilhelm aus Italien zurückkommen. Ebenso wie ihre Nichte Anna von Stubenberg heiratet auch ihre Tochter Esther 1610. Die Eheschließung vollzieht Anomäus, der im folgenden Jahr stirbt. Die Autorin hört von einem abermaligen Vergleich zwischen Rudolf II. und Matthias, der jedoch nicht lange hält (1610). Das kaiserliche „Passauer Kriegsvolk" fällt ins Land ob der Enns ein und richtet auf seinem Marsch nach Böhmen großen Schaden an. Esther sieht den Vertragsbruch auf der Seite des Kaisers, sodaß sie für die Machtübernahme von Matthias in Böhmen Verständnis zeigt. Bereits zur Übergabe der Herrschaft Freistadt durch den Vormund ihrer Kinder an Landeshauptmann und Vizedom im Mai 1611 kann die Witwe nicht mehr persönlich erscheinen, weil sich ihr Gesundheitszustand verschlechtert hat. Im Juni desselben Jahres besucht sie ein Heilbad. Ihre letzten diaristischen Notizen betreffen fast ausschließlich Todesnachrichten. In ihren Gedichten geht es um das Elend von Trauer und Einsamkeit sowie um Sehnsucht nach göttlichem Trost und Erlösung.

GEDÄCHTNISBUCH DER MARIA SUSANNA VON WEISSENBERG

1628/1647–1651: Die Ehe

Maria Susanna stellt ihren Aufzeichnungen eine Notiz über ihre Geburt und Taufe 1628 voran. September 1647 heiratet sie in der Kapelle von Würting Hans Christoph Weiß. Das junge Ehepaar besucht Verwandte und geleitet die Brauteltern zum Abschied bis nach Wels. Ein Jahr später begibt sich Maria Susanna nach Gmunden, wo ihr Sohn Franz Christoph geboren wird. Ihr Mann reist nach Wien und kommt todkrank zurück, ohne sich wieder zu erholen. Nach einem Besuch bei seiner Mutter Anfang 1651 kann er das Krankenlager nicht mehr verlassen. Er beichtet, erhält die letzte Ölung und stirbt. Maria Susanna unterstreicht in ihrem Nachruf sein exemplarisches, von Reue gezeichnetes Sterbeverhalten. Der Leichnam wird in der Gruft von Würting bestattet. Maria Susanna läßt Seelenmessen für ihn lesen und wallfahrtet gemeinsam mit ihrer Mutter nach Passau. Sie zieht schließlich von Wels nach Linz.

1652/53: Witwenstand

Nach einem Besuch bei ihren Eltern in Passau nimmt Maria Susanna an den Faschingsfesten in Linz 1653 teil, an Schlittenfahrten, Tänzen und einer „Bauernhochzeit". Auch den Anfang 1653 verbringt sie in großer Gesellschaft. Sie amüsiert sich beim Besuch eines Bades. Nachdem Siegmund Friedrich von Salburg während eines Duells verletzt wurde, kümmert sie sich um dessen Frau. Der Verwundete stirbt schließlich. Auch ihr Bruder Hans Veit gerät in Streit, sodaß der Landeshauptmann ihn unter Hausarrest stellen läßt. Sowohl der Bruder als auch die Schwester Maria Anna Franziska heiraten im März 1653. Maria Susanna vermerkt weitere Hochzeiten. Die Aufzeichnungen schließen Juni 1653 mit der einzigen zeitgeschichtlichen Notiz der Fortsetzerin über die Krönung Ferdinands IV. zum Römischen König.

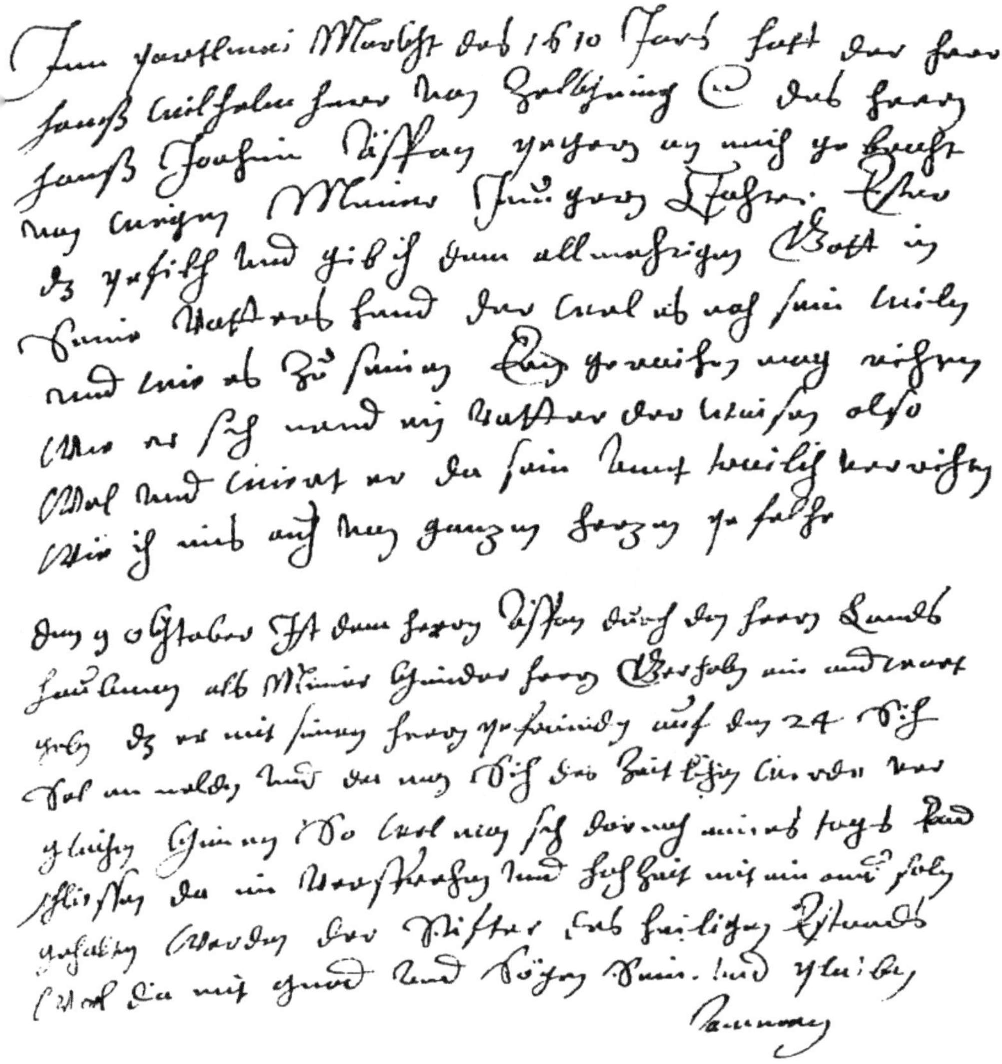

Abbildung 10: Gedächtnisbuch Gera; OÖLA, Landschaftsarchiv Hs. 523, fol. 23ʳ [1610].

NACHTRÄGLICHE ÜBERSCHRIFT DES „GERASCHEN GEDÄCHTNISBUCHES" vor ca. 1700

*[1ʳ]*ª A. B. H. V.ᵇ Frauen Anna Benigna, herrin von Gera, gebohrnen erbmarschalchin und reichsgräfin von Papenhaim[1], annotationes von deroselben ankhonft in dises land aus Steyrmarkh von Arnfels[2] (alwo sie mit ihren gemahel herrn Erasmo[3] herrn von Gera vorhin gewohnet). Item deroselben kinder geburth, verehelichung, absterben und begräbnuss etc. etc. nebs andern wöhrendten zeit ihres lebens sich eraigneten begebenheiten von July 1597 bis 18. Juny anno 1653.ᶜ

„GEDÄCHTNISBUCH" DER ESTHER VON GERA (GESTORBEN 15. NOVEMBER 1611), GEBORENE VON STUBENBERG, ÜBER DEN ZEITRAUM VON 1597 BIS ZUM JULI 1611.

[2ʳ] Ein erznei, wan aines nit schlafen mag

Mach ainᵈ säkhl von diner leimbt, zben finger prait und ains finger lanng, legs auf die schaitl, ist gar gut, wan du eß mitt ein lanttsofenanᵉ[4] fileßt, so machett es schlafentt.

Ein khestliche erzenei fir die frais

Erstlich nemmt ain fiertl wolgemuet waser, zbo oder drei khletenwurzen, ein halbs pfunt rurbsam[5], los daz ain tag oder zben waikhben, prenns darnach aus, so wiert ungeförlich ain saitl waser draus, darein leg ain wenig pibergal; und wan eim menschen die frais so haftig hatt, gib ain grosen mennschen 2ᶠ lefl fol, ain khindt ain lefl oder

---

ª *Archivvermerk:* Bᴵⱽ/₄ ⁸/₁₈
ᵇ *vermutlich Auflösung der Anfangsbuchstaben:* Anna Benigna herrin von
ᶜ *Die ganze Überschrift wurde nachträglich eingefügt und ist inhaltlich unstimmig*
ᵈ *folgt* päckhl, *getilgt*
ᵉ *unsichere Lesart*
ᶠ *korr. aus* 3

weniger, darnoch es ist; hat mich frau lantshaubpmanin aus Khrain[6] glernnt.

Ein erzenei fir die groß hiz

Wan ains so gar grose hiz hat, sol man von ain ziegler ain laim nemmen und den mit aiekhlar abmachen und auf daz herz legen und wans trukhen wiert, sol mans wider abnehmen, ist von freilen Cresenzia[7].

[2ʳ] Ein andre erzenai fir den khopfwe

Nemt ein rosenzelten[8], schprizt[a] den mit rosenesich, legt in iber, ist fast guet.

Ein andres

Nemt ein apfl, prat den wol waich, tuet den in ain pfändl, tuet rosenöll drunter, rirt es auf ein gliedtl pis warm wiert, legts aufs hiern, ist fast guet.

Ein andres

Nemt verner dann nach guetpedunkhen khrume pör und waisen wairah, wolische nuskhern, stos als zu pulfer, soliches pulfer mag man iber jar peholten und wan aim der khopf gar we tuet, so nemt ein lefl volen nachts mit aiekhlar und rosenwaser ab wie ein miesl, streichts auf ain pobier, legts auf; ist von freilen Cresenzia.

Ein andres

Nemt ain hannt fol hauswurzen plätl, ein hannt fol nachtschaiden[9] pleter, stes durchainander, machs mit aiekhlar ab, legs auf paide schlaf und auf die schaitl, ist es ein mann, [3ʳ] so nimt man von dem praun nachtsaiden, ist es aber ein weib, so nem man die weisen.

Ein andres fir den khopfwe

Nemt rokhens prott, legt ain dine schnitl auf die schlaf und schaitl, wans dir wirt, legt wider andere.

Ein andres, wan aines wunt ist und sich daz pluet nit stelen wil

So nim ein tichl, nez in dem pluet, verprenns auf ein wagsliecht und wanns gar verprunnen ist, legs in die wundenn, es ist fast pewärt.

---

[a] *unsichere Lesart*

Für schwinten der gelider

Nim rokhes prott, dasselb khlain gebreselt und nim nein oder funfzehen leiß, es mueß ungleich sein, thu es in das gebreselt prott und mach khügell darauß, etwan so groß als mans auß einem ror scheust, das *[3ᵛ]* soll man dem mentschen eingeben dreymall: erstlichen am Freidag, wen der man neu worden ist, alle zait ein khügell.

[5ʳ] Jullius[a] anno 1597

Den 29. sein mein lieber herr[10] und ich[11] auf Khranichsfelt[12] gefarn.

Den 30. sein wier dort bliben.

Den 31. sein wier zum fruemal gen Fridau[13] zum herrn von Herberstain[14], der ist samt der frawen zum nachtmal mit uns genn Schakothurn[15] gefaren.

Augusto

Den 5. sein wier wider haimkhumen.

Den 8. ist herr Rudolf[16], her Hartman[17] und mein bruder herr Georg von Stubenberg[18] zum nachtmal herkhummen.

Den 14. ist mein lieber herr gen Weitersfelt[19] und 4 tag ausbliben.

Den 23. bin ich mit mein herrn zum nachmal gen Weitersfelt.

Den 24. zum fruemal auf Murekh[20].

Den 26. sein wier wider haimkhumen.

Sebtember

Den 4. bin ich mit mein herrn auf Khranichsfelt.

Den 14. sein wier wider haimkhummen.

Den 20. ist die frum und schen erzherzogin Gorgonia Maximiliana[21] gestorben.

[5ᵛ] Den 26. bin ich mit mein lieben herrn gen Graz[22].

Den 27. hat man die erzherzogin aus der khirchen fir daz eisenen tor[23] blait und auf Sega[24] gefiert.

Den 28. ist des herrn Ruebrecht Rindsmaul[25] hochzeit gbest mit der frau her Cristoffen von Räkhniz[26].

Den 30. sein wier wider haimgefarn.

Okhtober

Den ersten ist mein herzlieber herr vatter[27] daher zu uns khumen.

Den 3. ist mein herr vatter wider auf Gräz gefarn und hat in mein lieber herr hinauf blait.

---

[a] davor J, getilgt

Den 11. sein mier schreiben khumen, daz mein frau schbester, gräfin von Serin[28], gar khrankh sei; bin noch disen tag bis gen Trautenburg[29] gefarn, den 12. gen Khranichsfelt, da hab ich wider schreiben gefunden, daz es wider besser worden.

Den 19. sein wier wider haimkhumen.

Zu end disses monats ist die frau Zökhlin gestorben, ein geborne Beglin[30], die lezt diß geschlechts.

[6ʳ] November

Den 2. bin ich mit mein lieben herrn auf Graz und sein 3 wochen ausgbest.

Den 16. ist herr Georg von Dietrichstain[31] gestorben, dem und uns allen sei Got gnedig.

Dezember

Den sibzehent sein mier schreiben khumen, daz mein her vater khrankh sei[a].

Den 19. bin ich mit mein lieben herrn gen Graz und sein gleich umb siben zu mein lieben herrn vattern[32] khumen, der noch bei gar gueten verstand gbest, biß umb 9 hat in der barm[b] herzig Gott gar lind und stil aus disn betriebten leben zu sich in die ebig freid genummen, der ferleich mier und allen cristen ain soliches seligs end und ain freliche aufersteung. Amen.

Den 21. ist herr Wolff von Scharfenberg[33] auch gestorben umb 12 nachmitag, dem auch Got gnedig sein wole.

[1598]

[6ᵛ] Am 1. Jenuari in 1598 bin ich von meins lieben herrn vater seligen begrebnus wider auf Gräz khumen.

Den 5. hat man den herrn von Scharfnberg[34] auch in die khirchen und von danen firs tor blait, dar er gen Hohenwang[35] gefiert worden.

Den 7. bin ich mit mein liebsten herrn auf Weitersfelt gefarn.

Den 8. sein wier dort bliben.

Den 9. sein wier haimkhumen.

Den 21.[c] ist frau Herofain[36] khumen gen Arnfels.

---

a *folgt* Den 19. diß monats um 9 zum abent
   Den 18., *getilgt*
b *folgt* der, *getilgt*
c *korr. aus* 19

Den 22. ist herr Ofo[37] und herr von H.[38] auch khumen.
Den 23. sein wier mit inen auf Gräz in schliten gfaren.
Den 25. ist des herrn Zbikhl[39] hohzeit gbest mit der von Tanhausen[40].
Den 27. hat man herrn Hansen von Glaisbach[41] gen khirchen tragen.
Den 28. sein wier wieder haimkhumen.

[7r] Den 16. Abril ist mein lieber herr von hinen wekh und ins land ob der Ens zogen.
Den 6. Mei bin ich auf Weitersfelt gefarn, hab dem von Trautmanstorff[42] ain son helfen aus der tauf heben, neben herrn Hanß Fridrich von Herberstain[43] und Herr Sigmund von Eibeswalt[44] anstat meines herrn, haist Georg Christoff[45].
Den 18. bin ich[a] ins Toblbad[46] gefarn.

Junius
Den ersten Juni ist mein herr ins Toblbad khumen aus dem land ob der Ens.
Den 9. sein wier zu dem von Saurau[47].
Den 10. sein wier haimkhumen.

[7v] Den 9. Juli ist herr Georg Bernhart, herr von Herberstain[48], zu Gräz gestorben.
Den 15. hat man in zu Gräz begraben.

Augusto
Den achten haben wier uns aus des Niernberger[49] haus zu der alten frau von Herbstain[50] zogn.
Den 9. ist des Cristoff Davit Ursenbekh[51] hochzeit gbest mit Scholastica Leschin[52].

[1600]
[8r] Den 13. Februari im 1600 jar.
Hatt herr Hannß Davit von Trautmanstorff[53] zu Gräz auf dem landhauß sein hohzeit gehalten mit freilin Felizita von Stadl[54].
Den 23. Abril ist die firstlich hochzeit gwest.
Den 25. hat solen daz ringrenen[55] sein, ist aber des besen weter halben aingestelt auf den 26. Den 27. ist daz khwintana[56] rennen gwest.

---

[a] *folgt* mit, *getilgt*

Den Freitag und Samstag⁵⁷ lustgejaider und am Suntag der fuesturnier. Am Erchtag⁵⁸ ist herzog Mathias⁵⁹ wider wekhzogen.

[8ᵛ] Die zeit find ich also geschaffen,
daz si macht wachen und auch schlaffen,
daz si macht lachen und auch wainen,
daz si macht lassen und auch tainen,
daz si macht lieb und auch daz laid,
und macht si auch vergessen baid,
si macht den khrieg und auch den frid,
wem sie nit hilft, dem schat si nit.

Meinen lieben leiten tue ich daz andeiten,
daz ich mich balt schaide, doch mit laide,
mues verlassen doch nit hassen,
waß mier liebet mich betriebet,
zeit tuet khemen und auch nemen,
waß si richtet auch vernichtet,
khan fil wenden und als enden.

[1602]
[9ʳ] Den 25. November im 1602. jar haben wier zu Arnfels⁶⁰ ain starkhe erdbiden⁶¹ gehobt zu morgens mesᵃ vor 6.

Dems alzeit wol get auff der welt,
hat alzait iberfluß am gelt,
bekhumt als waß er tuet begern,
der sol fil tausend jar alt wern.

[1603]
Im 1603. jar, denᵇ Maii, ist mein lieber herr schwager, graf Georg von Serin⁶², in Gott sellikhlich endschlaffen, zu was dem und uns allen wel der barmherzig Gott ein frelliche aufersteung verleichen. Ammen.

Gott tuet noch wunder alle zait,
im sei lobpreiß in ebikhaitᶜ.

ᵃ *durch Tintenfleck unsichere Lesart*
ᵇ *Eintragung des Datums fehlt*
ᶜ *[9ᵛ] leer*

[1604]

[10ʳ] Denn 6. Märzi im 1604. jar ist mein liebe frau schbester, Sofia Gräfin von Serin[63], in Gott dem herrn verschiden, ist also nit gar ein jar in iren traurigem witibstand gewest und weil man grosser unglegenhait halben iern lieben herrn selligen noch nit bestät, sunder in ainer khobeln behalten, so hat man auch dise ier leich zu der vorigen gesezt und werden also auf ainmal zur erden bestatiget werden. Der allmechtig Gott wel sie und uns alle mit freiden zum ebigen leben wider auferwekhen. Amen. Amen.

Jezt ist abgschaiden durch den tott,
die geben hat fil weisen ratt,
den sie gehabt hohen verstand,
darzue ein schen khunstreiche hand,
die mich geliebt wie ier selbst leben,
und waß khan ich darfir ier geben,
allain sag ich in traurens nott,
sei ier genedig der ebig Gott.

[10ᵛ] Daz macht ain frelichs herz betriebt,
wan man verliert waß man ser liebt,
daz macht mein leben ganz verkhert,
waß man hiezund legt in die ert,
daz macht mein herz und augen wain,
waß man bedekht mit einem stain,
weil ichs auch nit mer sehen mag,
biß auf den lieben jüngesten tag.

Khurz und ganz fliegend war die zait,
darin ich lebt in frellikhait,
hiezund ich mier nit mer begert,
dan daz mein zeit abkhirzet werd.

Im[a] trauren leben lange zeit,
macht vor der zeit eisgrabe leit,
wan ich bedenkh mein ganzes leben,
mein freid und auch daz laid darneben,
so wolt ichs als umbs sterben geben.

---

[a] Im ... geben *am linken Rand, quer zum übrigen Text*

[11ʳ] In den pfingstfeiertagn des 1604. jars sein mein lieber herr samt allen den unsern von Arnfels wekhzogen und hernach gar ins Land Ob der Ens. Gott, der almecht, geb durch sain gnad und grosse parmherzikheit uns sein reichen segen. Ammen.

[1605]

Den 7. November des 1605. jars ist ier furstliche durchlaucht, die alt erzherzogin[64], von Gräz samt der khinigkhlichen polnischen praut[65], auch erzherzog Max[66] und erzherzogin Maria[67] alher in die Freistatt[68] khumen. Den 8. sein ier durchlaucht wider wekh nach Poln und mein lieber herr auch mit, Got geb im wider freliche haimkhunft.

[11ᵛ] Den lözten Novemer des 1605. jars ist alhie in der Freistatt ein erschrekhlicher grosser windt gewest, der 24 stund aneinander gewert und zu bend^a umb 5 ur ist ein raufankh im gschloß prenend worden und mit so grosser gefar dran nit wörn war[69]. Gott aber, der allmechtig und ser barmherzig, hat sich unser erbarmt und durch seine macht und grosse wunder geholffen, also daz auch nit der geringest schaden geschahen; dem sei lob, preiß, er und dankh inn ebikhait. Ammen.

[1606]

[12ʳ] Den lezten tag Jenuar im 1606 ist mein lieber herr aus Boln glikhlich und gesund haim in die Freistatt khomen, dem getraien Gott sei lob, er und dankh gesagt. Der khinig von Boln[70] hat im geschenkht ain schens roß und 12 vergülte obstscholen.

Den 5. Februari hat herr Carl Gerger[71] sein hochzait gehabt zu Linz mit freile Anna Hofmanin[72].

Den 10. dits ist der jungherr von Zelkhing, genand Hainrich Wilhelm[73], gestorben, ein schener jingling pei 20 jaren. Gott verleich im und uns alen ein freliche aufersteung. Amen.

Da hat der tott erzeigt sein macht,
daz er khain schen noch jugend acht,
khain hohen adl noch gewalt,
helt gleiches recht bei jung und alt.

---

^{a} *sic!*

[12ᵛ] In disem 1606. jar im Februari ist des herrn Hanß Gergen von Tscherneml[74] gemahl frau Anna Maria[75], geborne grafin von Turn, gestorben und den 16. Marzi zu Schwertberg[76] begraben worden. Der almechtig Gott verleich ier und uns allen ein freliche aufersteung. Ammen.

Zu end des 1606. jars ist der frid mit den ungern und tirkhen geschlossen worn[77]. Gott der almechtig geb, daz er trailich geholten und zu der er Gottes geraiche.

In dem 1606. ist dem herrn von Zolking[78] wider ain sun gestorben in Frankhreich zu Paris. Gott verleich im und uns allen ain frelliche aufersteung. Ammen.

[13ʳ] Im Dezember des 1606. jars ist zu Steier[79] cin boden, darauf traid gelegen, einganngen[80], im herundern zimer ist herr[a] von Stainach[81] samt der frauen glegen und als si gehert daz traid an eim ort herabraisen, hat si den herrn aufgbekht, der alsbalt samt ier aufgestanden und zu der tir ausgangen. Die frau aber umb etlich schrit hernach; und da sie gleich zu der tir aus wolen gan, felt der boden herab, hat sie an der statt erschlagen. Gott sei ier gnedig, der wel alle menschen vor gähen end behieten. Ammen.

Dise frau ist gewest vom geschlecht,
ein frauen von Räkhniz[82].

Im sumer des 1606. jars ist herr Georg Cristoff Teifl[83], oberster, von seinen vötern, herrn Georg Teifl[84], erstochen worden. Gott sei im gnedig, der wel alle cristen vor sollicher tatt und unglikh behieten. Amen.

Er hat gleich den pracht umb sein löben,
der im sein erste wör hatt geben,
der gleich als wie sein vatter war,
den legt er auf die tottenpar.

---

[a] *im Original fehlt der Vorname, der offensichtlich nachgetragen werden sollte*

[1608]

[14ʳ] 1608. jars, den 1. Marzi, ist mein lieber herr verornder[a] worden, Gott verleich im gnad und sögen.

Den 29. Abbril ist die alt firstin[85] zu Gräz gestorben, Gott sei ier und uns allen gnedig.

In diesem jar ungefarlich umb den lozten April ist der erzherzog Mathiaß[b][86] mit sein folkh durch Märhern in Peham khumen, zu end des Juni ist die vergleichung zwischen dem khaiser und erzherzogen geschehen, drauf der khaiser[87] die ungarisch khron ier fürstlichen durchlaucht in daz lager geschikht samt allen aufgerichten vertrag und waß darzue gehert, Gott geb sein gnad und segen weiter.

Den[c] 13. Juni ist die frau von Zinzendorff[88] zu Linz glikhlich niderkhumen, iber 3 tag hernach hatt man daz khind tauft im landhaus und gnend Carl[89], sein mein lieber herr und ich auch gefatern worden.

Den 13. Julli hatt herr Hainrich von Polaim[90] sein hochzeit gehabt mit fraun Maria Welzerin, geborne Khevenhilerin[91], zu Parz[92].

Am 1. Suntag hat man des herrn Gundakher von Polhaim[93] son tauft und gnend Mathiaß[94].

Den Samstag[95] vor disem ist herrn Georg Ruebrecht von Polhaim[96] gestorben.

Den 20. Julli haben wier zu Eferding[97] dem herrn von Starhnberg[98] ein son aus der tauf gehoben, haist Hanß Reichart[99], Gott geb im sein segen.

Mit[d] den augen gewind man die vergangen glikhseligkhait
und mit dem herzen die gegenwerdig mieselikhait.

[1609]

[14ᵛ] Den 7. Mai sain mein lieber herr und ich zu Ascha[100] gbest, haben dem herrn Carl Jerger[101] ein tochter aus der tauff gehobt, die haist Ester Elisabet[102], die ist gestorben, nit ein halb jar alt worden.

Den 15. Mai[103] ist der ungerisch khinig[104] auf Linz khumen, am Mitwoch[105] hernach haben im die stännd ain ringrenen gehalten und auf den abend ain tanz.

---

[a] *sic!*
[b] Mathiaß *auf fol. 13ᵛ nachgetragen*
[c] [13v] Den ... worden auf fol. 13v nachgetragen
[d] *[13ᵛ]* Mit ... mieselikhait *quer zum übrigen Text*

Am Pfinztag[106] hat im daz land gehuldigt[107], Gott geb darzue sein segen, daz ers mit glikh und friden lannge jar wol regier und der name Gottes gebraist werde. Ammen.

Am Suntag[108] hatt man wider ain ring- und quintannarennen gehalten und auf die nacht ain tanz, ist aber der khinig von so langen rennen mied gbest und zum tanz nit khumen.

Am Erchtag[109] ist der khinig gar frue auf den waser wekh und nach Wien[110] gefarn.

Pai dem ersten rennen hatt man dem khinig ain dankh geben und da er durch die herrn richter gefragt, von wem ern empfangen wol, hatt er mein tochter Ester[111] dazue begert, die im den auch geben hatt.

Den[a] 16. Mai sain meine zben eltesten sön[112] aus Wallischland auf Linz khumen, Gott sei lob.

[15ʳ] Den 5. Juli dises 1609. jars hatt herr Carl von Scherfenberg[113] sein hochzait gehabt zu Riedekh[114] mit der freilin Polixena von Rogendorf[115] und ist ain so grose wassergiß in den selben tagen gbest[116], daz die prukhen zu Linz prochen, die Tunna[117] pai ale zwai toren zu Linz in die statt gerunnen, daz unser fil herrn und frauen, so auf Linz khum*[en]*, nit iber daz woser khind.

Den 9. diß monnats ist main lieber herr und ich samt unsern zben eltesten sönnen und techtern auf ansprechen des herrn von Wolkherstorff[118] und Zinzendorff[119] zu der pestattung ierer frau schbigerfrauen Anna Maria frau von Lichtenstain[120], ein geborene grafin von Ortenburg der eltern grafen, von Linz wekh, sein mit herrn und der frau von Wolkherstorf[121], auch herrn Hanß Ulrich von Starhenberg[122] und frauen Wolff Sigmundin von Losenstain[123] auf daz wasser gesesen und mit groser mie den andern tag auf Ascha khumen, da wier herrn Hanß Schifer[124] gefunden samt der frauen[125]. Weil aber daz wasser noch ser groß, haben wier uns aus ratt der schiflait aufs land pegeben miessen, ist auch herr Carl Jerger[126] und herr Schifer[127] mit uns zogen und sein den 11. gar spatt gen Ortenburg[128] khummen.

Den 12. hatt man die laich in die khirchen in markht glegt.

Den 13. sein wier auch dort pliben und den 14. wider am wasser auf Ascha gefarn[b].

---

[a] Den 16. ... sei lob *am linken Rand quer nachgefügt*
[b] *[15ᵛ] leer*

[16ʳ]
In dem 1609. jar

Ungefarlich im Jenoari[a] ist herr Fridrich von Scherfenberg[129] gestorben, den driten Februari hatt man in zu Ens[130] ausplait und pegraben.

Den 15. Marzi hat man die zeitung auf Linz pracht, daz der khainig sich mit den österreichischen landen verglichen hatt, die zufor in grosen zbitracht gestanden sein.

Den 20. Marzi ist die frau herr Carlin von Scherfenberg[131], geborne von Taneberg, zu Ennß sellikhlich verschiden, Gott der almechtig verleich ier und uns allen ain freliche aufersteung. Ammen.

Den 13. Abril hatt man si zu Ens ausplait und pestätt[b].

[17ʳ] Den 5. Julli hatt herr Carl von Scherfenberg[132] wider hochzait gehabt zu Riedekh mit freilin Pollixena von Rogendorf[133]. Sein fil herren und frauen am Samstag auf Linz khumen, die am Suntag hinaus haben farn weln, so ist durch ein storkhen regen die Tunna angloffen, daz 2 joch an der pruggen abgebrochen und man weder roß noch wagen auf schifn hat khinen iberfiren. Derwegen sein wier, so zu Linz gbest, nit auf die hochzeit khumen.

Den 9. sein mein liebster herr und ich, auch unsere eltesten zben sön und 2 dechter, mit andern herrn und frauen von Linz am wasser[c] gefarn und haben auf Ortenburg wolen zu der pestattung der frauen von Liechtenstain[134], so ein geborne gräfin von Ortenburg, so ist daz wasser noch so groß gbest, daz wier nit weiter dan auf Ascha[135] haben farn khinen. Dort sein wier auf wägen gesassen und am land fort gefarn. Sein den 11. zum abend auf Ortenburg khumen und den 12. ist die pegrebnus gehalten worden. Den 13. sein wier dort pliben und den 14. wider am wasser auf Ascha khommen[d].

[18ʳ] Den 26. Augusto hatt man den herrn Weikhart, herrn von Polhaim[136], zu Puecham[137] pestätt, wellicher den 25. Mai zu Linz in Gott sallig endschloffen, der wel im und uns allen ain freliche aufersteung verleichen. Amen.

Den 12. Sebtember dises 1609. jars ist mein allerliebster herr[138] zu Linz in Cristo dem herrn sellig endschloffen, noch dem er in die drit

---

[a] *sic!*
[b] *[16ᵛ] leer*
[c] *folgt* wekh, *getilgt*
[d] *[17ᵛ] leer*

Abbildung 11: Ottensheim (OÖ.) – Matthäus MERIAN *[und Martin* ZEILLER*], Topographia provinciarum Austriacaru[m] Austriae Styriae, Carinthiae, Carniolae, Tyrolis etc: [...], Frankfurt/M. 1649.*

nsheim.

Thonav fl:

wochen khrankh glegen, der parmherzig Gott wol im und uns allen ain freliche aufersteung verleichen zu der ebigen freid und selikhait. Amen.

Den 20. October hatt man mein allerliebsten herrn zu Linz aus dem landhauß nach geholtner schener laichpredig[139], *[18ᵛ]* so herr Clamand[140] getann, zum wasser hinausplait und in ain schif gesezt, da ich dan auch in ain anders schif gangen und mit mier herr Clamand, auch herr Rudolff von Stubenberg[141] und meine eltesten zben sön, frau herr Reichartin[142] von Starhenberg, herr Wolfin[143] und herr Gotfridin von Polhaim[144]. Sein also am wasser mit der laich meines herzliebsten herrn piß gen Otensam[145] geforn, von dort auf die wägen gesessen und gar auf Öschlberg[146] gefarn. Mein herz- und allerliebste laich sein dise nacht zu Otensam pliben und erst den andern tag frue, als etliche herrn als herr Raichart, herr von Starhenberg[147], herr von Zelking[148], herr von Wolkherstorff[149], herr Wolff von Saurau[150], herr Gottfrid von Polhaim[151], herr Gotthart von Scherfenberg[152] und zben junge herrn von Saurau[153] von Linz hinaufkhumen, auch daher auf Öschlberg plait worden und von dem aussern tor mit gesang piß in die khirchen getragen, da dan wider von dem herrn Clamand ain schene laichpredig[154] getan, und darnach hatt man mein aller*[19ʳ]*liebsten herrn in sein schlaffkhamer gesezt; und von der stund an peger ich nichz in der welt so hoch, als auch mit ainem seligen sterben dahin gesezt zu werden.

In disen meinen traurigen tagen hab ich erfarn wie Gott in den schwachen mechtig ist, da hab ich glernd mit Davit[155] sagen: „Wan dain wort nit mein trost wer, so wer ich in meinem elend verganngen."

Wenig zeit nach meines allerliebsten herrn selligen abschid ist auch sein und mein groß und hoher fraind herr Offo freiher zu Taifenbach[156] gestorben, Got wol in frelich aufwekhen und sein petribte gmahl tresten mit sein heiligen gaist. Da hab ich auch erfarn, waß es fir ein grose gab Gottes ist, in der nott guete und gerechte fraind zu haben, die mier dan Gott gwislich zuegeschikht, desen ich auch ob Gott wil die tag meines lebens nit vergessen wil; under andern getraien cristen und meinen frainden haben sich wie meine vätter unnd mieter gegen mier, auch meinen allerliebsten herrn und khindern erzaigt: *[19ᵛ]* der herr von Wolkherstorff[157] und sein gmahl, herr Erasam von Starhmberg[158] und sein gmahl[159], weliches ich in allen mein leben nit gnueg riemen fil weniger gnueg dankhen oder verdienen khan.

Ich bite aber Gott aus grund meines petriebten herzen, er wol es inen und iern khindskhindern reichlich vergelten und an innen erzaigen wie Sirach[160] am 4. sted: „Halte dich gegen den waisen wie ein vatter und gegen ierer mueter wie ain haußherr, so wierstu sain wie ain son des allerhechsten und er wiert dich lieber haben dan dich dein mueter hatt", also wölle sie Gott segnen, lieben und eren. Amen.

[20ʳ] Zu der ersten meines allerliebsten herrn laichpredig ist der tegst genumen aus dem puch der khünige am 22. cabitl[161] dise wort: „Aber dem khinig Juda der aich gesand hatt, den herren zu fragen, solt ier so sagen: So spricht der herr der Gott Israhel darum daz dein herz erwaicht ist iber den worten, die du gehert hast und hast dich gedemietiget vor dem herren, da du hörest, waß ich gered hab wider die stöte und iere inwoner, daz si soln ein verwiestung und fluech sein und hast deine khlaider zerrisen und hast gewaind fir mier, so hab ichs auch erhert, spricht der herr; darum wil ich dich zu deinen vättern samlen, daz du mit friden in deim grab versamlet werdest und deine augen nit sehen alle daz unglikh, daz ich iber dise stöt pringen wil und si sagten es dem khinig wider."

Zu der andren leichpredig, so zu Öschlberg gehalten, ist der tegst gnumen aus dem 1. puech Samuel am 25. cabitl[162]: „Und Samuel starb und daz ganze Israhel versamlet sich und trueg laid umb in und pegrueben im in sein hauß zu Rama."

[20ᵛ] Waß ich auf erd am liebsten hab,
daz ligt nun laider in dem grab,
Mein lieb wiert darum nit aufhern,
sunder piß an mein end gewern.

In herzenlaid schmerzlicher khlag,
da sicht man erst, waß Got vermag,
menschlicher trost ist anne khraft,
daz wort Gottes fil nuzen schaft.

Und ob mich mein Gott durch dises sterben meines allerliebsten herrn seligen ins elend und gar in die aschen der traurikhait gelegt hat, so mues und wil ich in denoch loben: Erstlich darumb, daz er mich von cristlichen und ansehnlichen eltern hat lassen geboren werden, die mich auch auf zucht und er auch alles guets erzogen, also mues und sol ich im dankhen, daz er mich nach seinem wilen und mit ratt meiner frumen eltern ainen so cristlichen erliebenden und fil tugendsamen gmahl geben, mit dem ich 25 jar fridlich und fraindlich in unser paider zufridenhait glöbt und gehaust. Ob auch wol daz haußcraiz pai uns wie allen cristen nit außpliben, so hat es der getrai Gott also alle zeit gemacht, daz wier in fir seine hilff und peistand gedankht. Daz er mier aber hiezt mein traiesten peistand gar wekh genumen, ist ein hartes, aber sein namen sei gelobt.

[21ᵛ] Daz[a] er miern so lang gelassen und unser ehe mit lieben khindern gesegned, die auch fast alle erwaxen sein, in seinem leben und deren kheins petriebt hatt, wie er den die 4 gresten wenig stund vor seinem salligen einschlaffen mit frelichem gesicht angesehn und Gott drumen gedankht, auch sol und mues ich Gott noch dankhen fir daz schen cristlich und sellig sterben, daz er mein allerliebsten herrn verlihen. Ob es mich wol fil zu frue gedunkht fir mich und meine khinder, so wais doch Gott die recht und pöst zeit, der wiert mier auch helfen, daz noch ibrig mein leben also zuezupringen, daz sein heilliger nammen durch mich gepreist werd, obwol mit wainenden augen, doch mit ein frelichen und des tots verlangenden herzen.

[1610]

[21ʳ] Im 1610. jar den 5. Abril ist herr Hanß Ernreich Jerger[163], seines alters im 24. jar, zu Linz selig gestorben, ein schener, feiner, wolzogner herr, Gott der almechtig verlaihe im unnd uns allen ein freliche aufersteung. Ammen.

Den lözten Abril ist mein brueder[164] mit seiner gmahl[165] und tochter[166] auf Linz khumen.

Den 2. Mei ist des herrn Gerg Cristoff von Losenstain[167] hochzait gbest mit freilein Anna von Stubenberg[168], meines brueder tochter, Gott geb innen ein glikhseligen ehstand, zeitlich und ebige wolfart. Ammen.

Den 6. Mai hatt man obgedachten jungen herrn Jerger[169] zu Linz nach geholter laichpredig zum wasser plait und auf Toled[170] gefiert, die malzeit ins herr Carl Jerger[171] hauß gehalten.

[22ʳ] Den 1. Juli in disem 1610. jahr umb 12 mitagag[b] ist die frau herr Achazin von Losenstain[172], geborne von Perkhaim, in Gott sellig verschiden, deren und uns allen wol der allmechtig ein frelich aufersteung verleichen. Amen.

---

[a] Daz... herzen *auf Seite [21ᵛ] nachgetragen*
[b] *sic!*

Ist den 10. Aufusto[a] zu Losenstainleiten[173] gehöbt[b], da ier schloßprediger[174] ain vermanung getan und ist gefiert worden auf Stair, da ier herr Clamand[175], prediger von Linz, ain leichpredig[176] getan. Und von dort aus hat mans altem gebrauch nach auf Stair Gästen[177] gefiert und bestätt und bin ich auch mit gbest.

Auf disem tag hab ich von mein lieben son Wolffen[178], der im Gilhischen khrieg[179], pese zaitung gehert, daz er durch ain schuß hart geschedigt und darzue gefangen sei. Pin auch in solicher angst pei 3 wochen gebliben, das ich nit gwist, ob er lebendig oder tott sei, aber darnach hat mier Gott ain prief von im zuegeschikht, darauß ich verstanden, daz er in verwund und gefanngen gwest, aber nach 4 wochen wider hail und ledig worden umb 200 fl., und sein roß und ristung hat in mit der khost, so er drinnen gehabt, und palmierer dan in allen pai 600 fl. khost, aber Gott sei lob, daz er lebt, der wol in zu sein ern erhalten.

[22ᵛ] Den 4. Julli dises 1610. jars ist herr Carl herr von Sarfenberg[180] in Gott sellig verschiden, der allmechtig wol in und uns alle zum ebigen lebn auferwekhen. Ist zu der erden pestätt worden den 12. Augusto dises jars. Ich hab im auch disen sein lözten dienst glaist.

Disen summer gegen den herbst ist der Curfirst von Haidlberg[181] gestorben.

Umb dise zeit ist auch herr Wilhelm von Windischgraz[182] gestorben.

Umb dises zeit ist auch herr Wolff Dietrich von Greiß[183] gestorben.

Im Okhtober ist die zeitung khomen, daz der khaiser und khinig von Ungern verglichen worden, Got geb, daz es lang gber und nit so palt ein end hab, wie vor 2 oder 3 jaren geschehen.

[23ʳ] Im Partlmeimarkht[184] des 1610. jars hatt der herr Hanß Wilhelm herr von Zelkhing[185] von des herrn Hanß Joachim Äspan[186] pegern an mich gebracht von wegen meiner jungern tochter Ester[187], daz pefilh und gib ich dem allmechtigen Gott in seine vatters hend, der wol es nach sein wilen und wie es zu seinen ern geraichen mag richten, wie er sich nend ein vatter der waisen, also wol und wiert er da sein amt trailich verrichten, wie ich ims auch von ganzen herzen pefelhe.

Den 9. Okhtober ist dem heren Äspan durch den herrn landshaubman[188] als meiner khinder herrn gerhaben ain andwort geben, daz er

---

[a] *sic!*
[b] *sic!*

mit seinen herrn pefreinden auf den 24. sich sol anmelden und da man sich des zeitlichen werde vergleichen khinnen, so wol man sich darnach aines tags endschliessen, da ein versprechen und hochzait mitainander soln gehalten werden, der stifter des heiligen estands wol da mit gnad und sögen sein und pleiben. Ammen.

[23ᵛ] Den 1. suntag im Atvend[189] dises jars hat main liebe tochter Ester[190] mit herrn Hanß Joachim Aspam hochzeit gehabt zu Linz. Der almechtig Gott wol sie zu seinen ern regiren und erhalten, daz si disen statum cristlich und fridlich pesizen piß zu end ieres leben. Herr Clamend[191] hat si zusamen geben und am Montag[192] ain schene hochzeitpredig getann.

Den andern suntag im Atvend[193] hat herr Rudolff von Stubenberg[194] sein hochzcit auch da zu Linz gehabt, mit freilen Justina von Zelking.[195] Gott geb inen auch segen und glikh zeitlich und ebig. Amen.

[24ʳ] Den 24. Sebtember dises 1610. jar wiert mier geschriben, daz die vergleichung zwischen dem khaiser[196] und khinig von Ungarn[197] gwislich geschlosen und gefertigt worden. Gott der almechtig geb darzue sein gnad, daz es zu seines namens er und der khirchen Gottes zu aufpauung pestandig erhalten werd. Ammen.

Hat laider khurze zait gwerd, den die wochen vor dem heiligen weinachtag dises jars ist daz khaiserisch folkh[198] durch den Rame[199] in dises land gefiert pei 9000 man, hab darinen grosen schaden getan und fil lait arm gmacht; sein darnach in Peham zogen und gar auf Prag[200], da sich der khaiser erst hat vernemen lasen, daz es sein folkh ist und ist der khinig Mathieas dardurch auch aufgepracht, daz er sein pestelten feltmarschalkh Hanß Sigmund von Herbnstain[201] mit 8000 man den Pehamen auf ier pegern zuegeschikht[202]; und ist auch der khinig hinach gezogen in gueter hoffnung die Pehamisch khron zu pekhumen, weliche der falsch khaiser dann erzherzog Laibolt[203], pischoff zu Pasau[204], zu geben haimlich und zu wider seinen vorigen vergleich versprochen hat.

[24ᵛ] Der grausam tott mit seiner macht,
hat mich numer dahin gebracht,
daz ich meines lebens nit mer acht.

Wer wissen wil groß herzenlaid,
wie sich ein herz in trauren waid,
der frag mich darum, ich wais peschaid.

[1611]

[25ʳ] Den lezten Merzi dises 1611. jars ist der herr Clamand[205], der loblichen landschaft derzeit eltester prediger im landhauß, sellig gestorben, hatt hinnder im verlassen ein cristlichen errlichen namen und wiert von manikhlich, die seines glaubens, hoch pekhlagt, aber daz ist der wilen Gottes, dem man nit widerstreben khan, der verleich im und uns alen ein freliche auferstewng am jungisten tag, der wol auch aus gnaden wider ein sollichen eiferigen und reinen evangelischen prediger an sein statt stölen, zu lob und ern seines heiligen namen. Amen.

Den 3. ostertag[206] ist er zur erden pestatigt worden.

Umb dise zeit ist auch die frau herr Rubrechtin von Herberstain[207], geborne von Lamberg, gestorben.

Freilen Benina von Polhaim[208] gestorben.

Frau herr Franzin von Saurau[209], geborne von Rabach, gestorben.

Frau von Khindsperg, geborne von Saurau[210], gestorben.

Herr Christoff von Stadl[211] gestorben.

Valendin Hochenegger[212] gestorben.

[25ᵛ] Den 2. Mai ist die herschaft Freistadt durch herrn von Zelking[213] als meiner lieben khinder gerhaben den herrn comesarien, als herrn landshaubman[214] und herrn fiztum[215], ibergeben, ich aber hab nit darzue khumen khinen, weil ich gar ibl auf gbest.

Ferdinand von Galonitsch[216], oberster, gestorben.

Im Mai ist die frau von Tscherneml[217], geborne Breinerin, gestorben und den 21. Juni zur erden pestätt worden.

Im Juni ist auch herr Wolff von Hoffkherch[218] zu Prag gestorben in groser ungnad des khinig, also daz man fir gbiß helt, er sich zu tott khumert, Got wol in und uns alle zum ewigen friden auferwekhen. Amen.

Den 27. Juniᵃ pin ich aus dem pad von Walse[219] khrankher haimkhumen, alda ich mit Gotes hilff meiner erlosung von allm ibl erwarten wil, Gott helff miers selig iberwinden.

[26ʳ] Den 7. Juni diß jars ist mein lieber sonn Wolff[220] aus dem khrieg glikhlich haimkhumen, Gott sei lob, der wel in weiter regieren und erhalten.

ᵃ Juni *über der Zeile nachgetragen*

> Wan Gottes wort mein trost nit wör,
> so wurd mein ellend mier zu schbär,
> Gelobet sei Gott ebikhlich,
> der mich regiert ganz wunderlich.

Den ersten Augusto in disem 1611. jar sein meine jungern sön, Hannß Cristoff[221] und Wilhelm[222], aus Wallischland haimkhumen, Gott dem allmechtigen sei lob, er und dankh, der wel sie ferner zu seinen Götlichen ern regieren und erhalten. Ammen.

> Des herrn namen sei gebreist,
> der an mier grose trai peweist,
> und mich mit trost imb elend speist.

[26ᵛ] Des herrn hand, die ist so schwer,
daz man oft denkht, ich khan nit mer
peten, zu groß ist dise nott,
wenns also get, hilff du o Gott.

Den 2. Julli in disem 1611. jar ist die frau von Schärfenberg[223], des herrn Friderich von Scherfenberg[224] hinderlasne wittib, geborne von Freiburg, gestorben. Gott der allmechtig geb ier und uns allen ain freliche aufersteung am jüngsten tag.

> Nach Gottes wilen und gebott,
> khumt iber uns der grimig tott,
> und macht ein end all unser nott.

[27ʳ] O tott, wie piter pistu dem,
so sein leben noch angenem,
der frelich ist, hat[a] waß er liebt,
khain unglikh ist, daz in petriebt,
der sicht den tott mit schmerzen an,
daz er in nit endwaichen khan.

---

[a] hat *über der Zeile nachgetragen*

Dargegen die so hoch petriebt,
wan Got wekh nimt, was sie gliebt,
ja waß auf erden war ier freid,
daz macht elend traurige leit,
und weil si hie auf diser erden,
nit mer khinen erfreiet werden,
so seifzen sie in ierer nott,
ach mein lieber getraier Gott,
verlaich du mier ein seligen tott

Wer petriebt ist, der pott[a]

[27ᵛ] Im Julli dises 1611. jars ist herr Maxmilian von Schratenbach[225] gestorben zu Gräz, welicher fil lange jar an hoff pei herrzog Carl[226] gedient, ist auch geheimer ratt und der firstin[227] hoffmaister gbest, ein frumer man, Gott verlaich im und uns allen die ebig freid und sallikhait. Ammen.

In disem monnat Julli ist auch der graff Mört von Turn[228] gestorben, Gott verlaich ime und uns allen ain freliche aufersteung. Ammen.

[82ʳ][b] Ein schmerz lied

Al hofnung hatt nu ein ennt, also hat sich mein glikh gewent, mein freid, die ist nu aus, fir war die ich khobt hab nu etliche jar.

Ach Got, wie wol war mier genaigt mein glikh, daz sich hiezundt erzaigt zu sein mein alergrester feint, for khurzer zeit het ich es nit gemaint.

Mues taglich sterben und doch leben, was mier daz fir ein freid tuet geben, los ich ain ieden richter sein, der versuecht hat soliche pain.

Je doch ob ich schon leid den tott, pit devost auch mein lieben Got, daz ich dir noch ain[c] l[ied] mecht sagen, worin mier freid und lait tuet geschachen.

Da dises liedlein war gemacht, hat nun auch den anschain dem gedacht, daz sich nu iezunt nahent der her und nimt mier wekh, was ich liebe so ser.

---

[a] *ohne Fortsetzung*
[b] *Am Ende des gebundenen Buches findet sich noch dieser Eintrag*
[c] *folgt* mal, *getilgt*

SACHKOMMENTAR

[1] Anna Benigna von Gera († 1678), geborene Pappenheim, siehe den zweiten Teil des Tagebuches, Anm. 2.

[2] Schloß, MG Arnfels, GB Leibnitz. Wilhelm von Gera, einer der Führer des protestantischen Adels und Förderer humanistischer Bildung in der Steiermark, wird 1563 als Bauherr des Schlosses genannt. 1558 gehörten zur Herrschaft 198 Untertanen. Der Wert des Besitzes wuchs von 318 Pfund im Jahr 1596 auf 696 Pfund in der 2. Hälfte des 17. Jahrhunderts. 1596 wird die Burg auch als Kreidfeuerstation genannt, EBNER (1967) 14–15, BARAVALLE (1995) 310–312.

[3] Erasmus 11. von Gera (1588–14. September 1657), siehe den zweiten Teil des Tagebuches, Anm. 10.

[4] vermutlich „Landsafran" (crocus), vgl. KHULL (1903) 425.

[5] verm. Rübensamen: Same von Rüben, der als heilkräftig galt, siehe GRIMM 8 (1991) Sp. 1340.

[6] Susanna von Lenkovitsch (geborene Zriny), die Nichte der Autorin Esther von Gera und seit 1597 Gattin des 52. Landeshauptmannes von Krain, des Freiherrn Georg Lenkovitsch († 1602), Landeshauptmann von 1593–1602, VALVASOR 3. Bd., 9. Buch (1689) 66–67, BOJNICIC (1899) 102, WITTING (1918) 646. Siehe ZEDLER 17 (1738) Sp. 92: „Susanna, Graf Georgens von Serini [Zriny, AdV.] und Sophiae, geborner von Stubenberg Tochter"

[7] Kresenzia von Stubenberg (12. Mai 1574–1607), vermählt 1590 mit Franz Christoph Khevenhüller von Aichelberg, Freiherrn auf Landskron, Wernberg, Hohen-Osterwitz und Karlsberg, WITTING (1918) 276.

[8] Rosenzelten: ein mit Rosenhonig angemachtes Zuckergebäck, vgl. GRIMM 8 (1991) Sp. 1228.

[9] verm. Nachtschatten, -schaden (solanum), vgl. GRIMM 7 (1991) Sp. 214.

[10] Hans Christoph von Gera (20. Jänner 1560–12. September 1609), Truchseß Erzherzog Karls II., Kämmerer von Erzherzog Maximilian Ernst. Hans Christoph von Gera lebte bis 1604 in der Steiermark, übersiedelte dann (vermutlich aus religiösen Gründen) von Arnfels nach Eschelberg. Er wurde am 12. April 1606 in den alten Herrenstand von Österreich ob der Enns aufgenommen, 1608 Verordneter des Obderennsischen Herrenstandes, erster Besitzer der Herrschaft Eschelberg im Mühlviertel, Herr zu Arnfels und Ober-Wildon in der Steiermark, Pfandinhaber von Waxenberg und Freistadt, starb in Folge eines Schlaganfalles am 12. September 1609, verehelicht 1583 mit Esther von Stubenberg, begraben in der Schloßkirche von Eschelberg, WITTING (1918) 276, STARKENFELS (1904) 61, KIRNBAUER (1909) 121, MATSCHINEGG (1999) 373; Bestätigung des Freiherrenstandes mit „Edl" von 1589, siehe FRANK II (1970) 82. Siehe die Beschreibung bei HOHENECK (1727) 145–146: „Herr Hans Christoph von Gera zu Arnfels /

Wäxenberg und Eschelberg / Pfand-Innhaber der Kayserl. Herrschafft Freystatt / wohin er sich sambt allen denen seinen 1604. von Arnfels / wo er vorhin gewohnet / gezogen hat / ward 1608. in diesem Ertz-Hertzogthumb Oesterreich ob der Enns Verordneter des Löbl. Herren-Stands. Auß seiner Gemahel Ester von Stubenberg / weyland Herrn Wolfgang von Stubenberg mit Frauen Susanna Pöglin ehelich erzeugten Tochter (die er A. 1585 [!]) geehelichet) überkame er vier Söhn / Namens Hans Christoph, Erasmus, Wolfgang, und Wilhelm, und zwey Töchter / benanntlichen Susannam und Ester. Er starb den 12. Septemb. 1609 zu Lintz im Landhaus / und ward in der Schloß Capellen zu Eschlberg in Begleittung Herrn von Stahrenbergs / von Zelking / Saurau / Polhaim und Scherffenberg etc. beygesetzt / wie solches alles in einer in meinem Archiv Originaliter verhandenen Beschreibung mit mehrerem zusehen."

[11] Esther von Stubenberg († 15. November 1611), Tochter von Wolfgang dem Jüngeren († 19. Dezember 1597) und Susanna Pögl († 21. Jänner 1589), verehelicht 9. Juli 1583 (nach Loserth und der im Anhang gedruckten Leichenpredigt) / 17. November 1583 (nach Witting) mit Hans Christoph von Gera, begraben in der Schloßkirche von Eschelberg, LOSERTH (1911) 218, WITTING (1918) 276. Zur Familie Pögl siehe BARTSCH (1880) 25.

[12] wohl Schloß Racje / Kranichsfeld, südlich von Marburg, Slowenien, siehe ZAHN (1893) 112–113.

[13] Schloß Ormoz / Friedau, Slowenien.

[14] Georg Bernhard von Herberstein, seit 1597 alleiniger Herr der Herrschaft Herberstein, verehelicht mit Sophie von Wildenstein, PURKARTHOFER (1960) 15–17, WISSGRILL IV (1800) 298.

[15] Cakovec / Csakathurn, Kroatien.

[16] Rudolf von Stubenberg († 1. Februar 1620) auf Kapfenberg und Tschermna, kaiserlicher Kämmerer und Rat, in erster Ehe verehelicht 1589 mit Maria Elisabeth von Khevenhüller (geb. 1569), Tochter von Georg Khevenhüller von Aichelberg, Reichsfreiherrn auf Landskron, Wernberg, Hochosterwitz, Karlsberg, Ebenthal und Weisseneck und Anna Thurzó von Bethlenfalva; verehelicht in 2. Ehe mit Katharina, Tochter von Wenzel Smiřitzky von Smiritz und Dorothea Holitzky von Sternberg auf Lestno; verehelicht in 3. Ehe in Linz am 5. September 1610 (Witting) / Dez. 1610 (Loserth) mit Justina Christina († 1632), Tochter von Hans Wilhelm von Zelking auf Dornach, Leonstein, Weinberg und Wartberg und Anna Susanna von Starhemberg auf der Herrschaft Wildberg († in Pirna), LOSERTH (1911) 212, 214, 230–232, WITTING (1918) 269–270, 622, MATSCHINEGG (1999) 582.

[17] Georg Hartmann von Stubenberg (1563–1605 nach Witting / 1608 nach Loserth) auf Stubegg, Guttenberg, Steuerberg und Kapfenberg, vermählt am 7. Mai 1595 (Loserth) / 26. Mai 1595 (Witting) mit Dorothea († Wien, 23. März 1622), Tochter von Konrad, Freiherrn von Thannhausen auf Oberfladnitz und der Dorothea von Teuffenbach von Mayrhofen. Dorothea war in 2. Ehe 1607 mit Paul Jakob von Starhemberg auf Wildenstein, Schaunberg und Eferding († Wien 24. Oktober 1625) vermählt, begraben in der Schloßkapelle von Schönbühel, LOSERTH (1911) 212, 214f., 224, 229, 237f., WITTING (1918) 270, MATSCHINEGG (1999) 580.

[18] Georg von Stubenberg der Ältere (seit 1620 der Ältere) (26. Oktober nach Loserth / 25. Oktober 1560 nach Witting – 22. April 1630), begraben in der St. Lazaruskirche von Regensburg; verehelicht in 1. Ehe 1587 (15. November nach Loserth, 27. Oktober nach Witting) mit Barbara von Khevenhüller (3. Febr. 1571 in Villach – 3. März 1618 in Graz); in 2. Ehe 1619 (20. Jänner) mit Amalia von Liechtenstein (16. Juni 1593 in Klagenfurt – 30. November 1664 in Nürnberg), Tochter von Konrad von Liechtenstein auf Murau und Seltenheim und der Elisabeth Freiin von Thannhausen, begraben bei St. Johann in der Vorstadt Wörth, LOSERTH (1911) 220–228, WITTING (1918) 276.

[19] Schloß Weitersfeld, Steiermark (zwischen D Pichla, G Tieschen, GB Radkersburg und D Hainsdorf, G Eichfeld, GB Mureck), siehe BARAVALLE (1995) 541–542.

[20] Schloß Obermureck (südlich der Mur), StG, GB Mureck.

[21] Erzherzogin Gregoria Maximiliane (Graz 22. März 1581 – Graz 20. September 1597), Tochter von Erzherzog Karl II. von Innerösterreich und der Prinzessin Maria von Bayern, begraben in Seckau. Schon als Kind mit dem spanischen Infanten Philipp, dem späteren König Philipp III., verlobt. Als sie sechzehnjährig starb, trat ihre jünger Schwester Margarete als Braut an ihre Stelle und wurde Königin von Spanien, HAMANN (1988) 159.

[22] St Graz.

[23] Das Eiserne Tor in Graz entstand vor 1462 und wurde nach Auflösung des Judenviertels zwischen den Häusern Herrengasse 23 und 28 durchgebrochen. Die Landschaft hatte dort ihre Waffenkammer, davon oder von den eisenbeschlagenen Flügeln (1507 „eysnein Tur") rührt der Name. Der alte Turm wurde 1570 niedergerissen. Der alte Name ging auf das neue Tor über, POPELKA Bd. II (1960) 19.

[24] MG Seckau, GB Knittelfeld.

[25] Ruprecht Rindsmaul (1570–1651), verehelicht in 1. Ehe mit Helene Gräfin von Wels und in zweiter Ehe mit Maria Salome Freiin von Herberstein. Ruprecht Rindsmaul wurde am 20. Jänner 1604 dem niederösterreichischen Ritterstandskonsortium einverleibt. Siehe BARTSCH (1880) 95, KIRNBAUER (1909) 378, BARAVALLE (1995) 197, 216, 321–322, KNESCHKE VII (1867) 513, HELLBACH (1826) 324, ZEDLER 31 (1742) Sp. 1651. Siehe BUCELINUS II (1672) 192: „Rupertus Rindtsmaul, Dominus in Fraunheim, natus Ao. 1570 ux. 1. Helena Weltzerin de Spiegelfeld, &c. 2. M. Salomea ab Herberstein".

[26] Helena von Racknitz (Graz 19. April 1570–1624), Tochter von Ruprecht dem Jüngeren von Welz (27. Dezember 1530–18. Jänner 1574) auf Spiegelfeld, Niederwallsee und Rossatz, Pfandinhaber der Herrschaft Rohitsch, kaiserlicher Truchseß, erzherzoglicher Rat und Oberjägermeister, und Sofia († 14. Jänner 1580), Tochter des Rats Johann Christoph Schrott des Jüngeren zu Kirchberg und Donnersbach auf Reinprecht und Christina von Lindegg. Helena von Welz, verehelicht in 1. Ehe mit Christoph Freiherrn von Racknitz († 14. Juni 1594) auf Pernegg und St. Ulrich, in 2. Ehe in Graz 1597 (28. September) mit Ruprecht Rindsmaul, Reichsfreiherrn auf Fraunheim und Untermairhofen († 15. Mai 1681 [sic!]), WITTING (1918) 534–535, BARTSCH (1880) 52. Siehe BUCELINUS II (1672) 182: „Christophorus Liber Baro de Racknitz".

[27] Wolfgang der Jüngere von Stubenberg (1533 – Graz 19. Dezember 1597), später der Ältere auf Kapfenberg, Ehrenhausen, Frauenberg, Freuenberg, Mureck und Steuerberg, seit 1. Oktober 1564 Oberstjägermeister, 1569 Oberstallmeister, Oberstblandmundschenk in Steiermark, Oberstkämmerer (1575–1590) und erzherzoglich wirklicher Geheimer Rat, Obersthofmeisteramtsverweser, verehelicht in 1. Ehe 1557 (9. September) mit Susanna Pögl (Tochter von Adam Pögl, Freiherr von Reiffenstein und Arberg auf Lichtenstein, Parz und Poigen und Barbara Freiin von Polheim zu Wartenburg an der H. Puchheim) († Graz 21. Jänner 1589), begr. Augustinerkirche bei St. Dorothea in Wien; verehelicht in 2. Ehe in Graz 1590 (25. April) mit Anna Maria Trauttmansdorf (Tochter von Adam von und zu Trauttmansdorff auf Gösting und Katharina von Guttenberg), THIEL (1916) 25f., 181, LOSERTH (1911) 205–211, ANDRITSCH (1967) 80, WURZBACH 40 (1880) 140–141, WITTING (1918) 276, MATSCHINEGG (1999) 582.

[28] Sophia von Stubenberg († nach 1596 nach Loserth / † 1604 nach Aufzeichnung der Esther von Gera), vermählt Graz 21. April 1577 mit Georg dem Älteren Grafen Zriny († Kanizsa, 4. Mai 1603), LOSERTH (1911) 218, WITTING (1918) 646, 276.

[29] Schloß Trautenburg, G Schloßberg, GB Leibnitz, siehe EBNER (1967) 178, BARAVALLE (1995) 358–359.

[30] Elisabeth Zackl († 1597), geborne Pögl, verehelicht mit Michael Zackl, Freiherrn von Kerend zu Friedau, siehe KIRNBAUER (1909) 353. Keine näheren Hinweise bei WITTING (1918) 614, Wissgrill-Fortsetzung ADLER (1876) 104: „Elisabeth Freiin von Pögl, des Adam Pögl Freiherrn von Reiffenstein Tochter war des Michael Zackhl von Kevend Freiherrn zu Fridau Ehefrau; so werden beide genannt in einem Schuldbriefe Kaiser Rudolphs II., datirt zu Wien den 1. October 1583 lautend auf 11870 fl. 49 xr. Rheinisch".

[31] Georg von Dietrichstein (1560–1597), Erbmundschenk in Kärnten, KIRNBAUER (1909) 64–66, STARKENFELS (1904) 31–32, MATSCHINEGG (1999) 295. Siehe WISSGRILL II (1795) 235–236: „Georg Freyherr von Dietrichstein, zu Finkenstein, Hollenburg etc., gebohren den 13. Sept. 1560, Erbmundschenk in Kärnten, der dritte Sohn Sigismund Georg und Anna Herrin von Starhemberg, verehelichte sich den 11. Jänner 1587 mit Maria (nach Einigen Maria Victoria) von Welz, Victor von Welz und Elisabetha Khevenhüllerin ältesten Tochter, welche nach seinem 1597 erfolgten Tod sich abermal mit Dietrichen (Theodorico) Freyherrn von Eck verheurathet hat;"

[32] Wolfgang von Stubenberg, siehe Anm. 27.

[33] Wolfgang von Scherffenberg († Graz 29. Dezember 1597 nach Witting), Landschaftlicher Verordneter, verehelicht mit Elisabeth von Gera (Tochter von Wilhelm Freiherrn von Gera auf Strassfried und Gurnitz und der Sofia Zwickl von Weyer), WITTING (1918) 32, STARKENFELS (1904) 321–322. Siehe HOHENECK (1732) 316: „Herr Wolf Herr von Scherffenberg auf Hochenwang und Spillberg / Land-Obrister deß Hertzogthumb Steyr / hatte zur Gemahel Fr. Elisabetham Herrin von Gerra [!] / Herrn Wilhelm Herrn von Gera und Frauen Sophiae gebohrenen Zwicklin Tochter."

[34] Wolfgang von Scherffenberg, siehe Anm. 33.

[35] Schloß Hohenwang (MG Langenwang, GB Mürzzuschlag), siehe BARAVALLE (1995) 451–452.

[36] nicht identifiziert.
[37] vermutlich Herr Offo von Teuffenbach, siehe Anm. 156.
[38] wohl auf „frau Herofain" bezogen; nicht identifiziert.
[39] Georg Bartholomäus Zwickl der Ältere († 14. April 1605), Freiherr zu Weyer und Schrattenberg auf Grossau und Hainfeld (mit Datum Graz, 20. Mai 1597), verehelicht in Graz am 1598 (25. Jänner) mit Maria von Tannhausen, WITTING (1918) 648, MATSCHINEGG (1999) 647, ZEDLER 64 (1750) Sp. 1603: „Georg Barthelmas, Freyherr von Zwickel, Herr in Haynenfeldt und Schrattenberg, welcher in der Ehe mit Marien, Freyherrin von Thanhaussen erzielet: 1. Adam Zwickeln, Freyherrn von Haynenfeldt und Schrattenberg; 2. Georg Barthelmäs Zwickeln, Freyherren von Haynenfeldt und Schrattenberg; 3. Marien, Freyherrin Zwicklin von Haynenfeld und Schrattenberg; und 4. Maximilian Zwickeln, Freyherrn von Haynenfeldt und Schrattenberg."
[40] Maria von Thanhausen († 1. November 1637), Tochter von Johann Konrad, Reichsfreiherrn von Thannhausen auf Neukirchen und Barbara Dorothea Freiin von Teuffenbach auf Mairhofen, Oberfladnitz und Auer; verehelicht in 1. Ehe 1598 (25. Jänner) mit Georg Bartholomäus Zwickel Freiherrn zu Weyer und Schrattenberg auf Hainfeld († 14. April 1632); verehelicht in 2. Ehe mit Johann Jakob Khiesel Reichsgrafen zu Gottschee, Freiherrn zu Kaltenbrunn, Ganowitz und Marburg auf Billichgratz, Friedrichstein, Khiseleck, Neuhaus, Pöllau, Reinitz und Weierburg. Siehe BUCELINUS III (1672) 231: „Maria Baronissa de Thanhausen, ux. 1. Georgii Bartholomei Baron Zwickel. 2. Joan. Jacobi Baronis Khisel". Die Familie wird kurz bei HELLBACH Teil 2 (1826) 568 erwähnt, ZEDLER 43 (1745) Sp. 413–414, SCHMUTZ IV (1823) 180–181, WITTING (1918) 322.
[41] Hans von Gleisbach († 1598), Truchseß 1590 im Hofstaat Erzherzog Karls, im Jahr 1596 als Fürschneider geführt, KNESCHKE III (1929) 543–544, MATSCHINEGG (1999) 379, BARTSCH (1880) 103, BARAVALLE (1995) 453, THIEL (1917) 184, 195 [mit dem Zusatz: „Bis zu end dezember 97 jar mit des herr Hans von Gleispach erben abzuraiten und seiner gewesten besoldung zu bezalen"]. Siehe BUCELINUS (1672) 56: „Joannes de Glaispach uxor Anna Maria filia Joannis Khisll Liberi Baronis Gonabitii".
[42] Georg Adam von Trauttmansdorff († 1599 / vor 1600), seit Graz 12. März 1598 Freiherr von Trauttmansdorff, Herr zum Freienthurn und Castelalt auf Kirchberg, Trautenberg und Weitersfeld, Vizedom zu Leibnitz, verehelicht mit Judith von Scheidt († 21. September 1634), Tochter von Johann Georg Scheidt von Zelleris. Adam hinterließ bei seinem Tod drei minderjährige Söhne. Deren Erbe wurde von der Mutter geschickt verwaltet und erst am 7. Mai 1623 geteilt, siehe STARKENFELS (1904) 500, WITTING (1918) 392.
[43] Friedrich von Herberstein erlaubt zwei Identifikationen: Hans Friedrich von Herberstein († 1604), Oberst eines Kürassierregiments im Türkenkrieg, 1602 in Stuhlweißenburg gefangengenommen, 1604 in osmanischer Haft verstorben. Siehe WURZBACH 8 (1862) 336, KIRNBAUER (1909) 181. Johann Friedrich von Herberstein (20. September 1554–1615), Herr zu Gutenhag, Landsberg etc., verehelicht 1579 in erster Ehe mit Ursula, Grä-

fin von Thurn († 1595), in zweiter Ehe mit Rosina von Polheim, siehe STARKENFELS (1904) 118.

[44] Sigmund von Eibiswald, verehelicht mit Maria Magdalena von Scherffenberg, Tochter von Johann von Scherffenberg und Christina, Tochter von Michael von Eitzing, Freiherrn von Schrattental und der Anna von Seeburg. Siehe WISSGRILL II (1794) 372–373, WITTING (1918) 30, KIRNBAUER (1909) 87, MATSCHINEGG (1999) 326. Zum Hausbesitz in Graz siehe POPELKA Bd. I (1959) 257–258, 553b [Graz, Haus Hofgasse 8], KNESCHKE III (1929) 54, BARTSCH (1880) 60, BARAVALLE (1995) 60, 536. Siehe HELLBACH (1825) 320: „ein steyermärkisches Geschlecht"; BUCELINUS (1672) 31: „Sigismundus ab Eybiswaldt, uxor Magdalena Domina de Scherffenberg Joannis filia"

[45] Georg Christoph von Trauttmansdorff (vor 1599–1660), am 10. November 1648 unter Verleihung des großen Palatinats Graf von Trauttmansdorff, Herr zum Freienthun und Castelalt, Freiherr auf Trautenberg, Rakitsch und Kirchberg am Walde, Erzherzoglicher Hofkammerrat, verehelicht mit Rosina Maria Anna Barbara von Rindsmaul († 16. März 1665), Tochter von Johann Rudolf Ruprecht von Rindsmaul, Reichsfreiherrn auf Frauheim, Pernegg in der Elsenau und Untermayerhofen und Maria Salome Suanne von Herberstein, Freiin zu Neuberg und Gutenhag an der Herrschaft Lankowitz, siehe WITTING (1918) 392, STARKENFELS (1904) 500, MATSCHINEGG (1999) 304, BUCELINUS (1672) 240.

[46] G Haseldorf-Tobelbad, GB Graz.

[47] vermutlich Wolfgang von Saurau, siehe Anm. 150.

[48] Georg Bernhard von Herberstein († 1598), seit 1597 Alleinbesitzer der Herrschaft Herberstein, verehelicht mit Sophie von Wildenstein (Witwe Dietrichs von Herberstein). Mit Rudolf von Eggenberg errang er am 22. Juni 1593 den Sieg bei Sissek über Hassan, Pascha von Bosnien. 1595 wirkte er bei der Erstürmung der Festung Petrinia mit, WURZBACH 8 (1862) 332–333. Siehe auch PURKARTHOFER (1960) 15–17 (Testament datiert vom 29. Juni 1598), MATSCHINEGG (1999) 413.

[49] vermutlich ist die in Graz öfters nachzuweisende Familie Nürnberger gemeint, siehe POPELKA Bd. II (1960) 864.

[50] vermutlich Barbara von Herberstein, geborene Schintl zu Tramsdorf, verehelicht 1555 mit Georg dem Breiten von Herberstein (1529–1584), siehe PURKARTHOFER (1960) 15. Zum Grazer Haus Stempfergasse 5, siehe POPELKA Bd. I (1959) 624b und RESCH (1997) 642.

[51] Christof David Ursenbeck (1576–1636), seit 11. Februar 1632 Graf von Ursenbeck, Freiherr auf Pottschach, Wartenstein, Lichtenstein, Hainburg, Nieder-Trixen, Loschenthal und Lavamünd, Obersterblandstabelmeister im Herzogtum Steiermark, kaiserlicher Kämmerer, Rat und Landeshauptmann in Kärnten, verehelicht in Graz 1598 (9. August) mit Scholastika Lösch; in zweiter Ehe 1603 (St. Andrä, 23. Dezember) mit Maria Katharina von Neuhaus, Tochter von Georg Johann Siegmund von Neuhaus und der Elisabeth von Khuenburg, WITTING (1918) 446, MATSCHINEGG (1999) 597, KATALOG ADEL IM WANDEL (1990) 510, KNESCHKE V (1929) 612. Siehe BUCELINUS (1672) 248: „Christophorus Liber Baro ab Ursenpeck, natus anno 1576. uxor. 1. Scholastica Löschin, ab Hilgartshausen, &c. 2. Catharina Domina de Neuhauss."

⁵² Scholastica Lösch († vor 1603), Tochter von Wilhelm Lösch, dem Älteren von und zu Hilgertshausen auf Altenburg und Stefanskirchen und der Jakoba von Köckeritz, siehe HELLBACH (1826) 63, BUCELINUS II (1662) 207, WITTING (1918) 446.

⁵³ Johann David von Trauttmansdorff (27. Dezember 1573 – Graz 11. Juni 1627), am 15. März 1623 Reichsgraf (bestätigt in Ödenburg am 25. November 1625) und seit 20. April 1623 erbländischer Graf von und zu Trauttmansdorff, Herr zu Freienthurn und Castelalt, Freiherr auf Gleichenberg, Negau, Burgau und Totzenbach, erzherzoglicher Regimentsrat und Stabelmeister, verehelicht im Jahr 1600 mit Felizitas von Stadl († 1628), siehe WITTING (1918) 381, WURZBACH 47 (1883) 72, MATSCHINEGG (1999) 305.

⁵⁴ Felicitas von Stadl († Graz 1. März 1628), Tochter von Johann Freiherrn von und zu Stadl, Lichtenegg und Kornberg auf Riegersburg und Freiberg und der Barbara von Königsberg an der Herrschaft Seebenstein; verehelicht mit Johann David Reichsgraf von und zu Trauttmansdorff († 1627), WITTING (1918) 193, HELLBACH (1826) 507, ZEDLER 39 (1744) 748, zu Johann Stadl siehe FRANK V (1974) 36: Freiherrenbestätigung von 1609.

⁵⁵ Ringelrennen: Ritterliche Übung, bei der die Reiter mit langen Rennstangen nach Ringen stachen, die an einem Faden aufgehängt waren. Als um 1700 dieses Spiel außer Übung kam, klang das alte Turnier des Mittelalters in den Roßballetten aus, siehe BOEHEIM (1890/1966) 569, OBERLEITNER (1937) 167–168, ALEWYN, SÄLZLE (1959) 16–18, COMMENDA (1963) 185, 190–197. Beschreibung des Ringelrennens von Wolf Sigmund von Losenstein am 20. Juni 1592 durch Christoph von Schallenberg (31. Jänner 1561–25. April 1597), siehe HURCH (1910) 176–178, COMMENDA (1958) 145–146.

⁵⁶ Quintanarennen: Keine Turnierform, sondern eine ritterliche Übung zum Stechen und Rennen. Der Reiter mußte eine drehbare Figur treffen. Fehlte er das Ziel, so erhielt er zum Gaudium des Publikums durch einen angehängten Sandsack einen Schlag auf den Rücken. Im 17. Jahrhundert trat an Stelle der Quintana das „Caroussel", bei welchem Türken oder Mohrenköpfe aus Pappe oder Holz von aufgestellten Pfählen heruntergestochen wurden. Siehe BOEHEIM (1890/1966) 569–571, VOCELKA (1976) 117, 123, 128, OBERLEITNER (1937) 168–169, COMMENDA (1963) 186, 190–197.

⁵⁷ Freitag, 28. April 1600; Samstag 29. April und Sonntag 30. April.

⁵⁸ Dienstag, 2. Mai 1600.

⁵⁹ Erzherzog Matthias (Wien 24. Februar 1557 – Wien 20. März 1619), begraben in der Kapuzinergruft in Wien; König von Ungarn 1608, von Böhmen 1611, Kaiser 1612–1612, heiratet 1611 Anna von Tirol, siehe HAMANN (1988) 353–356.

⁶⁰ MG Arnfels, GB Leibnitz.

⁶¹ Ein Erdbeben wird, ohne genaue Angabe des Datums, in einer ungarischen Chronik für 1602 erwähnt. Siehe ISTHVANFUS XXXIII (1622) 793: „Eo anno magna pestilentiae vis, acingentes & insoliti terrae motus, in Austria ac Pannonia sentiri cepere: ita vt hisce domus & aedificia plerisque in locis aut corruerint, aut vicium contraxerint: illa vero infinitos mortales omnis sexus & aetatis absumpserit: inuecta etiam mali contage in ipsa pecora, & iumenta, quae nullis inuentis remediis passim vbique interibant". Zu seiner Person

siehe GUTDEUTSCH, HAMMERL, MAYER, VOCELKA (1987) 130. Keine Erwähnung des Erdbebens bei HOERNES (1902) 26, 75. Allgemein siehe VOGT (1990) 20.

[62] Georg der Ältere, Graf Zriny († Kanizsa 4. Mai 1603) auf Csakathurn, Siklos und Sluin, kaiserlicher Kämmerer und Rat, kommandierender General, Schatzmeister des Königreichs Ungarn, in den NÖ. Herrenstand aufgenommen, begr. Szent-Ilona; verehelicht in erster Ehe mit Anna Katharina, Erbtochter des Pyrrhus Peter Reichsgrafen von Arco und der Margaretha Széchy von Felsö-Lendva; in zweiter Ehe Graz 1577 (21. April) mit Sophia, Tochter von Wolfgang dem Älteren zu Stubenberg und von Susanna Pögl, WITTING (1918) 276, 646.

[63] Sophia Gräfin von Zriny, siehe Anm. 28.

[64] Maria von Bayern (München 21. März 1551 – Graz 29. April 1608), Gemahlin von Karl II. von Innerösterreich, begraben zunächst im Klarissinnenkloster, dann im Mausoleum in Graz, siehe HAMANN (1988) 288–289, WEHNER (1965), HURTER (1860). Zur Grazer und Wiener Hochzeit 1571 mit Karl von Innerösterreich siehe VOCELKA (1976) 47–98.

[65] Erzherzogin Konstanze (Graz 24. Dezember 1588 – Warschau 10. Juli 1631), Königin von Polen, Tochter von Karl II. von Innerösterreich und Maria von Bayern, begraben in der Kathedrale von Krakau. Konstanze wurde am 11. Dezember 1605 mit dem König Sigismund III. von Polen (geb. 1566, König von 1587–1632), vermählt, der zuvor mit ihrer Schwester Anna verheiratet war. Ihr Sohn Johann Kasimir war zwischen 1648–1668 polnischer König, siehe HAMANN (1988) 238.

[66] Erzherzog Maximilian Ernst (Graz 17. November 1583 – Graz 18. Februar 1616), vierter Sohn von Karl II. von Innerösterreich und Maria von Bayern, begraben im Mausoleum in Seckau. Maximilian Ernst wurde 1615 von Kaiser Matthias und seinem älteren Bruder Ferdinand zur Aufnahme in den deutschen Ritterorden vorgeschlagen, in Graz zum Ordensritter geschlagen und sofort zum Balleioberen der österreichischen Ordensprovinz bestellt. Die Kommenden Graz und Großsonntag/Südstmk. wurden ihm als Subsistenzgrundlage zugewiesen, siehe HAMANN (1988) 366–367. Eine Identifizierung mit Maximilian dem Deutschmeister scheint nach einem Vergleich mit dem Itinerar nicht möglich, siehe NOFLATSCHER (1987) 334 [allerdings ist ein Besuch in Freistadt für den 3. Mai 1605 belegt].

[67] vermutlich Maria Magdalena (Graz 7. Oktober 1589 – Passau 1. November 1631 in Passau), Großherzogin von Toskana, Tochter von Erzherzog Karl von Innerösterreich und Maria von Bayern, begr. in San Lorenzo in Florenz, 1608 wurde die Erzherzogin mit Cosimo II. von Medici vermählt. HAMANN (1988) 338–339. Denkbar wäre auch eine Identifizierung mit Maria Christierna (Graz 10. November 1574 – Hall in Tirol 6. April 1621), siehe HAMANN (1988) 312, REISSENBERG (1882) 27–72.

[68] StG, GB Freistadt, SCHIFFMANN I (1935) 315.

[69] Zu Bränden in Freistadt (ohne Erwähnung des oben geschilderten Vorfalles), siehe NÖSSLBÖCK (1951) 64–78, GRÜLL (1965) 271–274, KNITTLER (1968) 140.

⁷⁰ Sigismund III. Wasa (Schloß Gripsholm 20. Juni 1566 – Warschau 30. April 1632), König von Polen 19. August 1587–30. April 1632, König von Schweden 1592–1600.

⁷¹ Karl Jörger (Wien 10. Juli 1584 – Passau 4. Dezember 1623 in Haft), verehelicht 1606 (5. Februar) mit Anna Hofmann in Linz. Karl Jörger baute Schloß Aschach aus, Inhaber von Pernstein, seit Georg Wilhelms Tod (August 1617) auch von Scharnstein. Er besaß noch ein Haus in der Linzer Altstadt. Er wurde 1614 von den Ständen zum Verordneten gewählt und unternahm in dieser Eigenschaft im Juli 1618 eine Gesandtschaft an den kaiserlichen Hof, WURM (1955) 94–98, STARKENFELS (1904) 143–144, GRÜLL (1969) 64, MATSCHINEGG (1999) 448. Zum Hausbesitz der Jörger in Linz, GRÜLL (1955) 42. Siehe HOHENECK (1727) 468–469: „Herr Carl Jörger Freyherr zu Tolleth / Pernstain / Stauff und Pührenstain verehelichte sich wie in meiner Registratur zu sehen / mit Fräulen Anna gebohrnen Hofmanin Herrn Hans Friderich Hofman Freyherrn zu Grienpichel Erb-Land-Hofmeistern in Steyr und Erb-Marschall in Oesterreich / auß seiner Gemahel Frauen Maria Salome gebohrnen Herrin von Stahrenberg erzeugte Tochter / und ware die Hochzeit den 5. Februarii Anno 1606. zu Lintz gehalten / er ware nachgehends Anno 1614. Verordneter deß Löbl. Herrn-Stands".

⁷² Anna Hofmann, die Tochter von Hans Friedrich Hofmann von Grünbühel und Strechau (1530–1589), Landeshauptmann der Steiermark, Vicedom von Bamberg und Maria Salome Herrin von Starhemberg, Eheschluß 5. Februar 1606. Der Ehe mit Karl Jörger entstammten drei Kinder (mit unbekannten Geburtsdaten). Zur Lebensgeschichte Ferdinand Hofmanns von Grünpichl und Strechau (1540–1607) siehe EVANS (1980) 106, EHRLICHER (1972) 267–268, BRUNNER (1992) 14–16, HUBER (1927) 58–164, WURM (1955) 94, 255f., WITTING (1918) 203, STARKENFELS (1904) 144. Siehe HOHENECK (1747) 262: „und Fräulein Annam, welche laut eines in meinen Archiv verwahrten Hochzeit-Ladschreiben dat. 20. Dezemb. Anno 1605. Herrn Carl Jörger zu Tolleth / und Köppach Frey-Herrn auf Kreuspach / Herrn zu Pernstain / Schärnstain / und Walperstorff Erbland-Hofmaistern in Oesterreich zur Ehe genohmen / und ward dero Hochzeit den 5. Febr. Anno 1606. zu Lintz in den Losenstainischen Hauß gehalten".

⁷³ Heinrich Wilhelm von Zelking († Weinberg 10. Februar 1606), Sohn von Hans Wilhelm Posthumus Herr von Zelking und Anna Susanna von Starhemberg, begraben in der Pfarrkirche Kefermarkt, WITTING (1918) 622, KATALOG ADEL IM WANDEL (1990) 490, LIND (1878) CIIff., MATSCHINEGG (1999) 638. Siehe HOHENECK (1747) 871–872: Hans Wilhelm von Zelking zu Weinberg hatte „vier Söhn / und fünff Freylen Töchter [...] / benandtlichen Herrn Hainrich Wilhelm, Herrn Reichard Wilhelm, Herrn Erhard Wilhelm, und Herrn Albrecht Wilhelm [...] Obermeldte Herren Söhn seynd alle entweder in der Kindheit / oder doch unverheurather gestorben / wie dann der Herr Hainrich Wilhelm laut des in meinen Archiv verhandenen Conduct Lad Schreiben / den 10. Februar anno 1606. als er kurtz vorhero von seiner Länder-Rayß zuruck kommen / in den Schloß zu Weinberg sein Junges Leben geendtet / und hierauf den 7. Martii ermeldtes Jahr / in der Pfarr-Kirchen am Keffer-Marckt begraben worden."

⁷⁴ Hans Georg von Tschernembl (1577–1622) auf Windegg, Erblandmundschenk in Krain und der Windischen Mark, erzherzoglicher Arkebusier-Leutnant, landschaftlicher Oberhauptmann im Machlandviertel, verehelicht in Laibach 18. Juni 1601 mit Anna Maria (Tochter von Wolfgang, Reichsgrafen von Thurn und Valsassina). Er hatte 1605–1615 von den Ständen ob der Enns die Herrschaft Ottensheim in Bestand. Ein Bruder von Georg Erasmus von Tschernembl (26. Jänner 1567–18. November 1626), siehe FESTSCHRIFT OTTENSHEIM (1928) 58, STURMBERGER (1953) 244, 400, GRÜLL (1969) 64, WITTING (1918) 414. Siehe HOHENECK (1747) 759–760: „Herr Hans Georg Herr von Tschernembl auf Windeck und Schwerdtberg / wird / laut des in meinen Archiv originaliter verhandenen Bestallungs-Accord, de dato 1. Junii Anno 1605. von hiesiger Löbl. Landschafft zum Ober-Hauptmann in Machland-Viertl bestellt / er vermählete sich / Krafft des loco citato verhandenen Heuraths-Brief / de dato Laybach den 18. Julii Anno 1601. mit Frauen Anna gebohrnen Gräfin von Thurn / und zum Creutz / Herrn Francisci Grafen von Thurn / und zum Creutz / und Frauen Ludmilla gebohrenen Herrin von Berkä zum Taub und Laub Tochter / Herrn Ferdinandi Grafen von Hardeck unterlassene Wittib / welche [...] den 24. Februarii Anno 1606. das Zeitliche gesegnet / und den 16. Martii gedachtes Jahr hierauf in der Pfarr-Kirchen zu Schwerdtberg begraben worden / wie das in ersagt meinen Archiv verwahrte Erinderungs-Schreiben zeiget. Die Baron-Streinische M.sc. melden / sie seye in der Geburt mit sambt den Kind gebliben."

⁷⁵ Anna Maria von Thurn († 24. Februar 1606), Tochter des Reichsgrafen Wolfgang von Thurn und Valsassina (1534–1594) und Rosina, Tochter von Wolfgang Innernseer auf Schmiding und Ursula Hohenfelder an der H. Aistershaim, verehelicht in erste Ehe 1583 (26. Mai) mit Ferdinand Prüschenk, Reichsgrafen zu Hardegg auf Glatz und im Machland († Wien 10. Juni 1595, begr. Kreuzenstein); in zweiter Ehe verehelicht in Laibach 1601 (18. Juni) mit Johann Georg Freiherrn von Tschernembl auf Windegg, begraben in der Pfarrkirche Schwertberg, siehe HILDEBRANDT (1879) 48 (Tabelle), WITTING (1918) 354.

⁷⁶ Schloß, MG Schwertberg, GB Mauthausen, siehe GRÜLL (1962) 117–120, SCHIFFMANN II (1935) 401.

⁷⁷ Ende des langen Türkenkrieges (1592–1606): Friede von Zsitvatorok (nördlich von Komorn) zwischen den Vertretern von Erzherzog Matthias und Sultan Achmed I. Der Kaiser ratifizierte den Vertrag mit den Osmanen Ende Dezember 1606. Der Wiener Vertrag mit den Ungarn wird von den Ständen Österreichs, Böhmens und Mährens und von Ungarn im Dezember ratifiziert, siehe NIEDERKORN (1993) 19.

⁷⁸ Hans Wilhelm von Zelking, siehe Anm. 185.

⁷⁹ St Steyr.

⁸⁰ Wolfgang Lindner (ca. 1560–1625), Magister der lateinischen Sprache seit 1603 in Steyr, berichtet über das Unglück. Siehe SCHIFFMANN (1910) 149: „Mense Dec. huius anni quaedam Domina, uxor cuiusdam reguli Styrii, D. de Stainach, cum viro suo in domo Galliculorum aliquamdiu morans media nocte non sine singulari Dei vindicta per trabem concussa extincta est.

Audiit enim una cum viro crepitum aliquem trabium, propter quod exterrita a viro petiit, quatenus lumen accenderet. Hac in re maritus illi obsecundans pro lumine abivit, interim aliquot trabes propter nimiam cariem corruerunt caputque illius recte intra aures contuderunt, quae statim contrita est, antequam vir cum lumine accesserat. Multum hic Stainachius apud D. parochum ipsumque Rmum. institit et laboravit, quatenus in coemiterio Fidlberg sepeliretur communemque pulsum habere queat in educatione. At hoc neque prece neque pretio obtinere potuit idque maxime hanc ob causam, quod fuerit haereticissima multaque valde opprobriosa contra catholicam religionem saepe effutisset. Imo quoties pulsum campanarum in parochia audivit, aures prae ira obstruxit, ne idololatricum sonum perciperet. Indigna ergo iudicata est illo campanarum pulsu. Quare cum magno maerore mariti ad parochiam in Stain in ipsa ecclesia consepulta est. Brevi post maritus Styra discessit. Domut autem illa post hanc cladem in melius restaurata est." Siehe auch PREUENHUBER (1740) 333: „Dann in dem Hannß Adam Pfefferlischen Haus am Platz, darinnen damahl ein vornehmer Landl Steyrischer von Adel Herr Hannß Friederich von Stainach, gewohnet, gieng bey Nacht der Boden und Esterich, oberhalb der Schlaff-Kammer jähling ein. In solchem Gebrassel hat sich zwar gedachter von Stainach noch eilends aus der Kammer salvirt, seine Gemahlin aber, eine gebohrne Herrin von Rackniz, wurde im Bett übereilet und erschlagen; Der todte Leichnam ward in die Kirchen beym Stain nächst vor der Stadt, begraben. Dahin dann auch Anno 1622. hernach gemeldter Herr von Stainach conducirt worden."

[81] Hans Friedrich von Stainach (1562–1622), 1569 zum Prediger Martin Waldner nach Öblarn in die protestantische Normalschule geschickt, 1572–77 besucht er die protestantische Landschaftsschule in Steyr, danach vermutlich Besuch der Landschaftsschule in Graz, 1582 mit Hans Friedrich von Hofmann zu Grünbühel beim Reichstag in Augsburg. 1590 Hochzeit mit Katharina von Racknitz unter Anwesenheit von Karl von Innerösterreich. Ausbau des Schlosses Friedstein im Ennstal, später zog er mit seiner Frau nach Wels, dann nach Steyr. Siehe ÖNB, Liber Annalium Stainachiorum, Cod. Ser. nov. 3387, fol. 196[r]. „allda sie in Herrn Händels Haus mit Einfallung eines Teils des Oberbodens zur Nacht im Bett neben irem Herrn, so gleichwohl eher auf der andern Seitn aus dem Bett gesprungen und ihm nichts widerfahren, leider, Gott erbarms, erschlagen worden". Hans Friedrich kehrte nach Stainach zurück und baute bis 1613 das Schloß Friedstein weiter aus, das bis 1626 im Besitz der Familie blieb, siehe LEDINEGG (1977) 45–46, PREUENHUBER (1740) 333, WURZBACH 37 (1878) 94–96, BARAVALLE (1995) 407, BARTSCH (1880) 59. Eintrag auch ins Gedenkbuch der Teufel bei SCHRAUF (1892) 94 [1605 Eintrag von Hans Friedrich von Stainach, 1591 Katharina von Stainach].

[82] Katharina von Racknitz († 1606), siehe BUCELINUS II (1672) 182: „Catharina de Racknitz ux. Joanis Friderici de Stainach", siehe Anm. 81.

[83] Georg Christoph Teufel († 1606), seit 1. Oktober 1590 Freiherr auf Guntersdorf und Teesdorf im Viertel unter dem Manhartsberg und Pullitz und Teikowitz in Mähren, erzherzoglicher Kämmerer, verehelicht 1589 (12. Juni)

mit Maria Barbara, Tochter von Seyfried Breuner, Reichsfreiherr zu Stübing, Fladnitz und Rabenstein auf Margarethen am Moos, Pfandinhaber der Herrschaften Staatz, Rattensee, Neusiedl und Ehrnsdorf, begraben Pirnitz, WITTING (1918) 313, GLATZL (1950) 214 [Todesdatum 1608], BUCELINUS III (1672) 235.

[84] fraglich Georg Teufel der Jüngere († Wien 20. Februar 1642), Freiherr auf Guntersdorf, Eckartsau und Eßling, kaiserlicher wirklicher Geheimer Rat und Kämmerer, Regimentsstatthalter der NÖ. Lande, erhielt 10. Juli 1624 das Prädikat „Wohlgebohren", begraben in der Franziskanerkirche bei St. Hieronymus, verehelicht in Krems 1603 (10. Februar) mit Elisabeth von Puchheim, Tochter von Adam von Puchheim auf Raabs und der Anna Reichsfreiin von Thannhausen, siehe WITTING (1918) 314, STARZER (1897) 242–246, GLATZL (1950) 216–216a.

[85] Maria von Bayern, siehe Anm. 64.

[86] Erzherzog Matthias, siehe Anm. 59.

[87] Kaiser Rudolf II. (18. Juli 1552–20. Jänner 1612), seit 1572 ungarischer, seit 1575 böhmischer und römischer König, seit 1576 römischer Kaiser. Siehe HAMANN (1988) 410–413, EVANS (1980).

[88] Maria Judith von Zinzendorf (18. April 1575–6. März 1621), geborene Liechtenstein (Tochter von Hartmann von Liechtenstein auf Nikolsburg und Feldsberg und der Anna Maria Reichsgräfin von Ortenburg), verehelicht 1595 mit Johann Joachim Freiherr von Zinzendorf und Pottendorf (27. Dezember 1570–29. Jänner 1626), Freiherr auf Aufhof, Freienstein, Karlstetten, Lunz, Roith, Schönegg, Toppel und Waasen, Erblandjägermeister in Österreich unter der Enns, Herrenstandsverordneter der oberennsischen Landschaft, WITTING (1918) 638–639, FALKE (1877) 11, 124. Siehe HOHENECK (1732) 843: „Herr Hanns Joachim Freyherr von Zinzendorf [...] er ware ein Sohn Herrn Alexandri Freyherren von Zinzendorf und Frauen Susannae gebohrnen Völckrähin / und Anno 1605. Verordneter in disem Ertz-Hertzogthumb Oesterreich ob der Ennß / seine Gemahel Frau Judith gebohrne Herrin von Liechtenstain und Nicolspurg / Herrn Hartmann Herrns von Liechtenstain und Nicolspurg mit Frauen Anna Maria gebohrnen Gräfin von Orttenburg Tochter / gebahre ihme vier Söhn benanntlichen Herrn Otto Hainrich, Herrn Alexander, Herrn Albrecht / und Herrn Georg Hartmann, und sechs Fräulen Töchter".

[89] Karl von Zinzendorf (früh verstorben): das erste Kind von Hans Joachim von Zinzendorf, WITTING(1918) 639.

[90] Heinrich von Polheim (1584–3. Februar 1618), MATSCHINEGG (1999) 199, STARKENFELS (1904) 258–261. Die Polheimer waren 1597/98 im Besitz folgender Herrschaften: Einwalding, Lützelberg, Puchheim, Wartenburg, Liechtenegg, Parz, Polheim/Wels, Steinhaus, siehe GRÜLL (1969) 64, KATALOG MÜHLVIERTEL (1988) 336f. Siehe HOHENECK (1732) 100–101: „Herr Hainrich Herr zu Polhaimb / Liechteneck / Partz / und Steinhauß / hielte seinen Hochzeitlichen Ehren-Tag den 13ten Julii Anno 1608 im Schloß Partz mit Fräulein Maria Khevenhüllerin / Herrn Georg Khevenhüllers / mit Frauen Anna gebohrnen Turtzin von Rauchenegg Tochter / und Herrn Moriz Weltzers von Spieglfeld hinterlassenen Wittib / welche ihme den 3ten

Februarii Anno 1618 eine Tochter Nahmens Anna Chrstina gebohren / welche Anno 1630 Herrn Sigmund Ludwig Freyherrn von Scherffenberg vermählet worden [...] Ermeldter Herr Hainrich starb den 3ten Februarii Anno 1618 zu Liechteneck / und ligt zu Welß bey denen Minoritten begraben / daselbsten ihme nachfolgendes Epitaphium aufgerichtet worden [...]".

[91] Maria Welserin (1571 – Lichtenegg 29. Jänner 1618), Tochter von Georg Khevenhüller (1533–1587), verehelicht in erster Ehe 1589 (13. Juli) in Klagenfurt mit Moritz Welser († 6. März 1606) auf Eberstein, Feistritz, Spiegelfeld, Lemberg, Halleg und Welzenegg, erzherzoglicher Regimentsrat und Generaleinnehmer. Maria Welser war in 2. Ehe auf Parz 13. Juli 1608 mit Heinrich von Polheim auf Steinhaus verehelicht, WITTING (1918) 536, STARKENFELS (1904) 150–151. Siehe WISSGRILL (1824) 92: „Maria Anna, gebohren 1571, deren erster Gemahel Moritz Freyherr von Welz, vermählt zu Klagenfurt den 13. Juli 1598; der zweyte Gemahel Heinrich Herr von Polhaim Freyherr zu Parz und Lichteneck, vermählt 1608. Sie starb 1618."

[92] Schloß Parz (bei Grieskirchen). Mit dem Bau des Landschloßes Parz wurde um 1600 begonnen, nachdem das Schloß der Polheimer in Tegernbach um 1600 abgerissen wurde. Unter Karl von Polheim wurde 1613 auch der zur Herrschaft gehörige Markt Polheim zur Stadt erhoben, siehe GRÜLL (1964) 96–98.

[93] Gundaker von Polheim (4. April 1575–8. Jänner 1644), kaiserlicher Rat, unter Rudolf II., Matthias und Ferdinand II. Kämmerer, Hofkammer-Präsident und Reichshofrat, niederösterreichischer Regierungsrat. Er wurde häufig zu Gesandtschaften verwendet. Kaiser Ferdinand II. erhob den Markt Grieskirchen zu einer Stadt, den zur Herrschaft Parz gehörigen Ort Kematen am 11. Juni 1620 zum Markt und bestätigte mit Diplom vom 12. April 1622 den Freiherrnstand. Nach 1629 erbte Gundacker die Güter Ottenschlag, Raspach und Gobelsburg. Aus seiner Ehe mit Barbara von Pranck (verehelicht 8. Juli 1599) stammen sechs Söhne und drei Töchter. Die Herrschaft Parz, Stammhaus Polheim bei Grieskirchen und die Stadt, Steinhaus und Lichtenegg bei Wels gehörten dieser Linie (Polheim in Wels und Parz), KATALOG ADEL IM WANDEL (1990) 526, WURZBACH 23 (1872) 62–63, STARKENFELS (1904) 260. Im Jahr 1604 kam es zwischen Gundaker von Polheim und der Stadt Linz wegen Marktrechten zu einem Streit, siehe GRÜLL (1955) 93, STARKENFELS (1904) 259–260, GSCHLIESSER (1942) 187–188. Siehe HOHENECK (1732) 104–107: „Es ward auch ermelter Herr Gundacker von Polhaimb in vilen wichtigen Geschäfften und Commissionen sowohl von beeden Löbl. Landschafften unter und ober der Ennß / als absonderlich in vilen mercklichen vornehmen Reichs- Negotien und Verrichtungen zur Kayserl. Wahl-Crönungs- und Collegial-Tägen / auch andern Absandtungen von Kayser- und Königl. Hof auß vilfältig gebraucht / und alle solche angetragene Absandtungen / Commissionen und Geschäfft zu seinem unsterblichen grossen Ruhm und Lob nutzlich vollbrachte / inmassen er Theils von denen Kayser und Ertz-Hertzogen / Theils aber von denen Land-Ständen an nachfolgende Höfe verschickt worden / als an Kayser Rudolphum II. / an König hernach Kayser Matthiam / an Kayser Ferdinandum II. an die Kayserin Annam / an Hertzog Maximilianum Chur-Fürsten

in Bayrn / an König Christianum IV. in Dännenmarck an Johan
Schweickhard Ertz-Bischoff und Chur-Fürsten zu Maintz / an Lotharium
Ertz-Bischoffen und Chur-Fürsten zu Trier / an Ertz-Bischoff und Chur-
Fürsten zu Cölln / an Frau Loisia Juliana Chur-Fürstin an Rhein / an
Hertzog Johann Pfaltz-Grafen Administratorn der Chur-Pfaltz / an Christian den Anderten Chur-Fürsten zu Sachsen / Vicarien deß heiligen Reichs
und Johann Sigmund Marggrafen zu Brandenburg Churfürsten / an Frauen
Anna die Churfürstin dessen Gemahel / an Ertz-Hertzog Maximilian, Ertz-
Hertzog Leopold, und Ertz-Hertzog Carl, zu Oesterreich / an Johann Gottfried Bischoffen zu Bamberg / an Philipp Ludwig Pfaltz-Grafen beym Rhein
/ an Marggrafen Christian, Marggraf Joachim Ernst, und Marggraf Johann
Georg zu Brandenburg / an Heinrich Julium Hertzogen zu Braunschweig /
an Ulrich Hertzogen zu Mecklenburg / an Johann Friderich Hertzogen zu
Würtenberg / an Landgrafen Moriz, und Marggrafen Ludwig zu Hessen /
an Georg Friderich Marggrafen zu Baaden / Johann Georg, und Christian
Fürsten zu Anhalt / Carl Hertzogen von Münsterberg / Johann Christian
Hertzogen zu Lignitz / und an das Dom-Capitl zu Magdeburg / dann an die
Reichs- Städte Regenspurg / Speyer / Worms / Landau / Nürnberg / Weissenburg / Rottenburg an der Tauber / Schweinfurth / Winßhamb / Ulm /
Memmingen / Nördlingen / Haylbrunn / Schwäbischen Haal / Giengen /
Alau / Kempten / und Preßlau. Bey der Erb-Huldigung dises Ertz-
Hertzogthumbs Oesterreich ob der Ennß an König Matthiam, hat er Anno
1609 das Erb-Schenken-Ambt bedienet / deme ihr Majestät zum Gedächtnuß
das Mund-Glaß / darauß dieselbe getruncken / verehret haben. Höchst gedachter Kayser Matthias hat ihm seiner ansehentlichen Nutz-erspießlich-
getreu und angenehmen Dienst wegen zur Gnad seinen Marckt Grießkirchen
laut Diploma dat. den 19ten Febr. Anno 1613 zu einer Stadt erhöbt. Worauf er Herr Gundacker daselbsten zu Grießkirchen den ersten Burgermeister
und Inneren Rath angeordnet / Stadt-Thurner bestellet / Röhr-Brunn /
Vieh / und Traid-Märckt / die Saltz Cammer und Eisen-Legstatt angericht
/ auch die Schul und Spittal renoviren lassen / daselbsten auch das Gymnasiums erhöbt / und dessen zum Angedencken nachfolgende Schrifft allda
einmauren lassen. [...] Anno 1620. den 11ten Junii hat ihme wegen seiner
gleichfalls vielfältigen Nutz- und ersprießlichen in Diplomate angezogenen
Diensten willen Kayser Ferdinandus der anderte das Dorff Kemmaten sambt
seinen grossen District in Stainakircher-Pfarr diß Lands gelegen zu einem
Markt erhoben / mit einem Burggfried und Land-Gericht befreyet / mit
einem Marckt-Wapen / zweyen Jahr / und einem Wochentlichen Wochen-
Markt begabet. Gleichfalls schenckte ihme allerhöchst-gedachte Kayserl.
Majest. in Ansehen seiner langwürigen Dienst / ohne einige Bezahlung /
auß der Herrschafft Stahrenberg Land-Gericht zur Herrschafft Tegernbach
oder Partz (wie es insgemein genannt wird) einen Gezürck der Läng nach
ein Meil Weegs begreiffend / dann absonderlich von der Kayserl. Burgg /
Voggtey / Land-Gericht / auch auf eine halbe Meil Weegs / und einer viertl
Meil breit / laut Diploma dat. den 12ten Novemb. Anno 1620. Letztlichen
hat höchst ermeldter Kayser Ferdinandus ihme Herrn Gundacker von
Polhaimb und allen seinen Ehelichen Leibs-Erben nebst seinen vorigen ge-

führten alten Polhaimbischen und von weyl. Frauen Anna gebohrnen Herrin von Eckharzau anerstorbenen Eckharzauischen Wapen / das von der Wartenburgischen Linea außgebettene und bißhero geführte Totzenbachische / dann das von der Leibnitzischen Linea der Herren von Polhaimb außgebettene Graf Metschische uralte Wapen gnädigst zu führen erlaubt / auch wegen seiner so vielfältigen in Diplomate dat. den 12ten April Anno 1622. nach Längs beschriebenen Verdiensten / und unter andern daß er sich ohnangesehen deren in beyden Ertz-Hertzogthümern Oesterreich unter und ob der Ennß / auch andern Erb-Königreich und Landen erregten Rebellionen / Auffständt / und Kriegs-Empörungen (deren er sich auß treuhertziggehorsambsten und standthafftigen Gemüth zwar nicht ohne Gefahr seines Leibs und Leben / Haab und Güter / lieber entschlagen / als derselbigen in einigen Weeg sich theilhafftig machen wollen / in unterthänigst-schuldigen Gehorsamb und Devotion gegen Ihro Majestät und den hochlöblichen Ertz-Haus beharrlich und unaußgesetzet verblieben / ihm die sonderbare Gnad und Freyheit gegeben / daß er und seine Eheliche Leibs-Erben fürohin wie zuvor sich Herren und Freyherren nennen / sollen und mögen / auch ihnen solcher Titl hinwieder von jedermann gegeben werden solle. Bey seinem Schloß Stainhauß hat er mit Hülf der Unterthanen eine gantz neue Kirchen zur heiligen Dreyfaltigkeit genannt erbauet."

[94] Matthias von Polheim (1608–1673), STARKENFELS (1904) 260. Siehe HOHENECK (1732) 108: „Herr Matthias, Herr von Polhaimb, der dritte Sohn obgedachtes Herrn Gundackers von Polhaimb und Frauen Barbara Herrin von Pranck / vermählete sich mit Frauen Dorothaea Marianna Herrn Jacob Franz Freyherrn von Herberstein / und Frauen Juliana gebohrnen Hagerin Tochter / Herrn Johann Helfrid Jörgers Freyherrn Wittib / selber starb zu Wienn den 3ten Junii Anno 1673 im 64. Jahr 10. Monat / und 21. Tag seines Alters 7 und verliesse auß vorgedachter seiner Gemahel einen sohn Eberhardus Matthias Julius genannt, welcher Chur-Sächsischer Cammerer und Rittmeister gewesen."

[95] 12. Juli 1608.

[96] Georg Ruprecht von Polheim (16. April 1558–12. Juli 1608), verehelicht mit Christina Strein, MATSCHINEGG (1999) 199. Siehe HOHENECK (1732) 96: „Ermeldter Herr Georg Reinprecht [!] Herr zu Partz / und Stainhauß ward gebohren den 21ten April Anno 1558 und Anno 1585 mit Fräulein Christina Streinin / Herrin von Schwartzenau vermählet / nachgehends aber durch eine zugestossene Kranckheit seines Verstands beraubet / also daß er lange Jahr biß an sein End im Schloß zu Partz in einem Zimmer verwahrlich müssen gehalten werden / biß er endlich den 12. Julii Anno 1608. sein unglückseeliges Leben geendet / seine unterlassene Wittib vorgedachte Frau Christina Herrin von Polhaimb gebohrne Streinin machte den 7ten Decembris Anno 1627. ihr Testament und Anno 1628. den 27ten Septemb. ein Codicill, wie die in meinem Archiv dessentwegen außgefertigte und originaliter verhandene Petzetln weisen."

[97] StG, GB Eferding, SCHIFFMANN I (1935) 244.

[98] Erasmus der Ältere von Starhemberg (1575 – Gstättenau 14. Juli 1648), begraben in Hellmonsödt, verehelicht in Eferding 1597 (1. Februar) mit

Elisabeth Ungnad († Ortenburg 1631), Tochter von David Ungnad, Reichsfreiherrn zu Sonneck auf Bleiburg und Eva Lang von Wellenburg, siehe WITTING (1918) 213, SCHWERDLING (1830) 269–270.
[99] Johann Reichard von Starhemberg (1608 – Szatmar 4. September 1661), kais. wirklicher Kämmerer und Hofkriegsrat, Generalfeldmarschall-Leutnandt und Inhaber des 8. Infanterie-Regiments, Herrenstandsverordneter in Oberösterreich, erhielt am 16. Juli 1655 das ungar. Indigenat, verehelicht am 1636 (13. September) mit Anna Susanna Kielman von Kielmansegg († 21. Jänner 1642), Tochter von Andreas dem Jüngeren Kielman von Kielmansegg auf Oberhöflein und der Polyxena Knorr, WITTING (1918) 213, GRÜLL (1955) 114, MATSCHINEGG (1999) 566. Siehe BUCELINUS II (1672) 193: „Juliana ux. Rich. â Starenberg". Siehe HOHENECK (1732) 579: „Herr Joann Reichard Herr von Stahrenberg hat seine junge Jahr im Feld zugebracht / ist aber nachgehends / nachdeme er sich zu Hauß begeben / Anno 1640. Verordneter in disem Ertz-Hertzogthum Oesterreich ob der Ennß / und als er widerumb dem Kriegs-Wesen nachgezogen / Obrister zu Fuß / auch dreyer Römischer Kaysern Cammerer / Hof-Kriegs-Rath / und (nach verschiedenen geheimen / und gefährlichen Absendungen / die er jederzeit mit grossem Lob verrichtet) General-Wachtmeister / und endlichen General-Feld-Marschalch-Lieutenant über die Kayserl. Armee in Hungarn worden / allwo er in denen Sibenbürgischen Gränitzen im Feld-Lager bey Zakmar den 4. September Anno 1661. im 53. Jahr seines Alters an einem hitzigen Fieber sein Leben geendet (ohne daß er von seiner Gemahel / Frauen Anna Susanna, gebohrnen Kielmanin / Herrn Andreae Kielmann von Kielmanseck / und Frauen Polixenae Knorin / Tochter / Herrn Gotthard von Scherffenberg seel. hinterlassenen Wittib / ausser einer Tochter / Fräulen Elisabeth Polixena genant / die in ihrer Kindheit gestorben / ansonsten einige Kinder erzeugt hatte) Fräulen Catharina Salome hat in erster Ehe Herrn Joann Jacob Freyherrn von Herberstain / und nach seinem Absterben Herrn Paul Freyherrn von Eybeswald zum anderten Gemahel genommen / Herr Rudiger Gunther ist in Hungarn ertruncken / die andern alle seynd eintweders in ihrer Kindheit oder unverheurather gestorben."
[100] Schloß, MG Aschach an der Donau, GB Eferding, siehe GRÜLL (1964) 15–16, SCHIFFMANN I (1935) 38.
[101] Karl Jörger, siehe Anm. 71.
[102] Esther Elisabeth Jörger († 1608). Ein früh verstorbenes Kind dieses Namens scheint bei Wurm nicht auf; dort wird nur eine Tochter namens Eva Regina vermerkt, WURM (1955) 255f. Zur Familie STARKENFELS (1904) 143–144, KIRNBAUER (1909) 210–212.
[103] Freitag, 15. Mai 1609.
[104] König Matthias, siehe Anm. 59.
[105] 20. Mai 1609.
[106] Donnerstag, 21. Mai 1609.
[107] Erbhuldigung 1609, siehe dazu MAYRHOFER, KATZINGER I (1990) 128–129, RAUPACH IV (1740) 236, COMMENDA (1963) 192–193.
[108] 24. Mai 1609.
[109] Dienstag, 26. Mai 1609.

[110] St Wien.

[111] Esther von Gera, Tochter der Tagebuchschreiberin Esther von Stubenberg († 1611) und von Hans Christoph von Gera († 1609), verehelicht 1610 mit Johann Joachim von Aspan († 1645), STARKENFELS (1904) 61, KIRNBAUER (1909) 121. Siehe HOHENECK (1727) 146: „Fräulen Ester gabe 1608.[!] dem König Matthias in Ungarn Ertz-Hertzogen zu Osterreich auf sein Begehren den im Ringl-Rennen gewohnenen Danck; dann als vermög der in meinem Archiv verhandenen Original-Beschreibung die Stände des Lands ob der Enns den 17. Maii gedachtes 1608. Jahr höchstgedachten König Matthiae in Ungarn Ertz-Hertzogen zu Oesterreich die Huldigung leisteten, und Ihme ein Ringel und Quintana-Rennen gehalten / dabey der König einen Danck gewohnen / und von denen Richteren gefragt wurde, von welcher Dama er solchen Danck empfangen wolle / hat Er diese Fräulen Ester von Gera hier zu erküsen." Siehe auch die Beschreibung der ständischen Huldigung 1609 (OÖLA, Starhembergische Hs. 147): [unfoliiert] „Und ist auf den abent ein nachtantz in des hern von Losenstein behaussung gehalten worden darbey auch ir Rom. Mt. sich ein stundt zwo aufgehalten. [/] Es ist auch ir koniglich Mayestatt bey selbigem von einer freylein von Gera der zier danckh in namen der löblichen landtschafft und ständen geben worden."

[112] Hans Christoph von Gera. Zum erstgeborenen Sohn Hans Christoph liegen keine Lebensdaten vor. Studienaufenthalte in Padua (Eintrag 15. Juni 1608) und Siena (Eintrag 30. April 1610) lassen sich nachweisen, MATSCHINEGG (1999) 374. Zu Wolff von Gera siehe Anm. 178.

[113] Karl von Scherffenberg (1549 – Enns 3. Juli 1610) auf Spielberg, Rems und Altenhofen im Viertel ob dem Wiener Wald, verehelicht 1610 (2. Jänner) mit Polyxena von Roggendorf (15. Oktober 1577–12. August 1614), Tochter von Johann Wilhelm Reichfreiherrn von Roggendorf auf Mollenburg, Sitzendorf und Mittergraben und Anna Reichsgräfin zu Wied-Runkel und Ysenburg, STARKENFELS (1904) 322, WITTING (1918) 31–32. Siehe HOHENECK (1732) 312–313: „Herr Carl Herr von Scherffenberg auf Spillberg der fünfft- und letzte Sohn vorermeldtes Herrn Joannis Herrns von Scherffenberg und Frauen Christinae von Eytzing / nahme in erster Ehe nach Zeugnuß des Prevenhueber. Msc. Genealog. Fräulen Catharinam gebohrne Herrin von Tannberg / Herrn Wolf Herrns von Tannberg mit seiner dritten Gemahel Frauen Annae gebohren Rambseidin Tochter / und Weyl. Herrn Wilhelm von Volckerstorff seel. hinterlassene Wittib / aber ohne Kinder / auß seiner anderten Gemahel Frauen Polixena gebohrnen Herrin von Rogendorff / Herrn Joann Wilhelm Herrns von Rogendorff und Frauen Annae Gräfin von Wiedt Tochter / welche er vermög eines in meinem Archiv originaliter verhandenen Pötzetl dat. Ennß den 2. Jenner 1610. zur Ehe genommen / hatte er einen Sohn Hanns Wilhelm genant / welcher erst nach des Vatters Todt gebohren worden / zumahlen gedachter herr Carl Herr von Scherffenberg auf Spillberg vermög eines in meinem Archiv originaliter verhandenen Conduct-Ladschreiben zu Ennß den 3. Julii Anno 1610. umb 2. Uhr Nachmittag gestorben / und in der Scherffenbergischen Erb-Begräbnuß zu St. Lorenz nächst Ennß beygesetzet worden / allwo von ihme auf dem aufgehangenen Wapen-Schild nachfolgende Schrifft zu lesen:

Deß Wohlgebohrnen Herrn Herrn Carl Herrn von Scherffenberg auf Spillberg / welcher in GOtt Seelig entschlaffen den 3. Juli deß 1610. Jahrs."

[114] Schloß Riedegg, G Alberndorf in der Riedmark, GB Urfahr-Umgebung, siehe GRÜLL (1962) 108–110, SCHIFFMANN II (1935) 278.

[115] Polyxena Freiin von Roggendorf (15. Oktober 1577–12. August 1614), Tochter von Hans Wilhelm von Roggendorf (4. Juli 1531–13. September 1590), verehelicht 1610 (2. Jänner) mit Karl von Scherffenberg auf Spielberg, begraben in Enns am 30. September 1614, Predigt von Mag. Christian Gilbert de Spaignart, Stadtprediger in Enns, siehe MAYR (1961) 57, WITTING (1918) 31–32, WURZBACH 26 (1874) 270, KNESCHKE VII (1930) 553, KATALOG RENAISSANCE (1974) 72, HELLBACH (1826) 332, SCHMUTZ III (1822) 379–380, BUCELINUS II (1672) 193. Siehe HOHENECK (1732) 312: „Frauen Polixena gebohrnen Herrin von Rogendorff / Herrn Joann Wilhelm Herrns von Rogendorff und Frauen Annae Gräfin von Wiedt Tochter / welche er vermög eines in meinem Archiv originaliter verhandenen Pötzetl dat. Ennß den 2. Jenner 1610 zur Ehe genommen".

[116] Wolfgang Lindner (ca. 1560–1625), Magister der lateinischen Sprache seit 1603 in Steyr, berichtet über ungünstige Witterung für die Ernte 1609: Siehe SCHIFFMANN (1910) 191: „Messis huius anni propter continuas pluvias et tempestates valde importuna fuit. Vix frumentum ad horrea comportari potuit multaque damna in campis et in ipsis cumulis consistens pertulit". Siehe auch KLEMM (1983) 28.

[117] Belege für Donau-Hochwasser finden sich nur für 1606, sowie 1616, 1617, 1622 und 1647, siehe NEWEKLOWSKY (1955) 187. Keine Erwähnung des Donau-Hochwassers von 1609 bei KNITTLER (1968) 202. Für den Anfang des Jahres 1609 erwähnt Felix Guetrater: „zwo Noth zu Passau im Wasser erlitten", siehe MARTIN (1948/49) 15. Zur 1497 errichteten Donaubrücke siehe MAYRHOFER, KATZINGER I (1990) 109–112.

[118] Wolf Wilhelm Freiherr von und zu Volkersdorf (19. Dezember 1567–12. Dezember 1616) auf Weissenberg an der Krems, Reichersdorf, Stein und Zierberg, Oberstlandpanierträger in den Erzherzogtümern Österreich ob und unter der Enns, kaiserlicher Kämmerer und Rat, Landeshauptmann in Österreich unter der Enns 1610–1616, verehelicht 1592 (28. Juni) mit Katharina von Liechtenstein (25. November 1572–16. April 1643), Tochter von Hartmann von Liechtenstein auf Nikolsburg, Feldsberg, Eisgrub, Steyregg und Reichenstain und der Anna Maria Reichsgräfin zu Neu-Ortenburg an der Herrschaft Söldenburg-Söldenau, GRÜLL (1969) 64, WITTING (1918) 470–471, MATSCHINEGG (1999) 347. Siehe HOHENECK (1732) 787, 789: „Herr Wolf Wilhelm Herr von und zu Volckenstorf / Weissenberg / Stain und Reicherstorf / Obrister- Erb-Panier des Ertz-Hertzogthum Oesterreich ob und unter der Ennß / ward der Römis. Kayserl. Majestät Cammerer / Rath / und Lands-Hauptmann in Oesterreich ob der Ennß / etc. von Anno 1610. bis 1616. wie in Catalogo der Herren Lands-Hauptleuth zu sehen / vorhero aber als Anno 1604. Verordneter des Löbl. Herrenstands / Anfangs auch Ertz-Hertzog Ernsten zu Oesterreich Fürschneider. Er vermählete sich den 28. Junii Anno 1592. mit Fräulein Catharina gebohrnen Herrin von Liechtenstain und Nicolspurg / Herren Hartman Herrn von

Liechtenstain und Nicolspurg mit Frauen Maria Gräfin von Ortenburg erzeugten Fräulein Tochter / die sich laut eines in meinem Archiv originaliter verwahrten Pött Zettl sub dato 2. Augusti Anno 1592. gegen ihrer Frauen Mutter / Vettern / und Brüdern / umb Vätter- Brüder – und Vetterliche Erbschafft verzyhen hat. [...] Herr Wolf Wilhelm Herr von und zu Volckenstorf etc. hat nicht nur (wie die ihme gehaltene unter denen Baron Streinischen M.sc. sich befindende Leich-Predig enthaltet) Seiner Kayserl. Majestät Anno 1594. und 1595. in denen Hungarischen Feld-Zügen als Cammerer gedienet / sondern auch dem Vatterland in verschidenen zum Theil auch gefährlichen Gelegenheiten / und ihme aufgetragenene Commissionen nutz- und ersprießliche Dienst geleistet / wie er dann auch (Vermög der Stadt Steyr Annalium) unter denen Gesandten / welche die Stände ob der Ennß an Kayser Matthiam Ertz-Hertzogen zu Oesterreich etc. als sich derselbe den 4. Decembris Anno 1611. zu Wien mit Ertz-Hertzogs Ferdinandi zu Oesterreich und Tyrol und Frauen Annae Catharinae gebohrnen Hertzogin von Mantua Tochter vermählet / mit einem Hochzeit-Praesent von zehen tausend Gulden abgeschicket / der Principal und erste Gesandte gewesen.".

[119] Johann Joachim Freiherr von Zinzendorf (1570–1626), verehelicht mit Maria Judith von Liechtenstein (1575–1621), Tochter von Hartmann von Liechtenstein auf Nikolsburg und Feldsberg und Anna Maria Reichsgräfin von Ortenburg, FALKE (1877) 88, HOHENECK (1732) 843.

[120] Anna Maria von Liechtenstein († 1607), verehelicht 1568 mit Hartmann II. von Liechtenstein (1544–1585). Anna Maria von Liechtenstein, die evangelisch geblieben war, ließ sich in Ortenburg begraben. Ihre Söhne waren schon zu Lebzeiten der Mutter zum Katholizismus konvertiert, WINKELBAUER (1999) 55.

[121] Katharina von Volkersdorf, geborene Liechtenstein, siehe Anm. 118.

[122] Johann Ulrich von Starhemberg (Juni 1563–1626), auf Schönbühel, Peuerbach und St. Pantaleon, kaiserlicher Rat, NÖ. Landrechtsbeisitzer 1599–1600, 1606–1607, WITTING (1918) 209–210, SCHWERDLING(1830) 207–210. Siehe HOHENECK (1732) 549–550: „Herr Joann Ulrich, Herr von Stahrenberg / Herr zu Ennseck / der jüngere Sohn mehrgedachtes Herrn Gundacker Herrn von Stahrenberg / und seiner ersten Gemahel Frauen Susanna von Hohenfeld / gebohren den 27. Junii Anno 1563. war Kayserl. Rath und Beysitzer der N. Oe. Lands-Rechten. Er nahme zur ersten Gemahel Fräulen Elisabetham, Herrn Ernst Grafens von Orttenburg Sallamanca, und Frauen Rosinae gebohrnen Herrin von Scherffenberg Tochter / welche (nachdeme sie ihme drey Söhn / als Anno 1591. Herrn Gundacker, Anno 1593. Herrn Joann Ernst, und Anno 1601. Herrn Joann Wilhelm, nebst zweyen Fräulen Töchtern / als Anno 1592. Fräulen Isabellam, und Anno 1596. Fräulen Susannam Julianam gebohren) den 5. May Anno 1601. zu Ennseck diß Zeitliche geseegnet / und zu Eferding begraben worden / allwo von ihr nachfolgendes Epitaphium verhanden: Hierinnen ruhet biß zu den herrlichen Tag der Erscheinung aller Außerwählten der Leib der Christlichen Frauen und Wohlgebohrnen Frauen Frauen Elisabeth, Frauen von Stahrenberg zu Ennseck / gebohrnen Gräffin von Orttenburg / welche in An-

ruffung und wahren Vertrauen auf ihren lieben Herrn Christum den 5. May 1601. Jahr zu Ennseck im Schloß auß disem zergänglichen und müheseeligen Leben in die ewige Ruhe und Freud aufgenommen worden / hat in ihrer zeitlichen Wanderschafft Christlich und ehrlich zugebracht 34. Jahr und 6. Monat / unter welchen mit ihrem Gemahel dem Wohlgebohrnen Herrn Herrn Joann Ulrich von Stahrenberg Herrn zu Ennseck in höchster Treu und Einigkeit 12. Jahr 7. Monat 3. Tag / und in solcher Zeit erzeugt 8. Kinder / vier Söhn / und vier Töchter / darunter 2. Söhn und ein Tochter noch im Leben verlassen / welche zur ewigen Gedächtnuß dises auf ihr Ruhe-Bethlein mit Hertzenlaid und Traurigkeit auch ewigen Sehnen nach ihr schreiben lassen / mit tröstlicher Hoffnung in jenem Leben sie wider mit Freuden zu sehen. [...] Ermelter Herr Joann Ulrich, Herr von Stahrenberg aber hat nachgehends in anderter Ehe Frau Potentianam, Freyin von Schönkirchen / Herrn Ludwig Freyherrns von Schönkirchen / und Frauen Barbarae Herrin von Roggendorff Tochter / Herrn Joann Freyherrns von Tschernembl Wittib sich beygeleget / und mit selber noch drey Söhn / als Anno 1603. Herrn Joann Ludwig, Anno 1605. Herrn Joann Reichard, und Anno 1607. Herrn Joann Erasm erzeuget / welche aber sambt denen auß erster Ehe gebohrnen Kindern / so vil wissend / lediger gestorben seynd."

[123] Susanna von Roggendorf († 1613), verehelicht mit Wolf Sigismund von Losenstein († 1626) (Sohn von Dietmar von Losenstein und Helena Freiin von Herberstein). Als Landrat der OÖ. Landschaft nahm er vom 15. August 1597 bis 31. Dezember 1598 an der Linzer Kommission teil. Am 26. Mai 1623 wurde er in den Reichsgrafenstand erhoben, war dann kaiserlicher Obrist-Hofmarschall, HAIDER (1987) 177, GRÜLL (1969) 55; REINGRABNER (1969) 193ff. Siehe HOHENECK (1747) 386: „Herr Wolf Sigismund Herr von Losenstain zu Losenstain / Losenstainleuthen / und Gschwendt / ward dreyen Römischen Kaysern Rudolphi II., Matthiae, und Ferdinandi II., Rath / Obrister Hof-Marschalch (zu welchen Ambt er / nach Anzeig der Baron-Ennencklischen Manuscripten den 12. Januarii Anno 1624. erhoben worden) und Obrister Jägermaister. Er vermählete sich zum ersten mahl Anno 1592. mit Fräulein Susanna gebohrenen Herrin von Roggendorf / Herrn Georg Ehrnreich Herrn von Roggendorf / und Frauen Elisabeth gebohrnen Herrin von Töbar Tochter / und ward dero prächtiges Beylager Sonntag Quinquagesima den 9. Februarii gedachtes Jahr zu Lintz in den Losenstainischen Hauß gehalten / wie aus den in meinen Archiv in Originali verhandenen Hochzeit-Ladschreiben zu entnehmen. Solch sein erste Gemahel aber hat nachgehends Anno 1613. die Schuld der Natur bezahlen müssen / nachdeme sie zuvor den 12. Martii Anno 1606. laut des in ersagt meinen Archiv verhandenen Pettzetl / ihr Testament gemacht / und ihme siben Kinder / als zwey Herren Söhn / und fünf Fräulein Töchter gebohren / sie war / nach Anzeig des Steyrischen Annalium, in die Losenstainische Erb-Begräbnuß zu Gärsten beygesetzet / und ihr vorhero in der Schul-Kirchen zu Steyr eine Lutherische Leich-Predig von den Landschaffts-Praedicanten gehalten."

[124] Johann der Jüngere Schifer (1558–5. März 1616), Freiherr zu Freiling auf Daxberg, Irnharting und Schmiding, Verordneter der Stände, verehelicht

in zweiter Ehe in Wels 1586 (15. Juni) mit Anna von Sinzendorf († 24. August 1610), Tochter von Johann von Sinzendorf auf Goggitsch und Feyregg und der Helena Theschütz von Vöslau, WURM (1955) 152, MATSCHINEGG (1999) 541, HAIDER (1987) 177, GRÜLL (1969) 64, STARKENFELS (1904) 331–335, WITTING (1918) 49. Siehe HOHENECK (1732) 334, 336: „Herr Hans Schifer zu Schmiding der jüngere und vierdte Sohn obgedachtes Herrn Alexandri Schifer / und Frauen Mariae Gebohrnen von Scherffenberg gebohren Anno 1558. ware nicht nur Kayserl. Rath und Land-Rath / sondern auch Anno 1592. Verordneter in disem Ertz-Hertzogthum Oesterreich ob der Ennß Anno 1606. aber vermög Kayserl. bey denen Herren Schifern verwahrten Diplomate nebst seinen Herren Brüdern und Vettern in denen Herren-Stand erhoben. [...] Nach Absterben vorbemelt- seiner ersten Gemahel verehelichte sich gedachter Herr Hans Schifer Freyherr / vermög eines in meinem Archiv originaliter verhandenen Hochzeit-Ladschreiben Anno 1586. mit Fräulen Anna von Sintzendorff / Herrn Johann von Sintzendorff zu Goggitsch und Feyreck / Röm. Kayserl. Majest. Hof-Cammer-Rath etc. und Frauen Helenae gebohrnen Teschützin von Veßlau Tochter / und ward die Hochzeit den 15. Junii gedachtes Jahr zu Welß gehalten. Er starb vermög eines in meinem Archiv originaliter verhandenen Conduct-Ladschreiben den 5. Martii 1616. und ward zu Eferting in der Schiferischen Erb-Begräbnuß beygesetzt / und ihme nachbeschribenes Epithaphium aufgerichtet / an welchem zu beyden Seithen seine sechzehen Ahnnen in nachfolgender Ordnung eingehauen: Hie ligt begraben der Wohlgebohrne Herr Herr Hannß Schifer Freyherr zu Freyling und Taxberg Kayserl. Majest. Rath und Land-Rath in disem Ertz-Hertzogthum Oesterreich ob der Ennß / der gestorben ist im Jahr nach unsers HErrn JEsu Christi Geburth 1616. den 5. Martii / seines Alters im 58. Jahr / deme und allen Christglaubigen GOtt die fröhlige Auferstehung verleyhe."

[125] Anna von Sinzendorf († 1610), Hans Schifers zweite Frau, siehe Anm. 124.
[126] Karl Jörger, siehe Anm. 71.
[127] Johann Schifer, siehe Anm. 124.
[128] M Ortenburg, Lk Passau. Zur Geschichte der ehemals reichsunmittelbaren Grafschaft in Bayern, siehe ORTENBURG-TAMBACH (1931–32).
[129] Friedrich von Scherffenberg (1542 – Enns 1609) auf Spielberg, kaiserlicher Landrat in Österreich ob der Enns, verehelicht auf Waldenburg 1578 (27. April) mit Anna, Tochter von Hugo von Schönburg auf Glauchau und der Anna Gräfin von Gleichen (1562–1597), in zweiter Ehe 1600 mit Rebecca von Freyberg († 1611), Tochter von Pankraz von Freyberg auf Hohen-Aschau und Marie von Kitscher. Friedrich von Scherffenberg wohnte in Enns, STARKENFELS (1904) 322, WITTING (1918) 30–31. Siehe HOHENECK (1732) 307–308: „Herr Friderich Herr von Scherffenberg und Herr zu Spillberg / Röm. Kayserl. Majest. Rath und Land-Rath in Oesterreich ob der Ennß / vermählete sich vermög einer in meinem Archiv originaliter verhandenen Pettzetl noch bey Lebzeiten seines Herrn Vatters und Frauen Mutter / mit Fräulen Anna gebohrnen Herrin von Schönburg / Herrn Haug Herrn von Schönburg und Frauen Annae gebohrnen Gräfin von Gleichen Tochter / welche damahlen noch das sechzehnde Jahr ihres Alters nicht erreicht hat-

te / und ward das Beylager (wie hievon die B. Ennenckl. Msc. zeugen) den 27. Apr. Anno 1578 zu Waldenburg in Meissen gehalten. Er gebahre auß ihr sechzehen Kinder [...] Nach Absterben gedacht seiner ersten Gemahel Frauen Annae gebohrnen Herrin von Schönburg / nahme ersagter Herr Friderich Herr von Scherffenberg in anderter Ehe (wie in denen Prevenhueb. Msc. Geneal. vorgemerckter zu finden) Frauen Rebeccam von Freyberg / Herrn Pongraz von Freyberg und Frauen Mariae von Kitschee Tochter / Herrn Erasmi von Seiboltstorff seel. hinterlassenen Wittib / welche er aber Anno 1609 als abermahlige Wittib unterlassen / und zu St. Lorenz nächst Ennß begraben worden / allwo von ihme annoch ein / aber dermahlen nicht mehr leßliches Epitaphium verhanden. Ersternante seine anderte Gemahel folgte ihme in die Ewigkeit Anno 1611. und ward gleichfahls zu gedachtem St. Lorentz nächst Ennß begraben."

[130] StG, GB Enns, SCHIFFMANN I (1935) 263.

[131] Katharina von Tannberg († Enns 1609), Tochter von Georg Wolf Freiherr von Tannberg und Anna (geborene Rambseidin), verehelicht in erster Ehe mit Wolfgang Wilhelm Freiherrn von Volkersdorf auf Weissenberg (1517–1575), begraben in St. Florian, in zweiter Ehe 1582 (18. Februar) mit Karl von Scherffenberg auf Spielberg, Rems und Altenhofen, † Enns 3. Juli 1610, begraben St. Laurenzkirche, WITTING (1918) 31, 302. Siehe BUCELINUS IV (1678) 274: „Cath. de Tannberg, ux. Wilhelm Dn a Volckenstorff". Siehe HOHENECK (1747) 786–787: Wilhelm von Volckenstorf „Vermählte sich Anno 1555. zum anderten mahl mit Fräulein Catharina gebohrnen von Tannberg zu Aurolzmünster / und Frauen Margaretha von Seiberstorf Tochter / und ward nach Zeugnuß der B. Ennenckl. M. sc. die Hochzeit zu Lintz Sonntag Cantate ersagtes Jahr gehalten [...] Ersagt seine unterlassene Wittib / ermeldte Frau Catharina gebohrne Herrin von Tannberg / hat nachgehens laut dem in meinen Archiv verhandenen Hochzeit-Ladschreiben Herren Carl Herren von Scherffenberg zur Ehe genohmen / und ward die Hochzeit den 18. Februarij Anno 1582. in dem Schloß zu Volckenstorf gehalten."

[132] Karl von Scherffenberg, siehe Anm. 113.

[133] Polyxena von Roggendorf, siehe Anm. 115.

[134] Judith von Liechtenstein, geborne Gräfin von Ortenburg, verehelicht 1568 mit Hartmann II. von Liechtenstein (1544–1585), FALKE (1877) 10, 86–100, STARKENFELS (1904) 184, WINKELBAUER (1999) 54–55.

[135] vermutlich MG Aschach an der Donau, GB Eferding.

[136] Weikhart von Polheim (1553–1609). Zur Familie STARKENFELS (1904) 258–261. Siehe HOHENECK (1732) 147: „Herr Weickhard Freyherr von Polhaim / Herr zu Puecham / welcher gebohren an St. Veiths Tag Anno 1553. war Kaysers Rudolphi / und König Mathiae Rath / Land-Rath / und obrister Feld-Haubtmann ob der Enuß [!] / auch Anno 1597. bey dem blutigen Treffen umb Neumarck wider die rebellischen Bauren / wie in Valentin Prevenhueber Catal. der Herren Lands-Haubtleuth zu lesen / hernach etlich Jahr Hertzog Friderichs zu Würtemberg Ober-Vogt zu Göppingen. Er verehelichte sich / und hatte sein Beylager den 26. Julii Anno 1574. in dem Schloß zu Speckfelden / in Francken / mit Fräulein Sabina, Herrn Carl

Schencken / semper Freyen von Limburg / und Frauen Adelheid, einer gebohrnen Rhein-Gräfin Tochter / und nachdeme er aus ihr 7. Söhn / Nahmens Casimir, Gotfrid, Carl, Heinrich, Hans Georg, Weickhard, und Georg Achaz, nebst 6. Fräulein Töchtern / welche sich Polixena, Adelheid, Eva, Felicitas, Susanna, und Regina nandten / gebohren. Starb er zu Lintz den 25. May Anno 1609. Vorgedacht-seine Gemahel aber folgte ihme zu Puecham den 16. August / Anno 1613. zwischen 11. und 12. Uhr Nachts / und ward / laut eines in meinem Archiv originaliter verhandenen Conduct-Ladschreiben am Tag Sabinae den 27. October bey St. Anna zu Thallham begraben".

[137] Puchheim (StG Attnang-Puchheim, GB Vöcklabruck), siehe GRÜLL (1963) 90–92.

[138] Hans Christoph von Gera, siehe Anm. 10.

[139] Diese Leichenpredigt von Clemens Anomäus vom 20. Oktober 1609 liegt ebenso wie die Eschelberger Leichenpredigt vom 21. Oktober des Jahres gedruckt vor: „Zwo Christliche Leichpredigten über dem tödtlichen Abgang Des Wolgebornen Herrn / Herrn Hanns Christoffen / Herrn von Gera / auff Arnfelß / Eschelberg / Wäxenberg vnnd Müldorff / Pfandherrn der Herrschafften Freystatt / Fürstlicher Durchl. Ertzhertzogen Ferdinandi zu Oesterr: Rath / vnd einer E. Löbl: Landschafft in Oesterr: ob der Ens / Herrnstands Verordneten etc. Die Erste Bey Hebung vnnd Wegführung der Leich zu Lintz / den 20. Octobris. 1609. Die Ander Bey dem Begräbnuß / in der Schloßcapell zu Eschelberg / den 21. Octobris / in Versamlung der Vnterthanen Gehalten Durch M. Clementem Anomaeum, E. E. Landtschafft ob der Ens / bestellten Prediger. Gedruckt zu Nürnberg / durch Abraham Wagenmann M. D. C. X." Am Schluß findet sich noch ein mit Noten versehenes vierstimmiges Klaglied, siehe den Anhang, LOESCHE (1925) 71–72; RUMPL (1970) 195, siehe auch MAYR (1961) 69, PICKL (1975) 193. Zu Nürnberg als Druckort für Leichenpredigten siehe SCHNABEL (1992) 91 und zu Leichenpredigten 441–449, 531–533.

[140] Clemens Anomäus († 30. März 1611), geboren in Türsenreut in der Pfalz, Sohn eines Arztes, studierte in Wittenberg anfänglich Medizin, danach Theologie. Er war von 1586 bis 1595 studiorum gratia in Linz, von 1595 bis 1597 in Wittenberg, von 1597 bis 1600 Präzeptor der Herrn von Tschernembl, danach Präzeptor der Landhausschule, etwa ab 1605 Schloßprediger bei Christina von Losenstein, nach deren Tod 1608 Landhausprediger in Linz; in erster Ehe verheiratet mit der Tochter des Peuerbacher Bürgers Weidinger, in zweiter Ehe mit Salome Ungleichin, RUMPL (1970) 192–195, MAYR (1961) 34, 75–76.

[141] Rudolf von Stubenberg, siehe Anm. 16.

[142] Juliana von Roggendorf (1579–12. Juli 1633), Tochter von Johann Wilhelm Reichsfreiherrn von Roggendorf auf Mollenburg, Sitzendorf und Mittergraben und der Anna Reichsgräfin zu Wied-Runkel und Ysenburg (geb. 1579), verehelicht 1592 (24. März) in Eferding mit Reichard von Starhemberg (1. März 1570–Februar 1613), auf Schaunberg, Riedegg, Wildberg und Lobenstein, Herrenstandsverordneter in Österreich ob der Enns, kaiserlicher Kämmerer und Hofkammerrat, beide begraben in der Pfarrkir-

che Hellmonsödt, SCHWERDLING (1830) 211–216, WITTING (1918) 210. Siehe HOHENECK (1732) 580: „Herr Reichard Herr von Stahrenberg / der ältere Sohn obgedachtes Herrn Heinrich Herrns von Stahrenberg und Frauen Magdalenae gebohrnen Herrin von Lamberg / Herr der Herrschaft Wildtberg und Riedeck / ein sehr gelehrter Herr / gebohren den ersten May Anno 1570. ward Anfangs Anno 1603. Verordneter des Löbl. Herren-Stands dises Ertz-Hertzogthums Oesterreich ob der Ennß / hernach Kayserl. Rath und Regent der N. Oe. Landen / endlichen aber Reichs-Hoff-Rath / unter welcher Bedienung er von Sr. Kayserl. Majest. zu sechs-verschiedenen mahlen über Meer nacher Engelland überschickt worden / daselbsten auch von der damahligen Königin Elisabeth mit grossen Gnaden und Ehren empfangen / auch in ihren Landen aller Orthen stattlich / ja Fürstlich empfangen / einbegleitet / und tractiert / auch jedesmahl mit guter Verrichtung zu allergnädigster Genehmhaltung Sr. Kayserl. Majest. entlassen worden / wie hievon seine untern Baron Streinischen Msc. verhandene Leichen-Predig weitläufig meldet. Er vermählete sich mit Fr. Juliana, gebohrnen Herrin von Roggendorff / Herrn Hans Wilhelm, Freyherrns von Roggendorf und Mollenburg / obristen Erb-Land-Hofmeisters in Oesterreich / Röm. Kayserl. Majestät Rath und gewesten Land-Marschalchen im Ertz-Hertzogthum Oesterreich unter der Ennß seel. mit Frauen Anna gebohrnen Gräfin von Widt und Runckel / Tochter / und ward die Hochzeit vermög eines in meinem Archiv originaliter verhandenen Hochzeit-Ladschreiben den 24. May Anno 1592. eben an dem Tag / da seine Fräulen Schwester Fräulen Margaretha mit Herrn Caspar von Roggendorff vermählet worden / zugleich in der Burg zu Eferting gehalten. Er starb zu Wienn den 8. Februarii Anno 1613. umb 6. Uhr Nachmittag im 41. Jahr seines Alters am Schlag / und ward zu Helmansed in der Pfarr-Kirchen begraben."

[143] Anna Maria von Polheim, geborene Pranck († 12. Dezember 1616), verehelicht 1604 (26. Jänner) mit Wolfgang von Polheim. Zur Familie STARKENFELS (1904) 258–261, KIRNBAUER (1909) 354–355. Siehe HOHENECK (1732) 154–155: „Herr Wolfgang Freyherr von Polhaim und Warttenburg / Herr zu Mistlbach / der anderte Sohn obgedachtes Herrn Sigmund Ludwig von Polhaim / und Frauen Annae Herrin von Prag / gebohren den 17. Sept. Anno 1571. ward Anno 1604. den 26. Januarii vermählet mit Fräulein Anna Maria von Pranck / Herrn Carl von Pranck zu Pur- und Goblspach / und Frauen Margaretha von Moßhämb Tochter / welche ihme 2. Sohn / Nahmens Wolf Carl, und Sigmund Ludwig gebohren [...] Ermeldter Herr Wolfgang hat sich den 26. Jan. An. 1604. in seinem Schloß zu Mistlbach durch einen unvorsichtigen Bichsen-Schuß selbst umb das Leben gebracht / seine Gemahel folgte ihme lauth eines in meinem Archiv originaliter verhandenen Conduct Lad-Schreiben den 12. Decembris Anno 1616. umb die 12. Stund Mittags / seynd beede bey St. Anna in Thallhamb und zwar die Frau den 31. Jenner Anno 1617. begraben worden."

[144] Elisabeth von Polheim (geborene von Eck), siehe Anm. 151.

[145] MG Ottensheim, GB Urfahr-Umgebung, SCHIFFMANN II (1935) 233.

[146] Schloß Eschelberg, G St. Gotthard im Mühlkreis, GB Urfahr-Umgebung. Das Hauptgebäude der Burg wurde 1598 unter den Herren von Gera er-

baut (Wappensteine über den Toren). Die Herren von Gera kauften die
Burg von den Traun um 1560. Erasmus von Gera hatte neben Eschelberg
schon seit 1553 die Herrschaft Waxenberg und seit 1562 die Herrschaft
Freistadt pfandweise inne. Eschelberg zählte 1594 zu den verteidigungs-
fähigen Burgen des Mühlviertels. Hans Christoph von Gera, ein Sohn des
Erasmus, übersiedelt 1604 von Arnfels (Stmk) nach Eschelberg. Von Erasmus II., der als protestantischer Rebell verhaftet wurde und später zum
Katholizismus übertrat, kaufte Konrad Balthasar von Starhemberg 1647
die Herrschaft Eschelberg, GRÜLL (1962) 18–21.

[147] Reichard von Starhemberg, siehe Anm. 142.

[148] vermutlich Hans Wilhelm von Zelking, siehe Anm. 185.

[149] Wolf Wilhelm von Volkersdorf, siehe Anm. 118, 188.

[150] Wolfgang von Saurau († 11. März 1613), Freiherr zu Ligist und Hornegg
auf Grafenegg, Erbmarschall in der Steiermark, kaiserlicher Geheimer Rat
und Kämmerer, am 16. Februar 1604 unter die NÖ. alten Herrenstands-
geschlechter aufgenommen, in 1. Ehe vermählt mit Elisabeth von Gera,
Tochter von Erasmus von Gera auf Arnfels und der Sara von Scherffenberg;
in 2. Ehe mit Eva Barbara, Tochter von Bartholomäus Khevenhüller zu
Aichelberg auf Kammer und Kogl, Graf zu Frankenburg und Anna Graf
von Schernberg; in 3. Ehe mit Regina Rosina von Eibiswald († Graz 4.
Dezember 1627), siehe WITTING (1918) 25.

[151] Gottfried von Polheim (1572–1629). Siehe HOHENECK (1732) 102–104: „Herr
Gottfried Herr zu Polhaimb / auf Partz und Liechteneck / der Vierte Sohn
offt-erholtes Herrn Ludvvig von Polhaimb / und Frauen Elisabeth gebohrnen
Herrin von Stahrenberg / Ertz-Hertzogs Matthiae zu Oesterreich Mund-
Schenck / hatte zur Gemahel Frauen Elisabetham Herrin von Egck / Herrn
Hanibal Herrn von Egck / und Frauen Waldburg Mordaxin / Tochter /
Weyl. Herrn Carl Freyherrn von Dietrichstein hinterlassene Wittib / und
gebahre auß ihr nebst zweyen Töchtern / als Anno 1606. Fräulein Annam
Elisabeth, die nachgehends Herrn Matthiae von Stubeck zu Königstein
verheyrath) Anno 1642 aber den 28ten December gestorben / und zu Preßburg anf [!] den Evangelischen Freythof in der Stubeckischen Grufft begraben worden / den 12ten August. Anno 1607. Fräulein Sabinam, Herrn Johann Ulrichs Grafen von Concin Gemahel / auch fünff Söhn benanntlichen
Herrn Johannem Helmhart (der Anno 1608. gebohren / und Anno 1609.
wieder gestorben) Herrn Johann Wilhelm (welcher Anno 1611. gebohren /
und im 20ten Jahr seines Alters 1631. vor Mastricht geblieben) Herrn Tobiam,
so Anno 1612. in die Welt kam / und sich nachgehends mit Fräulein Susanna
Catharina Teuflin / Herrn Georg Teufels Freyherrn zu Gundersdorff und
Frauen Elisabetha Herrin von Puechhaimb Tochter vermählete / aber ohne
Kinder gestorben / Herrn Georg Engelbrecht, welcher Anno 1615. gebohren
/ und Anno 1633 zu Regenspurg gestorben / allwo er auch begraben ligt /
und Anno 1617. Herrn Christian Ludvvig, welcher sich mit …[!] Bauerin
vermählet hat".

[152] Gotthard von Scherffenberg (1584–1634) auf Hohenwang, Spielberg, Prand-
egg, Zellhof, Prandhof, Habichriegl und Tannbeckhof und Aich im Machland (Sohn von Friedrich dem Frommen), kaiserlicher Kämmerer und Oberst,

verehelicht mit Anna Susanna († 21. Jänner 1642), Tochter von Andreas dem Jüng. von Kielmansegg auf Ober-Höflein und der Polyxena Knorr. Anna Susanna war in zweiter Ehe seit 13. September 1636 mit Johann Reichard Reichsgrafen von Starhemberg († 4. September 1664) auf Gstöttenau, Schaumberg, und Eferding vermählt. Gotthard von Scherffenberg erwarb am 28. März 1631 von den Jörgern die Herrschaft Prandeck im Machland mit Zellhof und Aich. Diese Güter wurden nach seinem Ableben von der Witwe Anna (geb. Kielmann Freiin von Kielmannsegg) dem Schwiegersohn Georg Siegmund Grafen von Salburg (der mit Sydonia Elisabeth von Scherffenberg verehelicht war) verkauft, STARKENFELS (1904) 322, WITTING (1918) 31. Siehe HOHENECK (1732) 308–309: „Herr Gotthard Herr von Scherffenberg zu Spillberg / Röm. Kayserl. Majest. Cammerer / und Obrister über ein Regiment Hoch Teutschmeisterisches Volck zu Fuß / kauffte Anno 1631. Krafft der zu Zellhoffen bey denen Herrn Grafen von Salburg originaliter verhandenen Kauffs-Abred de dato 28. Martii gedachtes Jahr von Herrn Maximilian Jörger die Herrschafft Prandeck mit denen incorporirten Güthern Zellhof / Prandhof / Habich-Rigl und Tanböckhof. Mit seiner Gemahel Frauen Anna gebohrnen Kielmanin von Kielmanseck Herrn Andreae Kielmann von Kielmanseck zu Ober-Höfelein und Frauen Polixenae gebohrnen Knorin Tochter / die nach seinem Absterben Herrn Johann Reichard Grafen von Stahrenberg zur Ehe genommen / hat er zwey Söhn und fünff Töchter gebohren / [...] wie dann auch dero Herr Vater vorgedachter Herr Gotthard Herr von Scherffenberg den 30. November Anno 1634. deroselben in die Ewigkeit nachgefolget / und in der Scherffenbergischen Erb Begräbnis zu St. Lorentz nächst Enns beygesetzt worden / allwo von ihme ein aufgehenckter Wapen-Schild mit nachfolgender Auffschrifft verhanden: Deß Wohlgebohrnen Herrn Gotthard Herrn von Scherffenberg / zu Hohenwang / Herrn zu Prandeck und Zellhofen / der Röm. Kayserl. Majestät Cammerer und Obrister über ein Regiment Teutschmeisterisch Volck zu Fuß / der gestorben ist den 30. November Anno 1634."

[153] Zwei junge Herrn von Saurau, nicht genauer identifiziert.
[154] Die gedruckte Leichenpredigt wurde im Anhang wiedergegeben.
[155] Altes Testament, Psalm 119, 50: „Das ist mein Trost in meinem Elende, Denn dein Wort erquicket mich", siehe Bibel von 1545 LUTHER, hrsg. RÜCKERT (1956) 505.
[156] Offo/Otto von Teuffenbach († 25. Dezember 1609) auf Kranichsfeld, Offenburg, Sauerbrunn, Stattenberg und Than, begraben in Teufenbach, verehelicht 1581 (8. Dezember) mit Susanna Teufel (Tochter von Christof Teufel auf Guntersdorf, Frohsdorf und Katzelsdorf und Susanna von Weissbriach auf Maria-Laach, Pitten, Spitz, Teesdorf und Zaissing). Offos einzige Tochter aus seiner Ehe mit Susanna Freiin von Teufel war die zweite Frau des Grafen Heinrich Matthias Thurn, des einflußreichsten Führers im böhmischen Aufstand gegen Ferdinand II., WITTING (1918) 317, MATSCHINEGG (1999) 284, MARX (1896) 20–21. Zum Hausbesitz (1596) Färbergasse 11 in Graz, siehe POPELKA I (1959) 531a. Zur Familie der Schrott von Kindsberg BUCELINUS III (1672) 210, BARTSCH (1880) 48, HILDEBRANDT (1879) Tabelle 129.

[157] Wolf Wilhelm von Volkersdorf, verehelicht mit Katharina von Liechtenstein, siehe Anm. 118, 188.

[158] Erasmus von Starhemberg (1575–Gstöttenau 14. August 1648), verehelicht in erster Ehe auf Eferding 1597 (1. Februar) mit Elisabeth Ungnad († Ortenburg in Bayern 1631), Tochter von David Ungnad, Reichsfreiherrn zu Sonneck auf Bleiburg und Eva Lang von Wellenburg an der Herrschaft Kitzbühel; Erasmus der Ältere, in Wien, 27. Februar 1643 Reichsgraf, Wien, 24. Juni 1645 (unter Verleihung des böhmischen Inkolats) erbländischer Graf von Starhemberg auf Schaunberg, Riedegg, Wildberg, Lobenstein, kaiserlicher Landrat, Herrenstandsverordneter in Oberösterreich, begraben in Hellmonsödt; kaiserlicher Rat und Landrat, im Jahre 1609. Verordneter des oberösterreichischen Herrenstandes. Besitzer der Güter Wildberg und Riedegg in Oberösterreich. Es wurde ihm im Zuge des Ständeaufstandes eine Geldstrafe vorgeschrieben, jedoch im Jahr 1625 pardoniert. Er emigrierte 1627 aus religiösen Gründen, starb 1648. Siehe WITTING (1918) 213, HÜBEL (1939) 115, HEILINGSETZER (1984) 269–289, DOBLINGER (1956) 41–44, HAIDER (1987) 177, GRÜLL (1969) 61, SCHWERDLING (1830) 220–226. Siehe HOHENECK (1732) 579: „Herr Erasmus Herr von Stahrenberg / gebohren Anno 1575. Röm. Kayserl. Majest. Rath und Land-Rath / auch Anno 1609 Herren-Stands Verordneter in disem Ertz-Hertzogthum Oesterreich ob der Ennß / vermählete sich zum erstenmahl / wie auß einem in meinem Archiv originaliter verwahrten Hochzeit-Ladschreiben zu sehen / mit Fräulen Elisabeth, Herrn David Ungnad Freyherrns von Weissenwolf / und Frauen Evae Langin von Wellenburg / Tochter / und ward die Hochzeit den 1. Februarii Anno 1597. in der Burg zu Eferting gehalten. Auß diser seiner Gemahel gebahre er nebst 8. Fräulen Töchtern auch 5. Herren Söhn / benantlichen Anno 1598 Fräulen Elisabetham Polixenam, Anno 1599. Fräulen Evam Reginam, Anno 1601. Herrn Heinrich Gundacker, Anno 1606. Fräulen Elisabetham Julianam, Anno 1607. Fräulen Annam Dorotheam, Anno 1608. Herrn Johann Reichard, Anno 1611. Herrn Georg Heinrich, Anno 1613. Fräulen Catharinam Salome, Anno 1615. Fräulen Margaretham Magdalenam, Anno 1616. Fräulen Susannam Elisabetham, Anno 1617. Herrn David, Anno 1618. Fräulen Barbaram Mariam, und endlichen Anno 1624. Herrn Rudiger Gunther".

[159] Elisabeth Ungnad († Ortenburg in Bayern 1631), Tochter von David Ungnad, Reichsfreiherrn zu Sonneck auf Bleiburg und der Eva Lang von Wellenburg an der Herrschaft Kitzbühel, vermählt auf Eferding am 1. Februar 1597 mit Erasmus dem Älteren Reichsgrafen von Starhemberg auf Schaunberg, Riedegg, Wildberg und Lobenstein, † Gstöttenau 14. August 1648, begraben Helmonsödt. Siehe WITTING (1918) 213, 439. Siehe SCHWERDLING (1830) 224: „Herr David Ungnad von Weißenwolf war Kaisers Maximilians II. und dann Kaisers Rudolph II. geheimer Rath und Kriegs-Präsident; nachdem er vormahls im Jahre 1572 und abermahl im Jahre 1574 mit höchsten Anträgen nach Konstantinopel gesendet wurde, indeme er nicht nur der französischen, italienischen, spanischen, deutschen und böhmischen Sprach gleich mächtig war, sondern auch die türkische Sprache verstand und sich in selber hinlänglich ausdrücken konnte".

[160] Altes Testament, Buch Jesus Sirach 4, 10–11: „Halt dich gegen die Waisen wie ein Vater, vnd gegen ire Mutter wie ein Hausherr, So wirstu sein, wie ein Son des allerhöhesten, vnd er wird dich lieber haben, denn dich deine Mutter hat", siehe Bibel von 1545 LUTHER, hrsg. VOLZ (1961) 161.

[161] Altes Testament, 2. Buch der Könige 22, 18: „Aber dem könig Juda, der euch gesand hat den hERRN zufragen, solt ir so sagen, so spricht der HERr der Gott Israel, Darumb, das dein hertz erweicht ist vber den worten die du gehöret hast, vnd hast dich gedemütiget fur dem hERRN, da du hortest, was ich geredt habe wider diese Stete vnd ire Einwoner, das sie sollen ein verwüstung vnd fluch sein, vnd hast deine Kleider zurissen, vnd hast geweinet fur mir, So hab ichs auch erhöret, spricht der hERR. Darumb wil ich dich zu deinen Vetern samlen, das du mit frieden in dein Grab versamlet werdest, vnd deine augen nicht sehen alle das Vnglück, das ich uber diese stete bringen wil. Vnd sie sagten es dem König wider.", siehe Bibel von 1545 LUTHER, hrsg. RÜCKERT (1955) 83, 85.

[162] Altes Testament, 1. Buch Samuel 25, 1: „Vnd Samuel starb, Vnd das gantze Israel versamlet sich, trugen leide vmb in, vnd begruben in in seinem hause zu Rama", siehe Bibel von 1545 LUTHER, hrsg. BEBERMEYER (1939) 273.

[163] Hans Ernreich Jörger (26. November 1586–5. April 1610), begraben in der Gruft zu St. Maximilian, siehe WURM (1955) 259. Siehe HOHENECK (1727) 478: „Von denen Söhnen starben Herr Johann Ehrnfrid, Herr Johann Ehrnreich, Herr Johann Ernst, und Herr Johann Reichard in ihrer Jugend".

[164] Georg von Stubenberg, siehe Anm. 18.

[165] Barbara (geborene Kevenhüller), verehelicht mit Georg von Stubenberg, siehe Anm. 18.

[166] Anna von Stubenberg (1594 – Wien, 28. August 1624), verehelicht 1610 (2. Mai) mit Georg Christoph von Losenstein auf Losensteinleiten, Weidenholz und Waizenkirchen († 6. Juni 1622), begraben in Wien, Jesuitenkirche; in 2. Ehe: mit Wolfgang Sigmund, Reichsgrafen von Losenstein auf Gschwendt, Wolkersdorf, Grueb, Süssenbrunn und Roth († 19. März 1626), siehe LOSERTH (1911) 225–227, WITTING (1918) 276.

[167] Georg Christoph von Losenstein (1589–1622), verehelicht mit Anna von Stubenberg (1594–1624). Zur Familie siehe STARKENFELS (1904) 190–193. Siehe HOHENECK (1747) 380: „Herr Georg Christoph Herr von Losenstain aber / welcher Anno 1589. gebohren / vermählete sich / in Krafft seines in meinem Archiv originaliter verhandenen Hochzeit-Ladschreiben / mit Fräulein Anna, Herrn Georg von Stubenberg / auf Kapffenberg / Muhreck / und Fraunberg / Ertz-Hertzogs Ferdinandi Rath / und Frauen Barbarae gebohrnen Kevenhüllerin Tochter / und ward die Hochzeit zu Lintz in den Losenstainischen Hauß den 2. Maii Anno 1610. gehalten / er muste aber schon Anno 1622. in der besten Blühte seines Alters die Schuld der Natur bezahlen. Nachdeme er mit vorgedacht seiner Gemahel Anno 1616 nur einen eintzigen Sohn / Georg Wolfgang genant / gebohren / der aber Anno 1635. gleichfahls dieser Zeitlichkeit entrissen / und anmit die Linea der Herren von Losenstain zu Losenstainleuthen von Herrn Florian von Losenstain absteigend geendiget. Seine unterlassene Gemahel hat nachgehends in

anderter Ehe seinen Vetter Herrn Wolf Sigmund Herrn von Losenstain genohmen."
[168] Anna von Stubenberg, siehe Anm. 166.
[169] Hans Ernreich Jörger, siehe Anm. 163.
[170] G Tollet, GB Grieskirchen. Das Schloß wurde zwischen 1607 und 1611 von Hans Freiherr von Jörger neu erbaut. Es blieb bis in die 1620er Jahre im Besitz der Jörger und wurde nach der Emigration von Hans Jörger vom Landesfürsten beschlagnahmt. Um den Preis von 30.000 fl. wurde das Schloß an den bayerischen Statthalter Grafen Adam von Herberstorff († 1629) verkauft, siehe GRÜLL (1964) 138–140, SCHIFFMANN I (1935) 208.
[171] Karl Jörger, siehe Anm. 71.
[172] Christiana von Perkheim († 1. Juli 1610) verehelicht mit Georg Achaz von Losenstein (1545–5. Mai 1597), Reichshofrat. Zur Leichenpredigt siehe MAYR (1961) 50. Zum Hausbesitz in Linz GRÜLL (1955) 44, MATSCHINEGG (1999) 471. Siehe HOHENECK (1747) 378–380: „Herr Georg Achaz von Losenstain Röm. Kayserl. Majestät Reichs-Hof-Rath / der dritte Sohn obgedachtes Herrn Christoph von Losenstain / und Frauen Christina gebohrnen Gräfin von Montfort / vermählete sich mit Fräulein Christinae gebohrnen Herrin von Perckhaim / der letzten ihrer Uralten Familiae, Herrn Wolfgangi Herrn von Perckhaim zu Würding / Rossatz / und Weidenholtz seeligen / mit Frauen Emerentiana gebohrnen Herrin von Polhaim erzeugte Tochter / die ihme als eine Erb-Tochter die Herrschafften Würding / Weidenholtz / und Rossatz zugebracht / und zwey Söhn / benantlichen Herrn Wolf Christoph, und Herrn Georg Christoph gebohren. [...] Gedachter Herr Georg Achaz von Losenstain Herr von Losenstainleuthen / Würding / Rossatz / und Weidenholtz / ist gestorben den 5. Maii Anno 1597. und ward hierauf den 8. Tag Julii gedachtes Jahr in der Losenstainischen Erb-Begräbnuß in Closter Gärsten begraben / wie aus einen in meinen Archiv originaliter verwahrten Conduct-Ladschreiben zu sehen. Nach seinen Absterben haben die seinen unterlassenen Söhnen verordnete Gerhaber / laut eines in ersagt meinen Archiv originaliter verhandenen Wechsel-Brief dat. 17. April 1598 etliche Unterthannen gegen einigen Burgers-Häusern in den Marckt Waitzenkirchen gelegen mit Herrn Ferdinand Frey-Herrn von Mächselrain verwechslet / wordurch der sonsten zum Theil denen Herren von Mächselrain angehörige Marckt Waitzenkirchen völlig an die Herrschafft Weidenholtz kommen. Vorgedachtes Herrn Georg Achaz von Losenstain seeligen unterlassene Frau Gemahel / vorermelde Frau Christina gebohrne Herrin von Perckhaim / die letzte ihres Uralten Geschlechts / folge ihme nach Anzeig der Annal. der Stadt Steyr Anno 1610. und ward den 10. August. ersagtes Jahr gleichfahls in die Losensteinische Erb-Begräbnuß zu Gärsten beygesetzet / nachdeme sie / laut ein in meinen Archiv originaliter verwahrten am Neuen Jahr-Tag Anno 1579. datierten / und an Herren Georg von Hoheneck lautenden Pettzetl / selbes Jahr ihr Testament gemacht hat."
[173] D Losensteinleiten, GB Steyr. Die Renaissance-Umbauten des Wasserschlosses erfolgten zwischen 1530 und 1570 durch Georg Achaz von Losenstein. 1692 starben die Losensteiner aus und das Schloß gelangte an die Auersperg, siehe GRÜLL (1963) 59–62, SCHIFFMANN II (1935) 145.

174 Siehe RAUPACH V (1741) 5–6, hier zitiert Supplementum Presbyterologiae Austriacae 6–7: „Johann Bayer, ein Würtenberger, welcher in seinen jungen Jahren zu Wien in Bursa liliorum Fürstl. Würtenb. Alumnus gewesen, erhielte im Jahr 1591 den Beruf zu einer Hofprediger-Stelle nach Stadelkirchen in Oesterreich ob der Enns bey einem Hrn. von Neuhaus; blieb aber daselbst nicht lange, sondern ward bald darauf zu der Landhaus-Kirchen in der Stadt Lintz befordet, woselbst er als Diaconus sein Ammt einige Jahre herdurch mit aller Treue verwaltete. Als aber im Jahr 1601 das Evangel. Exercitium daselbst auf Kayserl. Befehl vollends abgeschaft, und den Predigern das Land zu räumen anbefohlen ward, zog er wieder in sein Vaterland, und hielte bey dem Gottsel. Herzog Friederich um einige Bedienung im Lande an, wie er denn auch im Jahr 1603 zu Winterlingen unter der Bahlinger Superintendenz zu einem Prediger bestellet ward. Hier stand er seinem Ammte vor bis A. 1609, als in welchem Jahr die vorbelobte verwittwete Fr. von Losensteinn, nachdem ihr bisheriger Hofprediger M. Clemens Anomoeus, wie gedacht, nach Lintz beruffen worden, bey dem Herzog Friederich unterthänig anhielte, daß ihr derselbe, der ihr ohne dem schon als ein feiner Mann bey seinem vormals zu Lintz geführten Ammt bekannt war, mögte überlassen werden. Sie ward auch ihrer Bitte gewähret; der Prediger aber nach ihrem seel. Tode von ihrem nachgelassenen Sohn, Georg Christoph Hrn. von Losenstein, wegen seiner Treue im Ammt würdig erkannt, einer grössern Gemeine fürgesetzet zu werden, indem er denselbigen A. 1612 von Losensteinleuten nach Losdorf, einem Marktflecken in Nieder-Oesterreich, translocirte. Doch, kaum hatte er bey dieser Gemeine sein Ammt angetreten, als er noch im selbigen Jahr den Beruf zum Diaconat bey der Evangel. Gemeine in der Stadt Steyer in Ober-Oesterreich erhielte, welchem Ammt er denn als ein beredter Mann und guter Prediger bis an seinem A. 1619 erfolgten Ende vorgestanden"; RUMPL (1970) 190–192, RAUPACH V (1741) 4, 212. Clemens Anomäus, sein Vorgänger im Amt, „ward zuerst Prediger zu Peurbach unter Hn. Achatio Hohenfelder zu Aistersheim und Allmegg etc. woselbst er noch im Jahr 1604 das Lehr-Ammt verwaltete. Von hier ward er von der Freyherrl. Witwen, Fr. Christina von Losenstein, geborner Herrin von Perckhaim nach Losensteinleuten zum Schlos-Prediger beruffen". Er wurde aber schon 1609 von Losensteinleiten als Prediger ins Linzer Landhaus geholt.

175 Clemens Anomäus, siehe Anm. 140.

176 Predigt für Christine von Losenstein-Perkheim, gedruckt Nürnberg 1611, siehe RUMPL (1970) 195.

177 MG Garsten, GB Steyr, SCHIFFMANN I (1935) 333.

178 Wolf von Gera (1586 – Straßburg 1634), Freiherr zu Arnfels auf Eschelberg, Lichtenhag, Mühldorf und Waxenberg, verehelicht 1616 (April) in Linz mit Maria Elisabeth von Volkersdorf († Graz 31. März 1639), emigriert nach der Schlacht am Weißen Berg nach Nürnberg (genaues Datum unbekannt), STARKENFELS (1904) 61, GRÜLL (1969) 57, WITTING (1918) 471, MATSCHINEGG (1999) 374. Siehe HOHENECK (1727) 146–147: „Herr Wolfgang / welcher Anno 1610. im Gülchischen Krieg verwundt / und hernach gefangen worden / verehelichte sich laut eines in meinem Archiv verhandenen Documenti

mit Fräulen Susanna Catharina von Volckerstorff / Herrn Wolf Wilhelm von Volckerstorff Landshauptmann in diesem Land Oesterreich ob der Enns / und Frauen Catharina Herrin von Liechtenstain zu Niclsburg Tochter / hatte aber auß ihr keine Kinder. Er ward Anno 1620 Verordneter des Löbl. Herren-Stands in diesem Ertz-Hertzogthumb Oesterreich ob der Enns."

[179] Jülich-Klevischer Krieg 1609–14.

[180] Karl von Scherffenberg, siehe Anm. 113.

[181] Friedrich IV. (Amberg 5. März 1574 – Heidelberg 19. September 1610) „der Aufrichtige", Kurfürst von der Pfalz, siehe NDB V (1961) 532–535.

[182] Wilhelm von Windischgrätz (1558–1610), Reichsfreiherr zu Waldstein und im Thal auf Katsch und Pielachhaag, Obersterblandstallmeister im Herzogtum Steiermark, Hofkriegsratspräsident zu Graz, vermählt am 22. Oktober 1581 mit Barbara Elisabeth von Kollonitz (Erbtochter von Christoph von Kollonitz und Anna von Herberstein, Freiin zu Neuberg und Gutenhag an der Herrschaft Sauersdorf). Im Jahre 1609 übernahm er eine Gesandtschaft der protestantischen Stände wegen freier Ausübung ihres Gottesdienstes zu König Matthias in Preßburg, siehe WITTING (1918) 569, WURZBACH 57 (1889) 55, RADICS (1894) 12.

[183] Wolf Dietrich von Greiss († 1610) zu Wald, KIRNBAUER (1909) 136–137.

[184] Der Linzer Bartholomäusmarkt erstreckte sich über 14 Tage vor und nach Bartholomäus (24. August) und dauerte somit als wichtigster Markt des Landes volle vier Wochen, siehe RAUSCH (1969) 61–62, KATZINGER, MAYRHOFER (1990) 193–198.

[185] Hans Wilhelm von Zelking (1563–1626) auf Wartberg, Rastenberg, Leonstein und Dornach, Herrenstandsverordneter, kaiserlicher Kämmerer und Landrat in Österreich ob der Enns, Führer der Landstände, WITTING (1918) 622, HAIDER (1987) 177, GRÜLL (1955) 364. Siehe HOHENECK (1747) 871: „Herr Hans Wilhelm, Herr von Zelcking zum Weinberg / auf Zelcking / Dornach / und Leonstain / Röm. Kayserl. Maj. Rath / und Land-Rath ob der Ennß etc. Hat sich nach Zeugnuß Prevenhuebers mit Freylen Anna Susanna gebohrnen Herrin von Stahrenberg / und Frauen Magdalena gebohrnen Herrin von Lamberg Tochter / vermählet / und (wie der in hiesigen Archiv originaliter verhandene Kauff-Brieff dat. 2. Aprilis anno 1598. weiset) selbes Jahr Herrn Emmanuel von Hoheneck zum Thall / daß vorhin zur Herrschaft Leonstain gehörig / in Nider-Oesterreich gelegene Weistracher Ambt verkaufft / hingegen aber von denen Edel-vesten Joachim, Ernest, Hans Albrecht, Caspar und Hans Christoph, denen Artstettern zu Stainbach / Aiglsperg / und Rotteneck Gebrüdern / den Adelichen Sitz Wartberg erkaufft / dessen verzeihet sich ihre Stieff- und Leibliche Mutter Frau Anastasia Artestetterin Wittib / gebohrne Kienastin von Tanbach / laut des in meinen Archiv originaliter verhandenen Pettzötl dat. letzten Novembris anno 1604. und mithin ist Wartberg an die Herrschafft Weinberg kommen. Er ward anno 1595. Verordneter in disen Ertz-Hertzogthum Oesterreich ob der Ennß / aus obermeldt seiner Gemahel hat er vier Söhn / und fünff Freylen Töchter gebohren / benandtlichen Herrn Hainrich Wilhelm, Herrn Reichard Wilhelm, Herrn Erhard Wilhelm, und herrn Albrecht Wilhelm".

[186] Hans Joachim Aspan († 1645), verehelicht mit Esther von Gera, GRÜLL (1969) 61, STARKENFELS (1904) 10, MATSCHINEGG (1999) 172. Siehe HOHENECK (1747) 50: „Herr Hans Joachim Aspan von Haag / Frey-Herr zu Liechtenhaag / Hartham / und Wimspach / vereheligte sich zwar mit Fräulein Ester von Gera / Herrn Christoph von Gera / und Frauen Ester Herrin von Stubenberg / Tochter / aber ohne Kinder / er starb Anno 1645 zu Lintz / und mit ihm als den Letzten / dises Ur-alte Oesterreichische Edle Familia der Herren Aspan von Haag / völlig aus / und war daselbsten zu Lintz begraben."

[187] Siehe HOHENECK (1727) 146: „Sie wurde (laut ob angezogner Beschreibung) 1610 den ersten Sonntag im Advent zu Lintz mit Herrn Hans Joachim Aspan verehelichet", KIRNBAUER (1909) 14.

[188] Wolf Wilhelm von Volkersdorf (19. Dezember 1567–12. Dezember 1616), Landeshauptmann 1610–1616, GRÜLL (1969) 57. Siehe HOHENECK (1727) im Vorspann, o. S. [Catalogus Deren Herren Lands-Haubt-Leuth ...]: „Anno 1610. biß 1616.: Herr Wolf Wilhelm Frey- und Panirherr von und zu Volckerstorff / Weissenberg / Stein und Reicherstorff / der neun- und dreyßigiste Herr Landts-Haubtmann / welcher als der letzte seiner uralten Familiae anno 1616. den 12. Sept. in solchen Ambt sein Leben beschlossen".

[189] 28. November 1610.

[190] Esther von Gera, siehe Anm. 111.

[191] Clemens Anomäus, siehe Anm. 140.

[192] 29. November 1610.

[193] 5. Dezember 1610.

[194] Rudolf von Stubenberg, siehe Anm. 16.

[195] Justina von Zelking († Pirna 1632), verehelicht in Linz 1610 (5. September) mit Rudolf von Stubenberg († 1620), WITTING (1918) 622. Siehe HOHENECK (1747) 872: „Und endlichen hat Freylen Justina, Herrn Rudolph Herrn von Stubenberg zur Ehe genohmen / und ihre Hochzeitliche Ehren-Freud / laut des loco citato verhandenen Hochzeit-Lad-Schreiben anno 1610. in den Schloß Weinberg gehalten. Womit dann die von Herrn Peter Wilhelm abgestigenen succession auch widerumen erloschen."

[196] Kaiser Rudolf II., siehe Anm. 87.

[197] König Matthias von Ungarn, siehe Anm. 59.

[198] Das sogenannte „Passauische Kriegsvolk" (benannt nach dem Musterungsplatz) brach kurz vor Weihnachten mit 12.000 Mann im Land ob der Enns ein, zog zuerst durch das südliche Oberösterreich und wandte sich schließlich der Donau zu. Erst Ende des Monats Jänner überschritten die „Passauer" die böhmische Grenze und standen am 13. Februar vor Prag, siehe STURMBERGER (1953) 218–226, GINDELY (1865) 164–242.

[199] Oberst Laurentius von Ramée (ca. 1560–1613), aus Lüttich stammend, Anführer des „Passauischen Kriegsvolkes", später auf Befehl von Erzherzog Leopold im Elsaß hingerichtet, HEISCHMANN (1929) 588–604, PREYSING (1959) 105–111. Siehe ZEDLER 30 (1741) Sp. 726–728: Ramée fiel mit seinen in Passau geworbenen Truppen in Böhmen ein, „woselbst er überall ohne Unterscheid der Religion übel hausete, sonderlich aber zu Budweiß, welchen Ort er nebst Piseck, Tina, Beraun und andern eroberte, folgends nach

Prag gieng, da er 1611 plötzlich einfiel, die kleine Seite und den Ratschin einnahm, von den Böhmischen Ständen und der alten und neuen Stadt Prag aber so lange aufgehalten wurde, bis der König Matthias die Stadt entsetzte. Bey diesem Einfall suchte er sonderlich des Grafen von Thurn, Leonhards von Feltz und Wilhelms von Lobkowitz sich zu bemächtigen, und selbige enthaupten zu lassen. Nach diesem vergeblichen Anschlag hielt er auf dem Rückmarsch eben so schlimme Krieges-Zucht wie vorhin". Erwähnungen auch bei STURMBERGER (1953) 218–226, MAYRHOFER, KATZINGER I (1990) 247–248, OBERLEITNER (1860) 4, KURZ, CZERNY (1897) 80, KURZ (1831) 5: Die Bauern nannten Ramée „wegen seiner Raublust Rammauf". Zum Geburtsort Lüttich siehe BECDELIEVRE (1837) 20. Das Passauer Kriegsvolk wird beispielsweise auch vom aus Salzburg stammenden Linzer Schloßpfleger Felix Guetrater (1589–1648) bei MARTIN (1948/49) 15 erwähnt.

[200] Prag, Hauptstadt der Tschechischen Republik.

[201] Johann Sigmund von Herberstein († 1611) General-Feldzeugmeister, Hofkriegsrats-Direktor unter Kaiser Matthias, verehelicht mit Eleonore Schrott von Kindsberg und Anna Margaretha von Herberstein. Große Verdienste im Langen Türkenkrieg (1592–1606). 1598 eroberte er Slatina und 1602 schlug er gemeinsam mit Thurzo und Nadasdy die Türken, die unter Omar Bey das belagerte Ofen entsetzen wollten, WURZBACH 8 (1862) 339, MATSCHINEGG (1999) 416, WISSGRILL IV (1800) 284–285.

[202] Erzherzog Matthias brach mit seinen Truppen am 8. März auf und zog am 24. des Monats in Prag ein, siehe STURMBERGER (1953) 218–226.

[203] Erzherzog Leopold (Graz 9. Oktober 1586 – Schwaz 13. September 1632), Sohn von Erzherzog Karl II. von Innerösterreich und Maria von Bayern, begraben in der Jesuitenkirche in Innsbruck, Bischof von Passau 1605, von Straßburg 1607, Gubernator von Tirol 1619, Landesfürst 1626–1632, verehelicht mit Claudia von Medici, siehe HAMANN (1988) 247–249.

[204] kreisfreie Stadt Passau, Sitz der Verwaltung des Landkreises Passau, Niederbayern.

[205] Clemens Anomäus, siehe Anm. 140. Zur Leichenpredigt anläßlich seines Todes siehe PICKL (1975) 171. op. zit. MAYR (1961) 70.

[206] Ostersonntag 3. April 1611.

[207] Maria Magdalena von Lamberg († 1611), verehelicht 1570 mit Georg Ruprecht von Herberstein († 1612). Siehe HÜBNER III Tab. 691–696, WISSGRILL IV (1800) 262: „Georg Ruprecht Freyherr von Herberstein, Neuberg und Guttenhag, Herr zu Sierndorf, und Pfandherr zu Falkenstein, Georg des IV. und Barbara Schrottin von Kindberg jüngster Sohn, Erzherzogs Karl von Oesterreich und Steyermark Rath, Kämmerer und Obriststallmeister, in welcher Funktion er den bemelten Erzherzog 1582 auf dem Reichstag zu Augsburg bediente, war auch Kaisers Rudolph II. Rath und Kämmerer, und Erzherzogs Ferdinand durch einige Jahre gewesener Obriststallmeister. Kaiser Maximilian II. bestättigte ihm und seinen sämmtlichen Erben den 3. July 1576 die Veste und Herrschaft Falkenstein ferner auf 30 Jahre pfleg- und pfandweise innezuhaben, laut des den 30. July darauf ausgestellten Pfandreverses. (k.k. Hofk. Archiv)."

[208] Benigna von Polheim (1569–1611), Tochter von Ludwig von Polheim (13. Oktober 1529–16. Februar 1608) und Elisabeth von Starhemberg († 2. Februar 1580). Zur Familie STARKENFELS (1904) 258–261, KIRNBAUER (1909) 354–355. Vermutlich falsche Angabe bei HOHENECK (1732) 98: „Auß vorgedachtes Herrn Ludwig von Polhaimb mit seiner ersten Gemahel Frauen Elisabeth gebohrnen Herrin von Stahrenberg / erzeugten fünff Töchtern starb [...] Fräulein Benigna, lediger / und zwar die Letztere Anno 1617. in 38. Jahr ihres Alters / und ligt zu Trübeswinckel begraben." Siehe auch PREUENHUBER (1740) 505: „Frau Benigna nat. 1579 starb 1617. liegt zu Trübeswünckel begraben"

[209] Franz der Jüngere, Freiherr von Saurau († 1578) zu Ligist und Hornegg auf Wolkenstein, vermählt mit Katharina († 1611), Tochter von Johann Christoph von Rappach und Anna von Ternicko zu Grossenpallast, WITTING (1918) 27, KIRNBAUER (1909) 371.

[210] Helena von Königsberg [!] († Grafenegg, 13. August 1611), Tochter von Georg von Saurau, Freiherr zu Ligist und Hornegg auf Grub, Erbuntermarschall in Steiermark (vermählt mit Barbara, Tochter von Georg von Wildenstein, † 1586), vermählt in erster Ehe 1590 mit Bernhard Thurzó von Bethlenfalva († 1594), 2. Ehe mit Georg Leonhard Freiherr von Königsberg auf Sebenstein († 1618), siehe WITTING (1918) 23.

[211] Christoph von Stadl, seit 26. April 1597 Freiherr von Stadl auf Riegersburg und Freyberg, verheiratet in erster Ehe mit Katharina [Tochter von Pankraz von Windischgrätz, Reichsfreiherrn von Waldstein und im Thal und Felicitas Margareta Maria Ungnad Reichsfreiin zu Sonneck († 8. Februar 1578)]; in zweiter Ehe mit Rosina Salome († als Witwe 2. März 1625), Tochter von Leopold Freiherrn von Herberstein, Neuberg und Gutenhag und der Juliane von Madruzzo, siehe WITTING (1918) 193.

[212] Valentin von Hoheneck († 16. Mai 1611). Nicht erwähnt bei STARKENFELS (1904) 130 und KIRNBAUER (1909) 196. Siehe HOHENECK (1727) 361: „Herr Valentin von Hoheneck zu Praitenbruck Zell und Kriechbaum / der dritte dises Namens und vierte Sohn obgedachtes Herrn Matthaei vermählete sich zwar mit Fräulen Eva Flußhartin Herrn Polycarpi Flußhart zu Potendorff mit Frauen Magdalena gebohrnen von Rorbach erzeugten Tochter Sara Sophia genannt / die nachgehends Herrn Gotthardt von Tättenbach zur Ehe nahme / und ihme nach Absterben ihres Vatters alle diser Lineae zuständige in Bayrn und Oesterreich gelegene Hoheneckerische Güter in specie aber Praitenbruck und Zell zubrachte. Es endigte aber gedachter Herr Valentin den 16. Maii Anno 1611. mit dem Leben auch dise Praitenbruckerische Lineam, und Ward in der Schloß-Capellen zu Hagenberg begraben / allwo von ihme nachfolgendes Epitaphium verhanden. Allhier ligt der Edl-Gestrenge Herr Valentin Hohenecker zu Praitenbruck / Zell und Kirchpaumb / starb den 16. Maii Anno 1611. dem GOtt Genad."

[213] Hans Wilhelm von Zelking, siehe Anm. 185.

[214] Wolf Wilhelm von Volkersdorf, siehe Anm. 118, 184.

[215] Hans Adam Gienger (19. Oktober 1558 – Wolfsegg 3. April 1623), Beisitzer beim kaiserl. Reichkammergericht in Speyer, später römisch kaiserlicher Rat, Vicedom von 1583 bis 1621, STARKENFELS (1904) 67, zur Leichen-

predigt MAYR (1961) 40. Siehe PREUENHUBER (1740) 436: „Herr Hannß Adam Gienger zu Wolfsegg, Kays. Maj. Rath, und Landt-Rath ob der Ennß, Stirbt An. 621", Siehe HOHENECK (1727) 190–191: „Vorgedachter Herr Hans Adam Gienger Herr zu Wolffsegg und Rottenegg der andert gebohrne Sohn Herrn Cosmae Giengers und Frauen Catharinae Haidenreichin zu Bideneck / gebohren den 19. Novembr. Anno 1558. (dessen und seiner Gemahlin Contrafait gleichfahls zu gedachten Wolffsegg verhanden) war Anfangs Anno 1585. Beysitzer bey dem Kays. Cammer-Gericht zu Speyr / hernach der Römis. Kays. Majestät Rath und Land-Rath / und Anno 1590. an statt seines Herrn Vatters Vice-Domb in disem Ertz-Hertzogthumb Oesterreich ob der Enns / in welchen Ambt er den 16. Junii durch den damahligen Herrn Lands-Haubtmann Herrn Sigmund von Lamberg Freyherrn / dann seiner Kayserl. Majestät Land-Räthen Herrn Hans Freyherrn von Haimb / und Herrn Hans Christoph Geymann als hier zu Verordneten Kayserl. Commissarien ordentlich instalirt worden. Er verehelichte sich Anno 1590. den 26. Novembr. mit Fräulen Magdalena Fügerin / Herrn Georg Fügers zu Hierschberg und Schaidenstain Ritters / Fürstl. Durchläucht Ertz-Hertzog Ferdinandi Cammer-Raths / und Frauen Elisabeth gebohrnen Weitmoserin zu Winckl Fräulen Tochter / die damahlen in 19. Jahr ihres Alters gewesen / und gebahre auß ihr sechs Töchter und fünff Söhn [...] Gedachter Herr Hans Adam Gienger zu Wolffseck starb den 3. April Anno 1623. deme sein Gemahel Frau Magdalena Giengerin gebohrne Füegerin den 22. Junii Anno 1627. folget / und beede zu Lintz in der Pfarr-Kirchen in der daselbst verhandenen Giengerischen Begräbnuß beygesetzet worden." Vgl. auch Giengers Familienchronik, OÖLA, Musealarchiv, Hs. 184.

[216] Ferdinand Freiherr von Kollonitz († Prag 1611), Sohn des Freiherrn Georg Seyfried von Kollonitz aus dessen Ehe mit Maria Helena Freiin von Fuchs, kaiserlicher Oberst, Kommandant von Komorn, ledig; siehe WURZBACH 12 (1864) 359, WISSGRILL V (1824) 188–189. Zur Familie siehe STARKENFELS (1904) 156–157, KIRNBAUER (1909) 238–239.

[217] Elisabeth von Losenstein († 22. Mai 1611), geb. Breuner (Tochter von Helfried Breuner, Reichsfreiherrn von Stübing, Fladnitz und Raben und Helena Lang von Wellenburg), heiratete am 13. Oktober 1596 (im Freihaus des Achaz von Losenstein in Linz) Georg Erasmus von Tschernembl (1567 – Genf 18. November 1626) auf Albrechtsberg an der Krems, Arbesbach und Windegg. Georg Erasmus von Tschernembl ehelichte 1615 Susanna Strein, eine Tochter von Hans Wolfart Strein, STURMBERGER (1953) 88, 239, WITTING (1918) 414.

[218] Wolfgang II. Freiherr von Hofkirchen (Kollmitz 1. September 1555–15. Juni 1611), Sohn von Wilhelm Frei- und Panierherr von Hofkirchen, verehelicht mit Eva Freiin von Pögl, 1574 Juristenfakultät in Padua (bis 9. Mai 1579 nachweisbar), danach in Bologna und Siena, am 17. Mai 1593 zum Regimentsrat in Österreich unter der Enns ernannt, seit 1600 Statthalteramts-Verwalter, als Protestant schied er 1601 unfreiwillig aus der Regierung, 1603–1606 Verordneter des NÖ. Herrenstandes, Führer der protestantischen Stände. Er übernahm 1603 eine Reise zu den evangelischen Landständen im Reich, mit dem Gesuch um Hilfe. Nach der Rück-

kehr nach Hause wurde gegen ihn deswegen ein Prozeß angestrengt, der noch 1608 nicht zu Ende war. Er spielt beim Horner Bundbrief (1608) eine wichtige Rolle. Hofkirchen verließ aber die Partei von Matthias und schwenkte zu Rudolf um. Seine Leichenpredigt hielt der Prädikant Mag. Gallus Schmögelius zu Neuaigen. Wolfgang Freiherr zu Hofkirchen heiratete 1582 Gräfin Anna Dorothea von Oetting, mit der er 12 Kinder hatte, STARZER (1897) 200–203, KIRNBAUER (1909) 192. Zur Leichenpredigt siehe MAYR (1961) 44, STURMBERGER (1953) 132, WISSGRILL IV (1800) 358–359.

[219] Schloß Oberwallsee, MG Feldkirchen an der Donau, GB Urfahr-Umgebung, SCHIFFMANN (1935) 221, GRÜLL (1962) 78–80.

[220] Wolf von Gera, siehe Anm. 178.

[221] Hans Christoph von Gera, siehe Anm. 112.

[222] Wilhelm von Gera, emigrierte 1620 gemeinsam mit Wolf von Gera nach Nürnberg. Kaiser Matthias gab Wilhelm und seinen Brüdern (Erasmus II., Hanns Christoph, Wolf) die Pfandherrschaft Waxenberg für 330.000 Gulden in Linz am 29. September 1614 zum unbeschränkten Eigentum. Starkenfels (1904) 61, Matschinegg (1999) 374. Siehe Hoheneck (1727) 147: „Herr Wilhelm der dritte Sohn obgedachtes Herrn Hans Christoph hatte die Schwester erstgedachter Frauen Susanna Catharina, benantlichen Fräulen Mariam Elisabetham von Volckerstorff zur Ehe genommen / mit ihr aber auch keine Kinder erworben".

[223] Frau Rebecca von Freyberg († 2. Juli 1611). Zur Familie siehe WISSGRILL III, 88–89.

[224] Friedrich von Scherffenberg, siehe Anm. 129.

[225] Maximilian von Schrattenbach zu Heggenberg (1. August 1537–Juli 1611), seit 1. Jänner 1568 Kämmerer von Erzherzog Karl, Hofrat, 12. März 1577 Hofkämmerer, Hofmeister der Erzherzogin Maria, 1588 Landeshauptmann und Vicedom der Grafschaft Cilli, 1591–1594 Landeshauptmann der Steiermark, 1592 mit Erzherzogin Anna zu König Sigmund von Polen als Hofmeister, 1595 mit Erzherzogin Maria Christina zur Hochzeit mit Sigmund von Siebenbürgen, 1595 Geheimer Rat von Erzherzog Ferdinand, am 20. Dezember 1596 mit dem Erbland-Vorschneideramt in Steiermark belehnt und 1598 in den Freiherrenstand erhoben, 1605 mit Erzherzogin Constantia nach Polen als Hofmeister, 1598 in den Freiherrenstand erhoben, verehelicht mit Anna Grasswein, Tochter von Wilhelm Grasswein auf Weyer und Orth und Helena von Herberstein, HÖFFLINGER (1913) 150–151, THIEL (1917) 29, 37, 190, 193, 206, POSCH (1962) 29, WURZBACH 31 (1876) 268, SCHMUTZ III (1822) 523–524, BUCELINUS (1672) 209, WITTING (1918) 87.

[226] Karl von Innerösterreich (Wien, 3. Juni 1540 – Graz 10. Julin 1590), seit 1564 Herzog von Stmk., verehelicht 1571 mit Maria Anna von Bayern, HAMANN (1988) 203–206.

[227] Maria von Bayern, siehe Anm. 64.

[228] Martin Reichgraf von Thurn und Valsassina († Juli 1611), Freiherr zum Kreuz auf Oberstein, Lipnitz, Deutschbrod und Urspitz, kaiserlicher Rat, verehelicht 25. Jänner 1583 mit Anna, Tochter von Johann Wilhelm von Rogendorf, Reichsfreiherrn auf Mollenburg, Pöggstall, Sitzendorf und Mittergraben und Margareta Freiin zu Herberstein und Neuberg, siehe WITTING (1918) 355.

TAGEBUCH DER MARIA SUSANNA WEISS VON WEISSENBERG (GESTORBEN 1663), GEBORENE VON GERA, FÜR DEN ZEITRAUM 1647 BIS 1653 (MIT EINEM NACHTRÄGLICHEN EINSCHUB FÜR 1628)

[1628]
[27ᵛ] 1628 den 20. Februarii, ein viertl vor 11 uhr in der nacht, bin ich[1] geborn worden, hat mich auß der dauff gehebt meiner frau mueder[2] frau schwester, frau Maria Magtalena von Preissing[3], geborene grefin von Papenheim.

[28ᵛ]
1647
Den 10.[a] September umb 6 uhr auff den abendt ist mein einsegnung[4] in der kapellen zu Weiting[5] gewessen.

Den 10. sein wir nacher Gmunden[6] zu meiner lieben frau ändl[7].

Den 11. zu mitag zu Orth[8] beim herrn graffen zu Breissing[9] gessen.

Den 13. sein wier wider nacher Weiding.

Den 16. ist mein lieber herr vatter[10] und frau mueder[11] wekh, haben wir inen das gleit biß nach Welß[12] geben.

Den 19. sein wier wider nacher Weiding.

1648
Den 28. September bin ich nacher Gmunden, aldorten in dem kindlbet zu ligen.

[29ʳ] Oktober
Den 22. diß hat mich Got mit einen suhn erfreith, auff den abent zwischen 5 und 6[b] uhr.

Den 26. diß ist er gedaufft worden. Sein get ist her graff Franz von Harach[13], her prelat[14] zu Lambach[15], frau gräffin von Harach[16] und frau Pflieglin[17] goten, ist genendt worden Franz Cristoff Eraßam[18].

---

[a] *korr. aus* 9.
[b] *folgt* ih, *getilgt*

Der allerhegste gebe mier sein gnadt, daz ich disses mein kindt zu sein lob meg erziehen und dardurch freide an ihme erleben.

November

Den 28. ist mein liebe frau ändl, frau gräffin von Herberstorff[19], in Got sollig entschlaffen.
Den 25. ist mein herzliber her von Gmunden wech nacher Wien[20].

December

Den 20. diß ist mein herr wider von Wien dotkrankher khumen nacher Weiding, und also vil zeit krankh gelegen.
Den[a]
[29ᵛ]

1651

Den 2. Januarii ist mein herzlieber her, nachdem er vil zeit wegen seinß ibl auffsein nit auß dem zimer kumen, zu sein frau muder[21], selbe zu besuchen, gefahren. Nachdem ehr wider haim kumen, sich alßbalt nidergelegt, von selber zeit an kein deit mer auß dem zimer khomen, sundern in selbig schwerlich krankh biß in die 14. wochen, die 9 wochen[b], wie man in gehebt und gelegt, doch alleß mit hegster gedult one eigenß unwilligeß worth.

Februarii

Den 11. hat mein herzlieber herr ein generalbeicht gethan, darauff die heilige communion empfangen.

Martii

Den 20. hat mein lieber herr wider gebeicht und die heilige lezte ollung empfangen zu nacht umb 11[c] uhr.

[30ʳ]

April

Den 3. diß hat der almechtige Got meinen lieben hern nach lang erlidenen schmerzen von dißer welt abgefordert, mit ein schen und wolberaidten sterbstundtlein begnadt, gleich wie man 12 zu[d] mitag

---

[a] *Fortsetzung fehlt*
[b] *unsichere Lesart*
[c] *folgt* ih, *getilgt*
[d] zu mitag *über der Zeile nachgetragen*

geleidt – gwiß ein exembel zu sehen, wie ihr Got die seinigen zuberaidet durch marter und leiten. Dan obwollen ehr ein weltmensch gewessen, so hat im doch Got die erkandnuß seiner sinden verlihen und solche reu iber sein sindlichs[a] leben geben, daz man nit anderst kan glauben, alß Got habe ihn unß allen zu ein ebenbilt wollen weissen. Zuvor aber, alß mein allerliebster herr sellig gebeichdet und die heilige öllung erfahren, hat ehr mich zu sich lassen hollen und mit ibergehent augen von mir urlaub genumen, mir auch unser liebß kinder befolhen und gleich darauff gebeicht. Wie herzlich er Gott umb verzeihung fir sinden angeruffen und umb barmherzikeit gebeten, ist nit zu beschreiben, so gar daz ehr alle umbsteende zu wainen bewegt, von niemand nix angenumen alß von sein beichtvatter, instendig umb Goteß willen gebeten, ihn nit zu verlassen, welcheß ehr dann auch dreilich gethan. In dissen mein gewiß elenten standt ist mein libste frau mueder[22] und herr bruder[23], auch freylin schwester Franzl[24] bei mir gewessen, welche mir und meinen liebsten herrn selligen ser vil gudeß gethan. Got erseze eß ihnen mit freiden und bewar sie alle vor dergleichen herzeleit.

[30ᵛ]

April

Den 6. diß hat man umb 12 uhr in der nacht meineß lieben herrn sellig leichnam nacher Weiding in die grufft gefürth.

Mai

Den 8. diß hat man mein lieben hern sellig die gewendlichen 3 Gotßdienst 3 dag nacheinander gehalten samt einer leichtbredig.

Den 20[b] diß bin ich nacher Eschlberg[25].

Den 25. sein wier nacher Bassau[26] kirchfarthen mein liebste frau mueder und ich.

Juniuß

Den 1. sein wir wider nach Eschlberg

Den 5. bin ich haim nacher Welß.

November

Den 16. diß bin ich nacher Linz in daz Scherffenbergische hauß[27] einzogen.

---

[a] *folgt* legen, *getilgt*
[b] *korr. aus* 18

[31ʳ]
                    1652ᵃ
Den 1. Januarii bin ich zu Bassau gewessen bei meinen lieben eltern, selben dag mich mit Got versehnt.

Den 4. ist her graff Conradt Balthassarᵇ von Starmberg[28] von Regenspurg[29] nacher Bassau kumen. Selben abendt bei unß gbliben, ingleichen den 5. diß zu mitag und abend.

Den 8. bin ich auf dem wasser wider von Bassau wekh und undᶜ mein liebe schwester Franzl[30] mit mir, ingleichen her graff Albrecht von Wallstain[31], graff Görg Sigmundt von Tät*[en]*bach[32] und zwen capuzier; seinᵈ iber nacht zu Lantshag[33] bliben.

Den 9. hat unß mein lieber herr bruder mit schliten[34] abgeholt, dan sein wir nacher Eschlberg und dort bliben biß auff den 12., da sein wir alle nacher Linz.

Den 16. ist ein schlitenfarth von herrn graffen Conraden von Starmberg[35] gehalten worden und darauff ein danz.

Den 19. ist wider ein schlitenfarth gehalten worden und auff den abendt ein baurnhochzeit[36] auch im landthauß bey herrn graffen von Starmberg.

Den 26. hat herr graff Pörtlme von Starmberg[37] einen danz gehalten.

Den 27. ist ein gar grosse geselschafft nacher Eschlberg im schlitten kumen, mein herrn bruder zu besuchen, alwo auch ein danz gewessen.

Den 28. darauff dägß wider wekh, bis auff herrn graff Conradt[38], herrn graff Partlme, sein frau gmahlin[39], her Sigmundt Friedrich *[31ᵛ]* von Salburg[40], seine frau gemahl[41] und freylin[42]. Die selbigen sein erst den andern dag, alß den 29., nach dem fruestuckh wekh und ich mit ihnen. Zu mitag haben wir zu Elling[43] gessen und auff den abendt nach hauß khomen.

                    [1653]
Den 2. Januariiᵉ[44] habe ich bey frau graff Partlmey[45] gessen, auch andere geselschafft mer, auff den abent bey frau Maria Lißl von Salburg[46].

ᵃ *im Original* 1653
ᵇ *folgt* von, *getilgt*
ᶜ *sic!*
ᵈ *korr. aus* bsein
ᵉ *sic!*

Den 3. habe ich wider zu mitag bey frau Maria Lissl von Salburg gessen, auff den abendt bey frau oberst Schiffrin[47], alwo ein grosse geselschafft gewessen.

Den 4. zu mitag hat frau oberst Schiffrin, frau Ernstin von Schalberg[48] und frau Maria Lissl von Salburg[49] samt ihrem freylin bey mir gessen, auff den abent wider allß bey frau Maria Lissl von Salburg. Die Söntell[50] ist auch darbei gwest.

Den 5. habe ich frau von Cronpichl[51] ein dochter auß der dauff gehollt anstatt frau lantßhaubtmenin[52], haist Eleonora Sophia[53].

Den 6. haben wir ein badt gehabt bei dem Sander[54], dabei ist gewessen frau graff Pärtlmey, frau von Salburg, ihr freylin, freylin Mäx von Sprinzenstein[55] und ich, auch mein schbester Franzl. Nach dem badt sein die herrn kumen alß graff Conradt von Starmberg[56], graff Partlme[57] und herr Sigmundt Fridrich von Salburg[58], da haben wir es munter gehobt.

[32ʳ] Den 7. umb 11 uhr formitag hat her Sigmundt Friedrich von Salburg und herr Steffl Franz von Et[59] auff der ritschul kugl gewexlt und ist herr von Salburg in die linkhe seiten geschosen worden mit grosser lebenßgefahr. Von der ritschul auß aber hat man ihm gleich inß herrn von Riedern[a][60] hauß gebracht, alwo man ihn verbunden, selbige nacht bin ich bey der frau draußen bliben.

Den 9. habe ich zu mitag bey frau gräffin zu Sprinzenstain[61] gessen.

Den 10. zu mitag hat frau gräffin von Sprinzenstein bey mir gessen. Auff den abent bin ich bey der frau von Salburg gwesen und iber nacht bei ihr geblieben.

Den 11[b]. bin ich den ganzen dag zu hauß bliben.

Den 12. diß hat[c] der allerhegste herr Sigmundt Friedrich von Salburg[62] von disser welt abfortert[d] mit einen verninfftigen schenen endt, dergleichen nicht balt erhert worden, auff den abent umb halbe sexe. Got ferleihe ihme durch sie barmherzikeit samt allen abgestorben die ewige ruh.

Den 13. auff den abendt hat man den leichnam einsengt[e] in capelln gefirth.

---

[a] *unsichere Lesart*
[b] *korr. aus* 10
[c] *folgt* h, *getilgt*
[d] *unsichere Lesart*
[e] *unsichere Lesart*

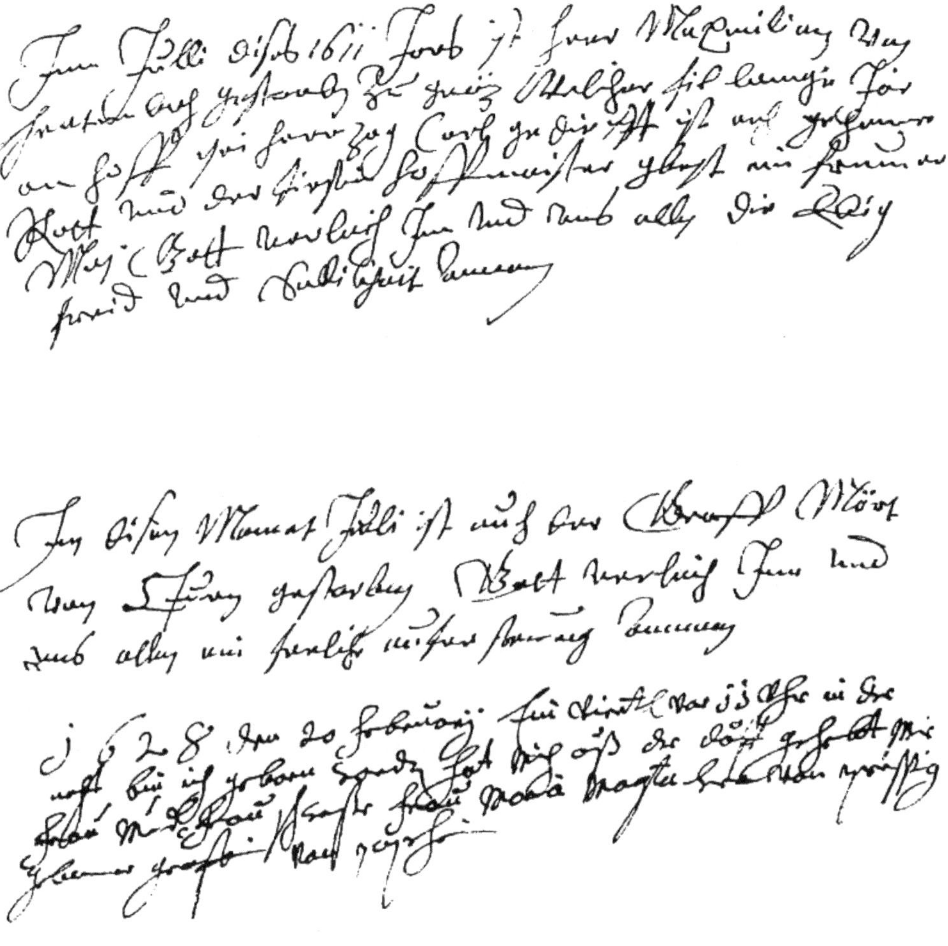

Abbildung 12: Gedächtnisbuch Gera; OÖLA, Landschaftsarchiv Hs. 523, fol. 27ᵛ [1611, 1628]

Den 18. hat her graff Conradt Balthasar von Starmberg[63] anstadt meinß herrn bruder[64] daz begern gethan umb die freylin Eleonore Kötzianer[65].

Den 20. hat man dem hern von Salburg angefangen die gottesdienst zu halten, am selben dag hat mein her bruder *[32ᵛ]* und herr graf Gothardt von Starmberg[66] ein mißverstand miteinander gehat[a] und derentwegen ihnen von herrn landteßhaubtman[67] der arest anbefohlen worden.

Den 21.[b]

Martiuß

Den 11. diß hat mein lieber her bruder her Hanß Veith herr von Gera[68] sein hohzeit gehabt mit freylein Eleonora Isobella freylein Kätzianer[69] freiherrin und ist gewessen in herrn oberst Schiffer behaussung[70].

Den 12. ist die haimfierung nacher Eschlberg gewessen[c] und zugleich die einsegnung meiner freylin schwester Maria Anna Franzisga freyin von Gera[71] mit herrn Geörg Sigmundt graffen von Tättenbach[72]. Die frelle Söntll von[d] Scherffenberg[73] ist cräntzellfreille gewest und herr Fertinant von Scherffenberg[74] und graf von Tatenbach[75] sein breitfhirer gewest.

Den 18. ist die geselschafft droben bliben.

Den 14.[e] ist wider alleß nach hauß.

Juny

Den 15. Juny ist der freylin Lissl Thilli[76] hohzeit gewessen mit herrn Bopel.[77]

Den 18. diß ist die kronung Ferdinants[78] des 4. gewessen.

---

[a] *sic!*
[b] *Fortsetzung fehlt*
[c] *folgt* und, *getilgt*
[d] von ... breitfhirer gewest *unten nachgetragen*
[e] *sic!*
[f] *unsichere Lesart*

SACHKOMMENTAR

[1] Maria Susanna Weiß († Donnersbach 13. Februar 1663), Tochter von Erasmus von Gera, Freiherrn auf Arnfels, Waxenberg, Eschelberg und Lichtenhag und Anna Benigna Reichserbmarschallin und Gräfin zu Pappenheim, verehelicht in Würting 1647 (10. September) mit Johann Christoph Weiß († 3. April 1651), seit 13. Februar 1651 Freiherr von Weißenberg auf Würting, Nieder-Wallsee, Schwarzgrub und Gallsbach, Pfandinhaber der Herrschaft und Vogtei von Wels, in den Ritterstand aufgenommen am 1. August 1643. In zweiter Ehe 1657 war Maria Susanna verehelicht mit Johann Adam von Hoheneck († 24. März 1683) auf Schlüsselberg, Brunhof und Steinbach, begraben Pfarrkirchen Grieskirchen, WITTING (1918) 529. Siehe WISSGRILL III (1797) 275: „[…] Maria Susanna, welche in erster Ehe Hanns Christophen Weiß von Weissenberg, Freyherren zu Würding, und in zweyter Ehe 1657 Johann Adam von Hoheneck zu Steinbach gehabt". Siehe HOHENECK (1727) 147: „Maria Susanna (welche laut des in meinem Archiv verhandenen Original-Verzeichnuß den 10. Septembr. 1647. in der Schloß Capellen zu Wiertting mit Herrn Hans Christoph Freyherrn von Weissenberg zu Wiertting und Niedern-Walsee / Pfand-Innhabern der Kayserl. Graffschafft und Burg-Vogtey Welß verehelichet wurde) nach dem aber gedachter Herr von Weissenberg den 3. April 1651. diß zeitliche verlassen / nahm sie 1657. zum anderten Gemahel Herrn Hans Adam von Hocheneck zu Stainbach und Prunhoff / mit deme sie biß 1663. gelebt / solches Jahr aber in dem Tonners-Baad in der Steyrmarck gestorben." Siehe HOHENECK (1747) 835: „Herrn Hans Christoph Freyherrn von Weissenberg seel. unterlassene Wittib / vorgedachte Frau Maria Susanna / gebohrne Herrin von Gera aber / hat nach dessen (wie vorgemeld) anno 1651. erfolgten Todt (laut des in meinem Archiv originaliter verhandenen Vergleich über dero Verlassenschafft) anno 1657. Herrn Johann Adam Herrn von Hoheneck zu Stainbach und Prunhof in anderter Ehe genommen / anno 1663. aber das Zeitliche geseegnet".

[2] Anna Benigna (geborene von Pappenheim) († 12. Juli 1678), verehelicht mit Erasmus II. von Gera. Kinder: Hans Veit und drei Töchter (Maria Susanna, Maria Anna und Maria Esther). Anna Benigna von Gera wurde 1678 in Steyr in der Stadtpfarrkirche begraben, STARKENFELS (1904) 271. Siehe WISSGRILL III (1797) 275: „Anna Benigna, Reichs Erbmarschallin und Gräfin von Pappenheim, Veits des H. R. Reichs Erbmarschalln Grafen und Herrn zu Pappenheim und Salome Gräfin Preysing zu alten Preysing Tochter […] Anna Benigna Gräfin von Pappenheim folgte ihm in die Ewigkeit nach den 12. July 1678, und ward zu Steyer in der Stadtpfarrkirche begraben". Siehe HOHENECK (1727) 147: „Fräulen Anna Benigna [Gattin von Erasmus von Gera] gebohrne Erb-Marschallin von Papenhaim / weyland Herrn Veit des Heil. Röm. Reichs Erb-Marschallen und Grafen zu Papenhaim

mit Frauen Salome gebohrnen Gräfin von Preysing Tochter / die ihme einen Sohn Herrn Hans Veit genannt / und drey Töchter gebahre".

[3] Maria Magdalena (geborene Pappenheim) († 1632), verehelicht 1621 mit Johann Warmud von Preysing (1573 – 9. August 1648), Herr zu Moos, kaiserlicher und kurfürstlicher bayer. Kämmerer und Rat, auch Vicedom zu Straubing, Pfleger von Vilshofen. Johann Warmud war in erster Ehe 1606 mit Ursula Freiin von Gumppenberg, in dritter Ehe 1636 mit Maria Katharina Freiin von Adelzhausen († 1645) verheiratet, STARKENFELS (1904) 271. Siehe HOHENECK (1732) 168–169: „Auß dem Uhralt-vortrefflichen auch Stüfft- und Thurnier-mässigen Bayrischen Geschlecht der Herren Grafen von Preysing ist Herr Johann Warmund Graf von Preysing weyland Kaysers Ferdinandi 2di glorwürdigsten Angedenckens Cammerer / und Hertzog Albrechts in Bayrn Obrister Hofmeister / Vicedomb zu Straubing und einer Löbl. Landschafft deß Hertzogthumb Bayrn Verordneter / ein Sohn Herrn Joannis Alberti Freyherrens von Preysing / Hertzoglichen Bayrischen Raths / und Frauen Annae Taimerin zum Moß und Neißling / auß denen er Anno 1573. gebohren / und (nach demc er in disen Ertz-Herzogthumb Oesterreich ob der Ennß die an den so genannten Traunsee gelegene Graffschafft Orth überkommen) umb das Jahr 1622. hiesiger Lands-Marticul Einverleibt worden. Er verehelichte sich zum erstenmal Anno 1606. mit Fräulen Anna Ursula von Gumpenberg / Herrn Stephan von Gumpenberg / und Frauen Anna gebohrnen von Weichs Tochter / und gebahre auß ihr nebst zweyen Söhnen Namens Herrn Johann Franz und Herrn Johann Bernhart, vier Töchter [...] Nachdeme aber vorgedachte Frau Anna Ursula Gräfin von Preysing gebohrne von Gumpenberg Anno 1619. diß Zeitliche geseegnet / hat ermelter Herr Johann Warmund Graf von Preysing Anno 1621. in anderter Ehe sich [mit] Fräulen Maria Magdalena Erb-Marschallin und Gräfin von Papenheimb weyland Herrn Veith deß heiligen Römischen Reichs Erb-Marschallen zu Papenheimb und Frauen Salome gebohrnen Gräfin von Preysing Tochter trauen lassen / und auß ihr nebst einer Tochter Fräulen Maria Anna genannt / (welche nachgehends Herrn Franz Ignati Notthafft vermählet worden) noch zwey Söhn Namens Herrn Johann Albrecht, und Herrn Johann Ferdinand Albrecht gebohren [...] Als aber gedachtes Herrn Johann Warmund Grafens von Preysing anderte Gemahel Frau Maria Magdalena gebohrne Erb-Marschallin von Papenhaimb gestorben / verehelichte er sich zum drittenmahl mit Fräulen Maria Catharina von Adelshausen / die er aber ohne mit ihr Kinder zu erzeugen Anno 1648. als Wittib unterlassen." Siehe BUCELINUS IV (1678) 214: „Joannes Warmundus Comes de Preising, Ferdinandi II. Imperat. Camerarius, Serenissimi Alberti Ducis Bavarie Supremus Aulae Praefectus, & Vice-Dominus Straubingae, Statuum Provincialium Bavariae Comissarius deputatus natus 1573, obiit 1648. ux. 1. Anna Ursula filia Stephani Liberi Baronis de Gumppenberg, & Elisabethae de Weichs, ducta 1606. ob. 1619. 2. Maria Magdalena filia Viti Liberi Baronis de Pappenheim, Sac. Rom. Imp. Mariscalli Haeredit. & Mariae Salome Baronissae de Preising, ducta 1621. 3. Maria Cathar. de Adelzhausen sine Prole".

⁴ Hans Christoph Weiß († 3. April 1651) von Weißenberg, seit 13. Februar 1651 Freiherr von Weißenberg auf Würting, Nieder-Wallsee, Schwarzgrub und Gallsbach, Pfandinhaber der Herrschaft und Vogtei von Wels, in den Ritterstand aufgenommen am 1. August 1643, verehelicht in Würting 1647 (10. September) mit Maria Susanna von Gera († 1663), WITTING (1918) 529. Siehe HOHENECK (1747) 835: Vermählung mit Hans Christoph Weiß: „Herr Hans Christoph Weiß / ward von Kayserl. Majest. in Herren-Stand erhoben / und mit dem Praedicat Freyherr von Weissenberg begabet. Anno 1647. aber den 10. September in der Schloß-Capellen zu Würding mit Fräulen Maria Susanna Herrin von Gera / Herrn Erasmi Herrn von Gera und Frauen Anna Benigna gebohrnen Erb-Marschalchin von Pappenheim Tochter / vermählet worden / wie die in meinem Archiv originaliter verhandene Beschreibung mit mehrerem weiset. Er lebte aber nach seiner Vermählung nur vier Jahr / und muste sein junges Leben den 3. April anno 1651. enden / nachdeme er mit ersagt seiner Gemahel einen eintzigen Sohn / Franz Christoph genannt / erzeuget / und in solch kurtzen Jahren sein grosses von seinem Herrn Vatter überkommenes fast Fürstliches Vermögen durch Pracht / üble Würthschafft und Verschwendung (welches fast unglaublich) solcher gestalt dilapidiret / daß / weilen ihme zugleich auch an verschiedenen Fürstlichen Höfen (wo die Capitalia anligend gewesen) die Bezahlung nicht erfolget / ihme nach allen verkaufften Herrschafften und Güthern / sein letztes Lebens-Jahr umb keinen Kreutzer Bord mehr gebürget worden. Ein nicht leicht erhörtes Exempel menschlicher Unbeständigkeit / da er in so kurtzer Zeit aus dem reichesten Cavallier im Land der Allerärmste worden. Seines Sohns verordnete Vormunder / benanntlichen Herr Johann Veit Herr von Gera / und Herr Johann Weickard Graf Kätziäner haben die hin- und wieder in dem Reich bey Fürstlichen Höfen anligend- und zum theil zu bezahlen verweigerte Capitalia durch Tractationen / und auch vilen Nachlaß eingebracht. Es hat auch er deroselben Pupill / Herr Franz Christoph Freyherr von Weissenberg / dieselbe nicht lang geniessen können / sondern hat anno 1665. mit dem leben / als der letzte / auch seine Familiam geendet."

⁵ Schloß Würting, MG Offenhausen, GB Lambach, SCHIFFMANN II (1935) 510. Siehe HOHENECK (1732) 412: „Das herrlich erbaute und in einer der fruchtbaristen Gegend der Haußruck-Viertels unweit des zur selben Herrschafft gehörigen Marckts Offenhausen an dem so genanten Grünbach gelegene vorhin mit einem Weyr / jetzo aber bloß mit einem Wasser Graben umbgebene Schloß Würding [...]."

⁶ StG, GB Gmunden, SCHIFFMANN I (1935) 359.

⁷ Maria Salome von Herberstorff († 28. November 1648), begr. in Altmünster, Tochter von Heinrich Freiherrn von Preysing und der Benigna Thurmerin von Mühlheim, Tochter des Erbmarschalls Veit Freiherrn von Pappenheim († 1600), vermählt 1607 mit Adam Graf von Herberstorff († 1629), STARKENFELS (1904) 120, STURMBERGER (1976) 43ff., 421ff., 428, 489ff., BUCELINUS III (1672) 81, ZEDLER 12 (1735) Sp. 1617.

⁸ Schloß Ort am Traunsee, StG, GB Gmunden, siehe GRÜLL (1963) 77–83, SCHIFFMANN II (1935) 229.

⁹ Johann Warmund Graf von Preysing, siehe Anm. 3.

¹⁰ Erasmus II. (1588–14. September 1657), Herr auf Waxenberg, das er 1647 an Conrad Balthasar Grafen und Herrn von Starhemberg verkaufte, Eschelberg und Lichtenhag (bei Gramastetten). Er wurde am 20. März 1623 als protestantischer „Rebell" verhaftet. Nach seiner Haft konvertierte er und wurde unter Kaiser Ferdinand III. Kämmerer, Oberstleutnant, seit 1628 Verordneter des Herrenstandes in Österreich ob der Enns, vermählte sich mit Anna Benigna von Pappenheim († 1678), STARKENFELS (1904) 61, MATSCHINEGG (1999) 373. Siehe HOHENECK (1727) 147: „Herr Erasmus von Gera, der vierte und letzte Sohn offt gedachtes Herrn Hans Christophs Herrn zu Wäxenberg und Eschlberg etc. Kayserl. Majest. Cammerer / wurde 1628. Verordneter des Löbl. Herren-Stands. Seine Gemahel ware Fräulen Anna Benigna gebohrne Erb-Marschallin von Papenhaim / weyland Herrn Veit des Heil. Röm. Reichs Erb-Marschallen und Grafen zu Papenhaim mit Frauen Salome gebornen Gräfin von Preysing Tochter / die ihme einen Sohn Herrn Hans Veit genannt / und drey Töchter gebahre". Siehe WISSGRILL III (1797) 275: „Eraßmus Herr von Gera, der zweyte dieses Nahmens, Freyherr auf Arnfelß, Herr der Herrschaften Wäxenberg, Eschelberg, Lichtenhaag, der erstgebohren Sohn Johann Christophs Herrn von Gera und Esther Herrin von Stubenberg, tratt wiederum zur römisch-katholischen Religion, war K. Ferdinand III. Kämmerer und kais. Oberstlieutnant, nach verlassenen Kriegsdiensten auch 1628 Verordneter Herrenstandes der Landschafft in Oesterreich ob der Enns. Er hat seien Herrschaft Wäxenberg vermög Aussandtung im Jahr 1647 an Conrad Balthasar Grafen und Herrn von Stahremberg verkauft."

¹¹ Anna Benigna von Gera, geborene Pappenheim, siehe Anm. 2.

¹² St Wels.

¹³ Franz Albrecht Graf von Harrach (1614–1666), seit 1640 Kämmerer und Obersterbstallmeister unter und ob der Enns, dann Obersthofjäger- und -falkenmeister, Oberststallmeister, Geheimer Rat Ferdinands III. und Leopolds I., WISSGRILL IV (1800) 159–160. Zur Familie STARKENFELS (1904) 99–103, KIRNBAUER (1909) 166–168. Siehe HOHENECK (1727) 328: „Herr Franciscus Albertus Graf von Harrach Obrist Erb-Land-Stallmeister (welches Erb-Ambt er bey der Annno 1651. den 4. Sept. an Weyland König Ferdinando den vierten Ertz-Hertzogen zu Oesterreich von denen N. O. Herren Ständen abgelegter Huldigung bediente) [...] / ware Kayser Ferdinandi III. höchst-seel. Angedenckens Cammerer Obrist Jäger- und Falckenmeister / hernach Anno 1644. Verordneter deß Löbl. Herrn Stands dises Ertz-Hertzogthum Oersterreich [!] ob der Enns. Auß seiner Gemahel Frauen Anna Magdalena gebohrnen Jörgerin Freyherrin / Herrn Carl Jörgers Freyherrn von Tolleth etc. und Frauen Anna gebohrnen Hofmannin Freyin hatte er keine Kinder."

¹⁴ Placidus Hieber (Füssen im Allgäu 22. Oktober 1615–12. September 1678), Profeß 13. November 1632, Prim. 29. Dezember 1639, gewählt 8. Mai 1640, siehe LINDNER (1908) 300.

¹⁵ MG, GB Lambach, SCHIFFMANN II (1935) 103.

¹⁶ Anna Magdalena von Harrach, geborene Jörger (geb. Steyregg 12. September 1619), verehelicht mit Franz Albrecht von Harrach († 1666), WURM (1955) 256.

[17] Ursula Pfliegl (geb. 1598), geborene Gienger, Tochter von Hans Adam Gienger (1558–1623) und der Magdalena Füger (1571–1627), verehelicht 1622 mit Georg Pfliegl († 1647), der am 21. Mai 1627 in den obderennsischen Ritterstand aufgenommen wurde, STARKENFELS (1904) 67, 249. Siehe HOHENECK (1727) 190–191: „Fräulen Ursula, welche den 21. Decemb. Anno 1598. in die Welt kommen / ward den 12. April 1622. an Herrn Jorg Pfliegl Chur-Fürstlichen Bayrischen Hof-Cammer-, auch Kriegs-Rath und Vice-Domb in Oesterreich ob der Enns vermählet / deme sie die Herrschaft Wolffseck zugebracht". Siehe HOHENECK (1747) 517: „Herr Georg Pfliegl / war / nach Zeugnuß ob allegierten ihme Anno 1613. von Kayser Matthiae Allergnädigst ertheilten Diplomatis, von seiner Päbstlichen Heiligkeit Comes Palatii Apostolici & Miles Auratae Militiae gemacht / und gewürdiget. Er begab sich Anfangs in Chur-Bayrische Dienst / und ward Sr. Churfürstlichen Durchleucht in Bayrn Hof-Cammer- und Hof-Kriegs-Rath / nachgehends aber in während deroselben Innhabung dises Lands ob der Ennß / von Anno 1621. bis 1628. Vicedomb ob der Ennß / wie solches der Catalogus Hist. von denen Herren Lands-Haupt-Leuthen dises Lands mit mehrern weiset / er starb zu Wolfseck in 73. Jahr seines Alters / und ward in der Kirchen daselbsten begraben".

[18] Franz Christoph Erasmus Weiß, Freiherr von Weißenberg (22. Oktober 1648–1665), WITTING (1918) 529, HOHENECK (1747) 835.

[19] Maria Salome von Herberstorff, siehe Anm. 7.

[20] St Wien.

[21] Anna Unverzagt, geborene Wollzogen (geb. 26. April 1599), Freiherrin von Neuhauß und Guttenbrunn, Tochter von Johann Christoph von Wollzogen, Freiherrn auf Neuhaus, Arnstein, Fahrafeld, Guttenbrunn und St. Ulrich und Sofia von Dietrichstein, Freiin auf Rabenstein an der Herrschaft Grünberg, vermählt in zweiter Ehe 1626 mit Wolfgang Georg Unverzagt Freiherrn zu Ebenfurth, Regelsbrunn und Retz († 16. August 1647), WITTING (1918) 444, 529. Siehe HOHENECK (1747) 834–835: „Herr Christoph Ludwig Weiß von und zu Würding auf Niedern-Walsee / Röm. Kayserl. Majest. Rath / Burg-Vogt und Pfand-Innhaber der Kayserlichen Herrschafft und Vogtey-Burg Welß / der eintzige Sohn vor ermeldtes Herrn Christoph Weissen / und seiner anderten Gemahel Frauen Felicitas Gebohrnen Altin / hat sich mit Fräulen Anna gebohrnen Wollzogin Freyherrin von Neuhauß und Guetenbrun vermählet / seinem Vatter aber gar bald in die Ewigkeit nachfolgen müssen / da er laut Erinderungs-Schreiben / so in meinem Archiv befindig / in der Blühe seines Alters / nemlichen im drey und zwantzigsten Jahr / bald nach seiner Vermählung den 19. Januarii anno 1623. zu Welß gestorben / und nachgehends zu ermeldtem Offenhausen [...] begraben worden. [...] Seine unterlassene junge Wittib / welche ihmc einen einigen [!] Sohn / Herr Hans Christoph genanndt / gebohren / hat nach seinem Absterben Herrn Wolf Jacob unverzagt [!] zur Ehe genommen / ungehindert dessen aber ein- als anderweg die Vormundschafft über vorermeld ihren unmündigen Sohn erhalten / wie sie dann nebst ihrer Herren Mit-Vormundern / laut des in meinem Archiv verwahrten Kauff-Brief, datirt 10. Maij anno 1628. von Herrn Hans Ludwig Geymann zu Gallspach / Trätteneck / und

Walchen / den Sitz Schwartzgrueb / und vermög eines andern daselbsten verhandenen Kauff Brieff / Kauffs-Quittung / und Gehorsam-Brief / datirt 6. April 1633. die Herrschafft Gallspach erkaufft / dieselbe aber vermög deren loco citato verwahrten Kauffs-Acten sub dato 13. Februarii anno 1638. Herrn Tobiae von Waldberg hinwiederumen käufflich hinüber gelassen / und auch zugleich den erforderlichen Kayserlichen Lehens-Consens der bey ermeldter Herrschafft sich befindenden Lands-Fürstlichen Lehen halber sub dato 18. April gedachtes Jahr 1638. ibid. ausgewürcket."

[22] Anna Benigna von Gera, geborene Pappenheim, siehe Anm. 2.

[23] Johann Veit von Gera, siehe Anm. 68.

[24] Siehe HOHENECK (1727) 147–148: „Die anderte Tochter Fräulen Maria Anna Francisca hatte zum Gemahel Herrn Georg Sigmund Grafen von Tättenbach zu Freyenzell / dero Hochzeit den 12. Martii 1653. im Schloß Eschlberg (eben da die Heimführung ihres Herrn Bruders ware) gehalten worden. Die dritte Tochter Fräulen Maria Ester genannt / nahme Herrn Paul Freyherrn von Houschin."

[25] Schloß Eschelberg, G St. Gotthard im Mühlkreis, GB Urfahr-Umgebung. Das Adelsgeschlecht der Gera besaß neben der Herrschaft Eschelberg noch Waxenberg, Etzlsdorf, Mistelbach und Freistadt, GRÜLL (1969) 64, SCHIFFMANN II (1935) 271.

[26] kreisfreie Stadt Passau, Sitz der Verwaltung des Landkreises Passau, Niederbayern.

[27] Die Freiherrn von Scherffenberg besaßen 1653 in Linz (St Linz) das Haus Altstadt Nr. 2 (von 1628 bis 1666, ab 1648 Freihaus), GRÜLL (1955) 46.

[28] Konrad Balthasar von Starhemberg (1612 – Wien 3. April 1687), nach dem Kriegsdienst gegen die Schweden seit 1643 Reichsgraf, seit 1643 erbländischer Graf von Starhemberg, 1656 kaiserlicher Kämmer und Vize-Statthalter der NÖ. Regierung, Vize-Oberthofmeister, dann Oberststallmeister der NÖ. Lande, 1663 Geheimer Rat und Direktor des Geheimen Deputierten Rates, 1667 Mitglied des böhmischen Herrenstandes und 1681 auf dem Landtag zu Ödenburg Ritter des Ordens vom Goldenen Vlies. Konrad Balthasar von Starhemberg vermählte sich in erster Ehe am 10. April 1635 mit Anna Elisabeth Zinzendorf († 28. September 1659), Tochter von Johann Joachim von Zinzendorf und Pottendorf auf Roith, Karlsbach, Waasen, Freienstein, Auhof, Schönegg, Wasserburg, Karlstetten, Toppel und Lunz und Judith von Liechtenstein an der Herrschaft Nikolsburg, begraben Klosterkirche Schönbühel, in zweiter Ehe Wien 1660 (18. Februar) mit Katharina Franziska Cavriani († 1716), STARKENFELS (1904) 395, STARZER (1897) 252–267, SCHWERDLING (1830) 228–235, WITTING (1918) 203. Siehe HOHENECK (1732) 556–558: „Herr Conrad Balthasar des Heil. Römisch Reichs Graf und Herr von Stahrenberg / welche Gräfliche Würde er sich und seiner Familiae von Sr. Kayserl. Majest. / auf das neue erworben / begabe sich Anfangs in Kaysers Ferdinandi II. Kriegs-Dienst / ware mit in der Belagerung Regenspurg / und der Schlacht von Nördlingen / gelangte in solchen Diensten biß zur Obrist-Lieutenants-Stell / als er aber Anno 1635. dem Feld-Leben abgedancket / und sich verheurathet / ward er Anno 1649. Verordneter des Löbl. Herren-Stands in disem Ertz-Hertzogthum Oesterreich ob

der Ennß / nachgehends Land-Rath / folgends Rath / Vice-Stadthalter / auch Cammerer / und der Röm. Kayserl. Majest. Vice-Obrist-Hofmeister / als aber höchstgedachte Kayserl. Majest. dises Zeitliche geseegnet / wurde er dero verwittibt-hinterlassenen Duchläuchtigsten Frauen Gemahel Kayserin Eleonora obrister Stallmeister / und endlichen von Kayser Leopoldo I. hochlöblichster Gedächtnuß zum würcklichen Stadthalter-Ambt des Regiments der N. Oester. Landen / und zur würcklichen geheimen Raths- auch Anno 1681. zur Ritter-Würde des goldenen Vlüsses erhoben. Er war nicht nur einer der grösten Ministern seiner Zeit / welcher von seinem Allergnädigsten Herrn hoch gehalten / und von jedermäniglich geliebt und geehret worden / sondern dabey auch ein so vollkommener guter Würth / daß dise Oesterreichische Länder wenig / oder kaum einen seines gleichen gehabt haben / wie er dann durch den reichen Seegen GOttes / dem jederzeit beforderist alles zugeschrieben / und durch seine fleißig-embsig- und genaue Haußhaltung die Herrschafft Schönpihel abgelöst / die Grafschafft Wäxenberg / und Herrschafften Wimbspach / Neydhörting / Eschlberg / nebst dem Freyhaus zu Lintz / Thiernstain mit dem Thall Wachau / Freynstain / Herrschafft und Mauth Aggstain / Carlspach / Freydegg / Zeillern / Krumpp Nußbaum / Höbetndorff / Englhartstötten / Neysidl / und noch andere mehr erkaufft / Conradswerth mit seinem Einkommen sambt dem schönen Freyhauß in Wienn von Grund auß erbauet / endlichen auch die Burgg und Stadt Eferting / neben dem ansehentlichen völligen Passauer-Zehent (welche beede ein gute Zeit der schwären Kriegs-Läuff halber in frembde Hand kommen) widerumben an sich und seines Familiam als die letzten Schaumbergische Erben käufflichen gebracht. Zur Bezeugung aber seiner Erkäntlichkeit / und daß er dises grosse erworbene Vermögen alles der Göttlichen Güte zuschreibe / hat er auf alle solche Herrschafften / Schlösser und Häußer / nebst seinem Wapen die Wörter: Benedictio Domini, schreiben lassen. Seine erste Gemahel ware Frau Anna Elisabeth, gebohrne Herrin von Zintzendorff / Herrn Christoph Wilhelm Herrns von Zelcking unterlassene Wittib / und Herrn Joann Joachim Herrns von Zintzendorff / mit Frauen Judith gebohrnen Herrin von Liechtenstain und Nicolspurg / erzeugte Tochter / die gebahre ihme zwey Söhn / benantlichen Herrn Ernst Rudiger, und Herrn Maximilianum Laurentium […] Nachdeme vorermelt- seine erste Gemahel / Frau Anna Elisabeth gebohrne Herrin von Zintzendorff / nach Zeugnuß eines in meinem Archiv originaliter verhandenen Conduct-Ladschreibens / den 28. September Anno 1659. dises Zeitliche geseegnet / nahme er in anderter Ehe Fräulen Franciscam Catharinam gebohrne Gräfin von Cavriani, Herrn Friderich Grafens von Cavriani Röm. Kayserl. Majest. geheimen Rath / und Weyl. Kayserin Eleonorae obristen Hofmeisters / mit Frauen Elisabetha gebohrnen Gräfin von Meggau erzeugte Tochter / die ihme noch vier Söhn / als Herrn Leopold Carl, Herrn Franz Ottocar, Herrn Gundacker Thomas, und Herrn Paul Jacob gebahre. […] Vorgedachter Herr Conrad Balthasar Graf und Herr von Stahrenberg bezalte die Schuld der Natur den 3. April Anno 1687."

[29] kreisfreie St Regensburg in der Oberpfalz.

[30] Maria Anna Franziska von Gera, die zukünftige Gattin von Georg Siegmund von Tattenbach.

[31] vermutlich Albrecht von Waldstein [Sohn von Maximilian Franz Albrecht († 18. Februar 1655) und Katharina Barbara, Tochter von Karl Leonhard Reichgraf von Harrach zu Rohrau († 22. August 1640)], Domherr zu Olmütz und Passau, siehe WITTING (1918) 503. Siehe ZEDLER 52 (1747) Sp. 1512: „Albrecht, so unverehlichet gestorben".

[32] Georg Siegmund, Reichsgraf von Tattenbach (17. Februar 1628–25. Februar 1686), Freiherr zu Ganowitz auf Freyenzell, kaiserlicher Kämmerer, Oberstjägermeister zu Passau, verehelicht in zweiter Ehe in Eschelberg 1653 (12. März) mit Anna Maria Franziska von Gera (1635 – Passau 19. Mai 1710), Tochter von Erasmus Freiherrn von Gera zu Arnfels auf Lichtenhag und Wachsenberg und Maria Anna Benigna Theresia Marschall zu Pappenheim, siehe WITTING (1918) 307, STARKENFELS (1904) 436 [Person bei Hoheneck nicht erwähnt]. Siehe BUCELINUS II (1662) o.S.: „Georgius Sigismundus Comes de Tattenpach. Uxor Maria Elisabetha Baronissa de Mindorff filia Ioannes Christophori & Sophia de Trautmendorff".

[33] KG Landshaag, MG Feldkirchen an der Donau, GB Urfahr-Umgebung, SCHIFFMANN II (1935) 105–106.

[34] zu Schlittenfahrten siehe BASTL (1996) 216–225, COMMENDA (1958) 159–162.

[35] Konrad Balthasar von Starhemberg, siehe Anm. 28.

[36] siehe zu Bauernhochzeiten ALEWYN, SÄLZLE (1959) 25–26, COMMENDA (1958) 150–155, BASTL (1996) 225–228, SCHNITZER (1995) 280–331.

[37] Bartholomäus, Reichsgraf von Starhemberg (1625 – Wien 22. März 1676), Majoratsherr auf Schaunberg, Eferding, Wildberg, Riedegg, Lobenstein, Reichenau und Breitenbruck, Herrenstandsverordneter in Österreich ob der Enns, kaiserlicher Kämmerer und Rat, Obersthoffalkenmeister, begraben in der Kapuzinerkirche Linz, vermählt am 30. Dezember 1650 mit Esther von Windischgrätz († Regensburg 20. Juni 1697), Erbtochter von Siegfried Adam von Windischgrätz, Reichsfreiherrn zu Waldstein und im Thal und Christina Schrott Freiin zu Kindberg an der Herrschaft Donnersbach, SCHWERDLING (1830) 303–305, STARKENFELS (1904) 395, WITTING (1918) 210–211. Siehe HOHENECK (1732) 586: „Herr Bartholomaeus Graf und Herr von Stahrenberg / Herr der Herrschafften Wildtberg / Riedeck / Lobenstain / Reichenau / und Praittenbruck / der verblibene Sohn Herrn Gundacker Grafen und Herrns von Stahrenberg und Frauen Annae Sabinae gebohrnen Freyherrin von Dietrichstain / gebohren Anno 1625. ward an Weyl. Kaysers Ferdinandi III. Hof als Edelknab erzogen / Anno 1660. Verordneter des Löbl. Herren-Stands dises Ertz Hertzogthums Oesterreich ob der Ennß / und folgends Kaysers Leopoldi I. hochseeligster Gedächtnuß Cammerer / und obrister Falckenmeister / mit seiner Gemahel / Frauen Ester, gebohrnen Freyherrin von Windischgrätz / Herrn Seyfrid Adam Freyherrns von Windischgrätz / und Frauen Christina Schrattin Freyherrin Tochter / erwarbe er acht Herren Söhn und drey Fräulen Töchter / [...] Er aber starb Anno 1662. eben zu der Zeit / als er von Sr. Kayserl. Majest. zu dem obristen Hof-Jägermeister-Ambt bestimmet gewesen. Er ligt zu Lintz bey denen P.P. Capucinern im Weingarten / in der von ihme Anno 1660. zu Ehren des

Heiligen Francisci Seraphici erbauten Capellen / und vor sich und seine Nachkömmlingen gestifften Grufft und Erb-Begräbnuß begraben."

[38] Konrad Balthasar von Starhemberg, siehe Anm. 28.

[39] Esther von Starhemberg († Regensburg 20. Juni 1697), geborene von Windischgrätz, Tochter von Siegfried Adam von Windischgrätz (1585–1648) und Christina Schrott († 1651), verehelicht Wien 1651 (14. Februar) mit Richard Bartholomäus Reichsgrafen von Starhemberg auf Schaunberg, Eferding, Wildberg, Riedegg, Lobenstein, Reichenau und Breitenbruck, † Wien 22. März 1676, begr. Franz-Seraphikus-Kapelle der Kapuzinerkirche in Linz, WITTING (1918) 569–570.

[40] Siegmund Friedrich von Salburg († 1655) zum Salaberg und Aichberg, Reichsfreiherr auf Falkenstein, Hochhaus, Altenhof und Rannariedl, fiel 1665 [!, nach diesem Tagebuch 1654] im Duell gegen Stefan Franz Freiherrn von Oedt, verehelicht 1644 (22. April) mit Maria Elisabeth von Scherffenberg (geb. Spielberg 13. August 1622), Tochter von Gotthard von Scherffenberg und Anna von Kielmansegg, STARKENFELS (1904) 312, WITTING (1918) 12. Siehe HOHENECK (1732) 210–211: „Herr Sigmund Friderich von Salburg Freyherr zu Falckenstain auf Rännäridl / Hoch Hauß / und Altenhof / verehelichte sich lauth des in dem Graf Salburgischen Archiv verhandenen Heuraths-Brieff dat. den 22. April Anno 1644. mit Fräulen Maria Elisabetha Herrin von Scherffenberg / Herrn Gotthard Herrn von Scherffenberg und Frauen Anna Gebohrnen Kielmanin von Kielmanseck Tochter / und erzeugte mit ihr drey Fräulen Töchter Nahmens Maria Catharina, Maria Anna, Maria Elisabeth, und sechs Söhn / benandtlichen Herrn Johann Gottfrid, Herrn Johann Ernst, Herrn Johann Ferdinand, Hr. Johann Friderich, Herrn Johann Reichard, und Herrn Wilhelm [...] Gedachter Herr Sigmund Friderich Freyherr von Salburg / blibe in einem Duell mit Herrn Stephan Franz Freyherrn von Oedt / seine hinterlassene Wittib aber verehlichte sich nachgehends mit Herrn Sigmund Ferdinand Graf Kätziänner. Vorgedacht- seine drey Fräulen Töchter starben sammentlich lediger / und zwar Fräulen Maria Elisabetha lauth eines in meinem Archiv originaliter verhandenen Erinderungs-Schreiben am Neuen Jahrs Abend Anno 1672. zu Steyr, allwo sie auch begraben worden".

[41] Maria Elisabeth von Scherffenberg (13. August 1622–vor 10. Juni 1690), verehelicht 1644 (22. April) mit Siegmund Friedrich von Salburg († 1665), Reichfreiherrn auf Falkenstein, Rannariedl, Hochhaus und Altenhof, in zweiter Ehe mit Siegmund Ferdinand Reichsgrafen Kazianer, Freiherrn zu Katzenstein und Flödnig auf Mühlgrub, WITTING (1918) 31.

[42] nicht genau identifizierbar, siehe unter Siegmund Friedrich von Salburg, siehe Anm. 40.

[43] R Elling, G Weng im Innkreis, GB Mauerkirchen; R Elling, G Moosdorf, GB Wildshut; Vgl. SCHIFFMANN I (1935) 256.

[44] Verschreibung für Februar.

[45] Esther von Starhemberg, siehe Anm. 39.

[46] zu Siegmund Friedrich von Salburg, siehe Anm. 40.

[47] Alexander Schifer (17. Oktober 1612 – Ungarn 1661), Freiherr (bestätigt 4. November 1659) von und zu Freiling auf Daxberg, Gallham und Lichtenau

im Mühlviertel und Neuhaus und Falkenberg in Obersteiermark, kaiserlicher Hofkriegsrat, Oberst und General-Kriegskommissär, vermählt 1639 (13. November) mit Eva Katharina von Tattenbach (13. Juli 1616 – Regensburg 25. April 1684), Tochter von Gotthard Reichsgrafen von Tattenbach und Sabina Sara Sofia von Hoheneck auf Breitenbruck und Zell, WITTING (1918) 51. Siehe HOHENECK (1732) 351: „Herr Alexander Schifer zu Freyling der sechste Sohn obengedachtes Herrn Dietmayr Schifers / und Frauen Elisabeth Gebohrnen Hörleinspergerin / ward Röm. Kayserl. Majest. Hof-Kriegs-Rath / Obrister / und General-Kriegs-Commissarius, starb Anno 1661. in Hungarn / und gebahre auß seiner Gemahel Frauen Eva Catharina Gräfin von Tättenbach und Rheinstein / Herrn Gotthard, Herrns von Tättenbach und Frauen Sarrae Sophiae von Hoheneck Tochter / einen Sohn Dietmayr genandt / welcher als Obrist-Wachtmeister zu Baaden gestorben / und vier Fräulen Töchter / benandtlichen Fräulen Evam Elisabeth, Herrn Grafens von Berthold Gemahel / Fräulen Maximilianam, die lediger gestorben / Fräulen Sophiam, welche einen Herrn von Auffsäss zur Ehe genohmen / und Fräulen Mariam Catharinam, welche als ein Kind in einem Schaf voll siedender Laug zu Freyling ertruncken."
Weniger wahrscheinlich ist eine Identifizierung mit der Frau des kaiserlichen Rates Dietmar Schifer († 3. August 1632), Verwalter der Landeshauptmannschaft und Herrenstandsverordneter in Österreich ob der Enns. Dietmar Schifer war vermählt 1608 mit Elisabeth (14. Oktober 1590 – Regensburg 8. Februar 1664), geborene Herleinsperger, Erbtochter von Heinrich Herleinsperger auf Hochhaus, Altenhof, Hollerberg, Bruck an der Aschach und Lichtenau im Mühlviertel und Helena von Tattenbach zu Exing, HOHENECK (1732) 349–350, WITTING (1918) 51.

[48] Christina Eva Schifer (4. Juni 1626 – Regensburg 1698), Tochter von Dietmar Schifer, Freiherrn von und zu Freiling und Dachsberg auf Galham und Elisabeth Hörleinsperger zu Lichtenau und Bruck an der Aschach, verehelicht mit Christoph Ernst von Schallenberg (27. September 1617–1668), seit 5. März 1666 Reichsgraf zu Schallenberg, Freiherr auf Luftenberg und Piberstein, Hagenberg, Haagen, St. Ulrich und Auhof (jenseits von Linz) und Ruppersthal, und auf Dürrenthal in Niederösterreich, Erbvogt zu Zell, kaiserlicher Landrat und Herrenstandsverordneter in Oberösterreich, in den NÖ. Herrenstand am 22. Jänner 1663 aufgenommen, STARKENFELS (1904) 320, WITTING (1918) 37. Siehe HOHENECK (1732) 288: „Herr Christoph Ernst Graf von Schallenberg / Herr zu Piberstain / Lufftenberg / Hagenberg / Haggen / und Auhof bey Lintz / der anderte Sohn von mehr erwehntes Herrn Georg Christoph Freyherrn von Schallenberg / und Frauen Evae von Hoheneck / war gebohrn den 27. September Anno 1617. hernach Kayserl. Rath und Land-Rath / auch Anno 1668. Verordneter des Löbl. Herren-Stands in disem Ertz-Hertzogthumb Oesterreich ob der Ennß / er vermählete sich mit Fräulen Christina Schiferin / Herrn Dietmayr Schifers zu Freyling Freyherrns / und Frauen Elisabeth gebohrnen Hörleinspergerin Tochter / die ihme siben Söhn / als Herrn Christoph Dietmayr, Herrn Christoph Alexander, Herrn Hanns Christoph, Herrn Christoph Carl, Herrn Otto Christoph, Herrn Christoph Ehrnreich, und Herrn Christoph, nebst vier Fräulen

Töchtern / benandtlichen Fräulen Evam Elisabetham, Fräulen Rebeccam Mariam, Fräulen Elisabetham, und Fräulen Juliam gebohren."
[49] Maria Elisabeth von Salburg, siehe Anm. 41.
[50] vermutlich Susanna von Scherffenberg, siehe Anm. 73.
[51] Frau von Cronpichl, siehe Anm. 53.
[52] Susanna Eleonora von Stubenberg (gest. 1658), Gemahlin des Landeshauptmannes Hans Ludwig von Kuefstein (1587–1657).
[53] vielleicht Maria Eleonora von Cronpichl, Tochter von Konstantin Karl und Sara Sophia von Cronpichl, siehe HOHENECK (1727) 56–58.
[54] Sander konnte nicht identifiziert werden. „Sand" als Ort läßt sich mehrmals nachweisen: SCHIFFMANN II (1935) 317–318: D Sand, MG Garsten, GB Steyr, D Sand, MG Schwertberg, GB Mauthausen; einzelne Häuser Sand, ZH Zehetner, G Steinbach, GB Grünburg; Bhs. Sand, KG Hausleiten, St Steyr; Bhs. Sand, G Weibern, GB Haag, SCHIFFMANN III (1940) 392: Bhs. Sandner, R Galgenau, StG, GB Freistadt
[55] vermutlich Maria Maximiliana von Sprinzenstein († 15. September 1684), begraben bei den Karmelitern in Linz, vermählt in Götzendorf 1653 (30. September) mit Philipp Heinrich Freiherrn von Oedt zu Helfenberg († Ennsegg Oktober 1655), WITTING (1918) 186. Siehe HOHENECK (1732) 492–493: „Fräulen Maria Maximiliana ward den 30. Sepr[!]ember Anno 1653. in dem Schloß zu Getzendorff laut eines in meinem Archiv originaliter verhandenen Hochzeit-Ladschreiben Herrn Philipp Heinrich Freyherrn von Oedt auf Helffenberg / und Getzendorff / Pannier-Herrn vermählet. Sie starb den 15. September Anno 1684. und ward nach Innhalt des in meinem Archiv originaliter verwahrten Conduct-Ladschreiben zu Lintz bey denen PP. Carmelitern begraben."
[56] Konrad Balthasar von Starhemberg, siehe Anm. 28.
[57] Graf Bartolomäus von Starhemberg, siehe Anm. 37.
[58] Siegmund Friedrich von Salburg, siehe Anm. 40.
[59] Herr Stephan Franz von Oed (Vater Sebastian von Oed, seit 1608 im Mitglied des Herrenstandes). Zur Familie KIRNBAUER (1909) 320–321, BUCELINUS III (1672) 152. Siehe HOHENECK (1732) 25: Sebastian von Oed „Hatte zur Gemahl Frau Euphrosinam Notlitschin / die ihme vier Söhn gebohren / davon Herr Hans Joachim, und Herr Stephanus Franciscus beyde unverheurather / und zwar der letztere in Königl. Pohlnischen Kriegs-Diensten als Obrister gestorben". Siehe ZEDLER 25 (1740) Sp. 549: „Sebastian Frey- und Pannier-Herr von Oedt, zeugte mit Euphrosinen Notlitschin 4 Söhne: [...] 2.) Stephan Franciscus, welcher in Königl. Polnischen Kriegs-Diensten als Obrister unverheyrathet gestorben."
[60] Herrn Rieder: fragliche Identifizierung mit der bayerischen Familie Riederer, KIRNBAUER (1909) 377: Hans Georg Riederer von Paar zu Schönau, fürstl. passauerischer Rentmeister zu Königstetten, am 5. Dezember 1586 unter die alten Geschlechter des nö. Ritterstandes aufgenommen.
[61] Maximiliana von Sprinzenstein, siehe Anm. 55.
[62] Siegmund Friedrich von Salburg, siehe Anm. 40.
[63] Konrad Balthasar von Starhemberg, siehe Anm. 28.
[64] Hans Veit von Gera, siehe Anm. 68.

[65] Eleonore Katzianer, siehe Anm. 69.

[66] Gotthard von Starhemberg (Mai 1628 – Frankfurt 1657 im Zweikampf), Sohn von Gundacker von Starhemberg und Anna Sabina, Tochter von Bartholomäus von Dietrichstein, WITTING (1918) 210.

[67] Hans Ludwig von Kuefstein (geb. 1582/83 – 27. September 1656), Landeshauptmann 1631–1657, HEILINGSETZER (1982) 183–184. Siehe HOHENECK (1727) 535–538: „Hans Ludwig von Kuefstein Freyherr zu Greillenstein / Herr zu Spitz / Zässing und Puchberg Erb-Silber-Cammerer in beeden Ertz-Hertzogthumbern Oesterreich ob und unter der Ennß [...] Es ist aber diser vortreffliche Herr Hans Ludwig von Kueffstein Freyherr wie die bey der Familia verhandene vilfältige Commissions-Prothocolla und Acta weisen / durch seine so wohl von den Evangelischen als Catholischen N. O. Herren Ständen ihme aufgetragen und Löblich verrichten Commissionen und Abschickungen bey dem Kayserl. Hof so berühmt worden / daß ihme Sr. Kayserl. Majestät Ferdinandus der Anderte ebenfahlß in vilen wichtigen commissionen und Absandungen gebraucht / zu dero Cammer- und Regiments-Rath angenommen / und nach dem mit denen Türcken geschlossenen Friden Anno 1628. (wie dessen an Sr. Kays. Majestät sub dato Wienn den 28. December Anno 1629. aller- unterthänigst erstatte Relation weiset) als Gevollmächtigten Pottschaffter an den Türckischen Kayser Sultan Murath Han abgesandet hat / bey dessen Zuruckkonfft ward er Anno 1630 zum Lands-Haubtmann in disen Ertz-Hertzogthum Oesterreich ob der Ennß ernannt / hierauf auch vermög eines bey ihnen denen Herren von Kueffstein verhandenen Kayserlichen Diplomata datirt Wienn den 20. Februarii Anno 1634. sambt seiner gantzen Familia in deß Heil. Römis. Reichs Grafen-Stand erhoben [...] Gedachter Herr Hans Ludwig Graf von Kueffstein erkauffte Anno 1635. die vorhin denen Herren von Hohenfeld angehörig geweste Herrschafft Weidenholtz / nachgehends die Baron Aspanische Herrschafft Hartham und endlichen die Fernbergerische Herrschaft Egenberg / er ware ein Sohn Herrn Hans Jörg Freyherrn von Kuefstein zum Greillenstein der Römis. Kayserl. Majestät Regiments-Rath und Vice-Domb im Ertz-Hertzogthum Oesterreich unter der Ennß und Frauen Anna gebohrnen von Kirchberg [...] Angerühmter Herr Hans Ludwig Graf von Kuefstein verehelichte sich zum erstenmahl mit Fräulen Maria Grabnerin / Herrn Sebastian Grabners zu Joslawitz und Schlickerstorff / aus Rosenberg und Potenbrunn / und Frauen Johanna gebohrnen Herrin von Polhaim Tochter / die ihme zwar verschidene Kinder / und wie etliche wollen deren biß 15. aber alle toder zur Welt gebohren / welches ihme villeicht veranlasset / daß er allen seinen bey dessen anderten Gemahel (Frauen Susannam Eleonoram Herrin von Stubenberg / Herrn Georg Hartmann von Stubenberg / und Frauen Dorotheae gebohrnen von Thanhausen Tochter) erzeugten Söhnen das Wörtlein GOtt in der H. Tauff beygelegt hat / darumben wurden seine auß solcher anderten Ehe erzeugte acht Herren Söhn / Gotthilff, Lobgott, Ehrgott, Diengott, Gotthrau, Gottwill, Hilffgott, und Preyssgott, zue genannt / neben welchen er auch auß diser seiner anderten Gemahel drey Fräulen Töchter erwarbe / als Fräulen Susanna Maria, Fräulen Maria Theresia, und Fräulen Johanna Ludovica. [...] Vilgedachter Herr Hans Lud-

wig Graf von Kuefstein hat / ehe und bevor er sein Ehr-vollen Lebens-Lauff beschlossen / Anno 1641. zu Lintz bey denen P. Minoriten in der Closter-Kirchen dem Hoch-Altar auß den mit ihm von Constantinopl überbrachten Ceder-Holtz vor sich / und sein Familia aber daselbsten in dem Chor eine Grufften zur Erb-Begräbnuß verfertigen lassen / von welchen das in ermelter Kirchen eingemaurte Marmorsteineren Monumentum zeuget."

[68] Johann Veit von Gera († 1703), verehelicht 1653 (11. März) mit Eleonora Isabella Katzianer, in zweiter Ehe mit Elisabeth Eleonora Katzianer. Siehe HOHENECK (1727) 148 [Seitenzählung!]: „Herr Hans Veit von Gera Kaysers Ferdinandi III. Truchseß / und weyland Kaysers Leopold I. glorwürdigisten Angedenckens / Cammerer / ward 1665. Verordneter des Löbl. Herren-Stand in diesem Ertz-Herzogthumb Osterreich ob der Enns. Hielte seine Hochzeitliche Ehrnfreude den 11. Martii 1653. zu Lintz in Herrn Obrist Schifers Behausung / mit Fräulen Eleonora Isabella Kätziannerin / weyland Herrn Wolf Jacob Kätzianners Freyherrn Erb-Silber-Cammerern in Crain etc. und Frauen Elisabeth gebohrnen Fentzlin zu Grueb hinderlassnen Tochter. Auß welcher er sechs Söhne / Namens Herrn Hans Adam, Hans Ernst, Hans Christoph, Hans Sigmund / Hans Otto, Hans Weikhard, und drey Töchter benanntlichen Fräulen Mariam Eleonoram, Fräulen Mariam Barbaram, und eine Tochter / so in Novitiat als Carmeliterin zu Wien gestorben / gebohren. [...] Nach Absterben vorgedacht seiner ersten Gemahlen nahme offt erwehnter Herr Hans Veit in anderter Ehe Frauen Eleonoram Elisabetham gebohrne Grafin Kätziannerin / weyland Herrn Sigmund Balthasar Freyherrn von Kriechbaum seel. hinderlassene Wittib / und Herrn Sigmund Ferdinand Graf Kätzianners mit Frauen Elisabetha Herrin von Scherffenberg erzeugte Tochter. Mit welcher er noch zwey Söhne Nahmens Johannes Erasmus und Maximilianus, nebst drey Töchtern / als Fräulen Mariam Elisabetham Fräulen Mariam Annam Aloysiam, und Fräulen Mariam Josepham überkommen."

[69] Eleonore Katzianer (nähere Lebensdaten unbekannt), verehelicht 1654 (11. März) mit Hans Veit von Gera. Zur Familie STARKENFELS (1904) 148–149. Siehe HOHENECK (1727) 488–489: „Herr Wolff Jacob Kätzianner Freyherr zum Katzenstein und Fladnick verehelichte sich mit Fräulen Elisabeth Fentzlin Herrn Hans Fentzl zu Grueb / und Frauen Potentiana gebohrnen Händlin von Rämingdorff Tochter / und ward die Hochzeit vermög deß in meinen Archiv tom. I. n. 268. verhandenen Hochzeit-Ladschreiben zu Mühlgrueb den 9. Febr. 1629. gehalten / sie gebahre ihme drey Herrn Söhn und zwey Fräulen Töchter / benanntlichen Herrn Hans Herwart, Herrn Sigmund Ferdinand, Herrn Rudolph, Fräulen Eleonoram Isabellam, und Fräulen Mariam Annam [...] Vorgedachter Herr Wolff Jacob Kätzianner Feryherr etc. starb den 29. Nov. Anno 1630. deme seine Gemahel vorgedachte Frau Elisabeth gebohrne Fentzlin den 13. Januarii Anno 1650. nachfolgte / beede aber zu Pfarrkirchen nechst Feyreck und zwar in der daselbstigen Todten-Capellen begraben ligen / allwo von ihnen nachfolgende Grabschrifft zu lesen: [...] Auß vorgedachten ihren miteinander erzeugten Fräulen Töchtern wurde Fräulen Eleonora Isabella Herrn Hans Veith Herrn von Gera / Herrn zu Eschlberg und Freyn vermählet".

[70] Die Freiherrn Schifer besaßen in Linz Freihäuser und befreite Häuser: von 1631 bis 1644 in der Altstadt 1–Hofgasse 15 und ein zweites Freihaus bis 1684 in der Klammstraße 9 – Kapuzinerstraße 1. Weiters besaßen sie ein befreites Haus auf der Landstraße 33 von 1650 bis 1672, GRÜLL (1955) 46.

[71] Maria Anna Franziska von Gera (ca. 1635 – Passau 19. Mai 1710). Siehe HOHENECK (1727) 147: „Die anderte Tochter Fräulen Maria Anna Francisca hatte zum Gemahel Herrn Georg Sigmund Grafen von Tättenbach zu Freyenzell / dero Hochzeit den 12. Martii 1653. im Schloß Eschlberg (eben da die Heimführung ihres Herrn Bruders ware) gehalten worden".

[72] Georg Siegmund von Tattenbach, siehe Anm. 32.

[73] Söntll von Scherffenberg nicht eindeutig zu identifizieren: Als einzige, noch unvermählte Tochter Gotthards von Scherffenberg käme in Frage: Susanne von Scherffenberg (Linz 18. Oktober 1631–1674), Tochter von Gotthard von Scherffenberg (1584–30. November 1634) und Anna Susanna von Kiemansegg († 21. Jänner 1642), WITTING (1918) 31, BUCELINUS IV (1678) 245, HOHENECK (1732) 290–318.

[74] Ferdinand von Scherffenberg (17. November 1628 – Wien 24. Oktober 1708), Sohn von Gotthard von Scherffenberg (1584–1634) verehelicht mit Anna (geb. Kielmanseck). Ferdinand von Scherffenberg war kaiserlicher wirklicher Kämmerer, begraben in der Wiener Augustinerkirche, WITTING (1918) 31. Siehe HOHENECK (1732) 308–309: „Herr Gotthard Herr von Scherffenberg zu Spillberg / Röm. Kayserl. Majest. Cammerer / und Obrister über ein Regiment Hoch Teutschmeisterisches Volck zu Fuß / kauffte Anno 1631. Krafft der zu Zellhoffen bey denen Herren Graf von Salburg originaliter verhandenen Kauffs-Abred de dato 28. Martii gedachtes Jahr von Herrn Maximilian Jörger die Herrschafft Prandeck mit denen incorporirten Güthern Zellhof / Prandhof / Habich-Rigl und Tanböckhof. Mit seiner Gemahel Frauen Anna gebohrnen Kielmanin von Kielmanseck Herrn Andreae Kielmann von Kielmanseck zu Ober-Höfelein und Frauen Polixenae gebohrnen Knorin Tochter / die nach seinem Absterben Herrn Johann Reichard Grafen von Stahrenberg zur Ehe genommen / hat er zwey Söhn und fünff Töchter gebohren / die Söhn waren Herr Rudolph und Herr Ferdinand" [keine weiteren Angaben zu Ferdinand!].

[75] Siegmund Friedrich (15. November 1601 – nach 1664), Reichsgraf von Tattenbach, Freiherr zu Ganowitz, verehelicht 1647 (4. August) in dritter Ehe mit Maria Anna Susanna Elisabeth Jagenreuther, WITTING (1918) 306–307.

[76] Maria Elisabeth Apollonia Antonia Tserclaes, Reichsgräfin von Tilly auf Breiteneck († 1665), verehelicht in erster Ehe mit Christoph Ferdinand Popel Freiherrn von Lobkowitz auf Bilin († 4. Juli 1658), KIRNBAUER (1909) 417, STARKENFELS (1904) 512. Zu Popel siehe WINKELBAUER (1999) 308.

[77] Christoph Ferdinand Popel von Lobkowitz († 4. Juli 1658), siehe Anm. 76.

[78] Ferdinand IV., röm. König, König von Böhmen und Ungarn, Sohn von Kaiser Ferdinand III. aus erster Ehe mit Maria von Spanien, geb. 8. September 1633 in Wien, gestorben 9. Juli 1654 in Wien, begraben in der Kapuzinergruft, Wien. 1653 erfolgte die Wahl zum römischen König in Augsburg und die Krönung in Regensburg, siehe HAMANN (1988) 117.

ZWEI LEICHENPREDIGTEN ANLÄSSLICH DES ABLEBENS VON HANS CHRISTOPH VON GERA (12. SEPTEMBER 1609), GEHALTEN VOM LANDSTÄNDISCHEN PRÄDIKANTEN CLEMENS ANOMÄUS.
LINZ UND ESCHELBERG, 1609 OKTOBER 20/21

[1r]
    Zwo Christliche Leichpredigten über dem tödtlichen Abgang
Des Wolgebornen Herrn / Herrn Hanns Christoffen / Herrn von Gera / auff Arnfelß / Eschelberg / Wäxenberg vnnd Müldorff / Pfandherrn der Herrschafften Freystatt / Fürstlicher Durchl. Ertzhertzogen Ferdinandi zu Oesterr: Rath / vnd einer E. Löbl: Landschafft in Oesterr: ob der Ens / Herrnstands Verordneten etc.

Die Erste
Bey Hebung vnnd Wegführung der Leich zu Lintz / den 20. Octobris. 1609.

Die Ander
Bey dem Begräbnuß / in der Schloßcapell zu Eschelberg / den 21. Octobris / in Versamlung der Vnterthanen Gehalten
    Durch M. Clementem Anomaeum, E. E. Landtschafft ob der Ens / bestellten Prediger.
    Gedruckt zu Nürnberg / durch Abraham Wagenmann M. D. C. X.

[2r]
Eingang bey der ersten Predigt.
    Gnade vnd Friede von Gott dem Vatter / durch seinen lieben Sohn Jesum Christum / in dem heiligen Geist / sey vnd bleib bey vns allen / A M E N.

Wiewol es / Geliebte im Herren Christo / dem thewren vnd werthen Propheten Eliae ein sehr angenemes vnd erwünschtes Fuhrwerck / vnd ein gantz selige Hinfahrt war / als derselbige / wie wir im andern

Buch der Königen / am andern capitel darvon lesen[a] / inn einem fewrigen Wagen / mit fewrigen Rossen / gen Himmel geführet wurde: Jedoch lesen wir auch eben daselbst / daß seinem Successori vnd Nachkömling / dem frommen Propheten Elisaeo[b], ob er schon mit doppeltem Geist Eliae begabt zu werden / gute Hoffnung vnd Verheissung hatte / dannoch dise des Eliae, an jhr zwar selbst selige Hinfahrt / sehr schmertzlich gewesen / vnnd so tieff zu hertzen gangen sey / daß er Eliae mit inniglichen seufftzen nachgeschryen / Mein Vatter / mein Vatter / Wagen Israel / vnd sein Reuter: Hiemit anzuzeigen / Es komme jm / *[2ᵛ]* vnd dem gantzen Volck Israel / diese Hinwegnehmung des Propheten Eliae, anderst nicht für / als wann von einem eingespannten Wagen entweder der Fuhrhmann[c] / oder die Rosse hinweg genommen / oder auch ein Rad abgezogen vnnd abgestossen würde / daß der Wagen da hange / vnnd sich auff die seiten lehne / als wolte er jetzt gantz vnd gar vmbfallen. Dann es im Reich Israel / mit hinraffung Eliae fast eben ein solche gestalt habe / darumb er über disen Riß vnd Verlust nicht vnbillich zum höchsten bekümmert sey. Bedencket euch nun ein wenig / jhr meine Geliebten im HERRN / vnd betrachtet / in welcher zeit wir leben / vnd warumm wir auff dißmal hieher sindt zusammen kommen.

Sehet auff ein kurtze zeit zuruck / vnnd führet euch zu Gedächtnuß vnd Gemüth / was sich nicht gar innerhalb eines Jars bey vns / in diesem Lande zugetragen. Was soll es gelten / jhr werdet befinden / vnd selbst bekennen müssen / daß wir sehr wichtige vrsache haben / mit Elisaeo eben dise klag zu führen / vnnd mit betrübtem hertzen zu jammern vnnd schreyen: Mein Vatter / mein Vatter / oder viel mehr / Vnsere Vätter / o vnsere liebe Vätter / Wägen Isarel vnnd seine Reuter: Dann von dem recht Israelisch Evangelischen Wagen dieses Landes haben wir nun / in diser kurtzen zeit / drey vnterschiedliche fürnehme Räder verlohren / an denen vns Allen (wiewol villeicht jhrer wenig darauff achtung haben[d] / vnnd solches zu hertzen nehmen) vnnd diesem gantzen Lande / wegen jhres Gottseligen Lauffs / vnd Wandels / runden Geschickligkeit vnd Erfahrung / sonderbaren Stärcke vnd Mannligkeit / nicht wenig gelegen ist. Die zwey hindern Räder an

---

[a] *am rechten Rand:* 2. Reg. 2. v. 11. 12.
[b] *am rechten Rand:* versicul: 10
[c] *sic!*
[d] *am linken Rand:* Jesa: 12. ver: 1.

disem Wagen / haben wir nun mehr fast verklaget. Dann lengest in dreyen Monden / wirdt das Jar zu ende lauffen / da wir von disem Wagen ein Rad haben gesehen abgestossen werden / als vns nemlich / ein fürnehmes Glied / der Wolgeborne Herr / Herr Friderich / Herr von Schäfftenberg[a1] etc. durch den zeitliche[b] Todt / entrissen worden. Dessen Christlichen *[3ʳ]* Wandel vnd Frömbkeit / mit vielen worten zu rühmen / vnvonnöhten / weil dieselb keinem vnter vns verborgen ist. Darauff bald nach dem Ostermarckt / eben an dem Tage / da jhrer Königlichen Mayestet / wie billich / die Erbhuldigung geleistet ward / fordert GOtt auch seine Huldigung / vnnd fahet an das ander Rad zu krachen / vnd sincken / auch in wenig Tagen darauff gar zu boden zu gehen / da nemlich auß diser Welt seinen zwar seligen / vnns aber vnverhofften Abschied nimbt der Wolgeborne Herr / Herr Weickhart[c] / Freyherr zu Polhaimb[2] vnd Wartenburg etc. Dessen Gottseligkeit / Demut vnd Freundligkeit / achte ich / sey auch den Kindern auff der Gassen / vnd sonst jederman im Lande gnugsam bekannt vnd wissendt. Aber laider / an disen beyden will es noch nicht genug seyn / Sintemal es nach dem andern Marckt / an die Vordern Räder dises Wagens auch gehen will / an welchem schon allbereit das eine Rad abgezogen / vnd dahin ist. Dann wir abermahl nicht der schlechten / sondern der fürnemmsten Glieder eines dises Landes / ja einen Vatter des Vatterlands verlohren haben: Nemlich den Wolgebornen Herrn / Herrn Hanns Christoffen Herrn von Gera[d] / auff Arnfelß / Eschlberg / Waxenburg vnd Mühldorff / Pfandtherrn der Herrschafften Freystadt / Fürstl: Durchl: Ertzhertzogen FERDINANDI zu Oesterreich Rath / vnd E. E. Landschafft in Oesterreich ob der Enß Herrnstandts verordneten etc. dem wir zu disem mal zwar zu sonderlichen Ehren / aber doch mit vnserm grossen Hertzlaid vnd Trawrigkeit hieher zusammen kommen seynd / seinen letzten dienst vnd begengknuß Christlicher weise zu erzeigen.

---

[a] *am linken Rand:* HErr Friderich / Herr von Schäfftenb: etc.
[b] *sic!*
[c] *am rechten Rand:* Herr Weickhart Freyherr zu Polhaimb etc.
[d] *am rechten Rand:* Hanns Christoff Herr von Gera etc.

---

[1] Friedrich von Scherffenberg (1542–1609), Kaiserlicher Landrat in Österreich ob der Enns, begraben in Enns, verehelicht 1600 in zweiter Ehe mit Rebecca von Freyberg, WITTING (1918) 30–31, STARKENFELS (1904) 322.

[2] Weikhart von Polheim (1553–1609), kaiserlicher Landrat in Österreich ob der Enns, STARKENFELS (1904) 258–261, HOHENECK (1732) 147.

Jetzunder nun / Geliebte im HERRN CHRISTO, bilde jhm ein jeglicher vnter vns so viel ein / als ob er dise DREY erstwolgedachte Herren / lebendig bey diser Seulen vor jhm stehen sehe / dieselbigen aber gleichsam miteinander in einem Augenblick verschwünden vnd hingezucket würden: So wirdt jhm gewißlich solche vnversehene Hinraffung vnd Beraubung diser Gottseligen Herren / fürtrefflichen Männer vnd dapfferen Helden sehr schmertzlich vnd trawrig fürkommen.

[3ᵛ] Ob sie aber zwar ja nicht eben auff einen Tag vnnd stund durch den zeitlichen Todt hinweck gerissen sindt: Jedoch / weil für GOtt dem HERRN ein Tag ist wie tausendt Jar[a] / vnnd tausendt Jar wie ein Tag; So ist dise kurtze zeit / in welcher sie nacheinander abgescheiden sindt / nicht nur ein Augenblick / sondern viel weniger als ein Augenblick für vnsern Augen zu achten.

Hat der König David / nicht allein seines lieben Freundes Jonathan[b] / sondern auch seines abgesagten Feindes / des Königs Saulis / Todt vnnd Vntergang / so bitterlich beweinen / klagen vnd sagen dörffen / Die Edlesten in Israel sindt auff deiner Höhe erschlagen / wie sindt die Helden gefallen? So will vns zu diser zeit / eben solche klage zu führen / billich gebüren / Vnd mögen wir mit Elisaeo gar wol ruffen / vnd schreyen / nicht allein / Mein Vatter / mein Vatter / sondern vil mehr vnsere Väter / vnsere Vätter / Wägen Israel / vnd seine Reuter. Du aber / O vnser Himmlischer Vatter / laß es ja nicht gar an das vierdte Rad kommen / sondern erstatte die drey abgestossene Räder / durch der hingerafften Erben vnnd Nachkommen / vnd gib vns andere getrewe / Edle Helden vnnd Fürsteher; Damit nicht aller Vorrath der Starcken vnd Kriegsleuthe[c] / der Richter / Propheten / Warsager vnd Eltesten / der Hauptleut / Räthe / vnnd Weisen von vns genommen / noch Jünglinge zu Fürsten gegeben werden vnd Kindische über vns herrschen.

Zu disem Ende / weil wir nicht böses zu ominiren, vnnd einander trawrig zu machen / sondern zu trösten / vnnd das beste von vnserm lieben GOtt vnd Vater zu hoffen vnd zu erlangen / zusammen kommen sindt / so lasst vns von grund vnserer hertzen miteinander zu GOtt / in wahrem Glauben / also betten: Vatter unser etc.

---

[a] *am linken Rand:* 2. Pet: 3. ver: 8.
[b] *am linken Rand:* 2. Sam: 1. V. 19.
[c] *am linken Rand:* Jesai: 3. C. II. 2.

[4ʳ]
    Text der volgenden Ersten Predigt.
    2. Reg: 22. vers: 19. 20. & 2. Chron: 34. versic: 27. 28.

Dem Könige Juda (Josiae) der euch gesandt hat / den HERRN zu fragen / solt jhr so sagen / So spricht der HERR der Gott Israel: darumb daß dein hertz erweichet ist über den Worten / die du gehöret hast / vnd hast dich gedemütiget für dem HERRN / da du höretest / was ich geredt habe wider dise Städte vnd jhre Einwohner / daß sie sollen ein verwüstung vnd Fluch seyn / vnd hast deine Kleider zerrissen / vnd hast geweinet für mir / so hab ichs auch erhöret / spricht der HERR. Darumb wil Ich dich zu deinen Vätern samlen / daß du mit friede in dein Grab versamlet werdest / vnd deine Augen nicht sehen alle das Vnglück / das Ich über dise Städte bringen will.

[4ᵛ]
                Außlegung
Von den Egyptiern[a] / Geliebte in dem HErren CHRISTO, wirdt in den Historien gelesen / daß sie bey Leichbegengnussen jhrer verstorbenen Könige / vnd fürnemen Regenten / diesen gebrauch vnd gewonheit gehalten: Daß / ehe man jhnen den letzten dienst erwiesen / vnd sie zur Erden bestättet / zuvor jr gantzes Leben / wie dasselbe mit worten vnd thaten / so guten / so bösen / so rhümlich / so tadelichen / von jnen zugebracht worden / von einem hohen Stuel oder Cantzel / in grosser Versamlung des Volcks / durch einen Priester / hat müssen erzehlet / oder abgelesen werden. Wann es sich dann begeben / daß inn solcher Erzehlung / die Laster eines Königes den Tugenden vorgeschlagen: Haben sie den Leichnam ehrlich zu begraben vnwürdig geachtet / vnnd derhalben schlecht / wie eines Viehes Aaß hinweg geworffen. Entgegen / da die Tugenden die Laster übertroffen / vnd allerley lobwürdige Thaten eines Königs sindt fürgebracht worden: Jst sein Leichnam auff das aller köstlichst mit Specereyen gesalbet / auff das Ehrlichst vnd stattlichst begraben / vnd seine Thaten auff das höchste gerhümet / vnd hin vnd her in alle Welt außgebreitet worden. Jn andern aber / vnnd geringern Stands Personen Lob / hat man fürnemlich / vnd allein / auff die Religion / Gottseligkeit / vnnd Ge-

---
[a] *am linken Rand:* Diodorus Siculus Alexand: ab Alexandro in Genial: dieb: Lib: 3. cap: 7. Theat: Vit: Hum: Vol: 17. lib: 8. f. 2700. Der Egyptier Gewonheit bey Begräbnussen jhrer Königen.

rechtigkeit gesehen / vnd dieselbigen zu commendirn gepfleget. Vnd solches ist allezeit erst nach dem Todte vnd ableiben eines Menschen geschehen / zum theil darumm / damit man den verstorbenen / nichts zu Ohren / noch gefallen reden / oder schmeichlen müste; Zum theil aber / daß alle andere / noch lebende / sonderlich aber die in der abgeleibten ämpter vnd Fußstapffen tretten solten / die Laster zu meiden / den Tugenden aber nachzusetzen / ein Exempel nehmen köndten.

Fürwahr / liebe Freund / ein fast gute / recht löbliche / vnd sehr [5ʳ] nutzliche Gewonheit war dieses: Welche auch in der Schrifft[a] / vnd bey den heiligen Vätern jhren grund vnd lobe hat. Dann also spricht der Weise Mann Syrach[b] / am II. Capitel: Du solt niemand rhümen vor seinem Ende / dann / was einer für ein Mann gewest sey / das findet sich an seinen Nachkommen. Vnd Augustinus[c] sagt: Laus humana non appeti a sapiente, sed subse qui debet Sapientem, & recte facientem: ut illi proficiant, qui etiam imitari possunt, quod laudant. Das ist:

Das Menschliche Lob soll von keinem Weisen Mann begehret; Aber doch einem Weisen / vnd Bidermann hinach gegeben werden: Auff daß andere dadurch zunehmen / vnd dem / was sie loben / selbst auch / zu jhrer besserung / nachfolgen mögen.

Jst aber nun solcher Gebrauch bey den Heyden zu rhümen / welche die jhrige meistes theils allein vmb Weltlicher Tugenden willen gelobet haben: Wie viel mehr solle eben dise Gewonheit bey vnns Christen erhalten werden: Damit auß frommer / Gottsförchtiger vnd dapfferer Leut Lob / auch andere zur Gottseligkeit vnnd allerley Christlichen Tugenden angereitzet werden. Nicht aber sage ich / daß man alle vnd jede verstorbene loben soll / ob sie schon des Lobs nicht werth seynd: Dann dieses ist ein solcher Mißbrauch / der billich zu tadeln / vnnd deme einer grossen Leichtfertigkeit / der einem vnwürdigen ein Lob verleihet vnd mittheilet. Dann ob zwar die jenigen / so von niemand mit Warheit können getadelt oder gescholten werden / nicht bedörffen / daß man sie mit vielen worten rhüme: Jedoch machen sich dise selber zu spott vnd schanden / welche anderer Leut Laster vnnd Vntugend mit Lobsprüchen zu bemänteln sich vnterfangen / Sintemal sie mit

---

[a] *am rechten Rand:* Approbation der Egyptischen Gewonheit.
[b] *am rechten Rand:* Syr: 11. ver: 30:
[c] *am rechten Rand:* De Serm: Dom: in monte.

solch vnzeitigem Lob an jhnen selbst war machen / was Augustinus[a] sagt: Laudamus mendaciter, delectamur inaniter: & vani sunt, qui laudantur, & mendaces, qui laudant. Alii laudantur, & ficti sunt: alii laudant, quod putant, & falsi sunt: alii utrorumq. praeconiis gloriantur, & vani sunt. Das ist: Wir loben zwar manchen / aber mit vnwarheit: vnd werden mit loben erlu[*5ᵉ*]stiget / aber vmb sonst vnd ohne nutz: Vnd sindt beydes vergebliche Leut / die gelobt werden / vnd vnwarhaffte / die andere (ohne grund) loben. Etliche werden gelobt / aber ertichter weiß: Etliche loben / was sie zu loben seyn vermeinen / aber betrieglicher weiß: Etliche lassen jhnen beyderley Lob wol gefallen / aber vergeblicher weiß.

Die Welt zwar achtets wenig / vnnd will kurtzumb gelobt seyn / ob sie schon bißweilen mehr scheltens werth ist: Vnd wirdt mancher / der die zeit seines Lebens entweder gar nichts / oder doch gar wenig Lobwürdigs begangen hat / von seinen Nachkömlingen / auß einer widersinnischen Lieb / mit Lob schier an den Himmel erhebt; vnd fehlet wenig / er würde gar zu einem GOtt gemacht: Daher es dann geschicht / daß jhrer wenigen ein warhafftiges Lob widerfehret / Vnd ob schon mancher mit Warheit gerhümet wirdt / so wirdt es doch von wenigen geglaubet: Vmb welches Mißbrauchs willen zu wüntschen were / daß solches Lob offt gar unterwegen bliebe.

Gleichwol aber / solle wegen des Mißbrauchs / der recht vnd nütze Gebrauch nicht gar vnterlassen; Sondern denen jhr billiches Lob gegeben werden / die mit jhren Thaten vnd Tugenden / als / mit sonderbarer Gottesforcht / mit beförderung wahrer Religion, mit Eyffer vnnd Administration der Gerechtigkeit / ein Lob verdienet haben / vnnd dem gemeinen Vaterland / weil sie gelebt / wol vnd löblich sindt fürgestanden.

Dann von solchen Leuten spricht Syrach am 44. capitel[b]: Lasst vns loben die berhümten Leute / vnd vnsere Väter nacheinander. Solcher Leut Gedächtnuß soll bey vnns werth vnnd heilig seyn / vnnd jhr Nam in vnser Hertz geschrieben werden / daß er ewig bleibe[c] / vnnd jhr Ruhm nicht vntergehe / sondern die Leut von jhrer Weißheit reden / vnd die Gemeine jhr Lob verkündige. Dann weil jhre Namen im Himmel geschrieben sindt[d] / vnnd das Gedächtnuß der Gerechten dar-

---

[a] *am linken Rand:* Augustinus in Epist:
[b] *am linken Rand:* Syrach 44. v. 1.
[c] *am linken Rand:* Ibidem ver: 14.
[d] *am linken Rand:* Luc. 10. ver. 20.

innen Ewiglich / vnd im Segen bleibet^a: Solle es billich auch auff Erden nimmermehr vergessen *[6^r]* sondern mit allem fleiß auff das Ehrlichst gedacht vnd gerühmet werden / Nit allein darumb / daß wir vns gegen jhnen / als Wolthätern / danckbar erzaigen; Sondern auch / damit jhre vnd vnsere Nachkommen / auß solchem Ruhm / jhren Herrlichen Tugenden nachzuvolgen / vervrsacht vnd angereitzet werden.

Zu disem Ende gibt nun auch die heilig Schrifft selber den frommen vnd gerchten jhr Lob / ja sie befihlet auch / daß es jhnen von andern vnd vns ebner massen soll gegeben werden. Vnnd wann es die zeit leiden wolte / köndten solches Lobs sehr viel Exempel auß der heiligen Schrifft beygebracht werden: Wer gern will / mag daheim allein das 11. capitel der Epistel an die Ebreer / vnd obgedachtes 44. vnd volgende Capitel Syrachs für sich nehmen / da wirdt er den Augenschein befinden vnnd einnehmen. Vnter andern aber ist dises ein sehr herrliches vnd denckwürdiges Lob / welches von einem recht hochgelobten vnd vnverdächtigem Lober / nemlich von dem heiligen Geist / dem Gottseligen König Josiae gegeben / vnd erst nach seinem Todt auffgezeichnet vnd beschrieben ist / Auß welchem wir jetzt ain Stuck / zum Text diser Predigt miteinander haben hören ablesen. Welches Lob bezeuget vnd darthut / daß Syrach am 49.^b nit vergeblich / vnd ohne vrsach gesagt: Der Name Josias / sey wie ein Edel rauchwerck auß der Apotecken etc. Sintemal das Gedächtnuß seiner sonderbaren Gottseligkeit immerdar so frisch vnnd lieblich riecht / daß sein gerücht viel besser ist / dann gute Salbe^c / vnd ein jeglicher / dem Tugend lieb ist / sich genugsamb mit solchem Geruch ergetzen / vnd nach gleichem gutem Gerücht zutrachten / auß dem Lob Josiae billich vrsach vnd anlaittung nehmen soll. Derowegen solches zuerlehrnen / wöllen wir auß den verlesenen worten / zwey volgende Pünctlein handlen.

[6^v]
Thailung der Predigt.

Erstlich^d / Was der heilige Geist dem König Iosiae für ain Lob mittheile.

Zum andern^e / Worinnen Iosias solches seines wahrhafftigen Lobs genossen habe.

---

^a *am linken Rand:* Psal: 112. ver. 6. Prov: 10. vers. 7.
^b *am rechten Rand:* Syr: 49. ver: 1.
^c *am rechten Rand:* Predig: Sal: capit: 7. ver: 2.
^d *am linken Rand:* 1.
^e *am linken Rand:* 2.

Darauff wir schließlich / nach Christlicher Gewohnheit / auch etwas von dem Lob / vnsers in CHRISTO selig abgeleibten Herrns vermelden wöllen. Der Allmächtig GOtt wolle vns hierzu die Hülff vnd Gnade seines heiligen Geistes miltiglich verleihen / AMEN.

Vom Ersten

Was ist es dann nun / fürs Erste / daß der heilige Geist am Könige Josia / so hoch helt vnnd lobet? An fürnehmen Leuten vnd Potentaten / Geliebte im Herren CHRISTO, findet man sonst leichtlich etwas / daß die Weltkinder zu rhümen / vnd mächtig herauß zu streichen pflegen / als da ist / Gewalt / Reichthumb / Ehr / Pracht / Höffligkeit / Schönheit des Leibes / Dapfferkeit des Gemüts / Rittermäßige Kriegs: vnd Heldesthaten / vnd dergleichen[a]: Aber von disen dingen allen miteinander hören wir nicht ein ainiges wort im verlesenen Text. Dann ob wol Josias ein sehr reicher vnd gewaltiger König gewesen: So wirdt doch weder das Reichthumb[b] an jhm selber / als welches nur Irdisch vnd vergenglich ist / noch Josias der König / wegen seines Reichthumbs / nicht gerühmet. Ein gewaltige Ehr[c] ist es / vnnd allen andern weltlichen Ehren für zu ziehen / wann jemand zu Königlichen Würden vnnd Ehren erhaben / oder auß Königlichem Geschlechte geboren ist: Aber es wirdt auch dises Lob / anderst nicht / als mit dem ainigen wort König / angerühret. Viel weniger aber wirdt eines sonderlichen Prachts[d] gedacht / daß Josias sich herrlich vnd stattlich herfür gethan / mit *[7ʳ]* einem ansehlichem / wol / vnnd zierlich gebutztem Frawenzimer auffgezogen / vnd täglich ein freye Tafel gehalten habe. Inmassen auch von seiner Cortesey vnd Höflichen Geberden[e]; von seinem Meisterstück zierlich zureiten vnnd Roß zu dumeln[f]; von sonderlicher erfahrung in Kriegssachen[g]; vnnd von artlicher Kunst die Kannen zu lähren / vnnd Becher außzusauffen[h] / ein gar altum Silentium ist. Vnd wiewol es grossen Herren rhümlich vnd wol anstehet / wann sie ansehliche / offentliche Gebew[i] führen / dabey man jhrer lange zeit

---

[a] *am linken Rand:* Artis vanae & mundanae laudis
[b] *am linken Rand:* 1. Reichthumb.
[c] *am linken Rand:* 2. Ehr.
[d] *am linken Rand:* 3. Pracht.
[e] *am linken Rand:* 4. Höffligkeit.
[f] *am linken Rand:* 5. Reuterey:
[g] *am linken Rand:* 6. Kriegserfahrung
[h] *am linken Rand:* 7. Saufferey.
[i] *am linken Rand:* 8. Gebew.

gedencken möge: So wirdt doch auch dises allhie nicht erwehnet / daß solcher vnkosten von Josia angewendet were.

Ja das noch mehr ist / so wirdt Josias auch darumb nicht gelobet / daß er mit sonderbarer Heiligkeit[a] begabt / vnd ohn alle Todtsünde vnnd Gebrechen gewesen were; Oder auch / daß er zu Erlangung der vergebung seiner Sünden / vnnd ewigen Lebens / Klöster gestifftet[b] / newe Kirchen vnd Capellen gebawet / vnd dieselbigen reichlich verehret hette: Welches vor diser zeit an hohen Häuptern von denen / so sich Geistliche rühmeten / insonderheit vor allen andern dingen / gelobt ward.

Sondern viel eine Edlers / bessers / köstlichers / vnnd bestendigers Lob[c] / wirdt Iosiae vom heiligen Geist zugeeignet / vnnd zwar ein zwyfaches oder gedoppeltes Lob. Dann Erstlich beschreibet / vnd rhümet der heilige Geist des Königs Iosiae sonderbare Gottseligkeit[d] / ernstlichen Eyfer / vnd höchsten fleiß in fortpflantzung der wahren Religion vnd heiligen Göttlichen wortes: Welcher dann auß der gantzen Histori seines Lebens gnugsam abzunehmen ist. Dann gleich im achten Jar seines Alters[e] / in welchem er König ward / fieng er an zu suchen den GOtt seines Vatters David / vnnd zu thun alles / was dem HERRN wol gefiel / vnd nicht zu weichen / weder zur Rechten noch zur Lincken: Also zwar / daß im 23. Capitel des andern Buchs der Könige[f] / außtrucklich von Josia gemeldet wird / seines gleichen sey vor jhm kein König gewesen / der so von gantzem Hertzen / von *[7ᵛ]* gantzer Seelen / von allen Krefften sich zum HERRN bekeret / nach allem Gesetz Mose / sey auch nach jhme seines gleichen keiner auffkommen. Welche seine innbrünstige vnd ware GOttesfurcht inn jhme auch dermassen einen Eyfer erwecket / daß er eine solche sachen fürzunehmen sich vnterstanden / deren sich sonst nicht ein jedweder vnterfangen wurde. Dann ers / wie Syrach[g] von jhm redet / als der den muth gehabt / mit gantzem hertzen auff den HERRN gewaget / vnnd / da das Land vol Abgötterey war / den rechten Gottesdienst wider auffgerichtet; Alle falsche Lehr vnd Götzendienst / so zur zeit der Königen Manassis vnnd Ammons / seines Anherrns vnd Vatters /

---

[a] *am linken Rand:* 9. Heiligkeit.
[b] *am linken Rand:* 10. Clösterstifftung.
[c] *am rechten Rand:* Thesis verae laudis, ejusq; duplicis.
[d] *am rechten Rand:* 1. Wahre Gottesfurcht vnnd Eyfer zur rechten Religion
[e] *am rechten Rand:* 2. Reg. 22. 1. 2., 2. Chro. 34. V. 3.
[f] *am rechten Rand:* 2. Reg. 23. V. 25.
[g] *am linken Rand:* Syr: 49. ver: 30.

eingeführet war / abgethan / den Tempel vnd Hauß des HERRN reformirt vnd verbessert hat. Vnd solches nicht nur nach aigenem Wahn vnnd Gutduncken / vnd nur mit anderer Leut vnkosten; sondern mit rath vnnd that ehrlicher vnnd verständiger Leut / des Hohenpriesters vnd Secretarii oder Cantzlers / denen er als Gottsförchtigen vnd der Gerechtigkeit Liebhabern / nicht allein das zusamgesamlete vnnd eingebrachte Geldt vertrawet / daß sie es trewlich zum Baw vnd reformierung des Hauses der HERRN anwenden sollen; sondern er gibt auß seiner aignen Cammer reichliche Contribution, damit ja das fürgenommene werck in besserung vnnd vernewung des Tempels / seinen richtigen fortgang habe / vnnd die von GOtt selbst gebottene Ceremonien im Gottesdienst / sonderlich aber in haltung der Osterfests / wider angerichtet vnnd bestellet werden. Zu solchem eyferigem fürhaben vnnd vnd[a] werck des Königs Iosiae, anstatt der Abgötterey / den rechten wahren GOttesdienst / sampt reformirung des Tempels / selber anzustellen / gibt nun GOtt auch seine sonderliche Gnad / Segen vnd gedeyen / dann als der Hohepriester Hylkia / vnnd Saphan der Schreiber oder Cantzler / mit Außbesserung des Tempels also vmbgehen / vnd die Kirchen Kästen durchsuchen; da finden sie vngefehr das Gesetzbuch (das ist / das fünffte Buch Mosis) in seinem Original beschrieben / welches lange zeit verbor[8^r]gen / gleichsam vnter der banck gesteckt / vnterlassen / vnd vergessen war: Bringen dasselbe dem Könige für / der es dann nicht hinder die Thür wirfft / sondern mit einer ernstlicher andacht lesen höret. Vnd in dem er darauß den rechten grund vnd weise / nach GOttes Wort / den wahren Gottesdienst anzurichten vernimmet / Zugleich aber auch den Segen über alle Gehorsame[b] / vnnd hinwiderumb den fluch GOttes über alle Vngehorsame vnd Abgöttische anhöret / vnnd hierauß leichtlich jhme die rechnung machen kan / wie weit vnd sehr bißher von den vorigen Priestern / von dem Gesetzbuch abgewichen / als die nur mit andern dingen vmbgegangen; Was hierauß bey seinen Vättern für Grewel vnnd Abgötterey erfolget; Wie schröcklich hierüber GOtt zu Zorn vnd Straffe müsse erwecket seyn: Da wirdt er in warer / demütiger vnd hertzlicher Rew vnd Leid wegen so vielfältiger begangenen Irrthumb vnd Abgötterey / so betrübt vnnd trawrig / daß er seine Kleider darüber zerreisset[c] / Vnd thut nicht / wie seine Vätter vnnd voriges Volck / von

---

[a] *sic!*
[b] *am rechten Rand:* Deute: 27. 28.
[c] *am rechten Rand:* 2. Chr: 35. V. 10.

welchen geschrieben stehet / wenn der HERR mit jhnen hab reden lassen / daß sie nichts darauff gemercket haben; sondern er gibt achtung drauff / lesst jhms zu Gemüth vnd hertzen gehen / bekehrt sich zum HERRN / vnd trachtet mit allen Kräfften vnnd Vermögen dahin / wie der Grimme des HERRN von dem Volck abgewendet / das Gesetzbuch wider offentlich fürgelesen / vnnd nach / vnd auß demselben der Gottesdienst angeordnet werde.

Vnnd das ist nun das Erste[a] / welches in vnserm fürgenommenen Text an Josia gelobt / vnnd gerhümet wirdt / daß er nemlich GOttes Wort gehöret / vnnd darüber sein Hertz erweichet hab: Das ist / Er sey nicht verstockt vnnd halßstarrig dagegen gewesen / sondern / was er gehört / hab er tieff zu hertzen gefasset / vnd beydes sein Leben vnnd Gottesdienst darnach angestellet.

Das ander[b] / so der heilig Geist am König Josia rühmet / *[8ᵛ]* hat mit dem ersten ein gar nahe verwandtschafft / vnd springt eines auß dem andern / daß er nemlich auß angehörtem Wort GOttes zu ernstlicher Demuth vnd Bekehrung gebracht wird. Dann also spricht der Text: Du Josia hast dich gedemütiget für dem Herrn / da du höretest / was ich geredt habe wider dise Stätte / vnd jhre Einwohner / daß sie sollen ein Verwüstung vnd Fluch seyn / vnnd hast deine Kleider zerrissen / vnd hast geweinet für mir. Das ist / Als Josias auß dem Gesetzbuch die erschröcklichen drohungen[c] / wider die übertretter der Gebotten GOttes / angehört vnd vernommen; hat er nicht / wie jene beym Propheten Esaia am 28. cap:[d] darauff gesagt / Gebeut hin / gebeut her / harre hie / harre da / hie ein wenig / da ein wenig: Oder / was gehet mich diß Buch an? Wer weiß / wer / vnd wemb man es geschrieben hat. Vnglück hin / vnglück her: Es gilt einem jeden nur ainen Kopff: Sondern er hat es / als GOttes Wort / angenommen / vnd darauß gelernet vnd erkennet / daß GOtt durch die Sünde der Abgötterey dermassen zu zorn vnd straffe bewegt (das nichts / als Fluch / vermaledeyung / vnd des gantzen Israelitischen Reichs endlicher vntergang zu gewarten sey. Vnd weil er befürchtet / solch vnglück sey allzunahe für der Thür / so hat er sich demnach für dem HERRN gedemütiget / seine Kleider zerrissen / die begangene Sünden ernstlich vnd bitterlich beweinet / vnd auffhebung vnd linderung künfftiger

---

[a] *am rechten Rand:* 1.
[b] *am rechten Rand:* 2. Ernstliche De*[8v]*muth vnd Bekerung zu GOtt
[c] *am linken Rand:* Levit: cap: 26., Deut: cap: 28.
[d] *am linken Rand:* Esai: 28. ver. 13.

213

straffen gebeten: Vnnd also sein bußfertig vnnd recht rewendes Hertz in der That vnd Warheit zu erkennen gegeben.

Sehet / lieben Freund / das ist Iosiae Lob vnnd Rhum / der jhme vom heiligen Geist gegeben wirdt. Was für ein Lob? spricht oder gedenckt villeicht jemand. Solle dann / Weinen vnd Trawrig seyn / einem so dapffern König / so rühmlich vnd wol anstehen / daß mans nicht allein in die Bibel auffgezeichnet hat / sondern auch noch heutigs Tags / so viel Wort / vnnd ein lang Dicentes darvon machet? Ich hette gedacht / Es wurde viel *[9ʳ]* mehr das gelobt werden / daß Josias were ein vnverzagter Held / vnd vnerschrockener Mann gewesen; so höre ich von seiner weibischen Mämme / der sich nur geförchtet / vnd nach fried getrachtet. Ja freylich gedencken die tollen Weltkinder vnnd Schnarchhannsen also / vnd ist bey jhnen die gröste Thorheit / daß ein dapfferer Held weinen solte. Aber es bleibt bey des heiligen Geistes Regel[a] / was für der Welt die gröste Thorheit ist / das sey für GOtt / das allerhöchste vnd beste Lob / Rhum vnd Ehre / daß ein Mensch baides inn vnnd nach disem Leben / haben vnnd tragen möge.

Lehr vnnd Erinderung beym ersten Theil.

Weil nun aber niemandt ist[b] / der nicht wünschen vnd begehren solte / daß er Gott gefällig vnd angenemb seyn / vnd nach jhme einen guten Namen vnd Lob verlassen möge: So lernen wir demnach erstlich hierbey / wie solches alles könne vnnd solle erlangt / vnnd zu wegen gebracht werden.

Es haben von anfang der Welt her / so wol mitten vnter dem Volck GOttes / als bey den vnglaubigen Heyden / zu allen vnd jeden zeiten sich jhrer sehr viel zum höchsten dahin bemühet / Etliche dises Wercks / andere einer andern fürnehmen That sich vnterfangen; Daß sie einen vnsterblichen Nahmen bekommen[c] / vnd jhrer bey den Nachkommen zu ewigen Zeiten gedacht werden möchte.

Die erste Welt / nach der Sündflut / fanget an / mit Rath vnd Hülffe des gewaltigen Jägers vnd Potentaten Nimrods[d] / eine ansehliche Statt vnnd Thurn zu bawen / deß Spitze biß an den Himmel reiche. Absolon / weil er keinen Sohn hatte[e] / richtet jhme / zu seines Nahmens

---

[a] *am rechten Rand:* 1. Corinth: 1.
[b] *am rechten Rand:* 1. Wie man ein guten Namen vnd Lob erlangen möge.
[c] *am rechten Rand:* Grosse Thaten der Weltkinder.
[d] *am rechten Rand:* Gen: 10. ver: 9., Gen: 11. ver: 4.
[e] *am rechten Rand:* 2. Sam: 18. v. 13.

Gedächtnuß / da er noch lebete / eine *[9ʳ]* Seule auff.ª Nebucadnezar erbawet ein herrliche Königliche Burg zu Babel / zu ehren seiner herrligkeit. Die gewaltige Königin Semiramis richtet einen überauß wunder schönen Garten zu / auff Pfeylern / der gleichsamb zwischen Himmel vnnd Erden da schwebete / vnd vnter die sieben Wunder der Welt gerechnet ward.ᵇ Alexander Magnus bekriegt die gantze Welt / vnd vnterstehet sich dieselbe vnter seinen Gewalt zu bringen. Marcus Curtius vnd Anchurus des Königs Midae Sohn / stürtzen sich vmb des Vatterlands willen / in tieffe stinckende Hölen vnnd Gruben / vnd den Tod selbst hinein. Also auch Codrus, der König zu Athen, lest sich / wegen des Heils vnnd Wolfahrt seines volcks vnd lieben Vatterlands / von seindenᶜ Feinden freywillig erwürgen. Vnnd sindt wol auch so verwegene Buben / vnnd Gottlose Leut gefunden worden: die durch vnehrliche / böse vnnd schändtliche Thaten / jhnen einen Namen vnd Gedächtniß zu machen begehrt haben: als einer mit nahmen Herostratus, zündet darumb den herrlichen schönen Tempel zu Epheso an / damit die Leuth von jhm zu reden hetten: Auff welche weiß dann fast auch Cains, Iudae, Saulis, Achitophels, Bileams, Herodis, vnnd anderer dergleichen / noch immerdar gedacht wirdt. Aber gleich wie dieser jetzterzehlten vnartigen Leuth Nahme also lautet / daß es besser were / es wurde jhrer weder für GOtt / noch den Menschen / jemals gedacht / weil man jhrer anderst nicht / als / wie des Pilati im Credo zu gedencken pfleget: Also haben die andern / so zwar lobwürdige Thaten verrichtet / ausser eines zeitlichen vnd irrdischen Ruhms / vnnd Lobs / weiter nichts erlanget / vnnd erobert.ᵈ Dann bey GOtt / vnnd seinen heiligen Engeln gilt aller solcher Ruhm durchauß nichts / wirdt auch im künfftigen Leben nicht mehr übrig seyn / sondern die Aschen vergleichet / vmbkommen / außgerottet vnd auffgehoben werden. Allhie aber weiset vns Josias mit seinem aignen Exempel viel ein bessers vnnd bestendigers Mittel / einen guten Namen vnnd Lob zubekommen. Dann auß allen jetzt erzehlten weltlichen Thaten / wirdt in seiner *[10ʳ]* Historia nicht einer ainigen gedacht / die er gethan hette: Vnd wird doch seines Nahmens noch heut zu Tag / ja biß ans End der Welt / mit höchstem Lob vnd Ehren gedacht werden: Wel-

---

ª *am linken Rand:* Danil: ver: 27.
ᵇ *am linken Rand:* Theat. Zwing. vol. 8. lib: 2. fol. 1325.
ᶜ *sic!*
ᵈ *am linken Rand:* Hiob. 13. ver. 12., Psalm. 9. ver. 7., Psalm. 34. v. 17., Psalm. 109. v. 15., Deut. 32. ve. 26.

chen er durch nichts anders / als durch die ainige Wahre Gottseligkeit bekommen vnnd erlanget hat.[a] Dann dise ists doch vnd bleibts allein / welche GOtt ainen Menschen gefällig macht / zu allen dingen nutz ist / vnd die verheissung hat dises vnnd des zukünfftigen Lebens[b]: Welche ainen ewigen Rhum vnnd Lob mit sich bringet: Daß / ob wol Gottselige Leut vor der Welt verachtet / verschmehet / verfolget / geplagt vnnd gepeiniget / ja auch wol gar getödtet werden; Sie dannoch vor GOtt im Himmel in höchsten Ehren vnd Würden stehen / der auch nit zugeben wirdt / daß jhr Nam vnter dem Himmel außgerottet / oder bey den Heiligen vergessen werde. Alle andere ding in diser Welt / als da sindt Reichthumb / zeitliche Ehr / Würde / Schönheit vnd Stärcke des Leibs / vnd dergleichen sindt nichtig vnd flüchtig / gehen dahin / verwelcken vnnd verdorren[c] / wie das Hew / vnnd ein Blum auff dem Feld / ja der Mensch selbs ist / wie ein Graß / kombt nacket von Mutter Leib / fehrt auch nackendt wider dahin / vnd wie er nichts in dise welt gebracht / also bringt er auch nichts wider hinauß: Aber die ainige Gottseligkeit bleibt auch nach dem Todt / vnd lässt nicht allein hinder sich ein guts gedächtnuß auff Erden; Sondern trachtet auch über sich gen Himmel / nach dem das droben ist / vnnd das jhres gleichen ist. Dann gleich wie die köstlichen Perlein / ob sie zwar inn dem Meer wachsen / dannoch mit dem hohen Himmel / dessen gestalt sie gleichsam repraesentirn vnnd an sich haben / gar nahe verwandt sindt; Also auch ein Gottselig vnd recht Adeliches Gemüth hat viel mehr ein verlangen nach den Himmlischen dingen[d] / von welchen es auch entspringet; als nach den Irrdischen / inn vnd vnter welchen es lebet vnd schwebet.

Soll aber gleichwol die Gottseligkeit das ende aines recht guten Namen vnd Lobs erreichen / so muß es nicht eine heuchle[*10ᵛ*]rische Gottseligkeit seyn / welche allein den schein hab eines Gottseligen wesens / seine Krafft aber mit den wercken verlaugne[e]; Vnd / wie die Phariseer theten / nur vor den Leuten begehre gesehen vnd gepreiset zu werden / Vnd also nicht Gottes / sondern nur jhr aigne Ehre suche: Sondern es muß eine warhaffte / vnverfelschte / lautere vnnd eyferige Gottselig-

---

[a] *am rechten Rand:* Gottseligkeit daz beste Mittel / ain Lob vnd guten Nahmen zu erlangen.
[b] *am rechten Rand:* 1. Timo: 4. v. 3.
[c] *am rechten Rand:* Psal: 103. ver. 15., Jesai: c. 40. v. 7., Hiob. 1. ver. 21.
[d] *am rechten Rand:* Plin: lib: 9. c. 35.
[e] *am linken Rand:* 2. Tim: 3. ver. 5., Tit: 1. ver: 16., Matth: 6. v: 2., Luc: 18. ver. 11.

keit seyn[a]: welche fürnemlich darinnen bestehet[b] / daß man erstlich mit innbrünstigem Eyfer Gottes Wort höre / also / daß es das Hertz erweiche / vnd durchdringe: Sintemal nicht die / so allein Gottes Wort hören[c]; Sondern die es bewahren / vnnd in einem feinen guten hertzen behalten / selig sindt.

Darumben dann inn heiliger Schrifft die art von der Gottseligkeit zu reden also gebraucht wirdt / daß dise Wort[d]: Hören / zu hertzen nehmen / bewahren / halten / behalten / scherffen / davon reden etc. gemeiniglich beysammen gesetzt gefunden werden. Darnach / daß man nach Iosiae Exempel dasselbige Wort / vnnd die wahre Christliche Religion vnd Gottesdienst eyferig verthätige / bestandthafftig bekenne / vnd trewlich auff die Nachkommen fortpflantze. Darzu dann endlich auch die Christliche lieb zu Administrirung vnd Erhaltung der Gerechtigkeit erfordert wirdt / welche ohne die Gottseligkeit nicht bestehen kan. Dann wie Chrysostomus[e] sagt / Penes DEUM nec pietas sine Justitia est, neque sine pietate justitia: nec sine pietate coelesti sensus, sine bonitate aequitas, sine aequitate bonitas non habetur. Virtutes si seperatae sunt, dilabuntur. Aequitas sine bonitate, saevitia est: & justitia sine pietate crudelitas est. Das ist / bey GOtt ist die Gottseligkeit nimmer ohne die Gerechtigkeit / noch die Gerechtigkeit ohne die Gottseligkeit: Wie dann auch ohne die Himmlische Gottseligkeit kein Vernunfft oder Verstandt; ohne die Gütigkeit kein Recht vnnd Billigkeit; ohne Recht vnnd Billigkeit aber kein Gütigkeit bestehen kan. Dann so die Tugendten zertrennet werden / verschwinden sie. Die Billigkeit ohne Gütigkeit ist *[11ʳ]* aine vnmildigkeit: Die Gerechtigkeit ohne Gottseligkeit ist aine Tyranney vnnd Grausamkeit[f]. Derhalben diejenigen / so aller diser erzehlten stuck / zur wahren Gottseligkeit gehörig / mangeln / vnd gleichwol solche zu bekommen / auch nicht hören wöllen des HERRN Wort vnd Gesetz / wol zusehen mögen: Was sie dermaln aines GOtt wollen antworten.

Gleich wie es aber in gemein allen menschen gebürt vnd obligt; Also wirdt es insonderheit vnnd fürnemlich von denen erfordert / so Gott

---

[a] *am linken Rand:* Worinnen die wahre Gottseligkeit bestehe.
[b] *am linken Rand:* 2. Reg. 22. v. 19. Actor: 2. v. 37.
[c] *am linken Rand:* Luc. 8. versi. 15., Luc: 11. ver. 28.
[d] *am linken Rand:* Deuter: 6. v. 6., Deuter. 8. ver. 1., Joh. 8: ve. 31. 51., Joh. 14. v. 21. 23. Roman. 2. v. 13.
[e] *am linken Rand:* Petr: Chrysost. sermon: 145. de generat:
[f] *am rechten Rand:* Jerem. 6. ver. 10., Jerem. 7. ver. 27., Jerem. 13. v. 11., Jerem. 25. ver. 3., Esai: 30. ver. 9., Esa: 42. ver. 20

vor andern hoch erhaben / vnnd in Stand der Obrigkeit gesetzt hat[a]: Daß sie beydes für sich selber / vnnd dann auch vmb anderer willen / sich der Gottseligkeit befleissen / deß wahren GOttesdiensts ernstlich annehmen / die Ehr vnd Namen des HERRRN befürdern / vnnd nach allem jhrem vermögen vmb Kirchen vnd Schulen / umb Geistlich vnnd weltlich Regiment / sich wol vnd zum besten verdienen.

Vnd erstlich[b] zwar / sollen sie für sich selbst gewiß wissen / vnd darfür halten / GOtt wölle es ernstlich haben / Daß sie so wol als andere / vor allen dingen nach seinem Reich trachten[c] / nach dem Exempel der heiligen Patriarchen vnd Gottseligen Könige im alten Testament: Welche nicht allein umb anderer Leut vnd jhrer Vnterthanen willen den Gottesdienst angerichtet / sondern sich auch selbst darbey gefunden haben.

Dann gleich wie ainem Regenten vnd Obrigkeit gebürt / daß er das Gesetz / so er andern fürgeschrieben / selbst auch halte: Also auch soll er das jenige / was er andern predigen lässt / selbst hören; inn der Kirchen / die er andern bawen lässt / selbst erscheinen; dem Gottesdienst / zu welchem er andere antreibet / selbst auch abwarten. In welchem stuck ein jede Obrigkeit neben Iosiae, jhr auch des König Davids Exempel fürstellen solle / der nit allein von GOtt hertzlich bittet vnd wünschet / daß seine Vnterthanen den wahren Gottesdienst behalten[d] / Sondern / daß auch er selbst im Hause des HERRN sein lebenlang bleiben / die schöne Gottesdienst des HERRN anschawen / vnd seinen [11ᵛ] Tempel besuchen möge. Aber zu vnserer zeit ist laider in disem stuck bey vielen ein grosser mangel / inn dem sie es gar genug sein vermainen / wann nur die Vnterthanen zur Kirchen gehen / Sie aber bedürffens nit / oder wissens vorhin wol / auch etwan wol besser / als jhr Prediger: Oder haben andere Geschäfft / die viel nötiger seyen / als der Kirchen vnd Predigt abwarten / kommen auch eher nit / biß sie solche jhre weltliche händel verrichtet haben / vnd muß also GOttes Reich hinden nachziehen. Welches dann recht haisst / Virtus post nummos, das ist / die Roß hinder den Wagen spannen. Darumb gehet es auch bißweilen mit manchem daher / daß es wol besser döchte; Dann dieweil das nicht in acht genommen wirdt / was beym Propheten Jeremia am 22. Capitel geschrieben stehet[e]: O Land / Land / Land

---

[a] am rechten Rand: Obrigkeit solle sonderlich Gottselig seyn.
[b] am rechten Rand: 1. Vmb jrer selbst willen.
[c] am rechten Rand: Matt. 6. ver. 33.
[d] am rechten Rand: Psalm. 27. ve. 4., Ps. 84. v. 3. & 11.
[e] am rechten Rand: Ierem: 22. ver: 29. & 30.

/ höre des HErrn Wort: So muß man alsdann inne werden / was hernacher volget / So spricht der HErr / Schreibet disen Mann für ainen verdorbenen / ainen Mann / dem es sein Lebtag nicht gelinget. Denn er wirdt das Glück nicht haben / daß jemand seines Samens auff dem Stuel Davids sitze / vnd fürter in Juda herrsche.

Darnach aber / solle die Obrigkeit auch lernen[a] / daß jhnen auch vmb anderer Leut / vnnd sonderlich vmb jhrer Vnterthanen willen oblige / daß sie sich der wahren Religion vnnd Gottesdiensts ernstlich annemen. Dann gleich wie sie / vmb des eusserlichen Schutzes willen / Vätter des Vatterlands genennet werden[b]: Also nennet sie auch die heilige Schrifft Pfleger vnd Seugammen der Kirchen / sie damit jhres Ampts inn Geistlichen vnd Göttlichen dingen zu erinnern. Vnd eben zu disem Ende / hat sie GOtt der Allerhöchste / nach jhme inn den höchsten Ehrenstandt gesetzt vnnd erhaben / vnnd den Titul[c] / Götter vnd Kinder des Höchsten vergonnet vnd zuge/12ʳ/aignet: Daß sie dardurch zum höchsten fleiß der allerhöchsten vnd fürnemsten sachen / nemlich der fortpflanzung der Kirchen vnnd wahren Gottesdiensts sich zum trewlichsten anzunehmen / auffgemundert würden. Vnd weil jhnen auch GOtt vor andern Ständen ein sonderlich Ansehen vnnd Authoritet verliehen / sie mit Wehr vnd Waffen begürtet[d] / mit Ehr vnnd Reichthumb begabet / mit Rath / Verstandt / vnd Weißheit zu regieren gezieret: Wie köndten sie solche Geschenck vnd Gaben GOttes besser anlegen / als zu Erbawung / Erweiterung vnd Erhaltung der wahren Religion vnnd Erkenntnuß Gottes / dadurch beydes sie selber / vnnd jhre Nachkommen zur ewigen Seligkeit gelangen mögen? Zwar sindt Obrigkeiten (sagt Lutherus[e]) in einem Weltlichen Stand / wie man es nennet: Aber wollen sie Christen seyn / so müssen sie auch jhren Vnterthanen die Füsse waschen. Dann GOtt hat sie in solchen hohen Standt nit gesetzt / daß sie allein jhren Pracht führen / jhren Wollust suchen / vnnd thun sollen / was sie gelustet / Sondern mit allen Gaben / die sie haben / sollen sie jhren Vnterthanen dienen. Erstlich damit / daß jhre vnterthanen mit rechten Kirchendienern versorget / jhnen GOttes Wort trewlich vnnd recht fürgesagt / aller Abgötterey gewehret / vnd rechter Gottesdienst angerichtet werde.

---

[a] *am linken Rand:* 2. Vmb anderer willen.
[b] *am linken Rand:* Jesa: 49. ver: 23.
[c] *am linken Rand:* Psalm. 82. ve. 6.
[d] *am rechten Rand:* Roman. 13. v. 4.
[e] *am rechten Rand:* Lutherus in der Haußpostill am grünen Donnerstag

Solches sind sie für GOtt schuldig / werden auch nimmermehr in jhrem Regiment vnd Nachkommen / Gottes Segen noch Hayl haben / sie halten dann trewlich darob. Dann wie kan Gott bey denen seyn / die sein Wort nicht wollen / vnd jre vnterthanen zu offentlicher Abgötterey vnd falschen Gottesdienst zwingen? etc. Vnd Potho spricht[a]: Wann das Irrdische Reich für das Himmlische streitet / vnd die Menschlichen Recht den Göttlichen Gesetzen nicht widersprechen / sondern denselbigen dienen: Alsdann wirdt das Hauß Gottes wol regiret. Vnd eben das erfordert auch die heilige Schrifft / darinnen GOtt der heilige Geist alle Könige / Fürsten / Herren vnd Obrigkeiten mit disen worten anredet[b]: Machet die Thore *[12ᵛ]* weit / vnd die Thüre in der Welt hoch / daß der König der Ehren einziehe. Vnd abermal[c]: Machet Bahn / dem / der da sanfft herfehret / Er heisst HERR / vnd frewet euch für Jhm. Vnd vmm[d] diser ursachen willen / ward im Alten Testament / in Erwehlung / Salbung vnd Crönung eines Königs / jme dem König daz Gesetzbuch vertrawet / vnd anbefolen / daß / wenn er nun auff dem Stuel seines Königreichs sitzen werde / Er diß Gesetz von den Priestern nemmen / auff ein Buch schreiben / bey Jhm seyn lassen / vnd darinnen lesen solle sein lebenlang[e]: Welches wir auch newlicher zeit an den täglichen Bethtagen / auß dem ersten Capitel des Buchs Iosuae gelernet haben[f]. Vnd dises möchten vnsere Widersacher im Babsthumb wol bedencken / welche jhren Königen / Fürsten vnd Herren nicht allein das Gesetzbuch der heiligen Schrifft in die Hände nicht geben vnd überantworten: Sondern auch dasselbige / da sie schon selbst darnach greiffen wolten / jhnen auß den Henden reissen / vnd zulesen vnd betrachten nicht zulassen wöllen / wie offenbar vnnd am tage ist: Welches dann der fürnembsten stücklein eines ist / dardurch den Königen / Fürsten vnd andern Leuten / welche von den vermeinten Geistlichen / für pur lautere Layen gehalten werden / das Hertz genommen: Daß sie die Göttliche Warheit des heiligen Evangelii nicht erkennen mögen. Wie sie aber solches dermahl aines am Jüngsten Tag / für dem strengen Gerichtstuel des vnparteyischen rechten Richters JEsu CHristi verantworten wöllen: Da mögen sie wol zu rechter vnnd früher zeit

---

[a] *am rechten Rand:* Potho lib: 1. de statu domus Dei.
[b] *an rechten Rand:* Psalm: 24. v. 7. & 9.
[c] *am linken Rand:* Psalm: 65. ver. 5.
[d] *sic!*
[e] *am linken Rand:* Deut. 17. ver. 18.
[f] *am linken Rand:* Josu: c. 1. ver. 3.

mit fleiß darauff bedacht seyn: Do anderst ainige Verantwortung oder Entschuldigung alsdann platz vnd raum finden wirdt. Gleich wie es aber im Alten Testament viel anderst gehalten / vnd den Königen vnd allen Obrigkeiten das Gesetz vnd Wort GOttes von jhren Propheten vnd Lehrern mit allem fleiß anbefohlen worden: Also haben sich auch hinwiderumb alle Gottselige Könige / als David / Josaphat / Hißkias / vnnd vnser lieber Josias / mit nichten geschewet noch geschämet / dasselbe anzu[*13ʳ*]nehmen / zu lesen / zu betrachten / vnd alle Sachen / so Geistliche so Weltliche / so viel immer müglich / höchstes fleisses / darnach zu reguliren vnnd anzustellen: Darzu sie dann in wichtigen vnd hohen Geschäfften / auch jhre Propheten / Priester vnnd Lehrer gezogen / jhres Raths gepflegt / vnnd jhnen trewlich gefolget haben. Aber heutiges tags findet sich meistes theils das widerspiel / da man fast mit keinen andern / als disen schnarchenden vnd trutzigen worten sich hören vnd vernehmen lässt: Was? solle vnns der Pfaff fürschreiben / wie disem oder jenem zuthun sey? Sollen wir vns jme vnterwerffen? Aber höre liebes Herrlein / mit nichten vnterwirffst du dich deinem Prediger: Es wirdt es auch kein wahrer vnnd rechtschaffner Prediger nimmermehr begehren / daß du dich jhme vnterwerffen sollest: So du jhm aber / so ferr er dich auß GOttes Wort laittet vnd vnterrichtet / volgen thust; so vnterwirffst du dich nicht jhme / sondern dem Wort Gottes / dardurch er dich laittet vnd vnterrichtet: Welchem du dich auch vnterwerffen must / entweder hie inn disem Leben / mit deinem grossen Nutz vnd Wolfahrt; oder / so du hie nicht wilt / dortten ein mahl mit deinem ewigen schaden. So dich nun der Pfaff (wie du jhn nennest) auff etwas weiset / das GOttes Wort nicht gemäß vnd änlich ist / alsdann lasse es bleiben: Ist es aber GOttes Wort / so volge jhm als GOttes Wort.

Also volget David seinem Nathan / vnd Gad dem Propheten[a]: Josaphat höret Micham: Hißkias Esaiam: Josias Hilkiam. Daher sie auch ainen Ewigen vnsterblichen Namen vnd Ruhm bekommen haben. Wer derhalben nach gleichen Ehren strebet / vnd bey seinen Nachkommen ein gutes Lob vnd Namen erhalten will: Der sey gleicher gestalt ein Pfleger / Seugamb vnd Patron der Kirchen vnd Schulen / vnnd lasse jhm die wahre Christliche Religion angelegen / vnd der lieben zarten Jugent Hayl vnd Wolfahrt befohlen seyn: vnnd folge [*13ᵛ*] nach dem Exempel jenes Christlichen vnnd löblichen Fürsten

---

[a] *am rechten Rand:* 2. Sam: 12. v. 13., 2. Sam. 24. v. 14., 1. Reg: 22. v. 9., Esai: 38 & 39., 2. Regum 22.

(so zwar diser zeit noch im Leben ist) der da sagt: Wer jhm die Schuel angreiffe / der greiffe jhm sein Hertz an. Dann so wie Schuel vnd Kirchen wol bestellet / vnd darinnen Gottes Wort / gute Tugenden vnd freye Künste blühendt vnd wachsendt haben / sollen wir vns alsdann nicht förchten / wann gleich die Welt vntergienge^a / vnnd die Berge mitten ins Meer süncken: Sintemahl die Statt Gottes / mit jhren brünnlein fein lustig bleiben sollen; dieweil daselbst die heiligen Wohnungen des Höchsten sindt / vnnd GOtt selbst bey jhr drinnen ist.

Dabey gleichwol allen Christlichen Obrigkeiten auch dises in acht zu nehmen ist^b / daß sie nicht allein / nach Josiae Exempel / die zum Gottes vnd Kirchendienst gestiffte vnnd erthailte Güter wol versorgen / vnd trewlich anlegen; sondern auch viel mehr vnnd lieber / von jhren aigenen Gütern darzu reichlich contribuirn vnd mittheilen / als das geringste darvon / zu jhrem aigenen Nutz anwenden vnnd gebrauchen wolten: Damit sie also nicht Kirchenfeger / sondern in der That vnd Warheit getrewe Kirchenpfleger mögen genennet werden.

Neben diser bißher abgehandelten Hauptlehr^c / beym ersten Stück / werden fürs ander / auch alle Regenten vnnd Obrigkeiten / beym Exempel Iosiae, erinnert vnnd gelehret: Wie sie die Göttliche Straffe / Trohung / Vermanung vnnd Warnungen / so durch die Prediger vnd Lehrer jhnen / wegen offentlicher / so an jhnen / so an andern Leuten regierender Sünden / fürgehalten werden / gebürlich an vnd auffnehmen sollen. Jhrer viel zwar sindt also geartet^d / wann sie gestraffet / vnd wegen jhrer vntugenden vor künfftigem Vnglück gewarnet werden / daß sie es nur für ainen lautern Schimpff vnnd Schertz^e / oder doch nur für ein vergeblich schrecken halten / lachen vnd spotten noch darüber / Was frag ich darnach? spricht mancher: gilt es doch nur ainen Kopff^f / nur immer her / laß eylend vnd bald kommen seyn [14^r] Werck / daß wirs sehen / wanns nur geschwind drumb vnd dran were / laß herfahren vnnd kommen den Anschlag des heiligen in Israel / daß wirs innen werden: Aber wehe denen / sagt Esaias: Es wirdt freylich manchem nur gar zu geschwind vnnd eilend kommen / daß er

---

^a *am linken Rand:* Psalm: 46. v. 4. 5.
^b *am linken Rand:* Obrigkeit soll zum Gottesdienst / von jhren aigenem contribuirn.
^c *am linken Rand:* 2. Wie grosse Herren die straffen vnnd trohungen auß GOttes Wort / wegen jhrer Sünd auff: vnnd annemen sollen.
^d *am linken Rand:* Vnart etlicher grossen Herren.
^e *am linken Rand:* 1. Verlachen alle straff vnnd warnung.
^f *am linken Rand:* Esai. 5. ver. 19.

zuruck fallen / zubrechen / verstrickt / gefangen[a] / vnd also verstürtzt werden solle / daß jhme für angst auch wol die gantze Welt möchte zu enge werden. Andere rühmen noch jhre Sünde[b] / vnd kitzeln sich mit jhrer Boßheit[c] / wie die zu Sodom / vnd verbergen sie so gar nicht / daß sie es für Tugent vnnd Hoffweise offentlich wollen gelobet haben / dessen sie sich billicher schemen solten[d]: Trotzen noch darzu / daß sie können schaden thun / vnnd andere in Vnglück bringen[e]: fleißigen sich darauff / wie einer den andern betriege / vnd ist jhnen laid / daß sie es nicht ärger können machen[f]: Vnd wann sie übel thun / sindt sie guter ding drüber.

Dann sie mainen / Sie haben mit dem Tod einen Bund[g] / vnd mit der Hellen einen Verstandt gemacht / vnd wenn schon eine Flut daher gehe / werde es sie doch nicht treffen[h]: Oder sie düncken sich auch so starcke / dapffere vnd vnüberwindliche Helden seyn; Daß sie alle gefahr / noth vnnd angst / ohn alle mühe von sich wegtreiben können: Daher sie auß solcher Sicherheit offtmals auch dahin gerathen / daß sie / mit Hißkia prangen vnd stoltzieren auff jhre Zeug: vnnd Schätzheuser / pochen mit jhren Rüstkammern / verlassen sich auff jhr ansehliche Reutterey / ziehen da ein Gelbes / da ein Rotes / da ein Blawes / da ein anders Cornet Reuter herfür: Welches zwar an seinem ort / wann nur auff Gott zu vorderst gesehen wirdt / wol passieren mag. Wann aber allein auff dergleichen eusserliche Macht das vertrawen gesetzet wirdt: so volget gemeiniglich darauff der Fluch / Verwüstung / Beraubung / vnd endlicher Vntergang: Gleich wie es nach des Königs Hißkiae Tod / im Reich Juda / vnnd zu Jerusalem auch geschehen / vnd also ergangen ist[i]. Aber also hat vnser Iosias nicht gethan / sondern / wie der Text sagt / über den *[14ᵛ]* Worten / die er gehöret / ist sein Hertz erweichet / vnd hat sich gedemütiget für dem HERRN / vnnd mit ernster Busse / allen andern Regenten zum Exempel ist er seinen Vnterthanen fürgangen.

---

[a] *am rechten Rand:* Esai: 28. ver. 19.
[b] *am rechten Rand:* 2. Rühmen sich jhrer boßheit.
[c] *am rechten Rand:* Esai: 3. versi: 9.
[d] *am rechten Rand:* Psalm: 52. ve. 3.
[e] *am rechten Rand:* Jerem: 9. vers: 5.
[f] *am rechten Rand:* Jerem: 11. v. 15.
[g] *am rechten Rand:* 3. Sindt vermessen / stoltz vnd sicher.
[h] *am rechten Rand:* Esai: 28. ver. 2.
[i] *am rechten Rand:* Regenten vnnd Oberherren sollen andern zum *[14v]* Exempel demütig vnd bußfertig seyn.

223

Vnd wie der König zu Ninive[a] / als er von Jona dem Propheten hörete / daß GOtt die Statt in viertzig Tagen / wo man nicht Busse thete / wolte lassen vntergehen / von seinem Thron auffstunde / seine Purpur ablegte / vnd nicht allein außschreyen vnd sagen ließ / daß man solte fasten / Secke anziehen / sich bekehren / vnnd zu GOtt hefftig ruffen; Sondern Er hüllet selbst / zum ersten / einen Sack vmb sich / vnd setzte sich in die Aschen / vnd erkennete also / daß er auch ein Sünder / vnd straffwürdig were: Also auch jhr alle / die jhr Regenten / Herren vnd Obrigkeit heisset / sollet gleichfalls in der Bußprocession vornen an gehen / so werden die Vnterthanen fein hernach folgen[b]. Jhr seyd zwar Götter / das ist / habt einen Göttlichen Standt / Beruff vnd Ampt; Aber jhr seyd darumb nicht Engelrein / wie jhr euch gedencken lasset[c]: Dann wer kan sagen / Jch bin rein inn meinem Hertzen? vnd lauter von meiner Sünde? Ewre Vnterthanen / welche jhr bißher vmbs gelt gestraffet / vnnd an die Tasche gehenget / habens nicht alles allein gethan: Jhr seyd auch mit im Luder gelegen: Darumb / Mitgesündiget / Mitgebüsset[d]: Erkennet / das der HERR GOtt ist / der die Person nicht ansihet[e] / noch des hohen Ampts schonen wirdt / das jhr führt; Dann jhr sehet vnd erfahrets täglich / daß jhr sterben müsset[f] / wie alle andere Menschen / vnnd mancher wie ein Tyrann / zu grunde gehen.[g] Darumb demütiget euch vnter die gewaltige Hand GOttes / daß Er euch nicht widerstehe / sondern Gnade gebe: Vnd wann jhr auß Gottes Wort die ernstliche Drawungen / wegen der Missethaten / höret vnnd vernehmet; So gedencket / es gehe euch auch an / examinirt vnnd forschet auch ewre Hertzen vnd Gewissen / erkennet vnnd bekennet euch auch für Sünder[h] / habt Rew vnnd Laid darumb / bekehret euch *[15ʳ]* zum HERRN von gantzem Hertzen / mit fasten / mit weinen / mit klagen / zureisset nicht ewre Kleider / sondern die Hertzen / vnnd opffert GOtt einen geängsten vnnd zerschlagenen Geist auff[i] / Dann diser ist jhm sehr angenehm / vnd Er will fürnemlich bey denen wohnen / so zerschlagens vnd demütiges

---

[a]   *am linken Rand:* Jon: cap. 3. v. 6.
[b]   *am linken Rand:* Psalm: 82. v. 6.
[c]   *am linken Rand:* Prov: 20. vers. 9.
[d]   *am linken Rand:* Psal: 100. ve. 2.
[e]   *am linken Rand:* Actor: 10. v. 35.
[f]   *am linken Rand:* Psalm: 82. v. 7.
[g]   *am linken Rand:* 1. Pet: 5. ver: 6.
[h]   *am linken Rand:* Joël 2. c. v. 12. 13.
[i]   *am rechten Rand:* Psalm. 51. ve. 19.

Geistes sind^a / Er sihet an den Elenden / vnnd der zubrochens Geistes ist^b / vnnd der sich für seinem Wort fürchtet: Dessen vnns dann in heiliger Schrifft viel Exempel hin vnnd wider fürgestellet werden. David erkennet seine Sünde / auff die Erinnerung Nathans / vnd Gads / ängstiget sich darüber inn seinem Hertzen^c / vnnd thut Busse: Da erlanget er die fröliche Absolution / der HERR hab seine Sünde weggenommen^d / vnnd wirdt jhm die auffgelegte straffe gelindert vnnd geringert / daß ers ertragen kan. Also auch Hißkias wirdt nicht verstockter / halßstarriger vnd hoffertiger / als jhm von GOtt durch Esaiam sein Vbermuth verwisen^e / vnnd künfftige straffe angezeigt wirdt: Sondern Er nimbt es mit rewendem vnd demütigem hertzen an. Es ist gut / spricht er / was der HERR sagt / Es sey nur Fried vnd Trew weil ich lebe. Damit er dann auch erlanget / daß zu seiner zeit Friede im Land verblieben / biß er inn guter Ruhe zu seinen Vättern versamblet vnd begraben ist: Welches dann gleichernmasser auch vnser frommer König Josias, mit seiner Demuth / zu wegen gebracht hat / wie wir jetzt zum andern hören werden.

Vom andern.

Dann / nach dem wir bißher / das Lob vnd den Rhum Iosiae, vnnd seiner Gottseligkeit vernommen haben: Volget nun hierauff derselbigen belohnung / welche GOtt dem König Iosiae, durch die Prophetin Huldam (so damals zu Jerusalem wohnete / vnd zu welcher Josias seine Gesandten abgefertiget / daß sie bey jhr den HERRN für jhn den König / für das Volck / vnnd für gantz Juda fragen *[15^v]* solten) verheissen vnnd verordnet hat. Ich hab (dein Weinen vnd Gebet) erhöret / spricht der HERR: Darumb will Ich dich zu deinen Vättern samlen. Darumb / will Er sagen / solt du desto ehe^f sterben / vnd auß diser Welt abgefordert werden. Was spricht jemandt. Solle das eine Belohnung der Gottseligkeit seyn / welcher GOtt im vierdten Gebot nicht ein kurtzes / sondern ein langes Leben verheissen hat? Wie kombt Josias darzu / daß jhm seine Gottseligkeit soll mit dem Todt belohnet werden? Antwort:

---

^a *am rechten Rand:* Esai: 57. & 15.
^b *am rechten Rand:* Esai: 66. ver. 2.
^c *am rechten Rand:* 2. Sam: 12. v. 13.
^d *am rechten Rand:* 2. Sam. 24. v. 14.
^e *am rechten Rand:* Esai. 39. ver. 5.
^f *sic!*

Der Todt an jhm selbst ist zwar keine Belohnung[a] / sondern viel mehr eine straff / vmb der Sünden willen / allen Menschen auffgelegt: Gleichwol aber kan er alsdann eine Belohnung genennet werden / wann er auß beweglichen vrsachen / ainem frommen Menschen zum besten / zu der oder diser zeit / auff die oder andere weiß auffgelegt wirdt. Welches desto besser zuverstehen / in vnserm fürgenommenem Text / fürs erste fleißig in acht zu nehmen ist: Daß GOtt zu Iosiae nit schlecht vnd bloß sagt[b] / Du solt sterben vnd nit lebendig bleyben / wie Er Hißkiae sagen ließ: Sondern das er viel lindere vnnd sänfftere Wort gegen Josia gebraucht / vnd spricht: Ich will dich zu deinen Vättern samlen.

Dergleichen art dann zu reden / von der Gottseligen Tod / hin vnd wider in heiliger Schrifft zu finden ist. Welches / wie es gemeinet sey / Erklären fürs ander die volgende Wort / da gesagt wirdt / daß du inn dein Grab versamlet werdest / das ist / daß du zu deinen lieben vnnd frommen Vorfahren / zu David / Assa / Josaphat / Hißkia / ehrlich zu seinen löblichen Vorfahren begraben werden / nit ein geringe Gutthat Gottes / dieweil es vielen gleichsamb zu einer Straff / offtmals abgeschlagen worden / wie zu lesen ist von Joram im andern Buch der Chronic: 21.[c] Von Joas am 24. Von Vsia am 26. Capi/ *16ʳ* /tel.[d] Vnd dem König Jojakim wirdt beym Propheten Jeremia gedrowet / daß man jhn nit klagen vnd sagen werde / Ach Bruder / ach Schwester / ach Herr / ach Edler; Sondern / daß er wie ein Esel begraben / vnnd für die Thor Jerusalem hinauß geworffen werden solle. So wirdt fürs dritte auch nicht schlecht gesagt / daß Josias in sein Grab solle versammlet werden / sondern es wirdt hinbey gesetzt / daß solches mit Friede geschehen solle.[e] Nicht zwar wegen zeitliches vnd eusserliches Friedes / sintemahl Josias im Kriege tödtlich verwundet vnd gestorben ist: Sondern beydes wegen des friedlichen Zustandts inn seinem Reich / vor seinem absterben; vnd dann auch vnnd fürnemlich wegen des geistlichen Friedes eines guten Gewissens / so er gegen GOtt gehabt hat. Dieweil aber gleichwol jemandt fragen möchte / Warumb doch GOtt disen frommen König Josiam / als ein Exempel vnd Spiegel einer sonderlichen Gottseligkeit / nicht lenger in diser Welt hab wollen

---

[a] *am linken Rand:* Roman. 5. v. 12., Roman. 6. v. 23.
[b] *am linken Rand:* Esai: 38. ver: 1.
[c] *am linken Rand:* 2. Chr. 21. v. 20., 2. Chr. 24. v. 26., 2. Chr. 26. v. 23.
[d] *am rechten Rand:* Jerem: 22. v: 19.
[e] *am rechten Rand:* 2. Chr. 35. v. 24.

leben lassen: So wirdt fürs vierdte auch in vnserm Text angezeigt / Es geschehe solches darumben / Auff daß seine Augen nicht sehen alle das Vnglück / das Gott über die Stätte Juda vnd jhre Einwohner bringen wolle. Dann die Babylonische Gefängknuß ware nun nahe für der Thür / welche GOtt vmb der Sünde willen seines Volcks kommen ließ. Damit nun der fromme Josias solchen schröcklichen Jammer vnnd Elend in derselbigen Gefängkniß nicht ansehen vnd empfinden dörffte; So bekombt er von GOtt gleichsam zu einer Belohnung seiner Gottseligkeit dise Gutthat / daß er zuvor zu ruhe gebracht / vnnd / wie Esaias redet[a] / in sein Cämmerlein gehet / sich verbirget / verschliest vnd verrigelt / biß der Zorn fürüber gehe.

[16ᵛ]
Lehr vnd Erinnerung beym andern Theil.

Hierbey wirdt vnns nun fürs erste[b] angedeutet / mit was Gedancken wir sollen vmbgehen / vnd was für ein Rechnung wir vns machen sollen / wann Gottselige / Fürtreffliche / Hohe / vmb der Kirchen vnd weltlichs Regiment wolverdiente Leuth vnd Personen / etwas frühe vnd zeitlich auß disem Leben durch den Tod hinwegk gerafft werden: Daß es / nemlich nicht vmb die Verstorbenen / sondern viel mehr vmb die überbleibenden zu thun / vnd fast übel vmb sie stehe: Dieweil gemeiniglich auff ansehlicher Leut abgang mancherley gemeine Noth vnnd Vnglück zu erfolgen pfleget / welchem die frommen vnnd Gottselige Christen durch den Todt gleichsamb entwischen / wie Esaias bezeuget / da er spricht Esaiae am 57.[c] Daß die Gerechten für dem vnglück wegkgeraffet werden / vnnd die / so richtig für sich gewandelt haben / zu friede kommen. Derowegen gleich wie zu jetziggegenwertiger Herbstzeit ein jeder vernünfftiger Mensch bey sich selbst leichtlich abnehmen vnnd schliessen kan / wann er die Storchen / Schwalben / vnd andere Sommervögel sihet wandern / oder sich in die Löcher der Erden verbergen / vnd gleichsam begraben; daß der harte / rauhe vnd kalte Winter nahe vor der Thür sey: Also auch / wann fürtreffliche Leut von GOtt abgefordert werden / vnd zu jhrem Ruhebethlein kommen / sollen wir vns dise gewisse Rechnung machen / daß gewiß der Winter der Anfechtung vnd allerley Angst vnd plagen zu gewartten

---

[a] *am rechten Rand:* Esa: 26. ver: 20.
[b] *am linken Rand:* 1. Was man bey fürnehmer Leut Abgang gedencken vnd halten solle.
[c] *am linken Rand:* Esai: 57. ver. 2.

sey. Dann das ist GOttes des Allmächtigen alter gebrauch^a / Wann Er ein Land straffen vnnd die boßheit der Einwohner desselbigen haimbsuchen will / daß Er zuvor seine liebe Kinder vnd fromme Christen hinwegk raffet: Dann die Gottseligen / weil sie leben / wenden mit jhrem Gebet vil vnglücks ab: wann sie aber abgeschaiden sindt / da wird das getinchte / vnd die Maur / *[17ʳ]* die wider den Riß stunde / gegen GOtt / für das Land / das ist / die den Zorn Gottes abkerete / darnider gerissen / wie Ezechiel redet^b / Auff den Tod Iosiae volget bald die Babylonische Gefängknuß vnd alles Vnglück. Nach Josephs abschied in Egypten^c / werden die Kinder Israel schröcklich beschwert vnd bedränget. Nach Iosuae vnd des Königs Jojada abgang / wirdt das Israelitisch Volck Abgöttisch / verlässt den HERRN seinen GOtt / vnd dienet den Haynen vnd Götzen. Noa kommet kaum inn die Arch^d / da wirdt alles Fleisch durch die Sündfluth überfallen vnnd vertilget. Loth war kaum auß Sodom entgangen^e / da fällt Schwefel vnnd Bech über sie vom Himmel. Elisa der Prophet war kaum begraben^f / da fielen die Kriegsleut der Moabiter ins land. Vnnd so jemandt in der Schrifft weiter nachzuschlagen lust hat / der wirdt dergleichen Exempel genug antreffen.

So bezeugts die tägliche Erfahrung / daß es vns baides in Geistlichen vnnd Weltlichen Regiment an Waagen vnnd Reuttern mangle^g / wann grosse Häupter / ansehliche Herren / vnd Christliche Regenten hingerissen werden. Aber dises erkennen jhrer sehr wenig / weil sie nit wissen / was es für ein herrliche Wolthat sey / wann GOtt beydes zu Kriegs: vnd Friedes zeit solche Leut schicket vnd gibet / die den wahren Gottesdienst befürdern / Recht vnd Gerechtigkeit administrirn vnd handhaben / den gemeinen Nutz mit Rath vnd That regieren / vnnd des lieben Vatterlands sich trewlich annehmen. Sehr wenig sindt auch / die es achten / wann solche Leut dahin gehen; halten es für ein schlecht / gemain vnd gering ding / sindt sicher / Epicurisch vnd Gottloß / vnd gilt jhnen eben gleich /es sterben gleich fromme Regenten oder sie leben: Dann sie mainen / man könne gar leichtlich andere / vnd wol teuglichere / an jhre stell setzen vnd zuwegen bringen. Aber mit jhrem

---

^a *am linken Rand:* Esai: 26. v. 21.
^b *am rechten Rand:* Ezech. 13. v. 15. & 22. versi. 30.
^c *am rechten Rand:* Exo. 1. v. 10. &c., Judi. 2. v. 10. &c., 2. Chr. 24. v. 18.
^d *am rechten Rand:* Gene. 7. v. 10. 15.
^e *am rechten Rand:* Genes. 19. v. 20.
^f *am rechten Rand:* 2. Reg. 13. v. 20.
^g *am rechten Rand:* 2. Reg. 2. v. 1.

grossen schaden empfinden sie gemainiglich das widerspil vnnd erfahrens mit der that / daß man tüchtige Regimentspersonen nicht gleich von den *[17ᵛ]* Baumen schüttele. Ja man findet auch wol so Gottlose vnd vndanckbare Leut / die sich erfrewen über den Todt jhrer frommen Obrigkeit: Sonderlich / wann sie irgend vmb jhres muthwillens vnd vnartigen Lebens willen / von jhr zur straff sindt gezogen worden.

Darumb nimbts GOtt hinwegk / schicket an jhre statt ärgere; Lässt zugleich allerley andere Gefahr vnd Vnglück kommen: Damit man sehe / was man an vorigen Regenten / welche manchem übel mit gutem Rath hetten begegnen können / gehabt habe. Da fangt man dann erst an / diß Latein des Horatii zu lernen / Virtutem incolumem odimus, sublatam ex oculis quaerimus invidi: Da wolte man offt manchen nicht allein gern wider wünschen; sondern auch gar mit den fingern auß der Erd herauß kratzen / wann es nur köndte müglich seyn.

Derwegen man das Gericht GOttes besser inn acht nemen / vnd mit fleiß betrachten solle / daß Hoher Leut abgang nicht so gering zu schetzen sey / als wann inn gemein etliche sterben / sondern daß GOtt gewißlich zürne / vnnd mit hinraffung grosser Häupter / bald darauff andere Landplagen schicken / vnd vns zu ernstlicher Buße vnd Bekehrung auffmuntern wolle.

Entgegen / vnd fürs ander / lernen wir auch zugleich / wie wol es mit verstorbenen frommen vnd Gottseligen Leuten steheᵃ: Daß / ob sie zwar etwas frühe vnd zeitlich sterben / jhnen dannoch solches gantz vnnd gar nicht schade / wann sie nur im Friede / das ist / gerechtfertiget durch den Glauben an Christum / vnd also in dem HERRN sterbenᵇ. Dann sie durch jhren zeitlichen Abgang / nur zur Seligkeit / vnnd Ruhe gebracht / inn die Schoß Abrahamsᶜ / vnnd GOttes Hand geführet werden / da sie keine Qual mehr rühren mag / werden sein versamlet zu jren Vätternᵈ / da sie sehen alle das Gut des HERRN im Lande der Lebendigen. Solchen Trost allen Glaubigen desto besser einzureden / gebraucht sich die heilige Schrifft hin vnnd wider / *[18ʳ]* wann sie des Frommen Todt beschreibet / sehr lieblicher vnd angenemer Wort / in dem sie nicht sagt: Sie sindt gestorben / vmbkommen / verdorben /

ᵃ *am linken Rand:* 2. Wie wol es mit den Frommen stehe / nach jrem ableiben.
ᵇ *am linken Rand:* Luc: 2. ver. 29., Roman. 1. ver. 1., Apoc: 14. ve. 13., Sapien. 3. ver. 1.
ᶜ *am linken Rand:* Luc. 16. ver. 22.
ᵈ *am linken Rand:* Psalm. 17. v. 13.

vntergangen / vnnd verlohren; Sondern sie sindt im Friede / in der Ruhe / inn jhren Cammern / sindt versamlet zu jhren Vättern etc. Darmit anzuzeigen vnd zu lehren / daß zwar sie / dem Leibe nach verschieden vnd begraben worden / Mit der Seele aber gewißlich leben für GOtt / als der da nicht der Todten / sondern der lebendigen GOtt ist.[a] Dann do sie / der Seelen nach / auch stürben / vnd vntergiengen / köndte nicht mit recht vnd mit warheit gesagt werden / daß sie zu jhrem Volck / vnd Vättern versamlet würden.

Aber viel ein anders ist es mit den Gottlosen vnd Vnglaubigen / die haben nicht Friede / sindt wie ein vngestüm Meer[b] / das nicht still seyn kan: Vnd werden zwar auch gesamlet / nicht aber inn Abrahams / sondern des laidigen Sathans Schoß / vnd in die Ewige verdamnuß / darinnen keine Ruhe zu suchen / noch zu hoffen ist.

Vnnd ist also hierauß klar vnnd offenbar / wann fromme Christen zeitlich / vnd / wie vns bedunckt / gar zu frühe auß disem Leben hingerissen werden / daß es jhnen zum besten geschehe; Vnd demnach bißweilen dises der grösten Gutthaten Gottes eine sey / bald vnd geschwinde dises elende Leben zu ende bringen / vnd nicht immerdar so viel Vnglück vnnd täglichen Jammer erfahren / vnd mit Augen ansehen. Dann es doch heisset / Diu vivere est diu torqueri: Lange leben ist nichts anderst / als lang gepeiniget werden; sonderlich aber / wenn man vnter einem hauffen böser vnnd Gottloser Buben seyn / vnd leben muß.

So ist die Abkürtzung des Lebens bey den Frommen mit nichten der Verheissung eines langen Lebens zu wider / darvon im vierdten Gebot vnd in den Sprichwörtern Salomonis am 3. vnd 9.[c] gehandelt wirdt. Dann wo vnsers Lebens tage böse vnd vnruhig sindt / da mögen sie nicht recht vnd aigentlich ein Leben genennet werden / weil man sehr übel lebet / vnd mancher [18ᵛ] lengst lieber selig gestorben were. Darumb transferirt vnd versetzt auch GOtt manchsmal seine liebe Christen vnnd Kinder auß diser Welt desto zeitlicher in das ander vnd ewige Leben; vnd raffet sie auß vnsern Augen hinwegk[d] / auff daß sie mit jhren Augen den künfftigen Jammer vnd Vnglück nicht ansehen / noch selbst empfinden dörffen.

---

[a] *am rechten Rand:* Matt: 21. v. 32.
[b] *am rechten Rand:* Esai: 57. ver. 21.
[c] *am rechten Rand:* Prover. 3. ver. 2. & 9. versic: 11.
[d] *am linken Rand:* Esai: 56. v. 14.

Wann demnach ein Christenmensch / auß vnd von seiner Gottseligkeit keinen andern nutzen hette / dann daß er sich eines seligen Abschieds darüber zu getrösten hat / So solte es billich vrsach genug seyn / Darumb sich ein jeder mit gantzem ernst / der wahren Gottseligkeit annemen vnd befleissen solte. Dann es gewiß ist / Wol gelebt / wol gestorben / man sterbe gleich über kurtz oder lang: Vitam congrua fata decent: Wer dort wol ligen / der muß jhm hie wol betten: Wer mit gutem Gewissen will auffstehen / der befleissige sich / daß er sich mit gutem Gewissen schlaffen lege. Alsdann wirdt jhm der Todt nicht ein Todt / sondern gewiß ein sanffter Schlaff / vnnd stille Ruhe / ein selige Hinfahrt / vnd frewdenreiche Aufflösung vnnd Entledigung von allem übel seyn. Mit den Gottlosen aber / die nur in den Tag hinein leben[a] / vnd sprechen / Wolher / lasst vnns wol leben / weils da ist / vnd vnsers Leibes brauchen / weil er jung ist etc. Hat es abermal vil ein andere meinung. Dann sie enthalten sich keiner Sünden / wider das Gewissen: ruffen auch Gott nit ein mahl an vmb ein selige Hinfahrt auß disem Leben / Ja sie gedencken nicht an jhr sterbstündlein[b]: Darumb werden sie plötzlich zu nichte / gehen vnter / vnd nemen ein Ende / mit schrecken: Wenn sie sichs / in jhrer Sicherheit / am aller wenigsten versehen / so werden sie von dem herben vnnd bittern Todte überfallen / sterben dahin / ohne allen Trost / sine lux & sine crux / wie jener sagt / offt rasend / vnsinnig vnd in höchster Verzweifflung / vnd gehet mit jhnen / wie jener Poet schreibet:

Vitaq. cum gemitu fugit indignata sub umbras.

[19ʳ] Also gieng es dem Gottlosen vnnd verzweiffeltem König Saul / von dem die Schrifft zeuget / daß er gestorben sey inn seiner Missethat[c] / die er wider den HERRN gethan hab / an dem Wort des HERRN / das er nit gehalten hat: Vnnd der HERR hab jn getödtet / das ist / vmb seiner verzweifflung willen / auch dem ewigen Todte übergeben. Nabal vnnd baide reiche Schlemmer[d] / giengen auch also dahin in jhrem Epicurischen Leben / denen dann noch immerdar viel dergleichen Gesellen nachfolgen. Wer nun solchem übel begegnen / fürkommen vnd entfliehen will / der übe sich ja mit allem fleiß an der Gottseligkeit[e] / wo nicht umb anderer / doch vmb diser ainigen vrsach willen / auff

---

[a] *am linken Rand:* Sapien: 2. ve: 6.
[b] *am linken Rand:* Psalm: 73. v. 19.
[c] *am rechten Rand:* 1. Chro. 11. v. 13.
[d] *am rechten Rand:* 1. Sam: 25. v. 38., Luc: 12. ver. 20., Luc. 16. ver. 13.
[e] *am rechten Rand:* 1. Tim: 4. ver. 8.

daß er dermal einest selig einschlaffen / vnnd im HERRN sterben / wol Enden vnd von hinnen scheiden möge zum ewigen Leben[a]: Da dann kein Todt / noch Laid / noch Geschrey / noch Schmertzen mehr seyn; Sondern die Erlöseten des HERRN lauter Wonne vnd Frewde ergreiffen / alles trawren vnd seufftzen von jhnen fliehen / vnnd ewige Frewde auff jhrem Haupt seyn wirdt.

Vom Leben / Wandel vnd seligem Ende vnsers abgeleibten HERRNS.

Nun solle ich auch vom Leben / Wandel vnnd seligen abschiede obgedachtes vnsers abgeleibten Herrn / etwaz melden / vnd demselben sein gebürlich Lob ertheilen / vnd widerfahren lassen. Das köndte zwar kürtzlich geschehen / vnd allhie inn der Warheit gesagt werden / was Seneca schreibet[b]: Quam magnum est, nolle laudari, & esse laudabilem? Wie ein groß ding ist / so jemand nicht begert gelobt vnnd gerühmet werden / der doch lobens vnd rühmens gar wol werth ist. Dann freylich vnser Wolgedachter Herr niemaln so Ehrsüchtig gewesen / daß er mit vilen worten sich zu loben begehrt hette / welcher erst zween Tage vor seinem Ende vnter an[*19ʳ*]dern außtrücklich vermeldet / man solle mit jhm nit grosse Titul vnd vil gepräng machen. Welchs dann allbereit an jhm derfürnemmsten vnd besten Lobe eines ist / als ein gewisses Zeichen seiner sonderlichen Demuth / damit er gezieret gewesen. Sintemal Augustinus[c] recht sagt: Esse humilem, est nolle laudari in sequi ergo in se laudari appetit, superbus esse convincitur: Demütig vnd Nidrig seyn / heisst / in sich selbst nit begehren gerühmet werden: Wer demnach inn sich selbs Lobs begierig ist / der überweiset sich selbs / daß er hoffertig sey. Es bedarffs auch / meines erachtens / wenig / daß man einem sein Lob mit vielen Worten preise / vnnd herauß streiche / welchen niemand leichtlich tadeln / oder schelten kan. Will geschweigen / daß ich der nicht bin / der einem so ansehlichem Herrn / sein Lob gnugsam geben solte oder köndte: Erkenne mich zu gering / vnd zu wenig darzu.

Gleichwol aber / weil es ja die gewonheit / bey dergleichen Begengnussen also erfordert: so wollen wir auffs kürtzest / so müglich / das Leben vnd Wandel vnsers obgedachten abgeleibten Herrns erzehlen: Darauß ein jeder selber / was er gutes vnd lobwürdiges vernemen

---

[a] *am rechten Rand:* Apoc: 14. ve. 13., Apoc. 21. ver. 4., Esai: 51. ver. 11.
[b] *am rechten Rand:* Seneca in Proverb:
[c] *am linken Rand:* August. Psal. 15.

wirdt / nicht allein loben / sondern auch / jhme zu einem Exempel der Nachfolg / fürstellen mag / damit er selbst auch ein aigenes Lob / Ruhm vnd Preiß erlangen / vnd einen guten Namen hinder sich verlassen möge.

So ist nun mehr wolgedachter Wolgeborne Herr[a] / Herr Hanns Christoff / Herr von Gera (nun mehr inn GOtt selig ruhend) im Jar CHRISTI, 1560. den 20. Januarii / in der weitberühmbten N: O: Hauptstatt Wien[b] / in dise Welt geborn / nicht von schlechten vnd geringen Stands Personen / sondern von fürnemmen vnd recht Christlichen Eltern[c] / nemlich / von dem auch Wolgebornen Herrn / Herrn Erasmo / Herrn von Gera[d] / Weiland beeder Kay: May: etc. Ferdinandi vnd Maximiliani des andern Hochlöblichster Gedächtnuß / gewesten Cammerpraesidenten. Welchem Ampt er mit höch[/20[r]/]stem Lob fürgestanden. In demselbigen auch Anno 1567. selig sein Leben geendet hat: Vnnd dann auch von der Wolgebornen Frawen[e] / Frawen Magdalena Frawen von Gera / ainer gebornen Thursin von Bethlehemsdorff: Welche auch ein halbes Jar nach der Geburth dises jhres Herrn Sohnes in CHRISTO selig entschlaffen.

Nach solchen seiner lieben Eltern zeitlichem Abgang hat er zu Gerhaben oder Pflegsvättern bekommen[f] / die Wolgeborne Herren / Herrn Alexium Thurso, Herrn Wilhelm vnd Herrn Frantzen von Gera: Welche jhn zur Gottseligkeit vnd studiis angehalten[g] / vnd bald im ailfften Jar seines Alters / im Jar Christi 1571. mit vnd neben seinem Herrn Brüdern / Herrn Carl (nun mehr seligen) vnnd Herrn Georgen / Herrn von Stubenberg in Welschland verschickt[h] / allda er 4. Jar lang dieselbe Sprach zu erlernen sich auffgehalten[i]; Hernach auch Franckreich[j] vnd Engelland[k] drey Jar durchraist: Hiezwischen aber in besehung solcher außlendischen orth / vnnd erlehrnung frembder Sprachen / nicht allein seine Muttersprach / sondern auch seine Teutsche recht

---

[a] *am linken Rand:* Geburtszeit.
[b] *am linken Rand:* Orth.
[c] *am linken Rand:* Eltern.
[d] *am linken Rand:* Vatter.
[e] *am rechten Rand:* Mutter.
[f] *am rechten Rand:* Gerhaben.
[g] *am rechten Rand:* Studia.
[h] *am rechten Rand:* Raisen.
[i] *am rechten Rand:* Italia.
[j] *am rechten Rand:* Gallia.
[k] *am rechten Rand:* Anglia.

alte löbliche Sitten / Gemüth vnnd Tugent sambt den Klaidern mit nichten vergessen / außgezogen vnd hingeworffen hat.

Nach seiner Widerkunfft ist er bald im Jar CHRISTI 1578. an jhrer Fürstl: Durchl: Ertzhertzogen Carls zu Oesterreich[a] / Löbl: Gedächtnuß Hoff befürdert / vnd biß auff daß 1583. Jar Cammerer[b] gewest. In disem Jar hat er sich durch GOttes schickung inn den heiligen Ehestandt[c] begeben mit des Wolgebornen Herrn / Herrn Wolffgang / Herrn von Stubenberg / Fürstl: Durchl: Ertzhertzogen Carls gewesten gehaimen Raths vnd obersten Cammerers / vnnd der auch Wolgebornen Frawen / Frawen Susannae / gebornen Pöglin / Freyin / eheleiblichen Frewlein Tochter / Frewlein Ester / nun mehr hochbetrübten hinderlassenen Frawen Wittib / mit welcher er den 24. Novembris desselbigen Jars zu Grätz in Steyrmarck *[20ᵛ]* sein ehelich Beylager gehalten / vnnd hernach die gantze zeit des wehrenden Ehestands / biß an sein letztes Ende / in solcher Lieb / Friede vnd Ainigkeit gelebet; Daß / wie jederman wais / der dise beyde Eheleut gekennet / kaum dergleichen liebliche vnd holdselige Ehe zu finden ist.

Es hat jhn auch GOtt inn solchem seinem Ehestand mit Leibsfrucht reichlich gesegnet / mit 7. Kindern[d] / vier Söhnen vnd drey Töchtern (deren aine mit Namen Felicitas, inn jhrer Kindheit durch den zeitlichen Tod wider abgefordert / die andern aber noch alle im Leben sindt) glücklich begabet. Als er im anfang seines Ehestands etliche Jar in disem Lande gewohnet[e] / ist er nach dem Todt seines geliebten Herrn Bruders / Herrn Carl von Gera / wider in das Land Steyer zu bewohnung seiner Güter verraiset: Allda er jhrer Fürstl: Durchl: Ertzhertzogen Ferdinandi etc. Regiments Rath worden[f]: Welchem Ampt er zway Jar lang löblich abgewartet: Hernach aber / als die Verfolgung wegen der Religion continuirt[g], daselbst seine Güter mit grossen schaden verkaufft / vnnd dahinden gelassen / vnd sich wider in dises Land begeben: Allda er inn das sechste Jar verblieben / vnnd hie zwischen von denen Löbl: Ständen dises Ertzhertzogthumbs Oesterreich ob der Enß / zu ainem verordneten[h] im Herrnstandt erwehlet

---

[a] *am rechten Rand:* Aembter.
[b] *am rechten Rand:* Cammerer.
[c] *am rechten Rand:* Ehestandt.
[d] *am linken Rand:* Kinder.
[e] *am linken Rand:* Wohnung.
[f] *am linken Rand:* Regiments Rath.
[g] *am linken Rand:* Verfolgung.
[h] *am linken Rand:* Verorndter. *[sic!]*

worden: Darinnen er auch sein Leben im 49. Jar seines Alters[a] / ainem starcken vnd zimlich gefährlichen Climacterico[b], den 12. Septembris vmb 11. vhr zu Mittag dises 1609. Jars selig geendet hat.

Vnd das ist nun also geliebte im HERRN / kürtzlich die beschreibung des Lebens vnsers geliebten verstorbenen Herrns / vnnd zwar nur die blosse beschreibung des Lebens / vnnd nichts mehr.

Welche dann nichts anders weiset / als daß er gelebt / vnd zwar in offentlichen ämptern gelebt habe. Welches dann aigentlich kain Lob zunennen ist / oder doch allein ain solches Lob / welches vielen andern gemain ist. Wan man aber bedencken *[21ʳ]* vnnd wissen wirdt / Wie er gelebet / Welcher gestalt er seinen Aemptern vor gestanden: Da möchte sich villeicht ein anders vnd bessers Lob finden.

Allhie möchte ich nun wol vnd mit Warheit sagen / daß er ein rechter Josias gewesen / nicht zwar dem Königlichen Stand nach / doch gleichwol an dem Namen vnd mit der That inn seinem Stand vnd Beruff. Iosias haisst zu Teutsch ein Edel vnd lieblich Rauchwerck[c]. Hanns Christoff / ist ein Huld vnd gnadenreicher Christtrager[d]: Wie dann auch vnser inn CHristo selig abgeleibter Herr Hanns Christoff[e] von Gera durch die gnade des heiligen Geistes CHRISTUM seinen HERRN getrost vnd bestendig in diser Welt getragen hat. Vnd solches beweist erstlich seine sonderliche GOttseligkeit[f] vnnd Christlicher Eyfer zur Religion vnnd Wort GOttes: Zu welchem / gleich wie er von Jugent auff ist fleißig angehalten worden / also hat er auch hernach fort vnd fort für sich selbst gleichsamb eine Göttliche naigung getragen / vnnd den Gottesdienst allen andern Weltlichen Geschäfften fürgezogen / vnd nicht heuchlerisch / sondern warhafftig seinen höchsten lust am Gsetz des HERRN gehabt. Daher er auch / wie kurtz vorher angedeutet / seine Güter viel lieber mit schaden in der Verfolgungszeit hinder sich gelassen / als daß er mit behaltung derselbigen vnter die Heuchlerszunfft hette sollen gezehlet werden. Nicht allein aber für sich / sondern auch für die Ehre GOttes / für den Nutz vnd Wolfahrt des gemeinen Vatterlands / vnd seiner Vnterthanen ist er Gottselig gewesen: Das ist / er hat bey sich fleißig erwogen / daß seines Ampts

---

[a] *am linken Rand:* Alter.
[b] *am linken Rand:* Todt.
[c] *am rechten Rand:* Name Josias.
[d] *am rechten Rand:* Syrach 49. v. 1.
[e] *am rechten Rand:* Hans Christoff
[f] *am rechten Rand:* Gottseligkeit vnd Religions Eyfer.

vnnd Beruffs sey / wie er GOttes Ehr / die wahre Religion, vnd Evangelium CHRISTI fortpflantze / das Predigambt befürdern / schützen vnnd erhalten helffe / vnd dasselbige auch auff die Nachkommen bringe. Vnnd bedarff es alhie kaines beweissens: Dann ich halte / es sey einem jeden vnter vns gar wol wissent / was er allein dises Jar über in diser sachen praestiret vnnd verrichtet hat: Da er dann *[21ᵛ]* der Kirchen GOttes / vnd dem Vatterland zum besten solche Arbeit getragen vnnd außgestanden / die ain Vnerfahrner wol nit glauben oder bedencken kan. Was für sorg?ᵃ Was für Vnruhe? Was für state vnd vnauffhörliche Arbeit hat er den vergangenen Winter über müssen auff sich nehmen? Daß er offt kaum ain ainige Stund geschlaffen: Seine aigene Sachen alle hindan gesetzt / Vnd da er irgend auch derselbigen sich anzunehmen vermanet worden / gemeiniglich mit diser Antwort herauß gefahren: Ey / an Gemainen ist mehr gelegen / dann an meinen Sachen. Sehr wenig hat er in disem fall seines gleichen. Dann andere würden also sagen / Was gehet es mich an? Ich hab mit meinen aigenen Sachen gnugsamb zu schaffen? Was soll ich mich erst anderer Händel annemen? Auß seinem aigenen Mund hab ichs selbsten etlich mahl gehört / daß er solcher Vnruhe wegen / disen Winter über nicht drey stund gehabt / seinen Leib durch spacieren zu erquicken. Sey auch über zway oder drey mahl nicht fürs Thor hinauß kommen.

Vnter solchen vielfältigen Sorgen / Mühe vnnd Arbeit hat er gleichwol gegen männiglich so sanfft / demütig / genaigt / willig vnnd recht genädig sich erzaigtᵇ / daß er ainem jeden auff sein begehren vnd anlauffen willfahret / vnnd offtmals auch wol vom Essen auffgestanden / vnd Bescheid ertheilet hat. Er mag auch dem König Iosiae nicht gar vnbillich hierinnen verglichen werden / daß er den Gottesdienst nicht allein mit Rath; sondern auch mit der Thatᶜ / trewlich vnnd nach allem vermögen befürdert / zu Kirchen / Schulen / erhaltung armer Leut vnd dergleichen / auß seinem aigenen Seckel / milde vnnd reichliche Stewr dargereichet hat. Er ist für die Allmosen Cästl wol nicht vnbegabt / wie andere / fürüber gewischt; Sondern hat willig seine Gab darein gelegt / nit von Kupffer / Bley / Bläch oder Eysen / auch selten von Silber / sondern maistes theils von Gold. So manchen Sontag er alhie gewest / vnd der Predig beygewohnet; so manchen Ducaten haben wir im Allmosen Trühel ge*[22ʳ]*funden. Wer solchen eingelegt /

ᵃ *am linken Rand:* Mancherley Sorg vnd vnruhe.
ᵇ *am linken Rand:* Gnad vnnd Willigkeit gegen männiglich.
ᶜ *am linken Rand:* Freygebigkeit vnd Allmosensteur.

haben wir (weil er sichs niemals im geringsten hat vermercken lassen) ein zimliche zeit vorhin nicht wissen können: biß wirs endlich durch gewisse gelegenheit erfahren.

So hat sich seit seines Todts wol keiner mehr im Trühelein gefunden; Kürtze halben will ich jetzt anderer Außspendung / Darraichung vnnd Mitthailung des Allmosens / so die Armen Leut täglich von jhm empfangen / geschweigen: Wann sie selbst / die Armen / allhie an meiner statt stehen solten / sie würden ohn allen zweiffel dises / an jhm lobwürdige Stück / besser herauß streichen können.

Neben der Gottseligkeit hat er sich auch der lieben Gerechtigkeit / vnnd Vätterlichen Schutzes seiner Vnterthanen trewhertzig angenommen: Welches vnter andern auch daher abzunehmen / daß nun mehr seine hochbekümmerte vnnd trawrige Vnterthanen selber / den vnverhofften abgang jhrer lieben Obrigkeit mit schmertzen vnnd wainen beklagen / dann sie jhm offentlich dises Zeugknuß erthailen / daß er sich auch gegen den geringsten genädig erzaigt; nicht allein die Ankläger gern vnd willig gehört; sondern auch den angeklagten allezeit daß eine Ohr offen / vnd auffbehalten: vnd bey jhm in allen sachen / dises sein höchster fleiß / sinnen vnd trachten dahin angekeret worden / Daß nur niemand durch jhn solte oder müste beschwert werden. Ja / wie ein Vatter hat er sich seiner Vnterthanen angenommen / dieselben mit ainiger Newerung / weder in Steur / Robat / Dienst / Freygelt / noch andern / nicht beschweret: Sondern sie gentzlich bey dem alten herkommen verbleiben lassen. Vnd da er gar gehört / wie andere Herren vnnd Obrigkeiten (sonderlich seit des verlauffenen Baurnkriegs) jhren Vnterthanen schwäre newerungen aufftringen / Er auch dessen so wol als andere / hette fueg gehabt / auch wol von andern darzu ermahnet worden: Hat er sich doch niemals bewegen lassen / sondern geantwortet / Es werde andere / die solches thun / wenig [22ᵛ] helffen / Er wolle hoffentlich genug haben / wann er gleich die Armen nicht aussauge. Es ist mir wol von jhm kain armer Vnterthan mit ainer kundschafft zukommen / wie sonsten bißher auch wol von den aller reichesten etlich mal geschehen; sondern er hat sich selbst seiner nothleidenden Vntersassen angenommen / vnd dieselbigen erhalten helffen. Inmassen er sich auch des Pierprewens vnd verkauffens / auch ainiger Weinfürlag / noch nöttigung in seine Tafernen nit gebraucht: Viel weniger Kirschen noch Piern gen Marckt tragen lassen: Sondern gesagt: Vnser HERR GOtt hab wöllen / er soll ein Herr seyn / vnnd nicht ein Kauff: oder Handelsmann; dessen wöll er sich halten / vnd in seinem Beruff bleiben.

Deßgleichen hat er sich auch gegen seinen Dienern nicht Tyrannisch noch vngebärdig^a / sondern genädig vnd mild erzeiget: Nicht mit vnzimlichen Worten vnd Schnurnsöhnen auff sie zugeworffen / sondern sie mit Sanfftmuth vnnd beschaidenheit gestrafft / vnnd gleichsamb mit bitten sie zum gebürlichen Gehorsam vnd verrichtung jhres dienstes beweget; Dardurch er jhm dannn^b willige vnd trewe Diener gemacht / welche er auch nach mügligkeit befürdert hat.

Hiezwischen aber hat er inn solchem seinem löbl: Leben^c / gleichwol sich weder seiner Tugenden / noch seiner Hochheit vnnd Standes jemaln überhaben; sondern sich selbs erkennen lernen / daß er ein Mensch sey / vnd also zugleich ein armer Sünder / vnnd nicht Engelrein: Derwegen er sich auch für GOtt gedemütiget / sein Hertz erweichet / vnd die auß GOttes Wort angehörte Drowungen auch auff sich gedeutet / vnd jhme selbs appliciret: Darbey ers aber mit nichten bleiben lassen / sondern nach vergebung seiner Sünden / als nach dem besten schatz in diser Welt / hertzlich getrachtet / seine sünde bekennet / die Absolution darüber geholet / vnnd des heiligen Abendmals des waren Leibs vnd Bluts JESU CHristi sich zum öfftern theihafftig^d gemachet: Nach welchem er dann insonderheit in seiner Kranck/23^r/heit / vor allen andern dingen / ein sehnlich verlangen getragen / vnd darvon vermeldet / Es sey doch das erste / fürnemste vnd beste Mittel / vnd CHRISTUS der beste Artzt / dessen woll er sich vor allen dingen gebrauchen / Er möge es hernach mit jhm machen / wie er wölle / so laß er jhms wolgefallen. Hat derhalben sich hertzlich erkennet / vnd bekennet einen Sünder / vnnd nach erlangter Absolution / vnd empfangenen Abendmal / seinem Erlöser mit disen Worten willig dargestellt / vnnd befohlen: Nun mein HERR CHriste / komme wann du wilt / ich bin schon ferttig.

Was für grosse vnd vnglaubliche Gedult^e er in seinem vnablessigem Hauptwehe vnnd Kranckheit biß in sein Ende hinein / erzeigt habe / wissen alle / die jn besuchet / vnd es selbs mit verwunderung angesehen / jhn auch offt wol frölich vnnd lustig gespüret / vnd allerley Historien haben erzehlen hören. Alle seine schmertzen hat er auffs beste / so er gekundt / sonderlich gegen seiner liebsten Frawen Gemah-

---
^a   *am linken Rand:* Sanfftmuth vnnd Lieb gegen Dienern.
^b   *sic!*
^c   *am linken Rand:* Demuth vnd Erkanntnuß.
^d   *sic!*
^e   *am rechten Rand:* Gedult.

lin / verdrucket / vnnd damit sie ja sich nicht zu sehr vnd hart beküm-
merte / jhr zum öfftern mal mit solchen worten zu gesprochen: Liebe /
lasset euch gefallen / wie es GOTT macht: Vnnd da jhme mit willigem
ja begegnet / er hinwiderumb geantworttet / Lasst euchs aber recht
gefallen. Damit gnugsamb anzaigend / er wisse wol / wann es mit jhme
nun zum Ende gehen werde / was für ein hartes vnnd schweres Creutz
vnd Leiden jhr das seyn werde: Darumb es hoch von nöthen seyn
wölle / daß sie noch vor seinem / damals jhr noch vnvermerckten vnd
vnverhofften Abschied / jhren Menschlichen willen dem Göttlichem
wol / vnd recht / vnterwerffen lerne[a]. In solcher seiner Christlichen
Geduldt / vnd bestendigen Hoffnung / ist er endlich vnversehens mit
einem zwar zimlich starcken / doch jme nit sonderlich empfindlichen
Paroxysmo ergriffen / darinnen er auch sein Leben hie zeitlich selig
beschlossen / in friede dahin gefahren / vnd nun allbereit mit Josia /
den Lohn seiner Gottseligkeit / die erwünschte Ruhe vnd Versamlung
zu seinen Vättern / *[23ᵛ]* empfangen: Auch auß disem Irrdischen inn
das Himmlische Ewige Leben versetzet ist.

Daß wir nun dermal einest / nach vnserm zeitlichen Abschied / auch
dahin mit Frewden gelangen / vnnd zu solcher vnauffhörlicher Vnver-
welcklicher Ruhe / eingehen mögen: Da wölle vns GOtt der Vatter /
durch seinen lieben Sohn / JEsum CHristum / vnsern HERRN / inn
dem heiligen Geist / gnedig verholffen seyn: Welchem sey Preiß / Ehre
vnnd Lob / jetzt vnd in alle Ewigkeit / A M E N.

Die ander Predig

Bey[b] Einsetzung der Leich in jhr Ruhebethlein / im Schloß Eschelberg
/ bey versamlung der Vnterthanen gehalten.

Text. 1. Samuel: 25. Versic. 1.

Vnd Samuel starb / vnnd das gantze Israel versamlete sich / trugen
leide vmb jhn / vnnd begruben jhn / in seinem Hause zu Rama.

---

[a] *am rechten Rand:* Ende.
[b] *am linken Rand:* 21. Octob:

[24ʳ]
Erklerung.

Wann ich rathen solte / jhr aber / Geliebte in dem HERRN CHRISTO, mir die Warheit bekennen vnd bestehen woltet; so geduncket mich / daß ich zu disem mal / wo nicht ewrer aller / doch ettlicher; wo nicht alle / doch etliche gedancken errathen vnd treffen / vnd frey offentlich sagen wolte: Daß jhr mich von hertzen vngern / vnd wider ewren willen / auff dißmal / vnnd an disem orth / stehen / sehen / vnnd zu euch reden höretet / da jhr viel lieber woltet / daß ich mit meiner Botschafft sehr weit von hinnen / vnd solcher gestalt nie daher kommen were / da ich vor nie gewesen bin.

Dann es gehet mir fast / wie dort 2. Samuel[a]: am achtzehenden / dem Ahimaatz / zu welchen / als er dem König David / die newe Zeittung von seinem todten Sohn Absolon bringen wolte / der Feld Hauptman sagte: Du bringest heut keine gute Botschafft. Solche ewre gedancken / lieben Freund / kan ich bey mir selbst leichtlich abnehmen / vnd mercken. Dann gleich wie ich von hertzen wüntschen wolte (wann nur mit wünschen irgend was köndte außgerichtet werden) daß ich ehe nimmermehr daher solte kommen seyn / vnd auff disen Predigstuel treten; als daß ich in so trawrigem vnd betrübtem Zustand kommen muß: Also / wiewol ich nicht zweiffele / daß jhr sonst GOttes Wort gern höret / halte ich doch darfür / ewer hertzliches begehren sey dises / daß jhr mich ehe nimmer allhie sehen vnd hören soltet / als daß jhr mich dieser gestalt sehen vnnd hören müsset. Vnnd dises nicht ohne wichtige vrsachen. Dann da bringe ich euch ewren lieben Herrn / ewre Obrigkeit / ewren Vatter / ewer Haupt / vnd gewesten trewen Vorsteher; Nicht aber / wie er vorhin offtmal kommen ist / frisch / frölich / gesund vnd lebendig; sondern trawrig / vnd gantz vnnd gar Tod allhie vor ewren Au*[24ᵛ]*gen darnider ligend. Ich bringe jhn aber nicht / daß er also da bey euch verbleibe / sondern daß er zu seinem Ruhebethlein gebracht / vnser aller Mutter / der Erden befohlen / vnd begraben werde[b]: Welchen jhr / ohne zweiffel woltet / daß er euch alle überlebet / oder doch noch viel Jar bey euch hette seyn mögen.

---

[a] *am rechten Rand:* 2. Sam. 18. v. 20.
[b] *am linken Rand:* Syrach 41. ver. 1.

Dann es geht vns Menschen / wie jener weise Heyde recht gesagt hat[a]: Accensam lucernam nemo moleste fert, extinctam dolent omnes: ita nasci jucundum, mori inamabile: Ein angezündtes Liecht ist niemand beschwerlich / wenn es aber verlischet / ist jederman stille vnd betrübt: Also ist geborn werden / zwar lieblich; Sterben aber / sehr bitter vnd vnlieblich.

Ein fromme aber / vnd Gottselige Christliche Obrigkeit / wie jhr bißher gehabt / durch den zeitlichen Todt verlieren / ist eine entziehung vnnd verleschung eines fast nothwendigen vnnd nutzlichen Liechtes. Dann da werden gleichsam die Augen auß einem grossen Leibe gerissen; der Kopff von den andern Gliedern abgesondert; Das Hertz auß dem Leibe / vnnd vom Leben genommen; Die Zunge auß dem Munde gezogen / vnnd der Sprach beraubet; Ja der Vatter seinen lieben Kindern entzogen / vnd weggenommen.

So wir dann nun zu jetziger Herbstzeit betrübt vnd trawrig werden / wann wir das Laub vnnd schöne Blätter von den Baumen sehen fallen / die doch bald im künfftigen Früling widerumb sehr lustig grünen / vnnd herfür wachsen: Wer wolte oder köndte es dann vns für übel halten / wann wir gleich einen vernünfftigen Menschen / einen frommen Herrn / einen Christlichen Regenten / einen dapffern Helden / einen getrewen Schutzherrn vnnd LandesVatter / so er stirbet / beklagen / betrauren vnnd bewainen? Wer köndt vnns schelten / wenn wir gleich heut / mit David / von lauter stimme schreyen vnnd sageten[b]: Zureisset ewre Kleider vnd gürtet Säcke vmb euch / vnnd tragt leide: Wisset jhr nicht / daß auff disen Tag ein Fürst vnd *[25ʳ]* grosser gefallen ist in Israel? Wer wolte vns trawren vnd klagen verbieten / weil in der Schrifft selber[c] / gebürliche trawrigkeit gebotten wirdt? Billich / billich / solt jhr wainen vnnd trauren / (mit euch Vnterthanen rede ich) nicht allein mit den augen / sondern von Hertzen. Dann jhr wisset es am besten / was jhr gutes verloren habt. Auff fromme Obrigkaiten / folgen vnnd kommen selten bessere vnnd frömmere; auff böse aber gar offt vnd gemeiniglich / ärgere. So bringt auch sonsten fürtrefflicher vnd hoher Leut abgang seltzame veränderungen mit sich: Gott gebe / daß jhrs nicht bald mit schaden / vnd noch mehr klagen / an euch selbst empfinden müsset. Darumb trawret vnnd klaget[d]:

---

[a] *am linken Rand:* Plutarchus.
[b] *am linken Rand:* 2. Sam. 3. v. 31. 35.
[c] *am rechten Rand:* Syrach 38. v. 16
[d] *am rechten Rand:* 1. Thes. 3. v. 13.

Trawret aber / vnd klaget / nicht wie die andern / die keine Hoffnung haben: nicht als die wider GOtt murrenden; sondern in gebürlicher weise vnnd maß / mit wahrer Rew über ewre Sünden / vnd Christlicher Bußfertigkeit: Mit blossem wainen ist es nicht außgrichtet / Trawret vnd wainet also / daß jhr den auffgelegten schaden mit Gedult traget / vnd bedencket / es haisse / feras quod mutare non potes.

Betrachtet darneben das Ende der verstorbenen / vnnd die selige Ruhe / zu welcher sie kommen sindt. Volget nach jhren schönen Tugenten der Gottseligkeit / Glaubens vnd Liebe.

Vnd trawret endlich auch also / daß jhr / wie sonst andern / also zu disem mal auch ewrem lieben Herrn / mit gebürlicher Reverentz vnd Gehorsamb / seine letzte Ehre thut / vnnd desselbigen Leichnamb ehrlich vnd gebürlich zur Erden bestattet. Zu disem Ende / weil wir an jetzo inn GOttes Namen sindt zusammen kommen; hat mich für gut angesehen / mit ewer Lieb auß den abgelesenen wortten der Histori von dem Todt / beklagung vnd Begräbnuß des thewren Manns GOttes vnnd Richters im Volck Israel Samuelis etwas zu vnserm Intent vnd Fürhaben dienstliches zu disem mal auff das kürtzest für zu halten / Da wir dann von volgenden 3. Pünctlein miteinander handlen wollen.

[25ʳ]

Thailung der Predigt.

Erstlich[a] von dem Todt oder Abschied Samuelis auß disem Leben.

Zum andern[b] / Von der trawrigen Beklagung des Volcks Israel / über solchen Abgang.

Zum dritten[c] / Von Samuelis Begräbnuß vnnd Bestättung.

Wessen wir vnns nun bey einem jeden Stücklein / an Lehr / Erinnerung vnnd Trost werden zu erholen haben: Das wollen wir / vermittels Göttlicher Gnaden vnd Beystand seines heiligen Geistes / kurtzlich anzeigen vnnd vermelden.

Vom Ersten.

Von dem ersten Stuck sagt vnser Text mit gar wenig worten also / Vnd Samuel starb. Wiewol nun der heilige Geist in Beschreibung des Todes Samuelis sehr kurtz hindurch gehet: So will er vnns doch mit so wenig worten zimlich viel vnd genug zu bedencken gegeben vnd hin-

---
[a] *am linken Rand:* 1.
[b] *am linken Rand:* 2.
[c] *am linken Rand:* 3.

derlassen haben / Dann es scheinet / als ob der heilig Geist gleichsam selber mit verwunderung dise wort redet / vnd Samuel starb: Als wolt er sprechen / so Gottselig / so weiß vnnd verständig / so gewaltig auch immer Samuel gewesen: Hat er doch gleichwol sterben müssen. Wer ist er dann nun gewesen? Möchte villeicht jemand fragen. Fürwar nicht ein schlechte geringe / vnd gemaine Privatperson; sondern ein recht heiliger / frommer / Gottseliger / vnnd GOtt dem HERRN von seiner Jugent auff verlobter Mann[a]; ein hohe berühmbte offentliche Amptsperson: Welche GOtt gewürdiget / mit jhr noch in der Jugent zu reden[b]: Ein trewer vnnd tewrer Prophet erkennet vnnd angenommen von dem gantzen Israel: Endlich *[26ʳ]* ein Richter vnd Fürst im Volck GOttes; Vnd so ein grosser Mann / der an GOttes[c] statt hat müssen gehalten werden / wie der HERR selber / 1. Samuel: 8.[d] jhm dessen Zeugknuß gibt / da er sagt: Sie haben nicht dich / sondern mich verworffen. Jetzt vrtheile nun vnter vns ein jeder / wann wir heutiges Tags einen solchen gewaltigen Samuel hetten / Ob ain jeder sagen würde / es were immer vnnd ewig schad / daß er sterben solte. Nichts desto weniger sagt der Text / Vnnd Samuel starb. Dann dieweil er ein Mensch gewesen / vnd also auch ein Sünder; So hat er auch den weg alles Fleisches / so wol als andere Natürliche Menschen / gehen müssen. Deme es doch gleichwol mit disem seinem Todt nicht übel gemainet noch gegangen: Weil er baides / wegen seines hohen Alters / vnnd dann auch wegen der grawsamen Vnsinnigkeit des Königs Sauls / die er nit gern sahe / vnd hörete / des Lebens überdrüssig gewesen / gern von hinnen geschaiden / vnd zu Ruhe kommen ist.

Lehr vnd Erinnerung vom ersten Theil.

Hiebey sehen wir nun[e] / daß es in diser Welt mit der allgemeinen vergängkligkeit aimem[f] Menschen gehe / wie dem andern / so wol bey dem / wie Syrach[g] sagt / der inn hohen Ehren sitzet / als bey dem geringsten auff Erden. Dann es geht doch zu letzt ein jeglicher den Weg aller Welt[h]: Vnnd grosse Leut / ansehliche Fürsten vnnd Herren

---

[a] *am linken Rand:* 1. Samuel. cap. 1.
[b] *am linken Rand:* Capit: 3.
[c] *am rechten Rand:* Capit: 7.
[d] *am rechten Rand:* 1. Samu: 8. v. 7.
[e] *am rechten Rand:* 1. Allgemeine sterbligkeit der Menschen.
[f] *sic!*
[g] *am rechten Rand:* Syrach 41. v. 3.
[h] *am rechten Rand:* Josuae 23. v. 14., 1. Reg: 2. v. 1.

/ gewaltige Risen vnd dapffere Helden / Gottselige vnnd vmb Kirchen vnnd Weltliches Regiment sehr wolverdiente Personen / haben dises mit andern den aller geringsten vnnd verachtesten Leuten gemain: Daß sie sterben müssen. Dann der Todt schonet niemands / wes Stands vnnd Würden auch immer sey. *[26ᵛ]* Daher in der heiligen Schrifft dises Wort[a] / Vnd er starb / auch von den allerheiligsten Ertzvättern vnd Männern Gottes hin vnd wider gebraucht vnd gefunden wirdt. Das es also freylich haist:

Mors servat legem, tollit cum paupere regem,

Vnd wie Horatius[b] sagt:

Pallida mors aequo pulsat pede pauperum tabernas,

Regumq. turreis:

Der Blaichgelbe Zeenpleckende Todt / klopfft eben so bald an grosser Fürsten vnd Herrnhöfe vnd Pallästen an / als bey einem armen Tagwercker: Er keret ein / wie abermal Syrach redet / so wol bey dem / der Seyden vnd Cron trägt / als bey dem / der einen groben Kittel anhat. Es ist jhm niemand zu starck oder zu geschwindt: Mors & fugacem persequitur virum, spricht noch ein mal Horatius[c]: Es muß ein mal gewiß gestorben seyn: Omnes una manet nox, & calcanda semel via lethi[d]: Alles Fleisch verschleust / wie ein Klaid / dann es ist der der[e] alte Bund / du must sterben. Was da? spricht villeicht jemand vnter euch / geliebte Freund. Was soll das für ein Lehr vnd Erinnerung seyn? Dises zu erlehrnen hette man vnns hieher nit erfordern dörffen. Bringe vns eine Lehr für / die wir vorhin nicht wissen: Das alle Menschen sterben müssen / wissen vnd sehen wir täglich nur gar zu viel: Deßhalben hettest du nicht hieher kommen dörffen / sondern wol zu Lintz verbleiben mögen.

Antwort: Ich wais es gar wol / liebe Freund / daß ewer kainem die allgemaine Sterbligkeit vnwissent sey: Das aber wais ich nicht / ob auch ein jeder allezeit / wie sichs gebührete / daran gedencke: Vnd da er schon daran gedencket / zweiffel ich doch / ob er dieselbe auch bey sich in seinem Hertzen bedencke / erwege / vnd nütz mache[f]. Der-

---

[a] *am linken Rand:* Gene: 5. aliquoties.
[b] *am linken Rand:* Horat: Od: 4. libr: 1.
[c] *am linken Rand:* Horat: Od: 2. libr: 3.
[d] *am linken Rand:* lib: 1. Od: 28.
[e] *sic!*
[f] *am linken Rand:* Vrsachen der allgemeinen sterbligkeit vnd nutz derselbigen Betrachtung.

halben zu besserem vnterricht vnnd Trost wir auch hiebey die vrsachen lernen sollen / Warumb nicht allain in Gemain alle Menschen; sondern auch heilige vnd fürtreffliche Leut dem zeitlichen Todt vnterworffen seyen.

[27ʳ] Die erste Vrsach{a} aber ist GOttes Gerechtigkeit / welche dem Menschen vmb der Sünden willen den Todt auffgeleget hat{b}. Weil sich dann nun auch in den Allerheiligsten die Sünde findet{c}: So haben sie auch den Soldt der sünden zu gewartten. Vnnd weil durch ainen Menschen die Sünde über alle Menschen inn der Welt kommen ist{d}; So ist auch der Todt durch die Sünde zu allen Menschen durchgetrungen: Vnnd welche nach dem Ebenbild Adams gezeuget vnnd geborn sindt / die müssen auch mit Adam nach solchem sündlichem Bilde sterben. Zwar ist allain zu Adam gesagt worden / daß er solle des Todes sterben / vnnd wider zur Erden werden{e}; Daher villeicht jemandt gedencken vnnd schliessen möchte / Es gienge die andern von jhm geborne Menschen der Todt nichts an: Aber / dieweil alle andere Menschen / so wol als Adam / Sünder sindt / vnnd des Rhums mangeln / den sie an GOtt haben sollen / vnnd es also die Schrifft / wie Paulus redet{f} / vnter die Sünde alles beschlossen hat: So sindt sie auch allzumal sterblich.

Demnach / so dient vns die Wissenschafft der allgemeinen Sterbligkeit darzu / daß wir bedencken lernen / wie wir alle Sünder seyen / auff daß sich niemand vor dem andern rühme oder gerecht vnd rain düncke: Sondern sich demütigen / vnnd ainen Sünder erkennen lerne. Dann wer will ainen rainen finden / bey denen / da keiner rain ist / sagt Job im 14. capitel{g}: Siehe / vnter seinen heiligen ist kainer ohn tadel / vnd die Himmel sindt nicht rain vor jhm: Wie viel mehr ein Mensch / der ein grewel vnd schnöde ist / der vnrecht saufft wie Wasser?

Die ander Vrsach{h} / vnnd zugleich auch der Nutz / den wir auß betrachtung der allgemeinen Sterbligkeit haben vnnd schöpffen sollen{i} / ist dieser / daß wir hierdurch angemanet vnnd auffgemuntert werden / mit dem thewren Propheten vnnd Mann Gottes Mose täglich zu be-

---

a   *am rechten Rand:* 1.
b   *am rechten Rand:* Roman. 6. v. 23.
c   *am rechten Rand:* Gottes Gerechtigkeit vmb der Sünde willen.
d   *am rechten Rand:* Roman. 5. v. 12.
e   *am rechten Rand:* Gene. 2. ver. 17., Genes. 3. ve. 19.
f   *am rechten Rand:* Rom. 3. vers. 23., Galat: 3. ver. 22.
g   *am rechten Rand:* Job. 14: vers. 4., Job. 15. vers. 11.
h   *am rechten Rand:* 2.
i   *am rechten Rand:* Anmahnung nach der Sterbenskunst zu trachten.

ten vmb die rechte Sterbenskunst; Vnd mit jhm auß dem 90. Psalm[a] hertzlich zu sprechen: HERR / lehre vns bedencken / daß wir sterben müssen / auff daß *[27ᵛ]* wir klug werden. Wir sehens zwar vnnd erfahrens täglich / daß alle Menschen / immer ainer nach dem andern dahin sterben: Aber / wie viel sindt wol derer / die es einmal jhnen der gestalt zu Gemüth führeten / daß sie gedächten / es werde auch ain mahl der Reyen an sie kommen. Jetzt zwar / weil wir noch allhie beyeinander sindt / dencken wir daran / so lang man davon redet: so bald wir aber zur Kirchen werden hinauß seyn / wirdt es bey dem mehresten thail vergessen seyn. Derhalben soll diß für der aller fürnehmsten Stuck vnsers Christenthumbs aines gehalten werden: Das man stäts an den Tod gedencke / vnnd denselbigen bedencke. Dann hat Plato seine Philosophiam eine stäte Betrachtung des Todes titulirn vnd nennen dörffen: So können wir viel mehrers rechters vnnd warhafftigers vnserem Christenthumb disen Namen geben. Dann es freylich ainem jeden Christen obligt / vnd hoch von nöthen ist / daß er immerdar von Jugent auff an seinen Schöpffer gedencke[b]: Vnd des Todes Betrachtung nicht biß in das hohe Alter auffschiebe. Jnn welchem Stück es der gewaltige König in Macedonien Philippus vielen Christen bevor gethan: Der jhm durch ainen knaben täglich mit disen worten hat lassen zu ruffen: Philippe, memento te hominem esse: Gedenck König Philippe / daß du ein mensch vnd sterblich seyest. Welches dann freylich ein jeder mensch noch thun solle: so er anderst für weiß vnnd klug will gehalten werden. Dann / sage mir / lieber Christ / würdest du den nicht selbst für einen doppelten Thoren halten / welcher / wann irgent in ainer Statt aine Brunst auffgienge / eher nicht inn seinem Hauß sich mit Wasser / vnnd anderer Notturfft / der Brunst widerstand zu thun / versehen wolte / biß gleich jetzt das Fewer dasselbe sein Hauß angrieffe? Was solte man nun den für witzig vnd klug halten / welcher zwar immer ainen nach dem andern durch den Tod / zu dem alten hauffen sieht hingerafft werden / niemals aber mit ernst jhm einbildet / daß er auch hinnach müsse; viel weniger aber sich auff die Todesraise gefast macht / *[28ʳ]* noch vmb dise Mittel sich vmbsihet vnd bewirbet / dadurch seine Seele mög erhalten werden. Ein solcher mag wol zusehen / wenn jhm der Tod die Hütten seines Leibs abgebrennet hat / daß er nicht dort inn der andern Welt / auß dem Hause des Himmlischen Vatterlands / auff die Gassen gestossen

---

[a] *am rechten Rand:* Psalm. 90. ve. 13.
[b] *am rechten Rand:* Prediger Salomon 12. vers: 1.

werde / vnd neben dem Himmel hingehen müsse[a]. Derhalben / dieweil der Tod nicht saumet / vnnd ain jeder wol wais / was er für ein Bund mit jhm hat; vnnd aber die stunde des Todts gar vngewiß / so solle ein Christ mit fleiß bedencken / daß ein jegliche stund könne die letzte seyn. Daher Augustinus[b] sehr schön vnnd recht sagt: Latet ultimus dies, ut observentur omnes dies: sero parantur remedia, cum mortis imminent pericula: Dem Menschen ist sein letzter Tag verborgen / auff daß er einen jeglichen Tag in acht nehme: es ist mit der Vorberaittung zu spat vnd lang gewarttet / wann der Tod gleich vor der Thür ist. Vnd abermal: Ad hoc nescis, quando veniet, ut semper paratus sis: Darzu ist dir vnwissent / wann er kommen werde: damit du allezeit gefast vnnd beraith seyest. Solche betrachtung des Todes jetzt / hat im leben vnnd sterben seinen nutz: Jm Leben / daß man dasselbige desto Christlicher vnnd Gottseliger anstelle vnd führe: Jm Sterben / daß man am letzten Ende desto getroster vnd standhaffter seye. Vnd dahin sihet Syrach[c] / wann er spricht: Was du thust / so bedenck das Ende / so wirstu nimmermehr sündigen.

Nihil enim (spricht abermal Augustinus[d]) sic revocat a peccato, quam frequens mortis meditatio: Nichts helt den Menschen mehr ab von Sünden / als die vielfältige Betrachtung des Todes. Vnd Hieronymus: Qui se quotidie recordatur moriturum esse, contemnit praesentia, & ad futura festinat: Wer täglich bedenckt / daß er ain mal sterben müsse: der verachtet alles gegenwertiges vnd zeitliches / vnd eylet vnnd strecket sich allain nach den zukünfftigen dingen. Dieweil wir dann nun allhie kein bleibende statt haben[e] / sollen *[28ʳ]* wir[f] die zukünfftigen suchen / vnd nach dem trachten / das droben ist. Dann wurde der nicht abermals thörlich vnnd aberwitzig handeln / welcher kein aigen Hauß hette / vnnd jhme zwar von seinem Haußherrn die Herberg vnnd Wohnung / frühe vnnd zeitlich genug auffgesagt vnd auffgekündet were; Er aber gleichwol biß auff den letzten tag vnnd stund / da er außziehen müste / sich vmb kain andere Wohnung bewerben wolte? Wurde jhm nicht recht geschehen / wann jhm sein Betteley vnd Haußrath hernach auff die Gassen geworffen / vnnd er

---

[a] *am rechten Rand:* Syrach 14. v. 12.
[b] *am rechten Rand:* De Disciplina Christiana.
[c] *am rechten Rand:* Syrach. 7. v. 40.
[d] *am rechten Rand:* Lib: Exhortat:
[e] *am rechten Rand:* Hebr. 13: ver. 14
[f] *am linken Rand:* Colos: 3. ver: 2.

vnter freyem Himmel / im Windt / Regen vnnd Schnee sich behelffen müste? Eben also wissen wir nun auch alle miteinander gar wol[a] / daß wir nicht Ewig in dem Jrrdischen Hauß diser Hütten zubleiben haben: Vnd sindt doch gleichwol vnser sehr wenig / die sich / wann dieses Hauß zerbrochen wirdt / nach ainer andern Behausung / die da ewig im Himmel ist / mit hertzlichem Verlangen sehneten vnd bewürben.

Ja jhrer viel / wann sie jetzt inn den letzten Zügen dahin ligen / hören des Todes vnnd jhrer Außziehung auß disem Leben nicht gern gedencken: Viel weniger spürt man / daß sie jhnen die Wolfahrt jhrer Seelen liessen angelegen seyn.

Vil anderst aber erzaigen sich warhaffte Christen / welche / weil sie wissen / daß der Todt nicht außbleibt / stehen sie durch wahre Forcht GOttes in stäter Beraithschafft / vnd leben also / gleich als ob sie heut noch sterben würden: Zugleich aber warten sie auch also jhrem Beruff ab / als ob sie noch viel zeit vnnd lange Jar zu leben hetten.

Die dritte Vrsach[b] / Warumb nicht allain in Gemain alle Menschen[c] / sondern auch fromme vnd heilige Leut sterben / so wol auch der Nutz diser Betrachtung / ist ein sonderbarer Trost / dessen sich aller verstorbenen Nachkommen anzunehmen haben. Dann so GOtt der heiligen Leut verschonete / vnnd sie des zeitlichen Todes überhebete: So würden ich vnd du / vnnd wir alle / die da sterben müssen an vnserm letzten Ende / inn die *[29r]* eusserste Seelenangst / vnd Zweiffelung von der Gnad GOttes gerahten: Gleich / als wenn vnser abforderung ein anzaigen vnd zeugknuß were / des zorns GOttes vnter vns. Hergegen / wann ich oder du / oder ein jeder vnter vns bedencken / daß Samuel / Abraham / David / Josias vnd dergleichen heilige vnd Gottselige Leuth auch gestorben seyen[d] / vnd der Tod sie von der liebe GOttes kaines wegs geschaiden habe: Was mainst du nicht / daß hierauß für ein hertzliches vertrawen zu GOtt / vnd für ein kräfftiger Trost / wider den Tod / sambt gar mutiger Willigkeit abzuschaiden sich hierauß finden werde?

Fürs vierdte[e] aber dienet solches auch zur Erweckung der Gedult bey armen elenden vnnd dürfftigen Leuthen[f]: Weil sie wissen / daß alle

---

[a] *am linken Rand:* 2. Cor: 5. vers. 1
[b] *am linken Rand:* 3.
[c] *am linken Rand:* Trost für die Nachkommen
[d] *am rechten Rand:* Roman: 8. v. 10.
[e] *am linken Rand:* 4.
[f] *am linken Rand:* Erweckung der Gedult.

andere Menschen / sie seyen so hoch / so reich / so mächtig vnd prächtig / als sie immer wollen / dannoch nichts anders zu gewartten haben / als daß sie mit jhnen eben ainen weg alles Fleisches gehen müssen. Daher auch mancher Armer vmb so viel desto lieber sich dem zeitlichen Tod vnterwirfft / vnd weil es der Reich nicht besser hat / seinen elenden Leib vnnd Madensack gern in die Erde / den Würmen zur Speiß / verscharren lasse.

Endlich aber[a] / wirdt auß besonderm Rath GOttes der zeitliche Tod den Frommen vnd Glaubigen nicht zum bösen / sondern nur zum besten auffgelegt[b]: inn dem sie nicht allain von allem außgestandenem übel dardurch erlöset; sondern auch allem künfftigen Vnglück entrissen / vnnd dagegen in die Ewige Himmlische Frewd versetzet werden. Vnnd wirdt also mit Gottseligen Christen durchauß nicht übel gehandelt / wann sie zeitlich sterben; Dieweil sie nur durch den Tod auß diser verkehrten Welt / zu der Gemain vnnd Gesellschafft aller Außerwehlten kommen. Vnd gleich wie sie in diser Welt das Bild[c] des Jrrdischen Adams getragen / vnnd mit Adam gestorben sindt: Also werden sie auch tragen das Bilde des Himlischen / nemlich CHRISTI: Durch vnd mit welchem sie dermal aines *[29ᵛ]* von Todten aufferstehen / nicht mehr nichtige / sondern verklerte / vnd seinem Leib ähnliche Leiber haben / inn denselbigen auch GOtt von Angesicht zu Angesicht anschawen werden.

Vom andern.

So wir nun bißher vom Tod Samuelis / vnd dessen Betrachtung gnugsamb vernommen: Wöllen wir auch fürs ander die trawrige beklagung des Volcks Jsrael darüber anhören. Darvon saget nun der heilige Geist in vnserm Text also; Vnd das gantze Jsrael versamlete sich / vnd trugen laid vmb jhn.

Jm ersten Buch Samuelis am achten[d] lesen wir / daß sich Jsrael vorhin auch ein mal eben an disem ort gehn Ramath zu Samuel versamlet haben / Aber viel auß ainer andern vrsach / nemlich / auß einer blossen / fürwitzigen vnnd muthwilligen verachtung des frommen Samuels / der jhnen nun mehr zu Alt / vnd in jhrem sinne / das Volck zu richten / vntüchtig ware; Begerten demnach an seine stat einen

---

[a] *am linken Rand:* 5.
[b] *am linken Rand:* Erlösung vom übel.
[c] *am linken Rand:* 1. Cor. 15. v. 49., Roman 5. V. 18.
[d] *am linken Rand:* 1. Samu: 8. v. 4.

König / daß sie hierinnen andern Völckern vnd Hayden gleich seyn möchten: Welchen sie dann damals auch bekommen / aber mit jhrem grossen Nachtheil. Nun aber jetzt Samuel gestorben ist / da empfinden vnd erkennen sie erst / was sie an jhme gehabt vnd verlohren. Vnd ob sie jhn zwar nicht mehr bey sich haben / vnnd behalten können; so erzeigen sie doch jhre hertzliche affection, auch nach seinem Todte / gegen jhm: Versamlen sich / vnnd kommen gen Ramath / nicht nur einer oder zween / nicht nur seine Kinder / Blutsfreunde vnd Verwandten; sondern das gantze Jsrael / alle Vnterthanen im gantzen Reich / tragen laide vmb jhren lieben Samuel / vnd beklagen jhn mit weinen / vnnd schmertzlichem verlangen. Vnd das thun sie nicht vnbillich / dann sie wol wissen / was für einen gerechten Richter / für einen getrewen [30^r] LandesVatter sie an jhm verlohren: mit dem es zwar nun anderst nicht / als wol / mit dem Reich Jsrael aber vnd allem Volck sehr übel / sorglich vnd gefehrlich stehe / nach seinem absterben.

     Lehr vnd Erinnerung beym andern Theil.
 Was nun allhie dem Volck Jsrael begegnet[a] / das tregt sich noch heutiges tags offt vnnd viel zu bey Vnterthanen: Welche gemeiniglich jhre fromme Obrigkeit / bey jhres Lebenszeiten verachten / vnnd nicht erkennen / was sie an jhr haben / biß jhnen dieselb durch den zeitlichen Tod hingerissen wirdt. Sie hoffen zwar / es soll bey einer andern Obrigkeit besser werden: Wann sie aber gewahr werden / vnd empfinden daß sie haben ein Roß vmb ein Pfeiffen vertauschet / da lernen dann sie so fein / mit jhrem aigen schaden / diß Latein exponirn, Tum demum homines agnoscunt sua bona, cum, quae in potestate habuerunt, ea amiserint, als wann sie es in der Schul von Jugent auff gelernet hetten: Da wolten sie offt jhre vorige liebe Herren / mit jhren fingern widerumb gern auß der Erde herauß kratzen / wann es nur müglich were. Aber viel zu lang gewarttet / weil es bey jhrem Leben verachtet / vnd damit GOtt selber schwerlich erzürnet haben: Welcher jhnen dann auch zur billichen Straff / jhre fromme Regenten vnd Obrigkait zu entziehen pfleget.
 Derhalben / wann GOtt einem Volck vnnd Land / getrewe Vorsteher / Christliche / Gottselige vnnd der Gerechtigkeit liebhabende Regenten vnd Herren bescheret; Solle mans für eine sonderliche Gab vnd

---
[a] *am rechten Rand:* 1. Vnterthanen erkennen offt jhr fromme Obrigkeit nicht in jrem Leben

Wolthat GOttes erkennen[a] / in Ehren halten / GOtt darfür von hertzen dancken / vnnd vmb fristung jhres Lebens eyferig vnnd ernstlich anruffen / auff daß wir durch jhren Rath / Beystand vnd Schutz / vnter jhnen ein geruhig vnd stilles Leben führen mögen. Vnd weil sie ja auch *[30ᵛ]* Menschen sindt / vnd zu zeiten mit menschlichen Fählen vnnd Gebrechen übereylet werden; sollen fromme vnnd gehorsame Vnterthanen / so viel an jhnen ist / dieselbigen Mängel / sonderlich wenn sie nicht auß Fürsatz vnnd Boßheit geschehen / helffen zudekken / vnnd jhrer Schwachheit etwas zu gut halten. Do aber ja der liebe GOtt / nach seinem allein weisen Rath / jhnen solche Obrigkeit hinweg nimbt: Gebühret jhnen abermals / daß sie GOtt mit warer Rew vnd Laid jhrer Sünden / hertzlich anruffen / Er jnen / an der vorigen statt / ja andere fromme vnd Gottliebende Obrigkeit schicken / vnd von der Vorfahren Geist nemen / vnd auff die Successores vnd Nachkömling gnädig vnd reichlich legen / vnd mittheilen wolte.

Es werden aber hierbey[b] / nicht allein Vnterthanen / sondern auch in gemein / alle andere Menschen erinnert vnd gelehret: Das frommer / hoher vnd fürnehmer Leut / die der Kirchen vnd Weltlichem Regiment wol fürgestanden / Abgang / billich solle beklaget vnd betrawret werden von menniglich[c] / besonders aber von denen Vnterthanen / vnd andern / die jhrer Hülffe vnd Raths bedürfft / vnd gebraucht haben. Dann fürtreffliche / berühmbte vnd verstendige Regenten wachsen nicht auff Bawmen / vnd sindt gar ein seltzam Wildprät. Wie dann ebenfalls auch benachtbarte Leut / ob sie schon keine Vnterthanen sind / sich dergleichen Personen tödtlichen Abgangs mit billichem Mitleiden anzunemen haben. Dann gleich wie auff eine fromme Obrigkeit nicht leichtlich eine bessere erfolget: Also hat man sich auch / nach verlierung aines guten Nachtbarn nicht bald aines bessern zu versehen. Will geschweigen / daß es sich ohne das gebühren will / Das man mit wainenden vnd trawrigen / waine vnd trawrig sey[d]. Vmb diser vrsach willen ist auch baides dise angestellte klag über Samuel / vnd dann auch andere dergleichen / über andere Vätter vnd fürtreffliche Männer / als Abraham / Mosen / Josuam / David / Josiam etc. so fleißig inn heiliger Schrifft auffgezeichnet: Damit wir auß solchen *[31ʳ]*

---

[a] *am rechten Rand:* Roman: 12. v. 2., 1. Timot: 2. v. 1.
[b] *am linken Rand:* 2. Frommer vnnd Fürnehmer Regenten Abgang ist billich zu beklagen.
[c] *am linken Rand:* Syrach 38. v. 16.
[d] *am linken Rand:* Roman. 12. v. 15.

251

Exempeln lernen / daß eine gebürliche Trawrigkeit / in alle weg zugelassen sey. Darauß leichtlich abzunehmen / was von denen Schwermern vnd Schwindelgeistern / als sonderlich auch die Widertauffer sindt / zu halten sey: Die es für aine Sünde achten / so jemand ainen Todten bewaine. Sintemal sie fürgeben / weil es also der vnwandelbar will GOttes sey / daß ein Mensch sterbe: So stehe es ainem Christen sehr übel an / demselben willen GOttes widerstreben / oder auch nur ain ainige Anzaigung der Trawrigkeit vnd Betrübnuß an sich mercken lassen.

Andere / wollen hierdurch / wann sie nicht trawren oder wainen / jhr bestandhafftigen vnd starcken Heldenmuth erzaigt vnd bewiesen haben. Aber / sie mögen zusehen / daß sie nicht eben auff dise weiß / jhr vndanckbares Hertz an jhnen selbst verrathen / vnd in die zahl derer eintringen / von welchen Paulus schreibet / Daß in den letzten Tagen vndanckbare / vngeistliche / störrige[a] vnd wilde Menschen kommen werden. Dann wer in dergleichen trawrigen Zuständen vnd Fällen zu keinem Mitleiden bewegt wirdt / der verräth sich hiemit / daß er weder das allgemaine Elend vnd Sterbligkeit der Menschen / noch die grösse vnnd beschwernuß der Sünden / nicht ain mahl bey sich betrachtet; auch noch nie gelernet hab / daß der Tod der Sünden Sold sey[b]: Daß er auch nicht ain mahl bedencke / was für ein Edles Geschöpff vnd Creatur der Mensch sey / nach GOttes Ebenbild erschaffen[c] / hernach durch Christum sehr thewer widerumb erkaufft vnd erlöst / vnd durch den heiligen Geist wider zu ainem Tempel GOttes consecrirt vnd geweyhet: Daß er auch nit ein ainiges Fünklein oder Bröcklein der Christlichen Lieb inn sich habe; Viel weniger aber erwege / was es für ein Jammer sey / beydes in Kirchen / Weltlichem vnd Haußregiment / wann dieselben jhrer trewen Vorsteher / Regierer vnd Vätter beraubt werden. Solche Leut sindt ärger als viel vnvernünfftige Thier / deren etliche / sonderlich aber die Turteltaub / sich über die massen trawrig erzaigen / wann sie jhres gleichen / vnnd Ehegatten [31ᵛ] verlohren haben. Daher es billich von niemand einem andern / der den Abschied seines geliebten Ehegemahls hertzlich vnnd schmertzlich bewainet / für arg vnnd übel soll gedeutet werden / dann es freylich da haist / wie der Poet sagt:

---

[a] *am rechten Rand:* 2. Timot. 3. v. 3.
[b] *am rechten Rand:* Rom. 6. vers. 23
[c] *am rechten Rand:* Genes. 1. ver. 27, Ephes: 4. v. 24., 1. Pet: 1. ver: 19., 1. Cor: 6. v. 19.

Gravior haud dolor est, quam cum violentia mortis
Vnanimi solvit pectora juncta fide.
Kain grösser Schmertzen kan nicht seyn /
Dann wann zway ainige Hertzn sein /
Von einander reist des Tods Pein.

Gleichwol aber ist fürs dritte[a] hiebey auch zu mercken / daß / ob wol Trawrigkeit nicht verbotten sey / man dennoch inn derselbigen ain gebürliche Maß halten solle / Daß man nit trawrig sey / wie die andern / die keine Hoffnung haben[b]. Mortuis (spricht Ambrosius) non diutius inhaerendum: Bey den Todten soll man sich mit Beklagung nicht zu lang auffhalten. Welches auch Syrach[c] haben will / da er sagt; Tröste dich auch wider / daß du nicht zu trawrig werdest: Vnnd / laß die Trawrigkeit nicht in dein Hertz / sondern schlage sie von dir / vnd dencke ans Ende vnd vergiß nicht etc.[d] Vnd weil der Todte nun in der ruhe ligt / so höre auff sein zugedencken / vnnd tröste dich wider über jhn / weil sein Geist von hinnen gescheiden ist.

Derhalben soll ein Christ / was er nicht endern kan / mit gedult dem lieben GOtt befehlen: Vnnd weil er der Verstorbenen Glauben / bekanntnuß vnd seligen Abschied waiß / vnd gesehen hat / soll er in betrachtung desselben / jhnen die Seligkeit vnd Ruhe nicht mißgönnen. Dann sie doch nicht verlohren / sondern nur vorhin geschickt sindt: Wie er gestorben / so müssen wir auch sterben[e] / gestern wars an jhm / heut oder morgen wirdts an vns seyn. Kan ich jhn auch wider holen? spricht David von seinem Kind[f] / Jch werde wol zu Jhm fahren / es kombt aber nicht wider zu mir.

So wissen wir / daß durch vnsern Erlöser wir alle dermaln *[32ʳ]* aines widerumb auß der Erden aufferwecket / vns vntereinander / vnd dann auch GOtt selbst inn vnserm Fleisch anschawen sollen[g]. Wer nun selig vnnd im HERRN stirbt / dem soll man nicht zu sehr vmb der zeitlichen verlierung willen beklagen. Dann / wie Augustinus sagt; Nobis non perit, quod DEO non perit: Was GOTT nicht stirbt / vnns nicht verdirbt. Zu welchem Ende dann bey Leichbegengnussen allerley

---

[a] *am linken Rand:* 3. Im trawren soll man gebürliche maß halten
[b] *am linken Rand:* 1. Thess: 4. v. 13
[c] *am linken Rand:* Syr: 38. v. 18. 21.
[d] *am linken Rand:* versic: 24.
[e] *am linken Rand:* versic: 23.
[f] *am linken Rand:* 2. Sam: 12 v. 23.
[g] *am rechten Rand:* Job: 19. v.er. *[sic!]* 25.

Ceremonien adhibirt vnnd gebraucht werden: Als da sindt Fackeln vnd Liechter / anzuzaigen / die verstorbenen seyen nun inn dem ewigen vnwandelbarem Liecht: Weisse Klaider vnnd Schleyer / die Frewde vnd Ergetzligkeit / sampt auffhörung des sündlichen Lebens andeutende: Liebliche Blumen auff dem Sarck / damit der Holdselige Paradis Garten wirdt fürgebildet; Vnd in der belaittung der Leichen mancherley Hymni vnd Gesänge / damit gleichsamb anzustimmen das Lob / welches die Außerwehleten GOtt dem HERRN / in jenem Ewigen Leben geben werden. Von welchen allen Augustinus recht sagt: Quaecunq. circa defunctos fiunt, debent esse solatia viventium, non subsidia mortuorum: Was vmb / vnd bey den Verstorbenen wirdt fürgenommen / geschicht nicht jhnen zur Hülffe / sonder zum Trost denen / so noch im Leben übrig bleiben. Vnd so viel vom andern.

Vom dritten.

Lasset vnns nun endlich auch mit Samuels Leichnam zu seinem Begräbnuß eilen / welche der heilige Geist kürtzlich also beschreibet: Vnnd sie begruben jhn.

Ohn allen zweiffel ist diß Begräbnuß / sehr ehrlich vnnd stattlich / nach gewohnheit vnd brauch des Volcks vnd der Zeit damals angestellt worden. Sintemahl die Jüden jhre Verstor[*32ᵛ*]benen nicht auff die Gassen / inns Fewer oder Wasser hingeworffen; sondern gantz Ehrlich zur Erden bestattet haben.

Es wirdt aber auch gemeldet / an welchem orth Samuel sey begraben worden / nemlich in seinem Hause: Das ist / an disem orth / da Samuel vorhin die maiste zeit seines Lebens vnd Richterampts über gewohnet hatte: Vnd zwar in dem hauß / das da Ramath hiesse / das ist / excelsa, hoch oder erhaben / dieweil Samuel auff einer Höhe gewohnet hatte.

Lehr vnnd Erinnerung beym dritten Thail.

Hjebey sehen wir erstlich[a] / was man mit den Leichen der Verstorbenen Gottseligen vnd heiligen Christen fürnemen vnd thun solle. Daß man nemlich dieselbigen nicht an stat aines Heiligthumbs auffbehalten / den Nachkommen ostentirn vnd weisen / oder sie Aberglaubisch vnd Abgöttischer weiß verehren / vnd wais nit was für Wunderwerck vnd Thaten von jhnen begern vnnd gewarten solle / gleich wie bey vnsern Widersachern im Pabstumb geschicht / Welche die Alten / vnnd im

---

[a] *am linken Rand:* 1. Was mit der Verstorbenen Christen Leiber fürzunehmen.

Grab lang verlegene Heiligen widerumb außgraben / vnd für besondere Heiligthumb außruffen vnnd preisen / da sie doch weder im Alten noch Newen Testament ainiges Exempel oder Gebott nicht darvon haben: Sondern / daß man sie ehrlich begraben / vnd der allgemainen Mutter der Erden / darauß sie genommen / vnd darein sie widerumb dem Leibe nach sollen verändert werden / vertrawen vnnd befehlen soll: Dieweil es doch haist[a] / Du bist Erden / vnnd solt zu Erden werden / Welches auch Syrach[b] andeutet / da er sagt: Mein Kind / wann ainer stirbt / so verhülle seinen Leib gebürlicher weiß / vnd bestatte jhn ehrlich zum Grabe / Vnd im Büchlein Tobiae am ersten[c] / wirdt es dem alten Tobia für ein sonderlich gutes werck *[33ʳ]* gerühmet / daß er die Leichnam der erschlagenen Jsraeliter ehrlich begraben habe. Ja nicht allein bey Christen / vnnd im Alten Testament bey den Jüden; sondern auch bey den Hayden / ists ein sehr alter Gebrauch / die Todten begraben: Hat auch seine sonderbare vnd wichtige vrsachen.

Die Heyden zwar haben jhre Todten thails auch begraben / aber kain rechte vrsach gewust / warumb sie es than: Vnd ist also jhr Begräbnuß nur mehrertheils auß gewohnheit vnd Exempel anderer Völcker / fürnemlich aber der Jüden; oder auch wol auß noth / gestanck vnd Infection zuverhütten fürgenommen worden: Thails aber haben sies verbrennet: Andere habens in Wasser geworffen: Etliche mit Stainhauffen verdecket: Jhrer viel habens auch den Vögeln / wilden Thieren bißweilen auch den Hunden fürgeworffen / welche sie Canes sepulchrales[d] Grabhunde genennet: Andere habens an die Sonnen gehencket vnd außgedörret: Etliche habens vnter den Mist verscharret / vnd hernach jhre äcker damit getunget; Auff daß sie über Tisch von jhnen Essen / vnnd sie also auff das beste begraben möchten.

Es sindt auch etliche gar in dise Vnsinnigkeit gerathen / daß sie die noch lebendige Menschen (welche sie vermainet daß sie bald sterben werden) wie das Viech geschlachtet / vnd gefressen / vermainende / daß es viel besser seye / wann sie von Menschen / weil sie noch gut sindt / gessen werden / als daß sie die würme vnd Schlangen verzehren sollen. Dise alle / lieben Freund haben nun schröcklich geirret / vnd selbs nit gewust / was sie thun / oder warumb sie mit ainem vnnd dem andern also vmbgehen.

---

[a] *am linken Rand:* Genes: 3. ve. 19.
[b] *am linken Rand:* Syrach 38. v. 16.
[c] *am linken Rand:* Tob: 1. ver: 21.
[d] *am rechten Rand:* de his omnibus vide Stobaeum lib: 1. Geraldum & alios.

Wir Christen aber begraben vnsere Verstorbene ehrlich / gebürlich / nach aines jeden Stand vnd Würde[a] / auß nachvolgenden beweglichen Vrsachen. Vnd erstlich zwar darumb / dieweil vns GOttes Wort berichtet / daß wir keiner Begräbnuß bedürffen / so wir nicht gesündiget hetten. Derwegen gleich wie der Todt[b] / also auch des Todes Hauß / anders nichts ist / als ein Sold vnd Belohnung der Sünden.

[33ᵛ] Darnach geschichts auch wegen GOttes Gebots[c] / welches sagt / daß der Mensch Erden sey / vnd wider zur Erden werden müsse: Dardurch er dann erinnert wirdt / der Materi vnd Zeugs / darauß er gemacht ist / vnd sich zu demütigen desto mehrer vrsach hat.

Vber das ist fürs dritte[d] ain Ehrliches Begräbnuß auch ain Zeugknuß / daß ein Mensch Christlich vnnd Gottselig gelebt habe. Daher Augustinus sagt: Sepulturae officium, est bonae vitae testimonium. Dann Gottlose vnd Vbelthäter / werden ins Fewer / Wasser vnnd den Thieren fürgeworffen: Der frommen Christen Leichnam aber / pflegt man Ehrlich zur Erden bestätten.

Vnd diß / fürs vierdte[e] / vmb so viel desto mehr dieweil / wie Paulus sagt: Der Christen Leiber Tempel des heiligen Geistes gewesen sindt / der in jhnen gewohnet / den Glauben / die Liebe vnd wahre Erkenntnuß GOttes angezündet / vnd sie zu Instrumenten vnnd Werckzeugen allerley guten Werck gemacht hat / Darumb sie auch billich anderst vnnd ehrlicher / als der vnvernünfftigen Thier Leiber / tractirt werden.

So wirdt fürs fünffte[f] auch durch ain ehrliches Begräbnuß der Abgestorbenen / die Christliche Lieb bewiesen vnnd dargethan: Dann so wir andere schlechte vnd geringe Sachen / so vns / vnsere abgeleibte Freund hinderlassen haben / zu jhrem gedächtnuß fleißig auffhalten vnd bewahren: Warumb wolten wir nicht auch jhre Cörper zum besten zu versorgen / vnns lassen angelegen seyn?

Es können sich auch zum sechsten[g] die überbleibenden bey dem Begräbnuß / der Hoffnung jhrer Aufferstehung erinnern[h]. Dann gleich wie das Waitzenkorn nicht darumb in die Erd geworffen wirdt / daß es

---

[a] *am rechten Rand:* Vrsachen der ehrlichen Begräbnuß bey den Christen.
[b] *am rechten Rand:* 1. Begräbnuß ein Sold der Sünden.
[c] *am linken Rand:* 2. Gottes Gebot
[d] *am linken Rand:* 3. Zeugnuß des Christenthumms.
[e] *am linken Rand:* 4. Der Christen Leiber des heiligen Geistes Tempel.
[f] *am linken Rand:* 5. Beweisung der Lieb gegen den Abgestorbenen.
[g] *am linken Rand:* 6. Hoffnung der Aufferstehung
[h] *am linken Rand:* Johan: 12. v. 24.

ersterbe / vnd immerdar in der Erden ligen bleibe; sondern daß es zu seiner zeit wider herfür grüne / vnd viel Früchte bringe: Also auch vnsere Leiber werden nicht darumb in die Erd begraben / daß sie immer vnd Ewig sollen darin[34ʳ]nen bleiben; sondern daß sie am Jüngsten Tag Herrlich vnnd Clarificirt widerumben sollen herfür gehen. Daher werden die orth der Begräbnussen GOttes äcker / Frewdhöfe / Schlaff: vnnd Rhue Cämmerlein genennet / anzuzaigen / daß man auß denselbigen ain mal das Haupt wider werd empor heben / wann die Morgenröte des letzten Tages anbrechen werd.

Zu welchem Ende auch die Epitaphia, Grabschrifften / vnd andere Monumenta auffgerichtet werden / Davon Prudentius also singet:

Quidnam sibi saxa cavata?
Quid pulchra volunt monumenta?
Res quod nisi creditur illis
Non mortua, sed data somno.

Tafel / Grabstain vnd anders mehr /
Den Todten auffgericht zur Ehr /
Zeugen gewiß ohn alle list /
Daß der im Grab nit gstorben ist:
Sondern er schläfft ohn alle plag /
Kain Vnglück jhn mehr rühren mag.

Fürs ander[a] / werden wir bey disem dritten Stuck auch gelehret / daß es in alle weg für aine leibliche vnd zeitliche Gutthat GOttes zuachten sey: Wann es jemand so gut wirdt /daß er in seinem Vatterland / oder gar in seinem Hauß / darinnen er gewohnet hat / mit seinen lieben Vorfahren kan begraben werden. Welches dann / wie wir gestern gehört / dem frommen König Josiae, von GOtt zu ainer zeitlichen Belohnung seiner Gottseligkeit ist verhaissen vnd gelaistet worden. Da es hergegen gewißlich aine Straff GOttes zu achten ist / wann es gehet / wie jener Poet schreibet[b]: – Non te optima mater
Condet humi, patrioue onerabit membra sepulchro
[34ᵛ] Alitibus linquere feris: aut gurgite mersum
Vnda feret, piscesque impasti vulnera lambent.
Dein Mutter soll dich nit begrabn /
Deins Vatters Gab dein Leib nit habn:

---

[a] *am rechten Rand:* 2. Im Vatterland sterben vnnd begraben werden / ein zeitliche gutthat Gottes.
[b] *am rechten Rand:* Virg: 10. Aeneid.

Die wilden Thier / Visch oder Rabn /
Sollen sich von dein Gliedern labn.

Daher GOtt selber vielen Gottlosen die Entziehung des Begräbnuß getrohet hat / als Jerobeam vnnd seinem Hause / von welchem gesagt wirdt[a] / wer von jhm sterbe in der Statt / den sollen die Hunde fressen:

Also wirdt bey dem Propheten Jeremia[b] dem König Jojakim getrohet / daß man jhn nicht klagen werde / Ach Bruder / ach Schwester / ach Herr / ach Edler: Sondern er solle wie ein Esel begraben werden[c] / zurschlaifft vnd hinauß geworffen / für die Thor Jerusalem / Welcher gestalt auch über die Gottlose Jsabel[d] / der HERR also sagt / daß sie die Hunde fressen sollen an der Mawren Jesreel: Wie hernacher auch geschehen ist.

Obs aber zwar wol nit zu tadeln ist / so jhm jemands noch zu seines Lebens zeit ainen ort zu seinem Begräbnuß erwehlet / wie Joseph[e] von Arimathia gethan hat: Jedoch ist ein rechter Christ darumb nichts desto vnseliger für Gott / wann er gleich an dem gewünschtem vnd erwehltem orth nit begraben wirdt: Darumb man sich dann vmb ein gewisse stell des Begräbnuß nicht zu sehr bemühen solle / daß jemand gedencken wolte / da / oder dort will ich ligen: Sintemal niemand wissen kan / an welchem ort er ein mahl sterben werde. Ja wenn sichs gar begebe / daß eines wahren Christen Leib gar nicht begraben würde / Inmassen jhr vielen / sonderlich den heiligen Märterern geschehen / deren viel verbrennet / inns Wasser geworffen / vnnd von wilden Thieren zerrissen worden: so wissen wir doch / daß jhrer Seeligkeit hierdurch nichts benommen ist. Dann wie Augustinus[f] saget / Quos terra non texit, nemo tamen a coelo separavit. Et: Coelo tegitur, qui caret urna: Wel[*35ʳ*]che die Erde nicht bedecket / die sind darumb vom Himmel nicht abgesondert. Vnd / wer kein Grab hat / wirdt gleichwol vom Himmel bedecket. Dessen sich jener Doctor (den ich jetzt nicht nennen will) sein zu trösten wuste / da man zu jhm sagte / wo er bleiben wolte in der Welt / wann er von allen orten vertrieben werde / vnd er antworttete / sub Coelo, vnter dem Himmel. Also ligt auch daran nichts / man lige im Geweyhten oder Vngeweyhten. Die Erde ist des

---

[a]   *am linken Rand:* 2. Reg: 14. v. 11.
[b]   *am linken Rand:* Jerem: 22. v. 18.
[c]   *am linken Rand:* 2. Reg: 21. v. 23.
[d]   *am linken Rand:* 2. Reg: 9. v. 36.
[e]   *am linken Rand:* Matt: 27. v. 60.
[f]   *am linken Rand:* De Civit: Dei lib: 1. cap: 12.

HERRN / sagt David{a} / vnnd was darinnen ist. CHRISTUS hat mit seiner Sepultur vnsere Gräber schon geweihet / vnnd geheiliget. So ist der Heiligen Todt gantz werth gehalten{b} / für dem HERRN: Es gehe gleich jhren Leibern nach dem Todt / wie es immer wölle. Soll vnns derhalben gnug seyn / daß der Gerechten Seelen in der Hand GOttes sindt / vnnd gantz fleißig darinnen verwahret werden{c} / daß sie keine Qual mehr rühren mag.

Nun komme ich endlich wider zu euch Vnterthanen diser hieigen Herrschafft / die jhr freylich auch ewren getrewen Herrn vnd liebe Obrigkeit / einen frommen Richter / ja einen gnädigen Vatter verlohren; Was sag ich / aber verlohren? Vor euch hingeschickt / wolt ich sprechen / dem jhr alle dermaln ainest nachfolgen / vnd jhn ewig sehen / haben vnd behalten werdet. Habt jhr jhn nun gleichwol hie zeitlich verlohren / was ists dann nun mehr? Befehlet es dem lieben GOtt in Gedult: Beklaget den Abgang ewers gewesten Regierers gebürlich / vnd traget / wie das Volck Jsrael / leide vmb jhn / vnd beweiset hiemit ewren Kindlichen Gehorsamb vnnd Vnterthenigkeit: Benebens / weil jhr nun nicht mehr thain könnet / so erzaigt jhm doch seine letzte Ehr vnd Dienst: Vnd wie jhr seinen Leichnam hieher belaittet / Also helfft auch nun denselbigen Ehrlich vnd Christlich / wegen der Hoffnung der Aufferstehung / zur Erden vnd seinem Ruhebethlein bestätten.{d} Zu vorderst aber / weil ja das Regiment auff Erden in GOttes Händen steht / vnnd er allein ainen tüchtigen Regenten geben / vnd verschaffen kan / daß es jhm *[35{e}]* gerathe: Vnnd wie Paulus{e} sagt / weil kain Obrigkeit ist ohne von GOtt: So ruffet denselbigen inniglich vnnd von Hertzen an / daß er den Geist der Gottseligkait / Gerechtigkait / Frömbkait / vnd anderer Tugenten / ewres in GOtt selig abgeleibten Herrns / auff ewre künfftige Obrigkeit / nemlich auff seine nachgelassene Erben vnd Söhne gnädiglich / nach seinem Vätterchen Willen zwyfeltig wolle kommen lassen vnnd gelegt werden.{f} Damit jhr vorthin so wol durch die angehende Junge Herrschafft / als durch derselbigen gewesten Christlichen vnnd geliebtesten Herrn Vattern seligen in guter Ruhe vnnd Friede wol vnd löblich regieret / bey der wahren Erkanntnuß

---

a *am rechten Rand:* Psalm: 24. v. 1.
b *am rechten Rand:* Psal: 116. v. 15.
c *am rechten Rand:* Sapien: 3. ve. 1.
d *am rechen Rand:* Syrach 10. v. 4.
e *am linken Rand:* Roman: 13. v. 1.
f *am linken Rand:* 2. Reg: 2. v. 9.

Gottes vnd seines heiligen Wortes beständiglich erhalten / wider alle Vnbilligkeit vnd Gewalt geschützet / ein stilles Gottseliges Leben führen / vnnd dermal aines nach disem Leben sambt ewrer lieben Obrigkait / in das Ewige versetzet werden / vnnd GOtt den obersten HERRN aller Herren darinnen von Angesicht zu Angesicht anschawen / jhme in vnauffhörlichem vnd vnendlichem Gehorsamb dienen / vnnd immerwehrenden Danck / Lob vnd Preiß sagen vnd singen möget. Welches Er der getrewe GOtt durch sein lieben Sohn JEsum Christum in dem heiligen Geist vnns allen gnädiglich verleihen wölle / A M E N.

Klaglied
Vber den Abschied
des Wolgebornen Herrn/ Herrn Hanns Christophen/ Herrn von Gera/ɾc.

Auctore

Johanne Brassicano, Scholæ Provincialis Linzii, Cantore.

J iij

Abbildung 13: Klagelied aus der Leichenpredigt für Hans Christoph von Gera; Linz, Evangelische Superintendentur.

Roman: 13. v. 1. gerathe: Vnnd wie Paulus sagt / weil kain Obrigkeit ist ohne von GOtt: So ruffet denselbigen inniglich vnnd von Hertzen an/daß er den Geist der Gottseligkait/Gerechtigkait/Frömbkait/vnd anderer Tugenten / ewres in GOtt selig abgeleibten Hertzns/auff ewre künfftige Obrigkeit/nemlich auff seine nachgelassene Erben vnd Söhne gnädiglich/ nach seinem Vätter-
2. Reg: 2. v. 9. chen Willen zwyfeltig wolle kommen lassen vnnd gelegt werden. Damit jhr vorthin so wol durch die angehende Junge Herrschafft/ als durch derselbigen gewesten Christlichen vnnd geliebtesten Herrn Vattern seligen in guter Ruhe vnnd Friede wol vnd löblich regieret / bey der wahren Erkanntnuß Gottes vnd seines heilgen Wortes beständiglich erhalten / wider alle Vnbilligkeit vnd Gewalt geschützet / ein stilles Gottseliges Leben führen / vnnd dermal aines / nach disem Leben sambt ewrer lieben Obrigkait/ in das Ewige versetzet werden / vnnd GOtt den obersten HERRN aller Hertzen darinnen von Angesicht zu Angesicht anschawen/ jhme in vnaussthöelichem vnd vnendlichem Gehorsamb dienen / vnnd immerwehrenden Danck/Lob vnd Preiß sagen vnd singen möget. Welches Er der getrewe GOtt durch sein lieben Sohn Jesum Christum in dem heiligen Geist vnns allen gnädiglich verleihen wölle/ AMEN.

Klag-

Klaglied à 5. CANTUS PRIMUS.

Das Land trauret/ es vermisst den Mann/ der sich in trew sein g'nommen an/. schlaff dein'n Schlaff/von Gerra du Held/ ij

ALTUS.

Das Land trauret/ es vermisst den Mann der sich in trew sein gn'ommen an/ ij schlaff dein'n schlaff/ võ Gera du Held/ ij

BASIS:

Das Land traw-ret/ ver-misst den Mann

Klaglied &c. CANTUS SECUNDUS.

Als Land trawret/ ij vermisset den Mann/der

sich in trew sein g'nomen an/ ij schlaff dein'n schlaff/von Gera du Held/ ij

TENOR.

Als Land trawret vermisset den Mann/der

sich in trew sein g'nomen an/ ij schlaff dein'n Schlaff von Gera du Held/

BASIS.

der sich in trew sein g'nommen an/ schlaff dein'n Schlaff/ von

Klaglied a 5. CANTUS PRIMUS.

weil es dem Höchstē also g'fellt/ij biß wir dort in seim ewig'n
Reich/Ihn ehr'n vnd preisen all zugleich/ij. Ihn ehr'n vñ preisen all zugleich.

ALTUS.

weil es dem höchste also g'fellt/ ij biß wir dort in seim ewig'n
Reich/Ihn ehr'n vnd preisen all zu gleich/Ihn ehr'n vnd preisen all zu gleich.

BASIS.

Gera du Held/ weil es dem Höchsten al so g'fellt/ biß wir dort in seim ewig'n

265

Klaglied à 5. CANTUS SECUNDUS.

weil es dem Höchsten also g'fellt/ tz   biß wir dort in   seim

ewig'n reich/jn ehr'n vñ preiß all zugleich/preisen all zugleich/jn ehr'n vnd preisen all zu gleich.

TENOR.

weil es dem Höchsten al-so g'fellt/ ij   biß wir dort in seim e-wig'n

Reich/Jhn ehr'n vnd preisen all zu gleich/vn preisen all zu gleich/jn ehr'n vñ preiße all zugleich.

BASIS.

Reich/Jhn ehr'n vñ preisen/   Jhn ehr'n vnd preisen all zu gleich. ij

Vff solchem Weg ins Himmels Saal
Fuhren die lieben Vätter all/
Durch Glauben sie GOtt schawen an/
Wer selig wirdt geht gleiche Bahn.

Gedruckt zu Nürmberg/ durch Abraham Wagenmann.
M. DC. X.

ABKÜRZUNGSVERZEICHNIS

AÖG	Archiv für Österreichische Geschichte
Bhs	Bauernhäuser
D	Dorf
G	Gemeinde
GB	Gerichtsbezirk
JB	Jahrbuch
JBGProt	Jahrbuch (der Gesellschaft) für die Geschichte des Protestantismus in Österreich
JB Musealverein	Jahrbuch des Oberösterreichischen Musealvereins
KG	Katastralgemeinde
Lk	Landkreis
M	Markt
MG	Marktgemeinde
MGSLK	Mitteilungen der Gesellschaft für Salzburger Landeskunde
MOÖLA	Mitteilungen des Oberösterreichischen Landesarchivs
ND	Nachdruck
NDB	Neue Deutsche Biographie
NÖ	Niederösterreich
OÖ	Oberösterreich
R	Rotte
St	Stadt
StG	Stadtgemeinde
UH	Unsere Heimat. Zeitschrift des Vereins für Landeskunde von Niederösterreich

VERZEICHNIS DER FÜR DIE KOMMENTIERUNG VERWENDETEN LITERATUR

ALEWYN, SÄLZLE (1959) – Richard ALEWYN/Karl SÄLZLE, Das große Welttheater. Die Epoche der höfischen Feste in Dokument und Deutung, Hamburg 1959.

ANDRITSCH (1967) – Johann ANDRITSCH, Landesfürstliche Berater am Grazer Hof 1564–1619. In: Alexander NOVOTNY/Berthold SUTTER (Hrsg.), Katalog Innerösterreich 1564–1619, Graz 1967, S. 73–117.

AUER (1937) – Konrad AUER, Die Herrenstands-Geschlechter des Landes ob der Enns. Ein statistischer Versuch, 3. Bde., Diss. Wien 1937.

AUER (1933) – Maria AUER, Steirische Grabdenkmäler von Beginn der Renaissance bis 1620. Diss. Graz 1933.

BARTSCH (1880) – Zacharias BARTSCH, Wappen Buch Darinen aller Geistlichen Prelaten Herren vnd Landleut auch der Stett des löblichen Fürstenthumbs Steyer Wappen und Insignia / mit ihren farben / nach ordnung / wie die im Landthauss zu Grätz angemahlt zu finden, Graz 1567/ ND Graz 1880.

BARAVALLE (1961) – Robert BARAVALLE, Burgen und Schlösser der Steiermark. Eine enzyklopädische Sammlung der steirischen Wehrbauten und Liegenschaften, die mit den verschiedensten Privilegien ausgestattet waren, Graz 1961, ND Graz 1995.

BASTL (1996) – Beatrix BASTL, Feuerwerk und Schlittenfahrt. Ordnungen zwischen Ritual und Zeremoniell. In: Wiener Geschichtsblätter 51 (1996) S. 197–229.

BEBERMEYER (1939) siehe LUTHER

BECDELIEVRE (1837) – Antoine G. de BECDELIEVRE, Biographie liegoise. Teil II, Lüttich 1837.

BIBEL – BIBEL, Einheitsübersetzung der Heiligen Schrift. Das Alte Testament, hrsg. Katholische Bibelanstalt (Stuttgart) und Österreichisches Katholisches Bibelwerk, Klosterneuburg ²1983.

BLITTERSDORFF (1926–1930) – Philipp BLITTERSDORFF, Aus dem Geraschen Gedächtnisbuche. In: Adler 10 (1926–30) S. 712–715.

BLITTERSDORFF (1931) – Philipp BLITTERSDORFF, Totenklage in Schloß Eschelberg. In: Bilder-Woche der „Tages-Post" Nr. 30, Sonntag 26 Juli 1931.

BOEHEIM (1890/1962) – Wendelin BOEHEIM, Handbuch der Waffenkunde. Das Waffenwesen in seiner historischen Entwicklung vom Beginn des Mittelalters bis zum Ende des 18. Jahrhunderts, Leipzig 1890/ND Graz 1966.

BOJNICIC (1899) siehe SIEBMACHER

BRUNNER (1992) – Walter BRUNNER, Die Burg Neuhaus und ihre Besitzer bis 1664. In: Walter BRUNNER/Barbara KAISER, Schloß Trautenfels, Liezen 1992.

BUCELINUS – Gabriel BUCELINUS, Germania Topo-Chrono-Stemmatographia, Sacra et profana. Bd. 1, Frankfurt 1655; Bd. 2, Ulm 1662; Bd. 3, Frankfurt 1672; Bd. 4, Ulm 1678.

BÜTTNER (1977) – Rudolf BÜTTNER, Burgen und Schlösser an der Donau, Wien ²1977.

COMMENDA (1958) – Hans COMMENDA, Adelige Lustbarkeiten in Linz vom 16. bis zum 18. Jahrhundert. In: Historisches JB der Stadt Linz 1958 (1958) S. 141–180.

COMMENDA (1963) – Hans COMMENDA, Adelige Aufzüge im alten Linz (mit 20 Abbildungen auf Tafel XIII bis XX). In: JB OÖ Musealverein 108 (1963) S. 182–209.

DOBLINGER (1956) – Max DOBLINGER, Der Protestantismus in Eferding und Umgebung bis zum Toleranzpatent. In: JBGProt 72 (1956) S. 31–68.

EBNER (1967) – Herwig EBNER, Burgen und Schlösser. Graz, Leibnitz, West-Steiermark, Wien 1967.

EDER (1936) – Karl EDER, Glaubensspaltung und Landstände in Österreich ob der Enns 1525–1602. (= Bd. 2: Studien zur Reformationsgeschichte Oberösterreichs) Linz 1936.

EHRLICHER (1972) – Klaus Eckart EHRLICHER, „Die Könige des Ennstales". Die Geschichte der Hoffmann Freiherren zu Gruenpüchel und Strechau und ihre Verbindungen im Adel der Erbländer. Diss. Innsbruck 1972.

EVANS (1980) – Richard J. EVANS, Rudolf II. Ohnmacht und Einsamkeit, Graz 1980.

FALKE (1877) – Jacob von FALKE, Geschichte des fürstlichen Hauses Liechtenstein. Bd. 2, Wien 1877.

FELLNER, KRETSCHMAYR (1907) – Thomas FELLNER/Heinrich KRETSCHMAYR, Die österreichische Zentralverwaltung I/1, Wien 1907.

FESTSCHRIFT OTTENSHEIM (1928) – FESTSCHRIFT OTTENSHEIM, Festschrift zur 700 Jahr-Feier des Marktes Ottensheim an der Donau (mit Festspieltext), Linz 1928.

FRANK I / II / III / IV / V – Karl Friedich von FRANK, Standeserhebungen und Gnadenakte, für das Deutsche Reich und die Österreichischen Erblande. Bd. 1, Senftenegg 1967; Bd. 2, 1970; Bd. 3, 1972; Bd. 4, 1973; Bd. 5, 1974.

GINDELY (1865) – Anton GINDELY, Rudolf II und seine Zeit 1600–1612. Bd. 2, Prag 1865.

GLATZL (1950) – Matthias GLATZL, Die Freiherrn von Teufel in ihrer staats- und kirchenpolitischen Stellung zur Zeit der Reformation und Restauration. Diss. Wien 1950.

GRIMM – Jacob und Wilhelm GRIMM (Hrsg.), Deutsches Wörterbuch, Bd. 1–16, ND München 1991.

GSCHLIESSER (1942) – Oswald von GSCHLIESSER, Der Reichshofrat. Bedeutung und Verfassung. Schicksal und Besetzung einer obersten Reichsbehörde von 1559 bis 1806, Wien 1942.

GRÜLL (1955) – Georg GRÜLL, Die Freihäuser in Linz, Linz 1955.

GRÜLL (1962) – Georg GRÜLL, Burgen und Schlösser im Mühlviertel, Wien 1962.

GRÜLL (1963) – Georg GRÜLL, Burgen und Schlösser im Salzkammergut und Alpenland, Wien 1963.

GRÜLL (1964) – Georg GRÜLL, Burgen und Schlösser im Innviertel und Alpenvorland, Wien 1964.

GRÜLL (1965) – Georg GRÜLL, Beiträge zur Geschichte der Brände in Oberösterreich. In: JB Musealverein 110 (1965) S. 267–299.

GRÜLL (1969) – Georg GRÜLL, Der Bauer im Land ob der Enns am Ausgang des 16. Jahrhunderts, Graz 1969.

GUTDEUTSCH, HAMMERL, MAYER, VOCELKA (1987) – Rolf GUTDEUTSCH/Christa HAMMERL/J. MAYER/Karl VOCELKA, Erdbeben als historisches Ereignis: Die Rekonstruktion des Erdbebens von 1590 in Niederösterreich, Berlin 1987.

HAIDER (1987) – Siegfried HAIDER, Geschichte Oberösterreichs, Wien 1987.

HAMANN (1988) – Brigitte HAMANN (Hrsg.), Die Habsburger. Ein biographisches Lexikon, Wien ³1988.

HEILINGSETZER (1984) – Georg HEILINGSETZER, Ständischer Widerstand und Unterwerfung. Erasmus von Starhemberg und seine Rechtfertigungsschrift (1621). In: MOÖLA 14 (1984) S. 269–289.

HEILINGSETZER (1982) – Georg HEILINGSETZER, Hans Ludwig Kuefstein. In: NDB 13 (1982) S. 183–184.

HEISCHMANN (1929) – Eugen HEISCHMANN, Das Testament des Obristen Laurentius von Ramée. In: MIÖG Ergänzungsbände XI (1929) S. 588–604.

HELLBACH (1825/26) – Johann Christian HELLBACH, Adels-Lexikon oder Handbuch über die historischen, genealogischen und diplomatischen, zum Theil auch heraldischen Nachrichten vom hohen und niedern Adel, besonders in den deutschen Bundesstaaten, so wie von dem östreichischen, böhmischen, mährenschen, preußischen, schlesischen und lausitzischen Adel. 2 Bde. Ilmenau 1825/1826/ ND Graz 1976.

HOHENECK (1727) / (1732) / (1747) – Johann Georg Adam HOHENECK, Freyherr von, Herr zu Schlißlberg, Prunhof, Trätteneck, Gallspach, Rechgerg, St. Panthaleon und Stainbach: Die löbliche Herren Herren Stände deß Ertzherzogthumb Oesterreich ob der Ennß, Bd. 1 Passau 1727; Bd. 2, Passau 1732; Bd. 3, Passau 1747.

HILDEBRANDT (1879) siehe SIEBMACHER

HÖFFLINGER (1913) – Heinrich W. HÖFFLINGER, Eine Chronik der Grafen Schrattenbach. In: JB der k.k. heraldischen Gesellschaft „Adler" N. F. 23 (1913) S. 145–178.

HOERNES (1902) – Rudolf HOERNES, Erdbeben und Stoßlinien Steiermarks. In: Mittheilungen der Erdbeben-Commission der kaiserlichen Akademie der Wissenschaften in Wien, N. F. 7, Wien 1902.

HUBER (1927) – W. HUBER, Hans Friedrich Hoffmann, Freiherr von Grünbüchel und Strechau, der bedeutendste Vertreter des Protestantismus in Innerösterreich im 16. Jahrhundert. In: JBGProt 48 (1927) S. 58–164.

HÜBEL (1939) – Ignaz HÜBEL, Die Ächtung von Evangelischen und die Konfiskation von protestantischem Besitz im Jahre 1620 in OÖ. und NÖ. In: JBGProt 58 (1937) S. 17–28; 59 (1938) S. 45–62; 60 (1939) S. 105–125.

HURCH (1910) – Hans HURCH (Hrsg.), Christoph von Schallenberg. Ein österreichischer Lyriker des XVI. Jahrhunderts (Bibliothek des literarischen Vereins Stuttgart 253) Tübingen 1910.

HURTER (1860) – Friedrich von HURTER, Maria, Erzherzogin zu Oesterreich, Herzogin von Bayern, Schaffhausen 1860.

ISTHUANFUS (1622) – Nicolaus Pannonius ISTHUANFUS, Historiarum De Rebus Vngaricis Libri XXXIV. Nunc primum in lucem editi, Köln 1622.

JÄGER (1873) – Albert JÄGER, Beitrag zur Geschichte des Passauischen Kriegsvolkes soweit es Tirol und die Österreichischen Vorlande betrifft. In: AÖG 51 (1873) S. 241–297.

KATALOG ADEL IM WANDEL (1990) – Herbert Knittler (Hrsg.), Katalog ADEL IM WANDEL, Wien 1990.

KATALOG MÜHLVIERTEL (1988) – Helga Litschel (Hrsg.), KATALOG MÜHLVIERTEL. Natur, Kultur, Leben, Weinberg 1988.

KATZINGER, MAYRHOFER (1990) – Willibald KATZINGER/Fritz MAYRHOFER, Die Geschichte der Stadt Linz. Band 1: Von den Anfängen zum Barock, Linz 1990.

KIRNBAUER (1909) siehe SIEBMACHER

KLEMM (1983) – Fritz KLEMM, Die Entwicklung der meteorologischen Beobachtungen in Österreich einschließlich Böhmen und Mähren bis zum Jahr 1700 (=Annalen der Meteorologie, Neue Folge Nr. 21) Offenbach am Main 1983.

KNESCHKE – Ernst Heinrich KNESCHKE, Neues allgemeines Deutsches Adels-Lexicon im Vereine mit mehreren Historikern herausgegeben, 9 Bde., Leipzig 1859–1870.

KNIELY (1952) – H. KNIELY, 800 Jahre Markt Arnfels, Arnfels 1952.

KNITTLER (1968) – Herbert KNITTLER (Hrsg.), Die Städte Oberösterreichs, Wien 1968.

KÜHNE (1880) – M. F. KÜHNE, Die Häuser Schaunburg und Starhemberg im Zeitalter der Reformation und Gegenreformation, Hamburg 1880.

KUHL (1903) – Ferdinand KUHL, Steirischer Wortschatz, Graz 1903.

KURZ (1831) – Franz KURZ, Schicksale des Passauischen Kriegsvolkes in Böhmen bis zur Auflösung desselben im Jahre 1611, Prag 1831.

KURZ, CZERNY (1897) – Franz KURZ/Albin CZERNY, Der Einfall des von Kaiser Rudolf II. in Passau angeworbenen Kriegsvolkes in Oberösterreich und Böhmen (1610 bis 1611), Linz 1897.

LEDINEGG (1977) – Theresia LEDINEGG, Die Stainacher. Genealogie und Besitzgeschichte eines steirischen Adelsgeschlechtes im Mittelalter. Diss. Graz 1977.

LIND (1878) – Karl LIND, Denkmale der Familie Zelking. In: Mitteilung der k.k. Central-Commission 4 (1878) S. CII–CIV.

LINDNER (1908) – Primin LINDNER, Monasticon Metropolis Salzburgensis antiquae. Verzeichnisse aller Aebte und Pröpste der Klöster der alten Kirchenprovinz Salzburg, Salzburg 1908.

LOESCHE (1925) – Georg LOESCHE, Zur Geschichte des Protestantismus in Ober-Österreich. Archivalische und bibliothekarische Beiträge. In: JBGProt 45/46 (1925) S. 47–73.

LOSERTH (1911) – Johann LOSERTH, Geschichte des Altsteirischen Herren- und Grafenhauses Stubenberg, Graz, Leipzig 1911.

LUTHER: D. Martin Luthers Werke kritische Gesamtausgabe. Die Deutsche Bibel (=Weimarer Ausgabe):
G. BEBERMEYER (Hrsg.), Die Deutsche Bibel, Bd. 9. Erste Hälfte, Weimar 1939.
Hanns RÜCKERT (Hrsg.), Die Deutsche Bibel, Bd. 9. Zweite Hälfte, Weimar 1955.
Hanns RÜCKERT (Hrsg.), Die Deutsche Bibel, Bd. 10. Erste Hälfte, Weimar 1956.
Hans VOLZ (Hrsg.), Die Deutsche Bibel. Bd. 12, Weimar 1961.

MARX (1896) – Friedrich MARX, Die Freiherren von Teuffenbach in Steiermark, Wien 1896.

MAYR (1928) – Josef Karl MAYR, Aus Wolf Dietrichs letzten Regierungsjahren. Das Passauer Kriegsvolk. In: MGSLK 68 (1928) S. 1–50.

MAYR (1961) – Josef Karl MAYR, Österreicher in der Stolberg-Stolbergischen Leichenpredigten-Sammlung. In: JBGProt 77 (1961) S. 31–101.

MARTIN (1948/49) – Franz MARTIN, Das Hausbuch des Felix Guetrater 1596–1634. In: MGSLK 88/89 (1948/49) S. 1–50.

MEINDL (1878) – Konrad MEINDL, Geschichte der Stadt Wels in Oberösterreich. 2 Bde., Wels 1878.

MATSCHINEGG (1999) – Ingrid MATSCHINEGG, Österreicher als Universitätsbesucher in Italien (1500–1630). Regionale und soziale Herkunft – Karrieren – Prosopographie. Diss. Graz 1999.

MÜLLER (1987) – Albert MÜLLER, Die Bürger von Linz bis zur Mitte des 16. Jhs. Prosopographie und soziale Strukturierung. Diss. Graz 1987.

NEWEKLOWSKY (1955) – Ernst NEWEKLOWSKY, Die Donau bei Linz und ihre Regelung. In: Naturkundliches JB der Stadt Linz 1955 (1955) S. 171–226.

NIEDERKORN (1993) – Jan Paul NIEDERKORN, Die europäischen Mächte und der „Lange Türkenkrieg" Kaiser Rudolfs II. (1593–1606) (AÖG 135) Wien 1993.

NÖSSLBÖCK (1951) – Ignaz NÖSSLBÖCK, Die großen Brände zu Freistadt in den Jahren 1507 und 1516. In: Freistädter Geschichtsblätter 2 (1951) S. 64–78.

NOFLATSCHER (1987) – Heinz NOFLATSCHER, Glaube, Reich und Dynastie. Maximilian der Deutschmeister (1558–1618), Marburg 1987.

OBERLEITNER (1937) – Hans OBERLEITNER, Aufzüge, Ritterspiele und Faschingsfreunden in Linz in den Jahren 1635, 1636, 1637. In: Hist. JB der Stadt Linz 1937 (1937) S. 166–185.

OBERLEITNER (1860) – Karl OBERLEITNER, Briefe und Actenstücke zur Geschichte des Passauischen Kriegsvolkes. Vom 9. Jänner 1610 bis 20. November 1611, Wien 1860.

OBERLEITNER (1862) – Karl OBERLEITNER, Die evangelischen Stände im Lande ob der Enns unter Maximilian II. und Rudolph II. (1564–1597), Wien 1862.

ORTENBURG-TAMBACH (1931–1932) – Eberhard ORTENBURG-TAMBACH, Geschichte des reichsständischen, herzoglichen und gräflichen Gesamthauses Ortenburg, 2. Bde., Vilshofen 1931–1932.

PICKL (1975) – Othmas PICKL, Die österreichischen Leichenpredigten des 16. bis 18. Jahrhunderts. In: Rudolf LENZ (Hrsg.), Leichenpredigten als Quelle historischer Wissenschaften, Wien 1975, S. 166–199.

POPELKA (1959/1960) – Fritz POPELKA, Geschichte der Stadt Graz. 2 Bde., Graz 1959–1960, ND 1984.

POSCH (1962) – Fritz POSCH, Die steirischen Landeshauptleute im Zeitalter der Glaubenskämpfe. In: Ferdinand TREMEL (Hrsg.), Die Landeshauptleute im Herzogtume Steiermark (Zeitschrift des Historischen Vereins für Steiermark. Sonderband 6) Graz 1962, S. 24–29.

PREYSING (1959) – August Graf PREYSING, Laurentius Ramee (+1613), der Führer des Passauer Kriegsvolks. In: Ostbairische Grenzmarken 3 (1959) S. 105–111.

PREUENHUBER (1740) – Valentin PREUENHUBER, Annales Styrenes, samt dessen übrigen Historisch- und Genealogischen Schrifften Zur nöthigen Erläuterung der Oesterreichischen, Steyermärckischen und Steyerischen Geschichten. Aus der Stadt Steyer uralten Archiv und andern glaubwürdigen Urkunden, Actis Publicis und bewährten Fontibus mit besondern Fleiß verfasset, Nürnberg 1740.

PURKARTHOFER (1960) – Heinrich PURKARTHOFER, Die Herrschaft Herberstein in Steiermark zu Beginn des 16. Jahrhunderts bis 1628. (Unter besonderer Berücksichtigung der wirtschaftlichen und sozialen Verhältnisse) Diss. Graz 1960.

RADICS (1894) – Peter von RADICS, Die Fürsten von Windisch-Grätz. Eine Studie, Wien 1894.

RAUPACH IV (1740) / V (1741) – Bernhard RAUPACH, Evangelisches Oesterreich, das ist, Historische Nachricht von den vornehmsten Schicksalen der Evangelischen Kirchen in dem Erz-Herzogthum Oesterreich unter und ob der Enns, 7 Bde., Hamburg 1736–1744.

RAUSCH (1969) – Wilhelm RAUSCH, Handel auf der Donau. 1. Die Geschichte der Linzer Märkte im Mittelalter, Linz 1969.

REISSENBERGER (1882) – Karl REISSENBERGER, Prinzessin Maria Christierna von Innerösterreich (1574–1621). In: Mitteilungen des Historischen Vereins für Steiermark 30 (1882) S. 27–72.

RÜCKERT (1955) / (1956) siehe LUTHER

RESCH (1997) – Wilhelm RESCH (Hrsg.), Die Kunstdenkmäler der Stadt Graz. Die Profanbauten des I. Bezirkes Altstadt (Österreichische Kunsttopographie Bd. LIII) Wien 1997.

RUHSAM (1989) – Otto RUHSAM, Historische Bibliographie der Stadt Linz, Linz 1989.

RUMPL (1970) – Ludwig RUMPL, Die Linzer Prädikanten und evangelischen Pfarrer. In: HJbSt Linz 1969 (1970) S. 153–241.

SCHIFFMANN (1910) – Konrad SCHIFFMANN, Die Annalen des Wolfgang Lindner (1590–1622). In: Archiv für die Geschichte der Diözese Linz 6/7 (1910) S. 1–429.

SCHIFFMANN I (1935) / II (1935) / III (1940) – Konrad SCHIFFMANN, Historisches Ortsnamen-Lexikon des Landes Oberösterreich Bd. 1, Linz 1935; Bd. 2, Linz 1935; Bd. 3, München, Berlin 1940.

SCHIMKA (1967) – Elisabeth Gisela SCHIMKA, Die Zusammensetzung des Niederösterreichischen Herrenstandes 1520–1620. Diss. Wien 1967.
SCHMUTZ – Carl SCHMUTZ, Historisch-Topographisches Lexikon von Steyermark, 4. Bde., Graz 1822–1823.
SCHNITZER (1995) – Claudia SCHNITZER, Königreiche – Wirtschaften – Bauernhochzeiten. Zeremonielltragende und zeremoniellunterwandernde Spielformen höfischer Maskerade. In: Jörg Jochen BERNS, Thomas RAHN (Hrsg.), Zeremoniell als höfische Ästhetik in Spätmittelalter und früher Neuzeit (Frühe Neuzeit 15) Tübingen 1995, S. 280–331.
SCHRAUF (1892) – Karl SCHRAUF, Das Gedenkbuch der Teufel zu Gundersdorf. In: JB der k.k. Heraldischen Gesellschaft „Adler" N. F. 2 (Wien 1892) S. 43–106.
SCHWERDLING (1830) – Johann SCHWERDLING, Geschichte des uralten und seit Jahrhunderten um Landesfürst und Vaterland höchst verdienten, theils fürstlich, theils gräflich Hauses Starhemberg, Linz 1830.
SCHNABEL (1992) – Werner Wilhelm SCHNABEL, Österreichische Exulanten in Oberdeutschen Reichsstädten. Zur Migration von Führungsschichten im 17. Jahrhundert (Schriftenreihe zur Bayerischen Landesgeschichte Bd. 101) München 1992.
SIEBMACHERS großes und allgemeines Wappenbuch:
    BOJNICIC (1899) – Ivan BOJNICIC, Der Adel von Kroation und Slavonien, Nürnberg 1899.
    HILDEBRANDT (1879) – A. M. HILDEBRANDT, J. Siebmachers grosses und allgemeines Wappenbuch. Vierter Band Achte Abtheilung: Der Kärntner Adel, Nürnberg 1879.
    KIRNBAUER (1909) – Johann Evangelist von KIRNBAUER von Erzstätt, Der niederösterreichische landständische Adel A–R, Nürnberg 1909.
    STARKENFELS (1904) – Alois Freiherr von STARKENFELS, Der Oberösterreichische Adel (IV/5) (abgeschlossen von Johann Evang. Kirnbauer von Erzstätt), Nürnberg 1885–1904.
    WITTING (1918) – Johann Baptist WITTING, Der niederösterreichische landständische Adel S–Z, Nürnberg 1918.
SCHULLER (1984) – H. SCHULLER, Die Trauttmannsdorffer. Der Aufstieg einer steirischen Adelsfamilie vom Einschildritter zum Reichsfürstenstand, Graz 1984.
SPERL (1994) – Alexander SPERL, Das Haushaltungsbüchl der Grünthaler, Linz 1994.
STANGLER (1973) – Gottfried STANGLER, Die NÖ. Landtage 1593–1607. Diss. Wien 1973.
STARKENFELS (1904) siehe SIEBMACHER
STARZER (1897) – Albert STARZER, Beiträge zur Geschichte der Niederösterreichischen Statthalterei. Die Landeschefs und Räthe dieser Behörde von 1501 bis 1896, Wien 1897.
STURMBERGER (1953) – Hans STURMBERGER, Georg Erasmus von Tschernembl. Religion, Libertät und Widerstand. Ein Beitrag zur Geschichte der Gegenreformation und des Landes ob der Enns, Linz 1953.

STURMBERGER (1957) – Hans STURMBERGER, Die Anfänge des Bruderzwistes in Habsburg. Das Problem einer österreichischen Länderteilung nach dem Tode Maximilians II. und die Residenz des Erzherzogs Matthias in Linz. In: MOÖLA 5 (1957) S. 143–188.

STURMBERGER (1976) – Hans STURMBERGER, Adam Graf Herberstorff. Herrschaft und Freiheit im konfessionellen Zeitalter, Wien 1976.

THIEL (1917) / (1930) – Viktor THIEL, Die innerösterreichischen Zentralbehörden 1564–1749. In: AÖG 105 (1917) S. 1–209; AÖG 111 (1930) S. 497–633.

VOCELKA (1976) – Karl VOCELKA, Habsburgische Hochzeiten 1550–1600. Kulturgeschichtliche Studien zum manieristischen Repräsentationsfest, Wien 1976.

VOGT (1990) – Jean VOGT, Historische Seismologie – Einige Anmerkungen über Quellen für Seismologen. In: Frühneuzeit-info Heft 1/2 (1990) S. 17–22.

VOLZ (1961) siehe LUTHER

VÖLKER (1937) – Karl VÖLKER, Die Stände augsburgischen Bekenntnisses auf den NÖ. Landtagen. In: JBProt 58 (1937) S. 5–16.

VALVASOR (1689) – Johann Weichard VALVASOR, Die Ehre Deß Hertzogthums Crain: Das ist / Wahre / gründliche / und recht eigendliche Gelegen- und Beschaffenheit dieses / in manchen alten und neuen Geschicht-Büchern zwar rühmlich berührten / doch bishero nie annoch rech beschriebenen Römisch-Keyserlichen herrlichen Erblandes. 4 Bde. 13 Bücher, Laibach 1689.

WEHNER (1965) – Johanna WEHNER, Maria von Bayern. Diss. Graz 1965.

WINKELBAUER (1999) – Thomas WINKELBAUER, Fürst und Fürstendiener. Gundaker von Liechtenstein, ein österreichischer Aristokrat des konfessionellen Zeitalters (MIÖG Ergänzungsband 34) Wien 1999.

WISSGRILL – Franz Karl WISSGRILL, Schauplatz des landsässigen Nieder-Oesterreichischen Adels vom Herren- und Ritterstande von dem XI. Jahrhundert an bis auf jetzige Zeiten. Bd. 1, Wien 1794; Bd. 2, Wien 1795; Bd. 3, Wien 1797; Bd. 4, Wien 1800; Bd. 5, Wien 1824.

WITTING (1918) siehe SIEBMACHER

WURM (1955) – Heinrich WURM, Die Jörger von Tollet, Linz 1955.

WURZBACH – Constant von WURZBACH, Biographisches Lexikon des Kaiserthums Österreich, 60 Bde., Wien 1856–1891.

ZAHN (1868) – Joseph von ZAHN, Das Familienbuch Sigmunds von Herberstein. In: AÖG 39 (1868) S. 293–415.

ZAHN (1893) – Joseph von ZAHN, Ortsnamenbuch der Steiermark im Mittelalter, Wien 1893.

ZEDLER – Johann Heinrich ZEDLER, Grosses Vollständiges Universal-Lexikon. 64 Bde., Leipzig 1731–1750; 4 Supp., Leipzig 1751–1754.

ORTS- UND PERSONENREGISTER ZUM „GERASCHEN GEDÄCHTNISBUCH"

Arnfels (Schloß, MG; GB Leibnitz, Stmk.) 1^r, 9^r, 11^r
Aschach (Schloß, MG; GB Eferding, OÖ.) 14^v, 15^r, 15^r, 17^r, 17^r
Aspan
  Hans Joachim († 1645) 23^r, 23^v
Bayer Johann (Schloßprediger in Losensteinleiten) 22^r
Böhmen 14^r, 24^r
Breuner
  Elisabeth, siehe Tschernembl
Clemens Anomäus († 1611) 18^v, 22^r, 23^v, 24^r, 25^r
Cronpichl
  Eleonora Sophia 31^v
  Sara Sophia 31^v
Cakovec / Csakathurn (Schloß, Kroatien) 5^r
David (Prophet) 19^r
Dietrichstein
  Georg (1560–1597) 6^r
Donau (Fluß) 15^r, 17^r
Eck
  Elisabeth, siehe Polheim
Eferding (StG, GB, OÖ.) 14^r
Eibiswald
  Sigmund 7^r
Elling (R; G Weng im Innkreis, GB Mauerkirchen, OÖ.) 31^v
Enns (StG, GB, OÖ.) 16^r, 16^r, 16^r
Eschelberg (Schloß; GB Urfahr-Umgebung, OÖ.) 18^v, 20^r, 30^v, 31^r, 31^r, 32^v
Frankreich 12^v
Freistadt (StG, GB, OÖ.) 11^r, 11^v, 25^v
  Schloß 11^v
Freyberg
  Rebecca, siehe Scherffenberg
Friedau, siehe Ormoz
Garsten (MG, GB Steyr, OÖ.) 22^r
Gera
  Anna Benigna (geborene Pappenheim) († 1678) 1^r, 27^v, 28^v, 30^r, 30^v, 31^r
  Eleonora Isabella (geborene Katzianer) 32^r, 32^v
  Eleonora Sophia (Schwester von Maria Susanna) 31^v
  Erasmus II. (1588–1657) 28^v, 31^r
  Esther (Tochter der Tagebuchschreiberin E.) 14^v, 17^r, 23^r, 23^v

Maria Anna Franziska 30^r, 31^r, 31^v
Hans Christoph (ältester Sohn von Esther von G.) 15^r, 17^r, 26^r
Hans Veit († 1703) 30^r, 31^r, 32^v
Maria Anna Franziska (Schwester von Maria Susanna) 31^r, 32^v
Susanna (Tochter von Esther) 17^r
Wilhelm (drittältester Sohn von Esther von G.) 26^r
Wolf (zweitältester Sohn von Esther von G.) 15^r, 17^r, 22^r, 26^r
Gerofain
    Frau 6^v
Gienger
    Hans Adam (1588–1623) 25^v
    Ursula, siehe Pfliegl
Glaisbach
    Hans († 1598) 6^v
Gmunden (StG, GB, OÖ.) 28^v, 28^v, 29^r
Graz (Landeshauptstadt, Stmk.) 5^v, 6^r, 6^v, 7^v, 8^r, 11^r, 14^r, 27^v
    Eisernes Tor 5^v
    Landhaus 8^r
Greiss
    Wolff Dietrich († 1610) 22^v
Habsburger
    Ferdinand II. (1578–1637) 8^r
    Ferdinand IV. (1633–1654) 32^v
    Gregoria Maximiliane (1581–1597) 5^r
    Karl von Innerösterreich (1540–1590) 27^v
    Konstanze (1588–1631) 11^r
    Leopold (1586–1632) 24^r
    Maria (geborene Wittelsbacher) (1551–1608) 5^v, 11^r, 14^r, 27^v
    Maria Magdalena (1589–1631) 11^r
    Matthias (1557–1619) 8^r, 14^r, 14^v, 22^v, 24^r, 25^v
    Maximilian Ernst (1583–1616) 11^r
    Rudolf II. (1552–1612) 14^r, 16^r, 22^v, 24^r
Harrach
    Anna Magdalena (geborene Jörger) (geb. 1619) 29^r
    Franz († 1666) 29^r
Haug
    Herr 6^v
Heidelberg (St in Baden-Württemberg) 22^v
Herberstorff
    Maria Salome (geborene Preising) († 1648) 28^v, 29^r
Herberstein
    alte Frau (verm. Barbara) 7^v
    Georg Bernhard († 1599) 5^r, 7^v
    Hans Friedrich 7^r
    Hans Siegmund († 1611) 24^r
    Herren 5^r
    Georg Ruprecht († 1612) 25^r

Maria Magdalena (geborene Lamberg) († 1611) 25^r
Sophie (geborene Wildenstein) 5^r
Herofain (Herr und Frau) 6^v
Hieber Placidus (Abt von Lambach 1640–1678) 29^v
Hofkirchen
    Wolfgang (1555–1611) 25^v
Hofmann
    Anna, siehe Jörger
Hoheneck
    Valentin († 1611) 25^r
Hohenwang (Schloß, GB Mürzzuschlag, Stmk.) 6^v
Israel 20^r
Italien (Wallischland) 14^v, 26^r
Jörger
    Anna (geborene Hofmann) 12^r
    Anna Magdalena, siehe Harrach
    Esther Elisabeth († 1609) 14^v
    Hans Ernreich (1586–1610) 21^r
    Karl (1584–1623) 12^r, 14^v, 15^v, 21^r
Juda 20^r
Jülich (Grafschaft in Deutschland) 22^r
Kapuziner (genannt 1653) 31^r
Katzianer
    Eleonora Isabella, siehe Gera
Khevenhüller
    Barbara, siehe Stubenberg
    Kresenzia, siehe Stubenberg
    Maria Anna, siehe Polheim
Kleve (Grafschaft in Deutschland) 22^r
Königsberg
    Helena (geborene Saurau) († 1611) 25^r
Kollonitz
    Ferdinand († 1611) 25^v
Kranichsfelt (Granichsfelt) (Schloß Kranichsfeld, südlich von Marburg) 5^r, 5^v
Kuefstein
    Hans Ludwig (1582/83–1656) 32^v
    Susanna Eleonora (gebore Stubenberg) († 1658) 31^v
Lambach (MG, GB, OÖ.) 29^r
Lamberg
    Maria Magdalena, siehe Herberstein
Landshaag (KG, MG Feldkirchen an der Donau, OÖ.) 31^r
Lenkovitsch
    Susanna (geborene Zriny) 2^r
Liechtenstein
    Anna Maria (geborene Ortenburg) († 1607) 15^r, 17^r
    Katharina, siehe Volkersdorf
    Maria Judith (siehe Zinsendorf)

Linz (Landeshauptstadt, OÖ.) 12^r, 14^r, 14^v, 15^r, 16^r, 17^r, 18^r, 18^v, 21^r, 22^r, 21^r, 23^v, 23^v, 30^v, 31^r
    Brücke 15^r
    Reitschule 32^r
    Scherffenbergisches Haus 30^v
Lobkowitz
    siehe Popel
Losenstein
    Christine (geborene Perkheim) 22^r
    Georg Achaz (1545–1597) 22^r
    Georg Christoph (1589–1622) 21^r
    Susanna (geborene Roggendorf) 15^r
    Wolf Sigmund (1567–1626) 15^r
Losensteinleiten (D; GB Steyr, OÖ.) 22^r
Lösch
    Scholastica, siehe Urschenbeck
Mähren 14^r
Mureck (StG, GB Mureck, Stmk.) 5^r
Nürnberger (Grazer Bürger) 7^v
Oberösterreich 7^r, 11^r
Oberwallsee (Ruine O., MG Feldkirchen an der Donau, GB Urfahr-Umgebung) 25^v
Oed
    Stephan Franz 32^r
Ormoz / Friedau (Schloß, Slowenien) 5^r
Ort (am Traunsee) (StG, GB Gmunden, OÖ.) 28^v
Ortenburg (M; Lk Passau) 15^r, 17^r
Ortenburg
    Anna Maria, siehe Liechtenstein
Ottensheim (MG; GB Urfahr-Umgebung, OÖ.) 18^v
Pappenheim
    Anna Benigna, siehe Gera
    Maria Magdalena, siehe Preissing
Paris 12^v
Parz (Schloß bei StG, GB Grieskirchen, OÖ.) 14^r
Passau (kreisfreie St) 24^r, 30^v, 31^r
Perkheim
    Christine, siehe Losenstein
Pfliegl
    Ursula (geborene Gienger) (geb. 1598) 29^r
Pögl
    Elisabeth, siehe Zackl
Polen 11^r, 12^r
Polheim
    Anna Maria (geborene Pranck) († 1616) 18^v
    Benigna (1569–1611) 25^r
    Elisabeth (geborene Eck) 18^v

Georg Ruprecht (1588–1608) 14^r
Gottfried (1572–1629) 18^v
Gundaker (1575–1644) 14^r
Heinrich (1584–1618) 14^r
Maria Anna (geborene Khevenhüller, verehelichte Welser) 14^r
Matthias (1608–1673) 14^r
Weikhart (1553–1609) 18^r
Wolf (1571–1604) 18^v
Popel von Lobkowitz
Christoph Ferdinand († 1658) 32^v
Maria Elisabeth Apollonia Antonia (geborene Tilly) († 1665) 32^v
Prag 24^r, 25^v
Preissing
Maria Magdalena (geborene Pappenheim) († 1632) 27^v
Johann Warmund († 1648) 28^v
Puchheim (StG Attnang-P., OÖ.) 18^r
Racknitz
Helena, siehe Rindsmaul
Katharina, siehe Stainach
Rama (Ort im Jordanland) 20^r
Ramé
Oberst (ca. 1560–1613) 24^r
Rappach
Katharina, siehe Saurau
Regensburg (kreisfreie St R. in der Oberpfalz) 31^r
Riedegg (Schloß; G Alberndorf, GB Urfahr-Umgebung, OÖ.) 15^r, 17^r
Rieder
Herr 32^r
Rindsmaul
Helena (geborene Racknitz) († 1606) 5^v, 13^r
Ruprecht (1570–1651) 5^v
Roggendorf
Juliana, siehe Starhemberg
Polyxena, siehe Scherffenberg
Susanna, siehe Losenstein
Salburg
Maria Elisabeth (geborene Scherffenberg) (1622–1690) 31^v, 32^r
Siegmund Friedrich († 1655) 31^v, 32^r
deren Tochter 31^v
Samuel (Prophet) 20^r
Sander (nicht näher identifizierter Ort) 31^v
Saurau
Franz († 1578) 25^r
Helena, siehe Königsberg
Katharina (geborene Rappach) († 1611) 25^r
Wolfgang († 1613) 7^r, 18^v
zwei junge Herren 18^v

Schallenberg
   Christoph Ernst (1617–1668) 31^v
   Christina Eva (geborene Schifer) (1626–1698) 31^v
Scherffenberg
   Ferdinand (1628–1708) 32^v
   Friedrich (1542–1609) 16^r, 26^v
   Gotthart (1584–1634) 18^v
   Karl (1549–1610) 15^r, 17^r, 22^v
   Katharina (geborene Tannberg) (†1609) 16^r
   Maria Elisabeth, siehe Salburg
   Polyxena (geborene Roggendorf) (1577–1614) 15^r, 17^r
   Rebecca (geborne Freyberg) († 1611) 26^v
   Susanna (Söntell, freylin) (1631–1674) 31^v, 32^v
   Wolf (†1597) 6^r, 6^v
Scherffenbergisches Haus in Linz siehe Linz
Schifer
   Alexander (1612–1661) 31^v, 32^v
   Anna (geborene Sinzendorf) († 1610) 15^r
   Christina Eva, siehe Schallenberg
   Eva Katharina (geborene Tattenbach) (1616–1684) 31^v
   Hans (1558–1616) 15^r, 15^r
Schrattenbach
   Maximilian (1537–1611) 27^v
Schwertberg (Schloß; GB Mauthausen, OÖ.) 12^v
Seckau (MG; GB Knittelfeld, Stmk.) 5^v
Sinzendorf
   Anna, siehe Schifer
Sirach (Prophet) 19^v
Sprinzenstein
   Maximiliana († 1684) 31^v, 32^r
Stadl
   Christoph († 1611) 25^r
   Felicia († 1628) 8^r
Stainach
   Hans Friedrich (1562–1622) 13^r
   Katharina (geborene Racknitz) († 1606) 13^r
Starhemberg
   [Richard] Bartholomäus († 1676) 31^r, 31^v
   Elisabeth (geborene Ungnad) 19^v
   Erasmus (1575–1648) 14^r, 19^v,
   Esther (geborene Windischgrätz) († 1697) 31^r
   Gotthard (1628–1657) 32^v
   Hans Ulrich (1563–1626) 15^r
   Johann Reichart (1608–1661) 14^r
   Juliana (geborene Roggendorf) (1579–1633) 18^v
   Konrad Balthasar (1612–1698) 31^r, 31^v, 32^r
   Reichart (1570–1613) 18^v

Steyr (St, OÖ.) 13^r, 22^r, 22^r
Stubenberg
    Anna (1594–1624) 21^r
    Barbara (geborene Khevenhüller) (1571–1618) 21^r
    Kresenzia (1574–1607) 2^r
    Georg (1560–1630) 5^r, 21^r
    Hartmann (1563–1605) 5^r
    Justina (geborene Zelking) († 1632) 23^v
    Kresenzia (1574–1607) 2^r
    Rudolf († 1620) 5^r, 18^v, 23^v
    Sophia, siehe Zriny
    Susanna Eleonora, siehe Kuefstein
    Wolfgang († 1597) 5^v, 6^r
Tannberg
    siehe Scherffenberg, Katharina
Tattenbach
    Eva Katharina, siehe Schifer
    Georg Sigmund (1628–1686) 31^r, 32^v
    Siegmund Friedrich (1601–nach 1664) 32^v
Teufel (Teifl)
    Georg Christoph († 1606) 13^r
    Georg (verm.) († 1642) 13^r
Teuffenbach
    Offo (†1609) 6^v, 19^r
Thanhausen
    Maria, siehe Zwickl
Thurn (-Valsassina)
    Anna Maria, siehe Tschernembl
    Martin († 1611) 27^v
Tilly
    siehe Popel
Tobelbad (G Haseldorf-T., GB Graz, Stmk.) 7^r
Tollet (G; GB Grieskirchen, OÖ.) 21^r
Trautenburg (Schloß, GB Leibnitz, Stmk.) 5^v
Trauttmansdorff
    Georg Adam († 1599) 7^r
    Georg Christoph (1599–1660) 7^r
    Hans David († 1627) 8^r
Tschernembl
    Anna Maria (geborene Thurn) 12^v
    Elisabeth (geborne Breuner) († 1611) 25^v
    Hans Georg (1577–1622) 12^v
Ungarn 24^r
Ungnad
    Elisabeth, siehe Starhemberg
Unverzagt
    Anna (geborene Wollzogen) (geb. 1599) 29^r

Urschenbeck
    Christoph David (1576–1636) 7^v
    Scholastica (geborene Lösch) 7^v
Volkersdorf
    Katharina (geborene Liechtenstein) (1572–1643) 15^r
    Wolfgang Wilhelm (1567–1616) 15^r, 18^v, 19^v, 23^r, 25^v
Waldstein
    Albrecht 31^r
Wasa
    Sigismund III. (1566–1632) 12^r
Weiß
    Anna (geborene Wollzogen) (geb. 1599) 29^v
    Franz Christoph Erasmus (1648–1664) 29^r
Weitersfeld (Schloß, GB Mureck, Stmk.) 5^r, 6^v, 7^r
Wels (St, OÖ.) 28^v, 30^v
Welser
    Maria Anna (geborene Khevenhüller), siehe Polheim
Wien (St) 14^v, 29^r
Wildenstein
    Sophie, siehe Herberstein
Windischgrätz
    Esther, siehe Starhemberg
    Wilhelm (1558–1610) 22^v
Wittelsbacher
    Maria, siehe Habsburger
Wittelsbacher (Pfalz-Simmern)
    Friedrich IV. (1574–1610) 22^v
Wollzogen
    Anna, siehe Unverzagt
Würting (Schloß; MG Offenhausen, GB Lambach, OÖ.) 28^v, 29^r, 30^v
Zackl
    Elisabeth (geborene Pögl) († 1597) 5^v
Zelking
    Herrn 12^v
    Hans Wilhelm (1563–1626) 18^v, 23^r, 25^v
    Heinrich Wilhelm († 1606) 12^r, 18^v
    Justina, siehe Stubenberg
Zinzendorf
    Johann Joachim (1570–1626) 15^r
    Maria Judith (geborene Liechtenstein) (1575–1621) 14^r
    Karl (geb. 1608, jung gestorben) 14^r

Zríny
    Georg († 1603) 9^r
    Sophia (geborene Stubenberg) († 1604) 5^v, 10^r
    Susanna, siehe Lenkovitsch
Zwickl
    Georg Bartholomäus († 1605) 6^v
    Maria (geborene Thanhausen) († 1637) 6^v

ABBILDUNGSVERZEICHNIS

Abb. 1: Linz, Oberösterreichisches Landesarchiv, Schlüsselberger Archiv, Sammlung Hoheneck, Hs. 1a: „Genealogia der löblichen Herren Stände [...]; Eintrag zur Esther von Gera, unfoliiert.
Abb. 2: Stammbuch von Erasmus dem Jüngeren von Starhemberg (1595–1664) mit dem Eintrag von Hans Christoph von Gera aus dem Jahr 1608 aus dem Oberösterreichischen Landesarchiv – Darstellung einer „Nachtmusik" vor städtischem Hintergrund. Diese Abbildung findet sich abgedruckt auch bei Georg HEILINGSETZER, Zwischen Bruderzwist und Aufstand in Böhmen. Der protestantische Adel des Landes ob der Enns zu Beginn des 17. Jahrhunderts. In: DERS., Manfred KOLLER (Hrsg.), Schloß Weinberg im Lande ob der Enns, München 1991, S. 107.
Abb. 3: Stammtafel Gera [Entwurf Harald Tersch / Martin Scheutz; Ausführung: Alexander Sperl].
Abb. 4: Schloß Waxenberg – aus: Georg Matthaeus VISCHER, Topographia Austriae Superioris modernae [...], o. O. 1674.
Abb. 5: Schloß Eschelberg (OÖ.) – aus: Georg Matthaeus VISCHER, Topographia Austriae Superioris modernae [...], o. O. 1674.
Abb. 6: Burg Arnfels (Stmk.) – aus: Georg Matthaeus VISCHER, Topogaphia ducatus Stiriae [...], o.O. 1681.
Abb. 7: Burg Lichtenhag (OÖ.) – aus: Georg Matthaeus VISCHER, Topographia Austriae Superioris modernae [...], o. O. 1674.
Abb. 8: Schloß Würting (OÖ.) – aus: Georg Matthaeus VISCHER, Topographia Austriae Superioris modernae [...], o. O. 1674.
Abb. 9: Wappen der Familie Gera – aus: Zacharias BARTSCH, Wappen Buch Darinen aller Geistlichen Prelaten Herren vnd Landleut auch der Stett des löblichen Fürstenthumbs Steyer Wappen vnd Insignia / mit ihren farben / nach ordnung / wie die im Landthauss zu Grätz angemahlt zu finden, Graz 1567/ND Graz 1880.
Abb. 10: Gedächtnisbuch Gera; OÖLA, Landschaftsarchiv Hs. 523, fol. 23^r [1610].
Abb. 11: Ottensheim (OÖ.) – Matthäus MERIAN [und Martin ZEILLER], Topographia provinciarum Austriacaru[m] Austriae Styriae, Carinthiae, Carniolae, Tyrolis etc: [...], Frankfurt/M. 1649.
Abb. 12: Gedächtnisbuch Gera; OÖLA, Landschaftsarchiv Hs. 523, fol. 27^v [1611, 1628]
Abb. 13: Klagelied aus der Leichenpredigt für Hans Christoph von Gera; Linz, Evangelische Superintendentur.